韩庆祥作品系列

The Development Logic of Chinese Socialism

中国特色社会主义的发展逻辑

韩庆祥　著

北京师范大学出版集团
BEIJING NORMAL UNIVERSITY PUBLISHING GROUP
北京师范大学出版社

总　序

需要有一次机会，对我的学术生涯、研究历程、演进逻辑、思想领悟进行清理与总结。这次机会，就是我这四部具有代表性的学术著作的出版。

一　学术研究历程及其演进逻辑

1983年，我从郑州大学毕业后考入吉林大学攻读硕士学位，专业是马克思主义哲学。在吉林大学，我系统地阅读了马克思主义经典著作，孕育了用“两只眼睛”看世界的哲学思维：既成与生成、感性与理性、抽象与具象、规范与实证、真理与价值、宏观与微观、部分与整体、道与术，等等。从吉林大学毕业后，我考入北京大学攻读博士学位，师从黄枬森教授。黄枬森教授的“经典阅读”“文本解读”与“严谨治学”“人格魅力”对我影响很大。在北京大学三年，我“两耳不闻窗外事，一心只读圣贤书”，不仅研究马克思主义哲学发展史，而且阅读西方哲学经典。北京大学滋养了我学术上的独立思考意识和学术探索精神。

从北京大学毕业后，我到中央党校工作。在中央党校，我的学术研究具有三个特点：待在书房，静心研读马克思主义经典著作，坚定马克思主义信仰；走出书房，深入实际，理解和把握当代中国发展的现实逻辑；学习党的创新理论，理解和把握治国理政实践的运作机理。

依据历史和逻辑相统一的原则，我的学术研究历程及其演进逻辑大致分为八个具有内在联系的历史时段。

一是厚积理论基石：马克思开辟的哲学道路是实践生成论。

1983年到1996年，是我的学术研究奠基期。这一时期，我持之以恒地研读经典文本，秉持“用哲学思考问题，用学术支撑思想”的学术研究风格与治学理念。在吉林大学攻读硕士学位和在北京大学攻读博士学位期间，我的研究重点是马克思、恩格斯哲学。搞学问，精读研读马克思主义经典文本是必由之路，也是学者的看家本领。所以，当时我反复研读马克思、恩格斯的经典文本。当时我最关心的学术问题之一，就是马克思开辟的哲学道路与马克思主义哲学的本质特征、基本价值、历史形态。通过研究，我得出的结论是：马克思哲学在本质上是“实践生成论”，马克思开辟的是实践生成论的哲学道路。

马克思哲学所实现的革命性变革，主要体现在把哲学由“天国”拉到“人间”，直面现实人的生活世界，关注现实人的生存境遇与发展命运，并且以哲学的方式批判旧世界，以实践生成过程的方式改变旧世界和建立新世界，实现人类解放、无产阶级解放和每个人自由而全面的发展。显然，马克思强调的是这样一种观点：人是在其实践活动、历史活动、超越活动和自我创造过程中，确证其本质而且解放自己和实现自己的。这在本质上强调的是人的活动是一种超越、建构与生成活动。在马克思那里，“生成”主要有以下四种方式：一是实践生成，强调人通过实践活动——人的对象化和人化自然确立自己、发展自己和完善自己，他所主张的实践唯物主义，强调的就是实践生成；二是历史生成，强调人是在创造自己的社会物质生活条件的历史过程中实现自己、成为自己的，他所创立的历史唯物主义，强调的就是历史生成；三是矛盾—超越生成，强调事物（包括人）都是在不断超越自身的内在矛盾的过程中生成自己的，马克思的辩证法注重的就是矛盾—超越的生成；四是人的自我创造的生成，强调人是靠自身的创造能力来成就自己、成为自己和确立自己的。马克思的人学理论，注重的就是人的自我创造能力的生成。在马克思看来，人的自我产生是一个过程，一部人类社会发展史就是个人本质力量的发展史，人在这一历史过程中成为自己，也通过自己能力的发挥来确立其地位。

基于实践生成论，我致力于形成自己的学术分析框架与解释逻辑。这方面的学术研究成果，就是两部学术著作《论马克思开辟的哲学道路》和《作为分析框架的哲学》。

二是夯实学术根基：人学研究。

我把马克思的哲学解读为实践生成论，就自然而然地关心人的问题。马克思哲学在本质上是一种实践生成论哲学，其主体是人，目的也是人，人是在实践中生成并实现自己的。这从根本上涉及对人的理解，也自然而然地把人的问题突出出来，这是我走向人学研究的理论逻辑；时代发展与中国实践发展，是促使我走向人学研究的现实逻辑。此外，促使我走向人学研究的还有一个重要因素，就是我国哲学界的老前辈把我引上了人学研究之路。我在吉林大学攻读硕士学位期间，高清海教授和邹化政教授就开始讲人学了，邹化政教授所讲的“《资本论》中的人学”，对我后来的人学研究有很大启发。在这期间，我研读了许多马克思主义经典作家关于人的问题的论述，也深读了西方学者关于人的问题的著作，对人学有了初步认识。在北京大学师从黄枬森教授期间，我进一步坚定了从事人学研究的决心，也开始系统研究人学，开始自觉运用马克思主义的立场、观点和方法研究人学。正是在这些因素影响下，我通过自己的学习与研究，对哲学、人学与生活世界产生了新的理解。1989 年在莫斯科国立大学进修期间，我又搜集并阅读了大量苏联学者研究人的问题的著作。

从 1986 年到 1996 年，我用 10 年时间在学术上进行“人学理论”建构，包括研究哲学与人学的关系、人学的对象、人学的定位、人学的性质、人学的基本范畴、人学研究方法论、人学基本理论、人学的使命，等等。我的人学研究取得了一些成果。黄枬森教授与我合写的学术论文《关于建构人学的几点设想》，发表于《社会科学战线》1989年第3期，这是哲学界较早系统研究人学理论建构的学术文章之一；1991年我的博士论文《马克思主义人学思想发微》由中国社会科学出版社出版，这是较早系统研究马克思主义人学的学术著作之一；1996年我又出版了《马克思的人学理论》，这是我国哲学界较早从人学角度研究马克思思想包括马克思哲学思想的学术专著之一。

我的人学研究的基本观点可概括为"哲学形态论""人学理论建构论""人的存在论""人的全面发展论"和"人格转型论"，主要代表作就是《马克思的人学理论》。

三是产生学术影响：能力本位论。

1992年到2009年，我秉持"用思想传递时代，用理念引导发展"的学术研究风格与治学理念，并基于马克思主义哲学的本性，从学术上积极探寻当代中国马克思主义哲学发展之路，并以哲学方式关注现实、面向"中国问题"，在坚持"道德做人"的前提下，从哲学上提出了"能力本位论"，在学术界与社会上产生了较大影响，代表作是《能力本位》。

我的研究方向从人学走向从哲学上研究"能力本位与当代中国发展"，主要是基于这样两个逻辑。一是我把自己的人学研究定位于关于人怎样成为"人"的学问。使人成为人需要许多基础和条件，我认为主要有两个基本条件，也就是人的两大基本素质——道德和能力。道德是做人，能力是做事。关于道德的文章，应当说中国的思想家和专家学者研究得比较全面深入，中国传统文化对世界的最大贡献也在这里。然而，关于能力的文章，我们做得并不多，也不系统。二是使中国真正成为强国。中国能否成为真正的强国，应该说还有许多工作要做。要使中国成为真正的强国，首先要秉持"和"的理念，即和平发展与合作共赢，建设和平中国、和合中国。这个问题，中国人民大学张立文教授研究得比较深入。除了“和”的理念外，还有一个理念，那就是要注重实力和能力，尤其是自主创新能力，即构建能力中国、实力中国。我对能力问题的哲学研究，基本上是围绕使人成为人和使中国真正成为强国这两大核心论题展开的。

在《北京大学学报(哲学社会科学版)》1996 年第 5 期，我用 18000 字的篇幅，对能力本位论进行系统深入的阐发，题目是《能力本位论与 21 世纪中国的发展》。1992 年以来，我着重从哲学角度，对能力问题的时代意义、能力概念、能力原则、能力理念、能力主义思维方式、能力建设、能本管理、能力社会和能力发展的一般规律、能力建设与当代中国发展等，进行了系统研究，先后在《中国社会科学》《天津社会科学》《教学与研究》等刊物上发表 30 多篇关于能力和能力建设问题的专题学术论文，出版多部关于能力和能力建设问题的学术专著。

需要说明的是，我所讲的“能力本位”，是以政治过硬、注重道德为前提的。

四是哲学关切现实：社会层级结构理论。

2006 年以来，我又从能力问题研究走向当代中国政治哲学研究。这里存在着学术研究的逻辑必然性：在人学研究中，我发现中国传统社会的某些行为往往使一些人不能成为人，丧失人性中许多美好的东西；在能力问题的学术研究中，我发现我国传统社会在一定程度上存在的权力至上的官僚主义现象，使一些党员干部丧失先进性和纯洁性，使人的能力得不到充分发挥；在对当代“中国问题”的哲学分析中，我又发现在中国传统社会及现代社会，许多理论和实践问题大都与政治因素、政治力量有关，政府权力对人们生活的渗透程度较强，它是一种决定人的生存方式甚至人的命运的力量。这样，我便走向对当代中国政治哲学的学术研究，用人学理论、能力理论来建构当代中国政治哲学，代表作是《社会层级结构理论》。其中，我坚守的政治立场是马克思主义，注重用马克思主义的立场、观点和方法研究政治哲学。

我在《社会层级结构理论》中，具体阐释了“社会层级结构”，提出了

“公正为基三维制衡的能力主义”理论。这一理论可以成为分析当代中国问题包括政治问题的一种框架。

五是回归本质属性：马克思主义整体性研究。

透过上述学术研究历程及其研究成果可以看出，在我的学术研究中，哲学、人学、能力问题和政治哲学这四个主题，是依次递进而又相互缠绕、彼此相关、内在循环的，也是彼此理解的，它们构成我的一段学术研究历程的完整逻辑和图景。用一句话来概括我的学术逻辑：回归马克思主义的本质及其属性。所以，2009年以来，我的学术研究就以马克思主义整体性为新的起点，重新对马克思开辟的哲学道路与马克思主义的内在结构、理论形态进行反思和理解。这体现了我“回归原典，返本开新，把哲学命运和中国命运连在一起”的治学理念。

马克思主义哲学的发展必须基于马克思哲学的本性，马克思主义哲学的创新不能偏离马克思开辟的哲学道路。我国理论界对马克思哲学进行了全面而深入的研究，取得了一些重要学术成果。同时，对马克思哲学的内容和本质问题的理解仍存争议。比如，同样解读马克思实现哲学革命的实质，学术界就存在着辩证唯物主义和历史唯物主义相统一的科学世界观、广义的历史唯物主义、实践哲学、生存论等不同观点。我曾从实践生成论的路径解读马克思哲学，主张“回到马克思哲学本性的基地上探寻哲学发展之路”，主张从“形态分析”“结构分析”角度解读马克思哲学与马克思主义，认为马克思哲学与马克思主义理论体系主要呈现为三种形态，即大众形态、学理形态和政治形态。在我看来，今天，无论从哪个角度看，都应当对马克思主义哲学的发展进行清理与总结。这种清理与总结，首先需要从弄清马克思哲学的真实的完整结构开始。因为作为马克思主义哲学的主要创始人，马克思的哲学以一定方式影响整个马克思主义哲学的发展进程。马克思哲学分析和解决的“总问题”，是资本占有劳动并控制社会的逻辑，或者说是超越资本占有劳动的逻辑并实现人类解放、无产阶级解放、每个人的自由而全面发展。马克思哲学围绕这一“总问题”进行探索，形成了政治形态、学理形态和大众形态三者有机统一的整体图景。然而，马克思以后的马克思主义哲学发展历程却呈现出不同的演变和命运。马克思哲学与马克思主义理论体系的三种形态在当代中国的命运可概括为：大众形态得以倡导，但还没有真正实现；学理形态强劲，却一定意义上疏离政治和大众；政治形态突出，但需要进一步获得学理支持和大众认同。当代中国马克思主义哲学研究要健康发展，不仅要廓清马克思哲学的完整图像，而且要营造马克思主义哲学研究的可持续发展的“生态环境”，从而推动大众形态、政治形态和学理形态的良性互动、良性循环。

弄清以上三种形态之后，我进一步从对马克思主义的“形态分析”，经“结构分析”，最后走向“整体分析”，即研究马克思主义的整体性。在不同人的心目中，会有对马克思主义的不同理解。有经济决定论的马克思主义，有人道主义的马克思主义；有讲阶级斗争的马克思主义，有讲人的自由全面发展的马克思主义；有讲历史规律的马克思主义，有讲人的主体性的马克思主义；等等。在马克思主义发展历程中，马克思主义被有些人肢解了。这种肢解损害了马克思主义的形象，一些人动摇了对马克思主义的信仰。原本是站在大众立场、维护大众利益、为大众立言、为大众提供现实智慧的马克思主义，怎么反而被一些民众远离，没有入心入脑？马克思主义究竟是什么样的？我认为，马克思主义本来是一个整体，因而需要运用“系统整体”思维来看待马克思主义。整体性是马克思主义的一个本质属性，包括“形成”的整体性、“主题”的整体性、“理论”的整体性、“发展”的整体性和“叙述”的整体性等。这几种整体性构成一个严密的逻辑结构。第一，“形成”的整体性。德国古典哲学、英国古典政治经济学和法国空想社会主义是马克思主义的三个基本来源。然而，德国古典哲学多注重“天上”的“形上”思辨，对“地下”的人间现实生活缺乏具体经济学分析；英国古典政治经济学虽注重对“地下”的现实生活作经济学的实证分析，但缺乏哲学超验上的“形上”思考；法国空想社会主义既对社会现实缺乏具体的经济学分析，也缺乏科学的世界观和方法论支撑。马克思主义既继承德国古典哲学、英国古典政治经济学和法国空想社会主义中的合理成分，又以一种整体视野超越它们的局限；马克思、恩格斯将唯物主义历史观、政治经济学和科学社会主义整合在一起，才创立了马克思主义，其中的科学社会主义就是建立在唯物主义历史观和剩余价值学说基础之上的。马克思主义“形成”的整体性在《德法年鉴》中刊载的马克思的文章和《1844 年经济学哲学手稿》中体现出来。第二，“主题”的整体性。马克思主义形成的起点、确立的基点和实践的落脚点，始终是人类解放、无产阶级解放和人的自由全面发展，这些都是具有整体性的主题。这样的整体性在《1844 年经济学哲学手稿》《共产党宣言》等著述中体现出来。在《莱茵报》工作期间，马克思极力维护穷苦人民的利益；在《德法年鉴》时期，马克思把哲学看作无产阶级解放的精神武器和“头脑”；在《1844 年经济学哲学手稿》中，马克思十分关注工人阶级的生存处境与发展命运；《共产党宣言》实质上就是追求人类解放、无产阶级解放和每个人自由全面发展的宣言书；马克思把《资本论》看作工人阶级的“圣经”。第三，“理论”的整体性。马克思主义整个理论都是围绕人类解放、无产阶级解放和人的自由全面发展展开的，其理论的整体性主要体现为“科学与价值的统一”“历史发展规律与人的主体性的统一”“生产力决定论与历史合力论的统一”“经济社会发展与人的发展的统一”“理想与现实的统一”等。这样的整体性在《共产党宣言》《〈政治经济学批判〉序言》和《资本论》中得以彰显。第四，“发展”的整体性。马克思主义有一个发展过程，虽然在不同时期有不同侧重，但一定要把其理论发展过程统一起来作完整理解，即马克思主义是在发展过程中走向并呈现出整体性的。理解这样的整体性，应把早期马克思的思想和晚年马克思的思想统一起来、把马克思的思想和恩格斯的思想统一起来、把马克思、恩格斯思想与马克思、恩格斯以后所有马克思主义经典作家的思想统一起来。马克思、恩格斯晚年所从事的研究工作，一定意义上就是为了实现他们理论学说的完整性。这样的整体性在恩格斯晚年历史唯物主义书信、《反杜林论》以及马克思、恩格斯晚年的许多著作中得以集中呈现。第五，“叙述”的整体性。马克思、恩格斯在阐发和叙述他们的理论学说时，是在唯物主义历史观、政治经济学和科学社会主义组成的有机整体上进行的。唯物主义历史观是科学的世界观和方法论，政治经济学是对现实生活世界之总问题所进行的具体实证分析，科学社会主义是得出的重要结论。在马克思、恩格斯理论学说的叙述中，虽然这三者担负着不同功能，但实际上三者构成一个整体，是同一整体的三个层面。这样的整体性，在恩格斯的《反杜林论》等论著中体现出来。

基于上述观点，我认为，今天谈论马克思主义的整体性之主要目的，一是澄清马克思主义发展历程中出现的种种对马克思主义的误解和肢解，这些误解和肢解都是把马克思主义整体性中的某一元素独立出来加以放大的结果；二是强调我们坚持的马克思主义是作为整体的马克思主义，而不是被肢解的马克思主义；三是要具有明确的自觉意识，即要通过完整地研究“中国总问题”“完整的现实”(或联系发展着的现实)来发展马克思主义，开辟马克思主义研究的新道路。

这方面研究的代表作，是我作为第一作者在《哲学研究》2012 年第 8 期、第 9 期连续发表的《论马克思主义的整体性》以及学术专著《论马克思开辟的哲学道路》。

六是用学术讲政治：习近平新时代中国特色社会主义思想研究。

传统的社会层级结构之积极作用，是有利于举国力解难题、办大事、加速度；但也易产生腐败现象。如何既保留其解难题、办大事、加速度的积极作用，同时又克服其易产生腐败的历史局限？党的十八大以来，以习近平同志为核心的党中央从全面从严治党入手，积极主动出击重拳反腐败，反对“四风”。从学理上看，这实际上是力求克服传统社会层级结构的历史局限，同时又对“举国力解难题、办大事、加速度”实行创造性转化和创新性发展，进而强调“党政军民学、东西南北中，党是领导一切的”。不仅如此，马克思主义中国化时代化的所有理论创新成果都具有整体性，尤其是习近平新时代中国特色社会主义思想更具有整体性，它是马克思列宁主义、毛泽东思想、邓小平理论、“三个代表”重要思想、科学发展观的集大成者。于是，自 2012 年以来，我便从学术视角研究习近平治国理政思想。党的十九大之后，我又从学理角度研究习近平新时代中国特色社会主义思想。

七是追溯原点本源：致力于中国道路及其本源意义的学理研究。

通过研究习近平新时代中国特色社会主义思想，我发现，习近平同志最为关注的是中国特色社会主义道路问题。他强调，“道路问题是关系党的事业兴衰成败第一位的问题，道路就是党的生命”①道路决定命运，“无论搞革命、搞建设、搞改革，道路问题都是最根本的问题”。②

人们谈论道路问题，大多停留在政治层面，还没有真正深入到学术学理层面，致使对中国道路问题的谈论，大多是熟知并非真知，知其然而不知其所以然。这就限制了对中国道路的深入理解和把握。从 2015 年起，我便注重从学术学理层面深入研究中国道路问题。从学术学理层面研究中国道路，具有十分广阔的学术空间，而且也会看到中国道路具有本源意义。马克思主义发展史，归根结底是对道路探寻的历史；近代以降，中国的根本问题，是针对“中国向何处去”而选择一条正确道路的问题；马克思主义中国化时代化的演进逻辑，核心是围绕中国道路这一主线展开的；中国共产党历史发展的逻辑、新中国历史发展的逻辑，其本质是追寻正确的中国道路；改革开放以来我国历史发展、现实发展的逻辑，从根本上就是探究如何以中国特色社会主义道路实现社会主义现代化；中国道路具有世界历史意义，具有历史性贡献、引导性贡献、发展性贡献、文明性贡献和理论性贡献等。2019 年年初，中央党校成立“中央党校专家工作室”，聘我为中央党校专家工作室领衔专家。我们的研究团队，就是致力于从学术学理上聚焦研究“中国道路及其本源意义”，研究“中国奇迹—中国道路—中国理论—中国话语”，力求用中国道路解释中国奇迹，用中国理论阐释中国道路，用中国话语表达中国理论。基于这些认识和理解，我先后出版了《中国道路及其本源意义》《中国特色社会主义的发展逻辑》两部学术著作。

---

① 习近平：《习近平谈治国理政》第一卷，21 页，北京，外文出版社，2018。

② 习近平：《论中国共产党历史》，116 页，北京，中央文献出版社，2021。

从哲学到人学，经人的能力问题的哲学研究，再到当代中国政治哲学研究，进而到马克思主义整体性研究，到今天注重研究习近平新时代中国特色社会主义思想与中国道路问题，是各种逻辑发展的结果。这些研究构成一个具有内在逻辑的有机整体，呈现出一种内在循环。

八是世界眼光：基于中国式现代化、人类文明新形态和构建人类命运共同体创新发展21世纪马克思主义。

21世纪的世界处在新的动荡变革期，是一个以“变革与重构”为时代特征的“不确定”的世界，是会出现系统性风险的世界，因而迫切需要理论解释。面对百年变局中的“世界动荡”“变革重构”“不确定”的整个世界，自由主义出现了话语解释困境；正在实现强起来的中国也需要中国理论强起来，能为解决21世纪的世界问题贡献中国理论，并掌握解释21世纪世界的理论话语权。发展21世纪马克思主义，就是为了解释和引领21世纪世界相关的命题，21世纪马克思主义是为观察时代、把握时代、引领时代，解释21世纪世界并掌握话语权而发展起来的科学理论体系。因此，发展21世纪马克思主义是历史、时代和世界发展的迫切需要，也是世界马克思主义研究中最具前沿性、最具前瞻性、最具潜力的理论建构性的重大课题。我们应基于中国式现代化、人类文明新形态和构建人类命运共同体三大基石，构建和发展21世纪马克思主义。

从中国式现代化经人类文明新形态到构建人类命运共同体，是一个环环递进、层层提升、逻辑严密的有机整体。从中国式现代化到人类文明新形态，是范式、内容、空间的提升，它把“中国式”提升为“人类范式”，把“现代化”发展提升为对整个人类、社会与国家、民族进步的不懈追求及积累起来的积极“文明”成果，这是哲学思维的上升。就此而言，西方式现代化表面上似乎具有人类普遍性，实质上体现的是西方特殊性，中国式现代化表面看来只具有中国特色，深入且从实质看，却具有世界意义。从创造人类文明新形态到构建人类命运共同体，是从人类文明形态到人类共同体之实践形态的一种转化，构建人类命运共同体实质上是人类文明新形态的一种人类实践形式。由此看，中国式现代化、人类文明新形态和构建人类命运共同体是本质相关、逻辑上升的关系，是彼此理解的关系。

中国式现代化是发展21世纪马克思主义的立足点。其一，发展21世纪马克思主义，本质上就是与现代化直接相关的命题，它是在“深刻反思”西方式现代化与拓展中国式现代化基础上发展起来的。21世纪马克思主义既要超越以资本至上为主导逻辑的各种现代性的西方资本主义话语，又要书写坚持人民至上的中国式现代化新版本。习近平同志指出：“走自己的路，是党的全部理论和实践立足点。”①这是一个全称判断，具有广泛涵盖性，是习近平同志总结党百年奋斗重大成就和历史经验而得出的具有重大理论价值和实践意义的结论，表明中国道路对党的理论和实践具有本源意义，是建立在“走自己的路”基石之上的。在新时代，“走自己的路”就具体体现为“中国式现代化”，这意味着新时代党的理论也是建立在中国式现代化基石上的，当然，发展21世纪马克思主义也是建立在中国式现代化基石上的。21世纪马克思主义以中国式现代化为立足点，把中国式现代化看作21世纪马克思主义发展中的根本问题，认为中国式现代化是实现中华民族伟大复兴的正确道路，是立足中国、放眼世界，使21世纪马克思主义放射出真理光芒的道路。其二，中国式现代化的不断发展，使中国特色社会主义伟大事业取得巨大成就，也使中国特色社会主义进入新时代，进而使21世纪世界社会主义运动的中心和发展21世纪马克思主义的中心转移到中国。21世纪马克思主义，可理解为世界社会主义运动中心历史性地转移到新时代的中国所发展起来的马克思主义，它是与中国特色社会主义进入新时代，习近平新时代中国特色社会主义思想呈现出时代意义、世界意义和未来向度相关的概念。世界社会主义运动中心历史性地转移到新时代的中国，“两个大局”交织互动，创造中国式现代化、创造人类文明新形态和构建人类命运共同体，是发展21世纪马克思主义的三大标志性历史事件。

① 习近平：《习近平谈治国理政》第四卷，10页，北京，外文出版社，2022。

党的十九大报告所讲的“三个意味着”，是世界社会主义运动中心转移到新时代中国的根本标志，是确定“21 世纪”这一时代形态的根本标识，是 21 世纪马克思主义立足中国、走向世界的根本依据。第一个“意味着”的主题是实现中华民族伟大复兴，实质上是实现强起来的“叙事”，是第二个、第三个“意味着”的基础，第二个、第三个“意味着”是从第一个“意味着”延展出来的，讲的是“第一个意味着”的世界意义；第二个“意味着”的主题是世界社会主义，实质上是世界社会主义运动中心转移到 21 世纪中国的“叙事”；第三个“意味着”的主题是中国特色社会主义，实质上是中国特色社会主义具有世界意义的“叙事”，正是第二个、第三个“意味着”，才使新时代中国特色社会主义具有世界意义。显然，三个“意味着”的实质，主要是世界社会主义运动中心转移到 21 世纪中国的“叙事”。世界社会主义和马克思主义历史发展进程中蕴含一条规律，即世界社会主义运动的中心转移到哪里，发展马克思主义的中心就转移到哪里。21 世纪，世界社会主义运动的中心已经历史性地转移到新时代的中国，中国特色社会主义在引领 21 世纪世界社会主义的运动和发展，因此，发展 21 世纪马克思主义的生长点、发展源与中心重镇也随之转移到新时代的中国，新时代的中国已成为发展 21 世纪马克思主义的主要实践创新地和理论策源地，它要引领 21 世纪马克思主义的发展。在这个意义上，习近平同志强调：“发展二十一世纪马克思主义、当代中国马克思主义，是当代中国共产党人责无旁贷的历史责任。”①不能否认其他国家一些马克思主义者对发展 21 世纪马克思主义的重要贡献，他们对资本主义制度性缺陷和结构性矛盾的揭露，对新自由主义与金融资本主义的批判以及对数字资本主义与替代性选择、新帝国主义与国际新秩序、新社会主义与新共产主义研究等方面的成果，值得关注。皮凯蒂的《21 世纪资本论》(*Capital in the Twenty－First Century*)，已成为 2008 年国际金融危机之后西方马克思主义的“最新表达”。然而，中国共

① 习近平：《论中国共产党历史》，227 页，北京，中央文献出版社，2021。

产党领导中国人民所创造的中国式现代化为人类实现现代化提供了新的选择，也改变着世界现代化进程；中国共产党百年奋斗，使马克思主义的科学性和真理性在中国得到充分检验，马克思主义的人民性和实践性在中国得到充分贯彻，马克思主义的开放性和时代性在中国得到充分彰显，马克思主义中国化时代化的成功，使马克思主义以崭新形象展现在世界上。

中国式现代化开出的人类文明新形态，是发展 21 世纪马克思主义的根本支点。马克思主义本质上是与人类文明直接相关的范畴，它从来没有脱离人类文明发展大道，是在汲取人类文明一切优秀成果的基础上发展起来的。发展 21 世纪马克思主义，就要汲取一切人类优秀文明成果，要超越西方近代以来“主统治客”的文明范式，走向“主主平等”的文明范式；超越“资本文明”范式，走向“人本文明”范式；超越“地域文明”范式，走向“人类文明”范式；超越“单向度文明”范式，走向“全要素文明”范式；超越“单数文明”范式，走向“复数文明”范式；超越“掠夺—单赢文明”范式，走向“和合—共赢文明”范式；超越“西方中心论文明”范式，走向“多元文明互鉴”范式，为人类文明发展指明方向。因而，人类文明新形态蕴含发展 21 世纪马克思主义的要素，离开人类文明新形态，就无法真正理解 21 世纪马克思主义。

构建人类命运共同体是发展 21 世纪马克思主义的根本支柱。21 世纪世界处于“两个大局”交织互动的新的动荡变革期。这意味着中国深度融入并影响世界，世界深刻融入并影响中国，中国的发展离不开世界，世界的繁荣也需要中国，这便使中国问题成为世界问题，使世界问题成为中国问题，也必然使实现中华民族伟大复兴超出中国界限进而影响世界历史进程。在“两个大局”交织互动背景下，中国如何站在历史正确的一边，站在推动人类发展进步的一边，以胸怀天下眼光把握人类命运与资本主义、社会主义的命运？如何以中国式现代化、人类文明新形态、构建人类命运共同体超越资本主义历史局限，充分展示社会主义制度优越性，实现中华民族伟大复兴？如何从人类发展大潮流、世界变化大格局、中国发展大历史正确认识和处理中国与外部世界的关系、社会主义与资本主义的关系，进而有效应对大变局中出现的世界性难题，为解答“世界向何处去”贡献中国智慧、中国方案？这迫切需要具有世界意义的理论来指引，21世纪是迫切需要理论而且一定能够产生理论的世纪。

《中共中央关于党的百年奋斗重大成就和历史经验的决议》指出：“党推动构建人类命运共同体，为解决人类重大问题……贡献了中国智慧、中国方案、中国力量，成为推动人类发展进步的重要力量。”①中国特色社会主义开创之初，着重解决国内解放和发展社会生产力从而使中国人民富起来的问题。随着新时代中国特色社会主义道路、理论、制度、文化的不断发展，它对解决“世界向何处去”的“人类命运”问题日益显示其重要意义。习近平同志顺应世界大势和时代潮流，继承马克思主义关切人类解放的传统，提出构建人类命运共同体这种具有世界意义的理念，为解决中国和世界的关系、社会主义和资本主义的关系、当今世界和未来世界的关系贡献了中国智慧、中国方案、中国理念，为发展21世纪马克思主义奠定了基石。第一，构建人类命运共同体有助于正确处理中国和世界的关系。它表明中国在与世界的关系上所采取的立场和取向：坚持“世界既具有统一性又具有多样性”的世界观，超越了西方“一元主导”的世界观；坚持立足“人类社会”构建人类共建共享共治共同体的世界大同观，超越了西方基于“市民社会”的那种以邻为壑的个人利益观；坚持任何国家在主权、规则、机会上应当平等的国家观，体现“主主平等”的哲学思维，超越了西方以“主统治客”为哲学基础的“国强必霸”的国家观；坚持和平发展、合作共赢的“互利普惠”的义利观，超越了西方那种“你输我赢”的义利观。显然，构建人类命运共同体以多样统一、世界大同、国家平等、合作共赢的理念、智慧，为正确处理中国和世界的关系指明了正确方向。第二，构建人类命运共同体有助于正确处理社会主义和资本主义的关系。中国坚持“人民至上”的发展观，超越了

① 《中共中央关于党的百年奋斗重大成就和历史经验的决议》，64页，北京，人民出版社，2021。

“资本至上”的发展观；坚持尊重其他国家根据本国国情自主选择其发展道路的“包容发展”的道路观，超越了“西方中心论”的道路观；坚持“五大文明协调发展”“文明互学互鉴”的文明观，超越了“文明冲突论”的文明观。显然，构建人类命运共同体以人民至上、包容发展、协调发展、互学互鉴的理念和智慧，正确处理了社会主义和资本主义的关系，充分彰显了社会主义制度的优越性，超越了资本主义的历史局限，为掌握社会主义发展命运指明了正确方向。第三，构建人类命运共同体为解决未来“世界向何处去”的问题开辟了正确道路。构建人类命运共同体所蕴含的世界观、大同观、国家观、义利观、发展观、道路观、文明观，是构建人类命运共同体的哲学观，它是以多样性、人民性、平等性、包容性、普惠性为本质特征的中国理念和智慧，是“两制并存”的21世纪，中国共产党人构建人类命运共同体，为参与全球治理体系改革和建设、推动国际秩序“由变到治”、解答“世界向何处去”所贡献的中国智慧和中国方案，为世界社会主义运动指明了正确方向。概言之，构建人类命运共同体关乎世界社会主义、马克思主义的发展，也在重构世界格局，影响世界历史进程，成为发展21世纪马克思主义的根本支柱。

从总体上讲，中国式现代化、人类文明新形态和构建人类命运共同体作为一个有机整体，对发展21世纪马克思主义具有奠基意义。中国式现代化、人类文明新形态和构建人类命运共同体不仅彰显了21世纪马克思主义的时代特征，也呈现了21世纪马克思主义的时代主题，又凸显了21世纪马克思主义所解决的根本问题，还表明新时代中国具有发展21世纪马克思主义的能力。

这方面学术研究的代表性成果，就是《21世纪马克思主义研究》这部专著。

二　深入领悟世界历史发展和马克思主义发展之道

基于上述研究，我从我的著作中选取了四部具有代表性的学术著作，即《论马克思开辟的哲学道路》《马克思的人学理论》《中国特色社会主义的发展逻辑》《作为分析框架的哲学》。前两部著作聚焦马克思的哲学思想和马克思的人学理论，属于文本研究和基础理论研究，注重文本逻辑和理论逻辑；第三部著作提炼了中国特色社会主义发展的根本经验，揭示了中国特色社会主义道路的本源意义，为创立和发展21世纪马克思主义提供了历史基础；第四部著作是我的学术研究中形成的自己分析问题的学术分析框架与解释逻辑，注重哲学逻辑。

需要强调的是，在这四部代表性学术著作中，我逐渐领悟出世界历史发展之道，领悟出基于世界文明转移的马克思主义历史发展之道。

古代，世界文明的中心在中国。近代，世界文明的中心转移到欧洲。由此，兴起了“欧洲中心主义”，之后又拓展为西方中心论。作为一种思想体系，西方中心论对整个世界产生了深远影响。

马克思的伟大之处在于他不断清算以前的哲学信仰，进行自我批判、自我超越、自我完善。晚年马克思超越其青年时期关于历史发展道路的思想认识，开始关注历史发展道路的多样性，尤其是东方社会发展道路的多样性问题。这当然也与俄国民粹派讨论俄国农村公社能否跨越资本主义“卡夫丁峡谷”问题有关。马克思给予的谨慎回答是，俄国农村公社若能吸收资本主义发展的“积极成果”，又能避免资本主义发展的“灾难性后果”，就可以跨越资本主义“卡夫丁峡谷”而向社会主义过渡。显然，这种过渡是有条件的。这表明马克思开启了对历史发展道路多样性、生成性的思考。

马克思、恩格斯把社会主义由空想变为科学，列宁则把科学社会主义由理论变成现实，列宁领导了十月革命，在世界上建立了第一个社会主义国家。需要关注的是，俄国是在小农经济占优势的经济文化落后国家建设社会主义的范例。所以，列宁晚期集中思考的问题是：经济文化落后的俄国向社会主义过渡的道路问题。思考的重大成果，一是列宁对社会主义的整个看法根本上改变了；二是列宁认为各个民族都将走向社会主义，但走法却不完全一样。显然，是列宁开启了对历史发展道路多样性的实践，开始走出“使农村从属于城市……使未开化和半开化的国家从属于文明的国家，使农民的民族从属于资产阶级的民族”①的框架。历史发展道路多样性之实践真正发端于列宁，他在理论上为中国“走自己的路”提供了“俄国样本”。

现代化运动是西方开启的，它把整个世界卷入其中，也对中国产生强烈冲击。1840 年后，中国开启一波波被动防御性的回应，如洋务运动、戊戌变法、辛亥革命、五四运动。这些回应没有真正走出“自己的路”。十月革命一声炮响，给中国送来了马克思列宁主义。马克思列宁主义同中国工人运动相结合产生了中国共产党。中国共产党一改过去被动防御性的回应为积极主动的应对，从选择马克思列宁主义作为指导思想、选择中国共产党作为领导力量、选择中国道路作为解决中国问题的必由之路这三个方面，开始掌握在中国建设现代化的历史主动。之后，我们党确定了“走自己的路”，推进现代化道路上的“自主性成长”(或实践生成)；改革开放后，我们党赋予“走自己的路”以时代内涵，从“走自己的路”中开出“中国特色社会主义道路”，推进现代化道路上的“内涵式成长”；中国特色社会主义进入新时代，我们党进一步把中国特色社会主义道路置于世界历史这种大历史观、大历史场景中思考，在与西方现代化的比较和竞跑中，又走出“中国式现代化”新道路，彰显“中国特色社会主义道路”的世界历史意义，推进了现代化道路上的“世界性成长”；之后，我们党又进一步从“中国式现代化新道路”中成功拓展出“中国式现代化”，赋予“中国式现代化”新道路以更宽广而深远的意义，推进了

① 《马克思恩格斯选集》第一卷，405 页，北京，人民出版社，2012。

现代化道路上的“理论性成长”。

中国式现代化及其创造的人类文明新形态具有重大的世界历史意义，它打破“自古华山只有一条路”的那种对西方式现代化、西方中心论的迷思，开创出“条条大路通罗马”的新的现代化景观，改变了世界现代化的版图，为人类实现现代化提供新的选择，使科学社会主义理论和实践由西方走向东方的中国，在21世纪中国焕发强大生机活力，也使中国特色社会主义走向世界，具有世界意义。基于中国式现代化的实践生成及其所创造的人类文明新形态，我们走出了一条由“世界失我”到“世界有我”再走向“世界向我”的历史演进逻辑，走出了“东方从属于西方”的框架，开启了创新发展21世纪马克思主义之路，破解了“古今中西之争”，巩固了中国式现代化的主体性。

三　余言

我已66岁。岁月显老，学术年轻。60岁到75岁是我的学术“黄金期”，因为一有学术积累，二有学术时间，三有学术使命。在这一段时间，我可以静下心来，心无旁骛地从事纯粹的学术研究，也可以清除一些功利主义因素的影响。我把学术研究职业当作事业，把学术生命当作使命，因而会充分利用这样的学术“黄金期”，全力以赴致力于“中国式现代化、人类文明新形态、构建人类命运共同体与创新发展21世纪马克思主义”的学术研究，致力于“文化和文明关系”的学术研究，力求实现学术上的创新和突破。

这是我的执念，也是我的学术追求！

目 录

总　论

发展是人类社会永恒的主题。改革开放40多年来，中国特色社会主义的发展取得了举世瞩目的成就。特别是党的十八大以来，中国特色社会主义进入新时代，中华民族迎来了从站起来、富起来到强起来的伟大飞跃，科学社会主义在21世纪的中国焕发出强大的生机活力，我们为解决人类问题贡献了中国智慧和中国方案。这极大地激发了我们坚定中国特色社会主义自信并积极建构中国理论、传播中国声音、讲好中国故事的责任感与使命感。站在新时代新的历史起点上，回顾和分析改革开放以来中国特色社会主义的发展逻辑，总结和揭示中国特色社会主义的历史经验和发展规律，既是实践发展的需要，也是理论发展的需要，还是世界发展的需要。

"发展逻辑"，是本书的核心概念。"逻辑"，是一种理性思维方式，是一个论证推理的系统过程，体现为一定的历史演进和规律，具有过程性、生成性、因果性、联系性和递进性等特征。研究"改革开放以来中国特色社会主义的发展逻辑"，意在追踪改革开放以来中国特色社会主义的发展历程，分析和揭示改革开放以来中国特色社会主义的历史演进和发展规律。中国特色社会主义发展是一个涵盖各要素、各结构与各领域的纷繁复杂的历史过程。为了清晰地揭示改革开放以来中国特色社会主义的发展逻辑及其演进规律，本书选取了历史、现实、价值、理论和世界五个维度，分别阐释改革开放以来中国特色社会主义的演进历程与发展规律，并从总体上阐释这五个维度之间的内在逻辑联系。

一　为何从学理上深化对改革开放以来中国特色社会主义发展逻辑的研究

中国特色社会主义进入新时代，其自身要求进一步深入研究改革开放以来中国特色社会主义的发展逻辑。

改革开放开创了中国特色社会主义。随着改革开放的逐步深入，中国特色社会主义伟大事业也不断得到发展和完善。时至今日，改革开放已走过40多年的风雨历程，中国特色社会主义发展也取得了巨大成就。特别是党的十八大以来，中国特色社会主义进入新时代，我国经济实力、科技实力、国防实力、综合国力与国际地位等得到了前所未有的提升，党的面貌、国家的面貌、人民的面貌发生了翻天覆地的变化，中华民族迎来了从站起来、富起来到强起来的伟大飞跃。不仅如此，改革开放推动中国特色社会主义不断发展并走向世界，为解决人类问题提供了中国智慧和中国方案。这一系列成就主要得益于我们始终不渝地坚持和发展中国特色社会主义，得益于党领导全国各族人民坚持走中国特色社会主义道路。习近平同志在党的十九大报告中指出："中国特色社会主义是改革开放以来党的全部理论和实践的主题，是党和人民历尽千辛万苦、付出巨大代价取得的根本成就。"①处在改革开放40多年新的历史节点上，我们需要以更坚定的信念和更宽广的视野加大对中国特色社会主

① 《中国共产党第十九次全国代表大会文件汇编》，13页，北京，人民出版社，2017。

义的研究，特别是要回顾、思考改革开放 40 多年以来中国特色社会主义的发展逻辑，进一步揭示中国特色社会主义发展的历史经验和基本规律。

回顾反思、总结经验、揭示规律，是人类发展固有的一种追求。它实际表达了人类对过去历史的尊重、对现在生活的解释，以及由此形成的对未来发展的展望。人类历史发展不是一堆杂乱无章东西的简单堆砌，也不是头脑中的主观臆想，而是一个有着内在发展规律的自然历史发展过程。因此，寻求并揭示社会历史发展的规律性，是研究发展问题的必然与使命。社会历史发展规律存在于人类活动之中，存在于社会发展的逻辑进程之中，是事物之间的内在的、本质的、必然的联系，决定着事物发展的趋势与方向。列宁指出：“规律是现象中同一的东西。”[①]由此，我们可以透过现象找到规律、认识规律，并在此基础上遵循规律，发挥规律的引领作用。正是在这个意义上，规律本质上属于逻辑范畴，即规律在我们意识中的本质就是逻辑。基于此，中国特色社会主义的发展逻辑，重在梳理总结改革开放 40 多年的发展历程及其经验教训，揭示中国特色社会主义发展的基本规律，从而充分发挥对中国特色社会主义建设实践的引领作用。

自改革开放开创中国特色社会主义以来，中国特色社会主义的发展问题便一直备受学术界广泛关注与研究，也取得了一系列突破性进展。然而，其研究的主题和切入点，主要集中于对中国特色社会主义道路、理论、制度、文化、旗帜等的专题性研究上，侧重于阐释它们的主要内涵、本质特征、相互关系和建设路径，而对中国特色社会主义发展的总体逻辑、具体逻辑及基本规律，研究相对较少。在改革开放 20 年、30 年之际，我国有一批专家学者开始尝试挖掘中国特色社会主义发展的内在奥秘，揭示其中的发展逻辑、发展趋向及发展规律。但总体来说，人们对中国特色社会主义的发展逻辑及发展规律的研究，还处在初级阶

① 《列宁全集》第 55 卷，2 版增订版，126 页，北京，人民出版社，2017。

段，无论数量还是质量都远远不够。这主要根源于改革开放初期，中国特色社会主义的发展程度还不够充分，取得的历史成就也并未完全呈现出来，因而，我们对中国特色社会主义发展逻辑的认识也相对浅显。中国特色社会主义实践发展的不充分，影响了我们对中国特色社会主义发展逻辑的认知与研判。

经过长期努力，中国特色社会主义进入了新时代，我国社会主要矛盾也历史性地转化为人民日益增长的美好生活需要和不平衡不充分的发展之间的矛盾。改革开放进入全面深化阶段，中国特色社会主义发展不仅呈现出新特点，而且其发展的广度、深度、高度等都有了突破性进展，中国特色社会主义的发展逻辑也逐渐明晰地呈现出来。新时代是中国发展起来以后使大国成为强国的时代。强国之强，不仅体现在取得了历史性成就、发生了历史性变革、产生了历史性影响，更体现在中国特色社会主义的发展逻辑及其发展规律问题显得日趋重要。因此，新时代对当代中国哲学社会科学工作者提出了建构中国理论的要求。我们必须站在新时代这一新的历史方位，分析改革开放以来中国特色社会主义的发展历程及其内在逻辑，全面准确深入地揭示中国特色社会主义发展的基本规律，从而为强国时代中国特色社会主义的发展提供新的理论引领。这既是新时代实践发展的要求，也是新时代理论构建的需要。然而，当前我国学界对新时代中国特色社会主义的发展逻辑及其发展规律的研究，还落后于时代发展所要求的水平，以“发展逻辑”为题对改革开放以来中国特色社会主义进行整体性、专门性研究，尚属学术界的一项空白。虽然有一些专家学者开始专注于研究中国特色社会主义发展的内在逻辑，积极自觉地建构中国理论，取得了值得充分肯定的学术成就，但还不够完整、系统和深入。正是在这个意义上，对改革开放以来中国特色社会主义发展逻辑的研究，具有重大的学术研究价值和实践意义。

对改革开放以来中国特色社会主义发展逻辑的研究，也有着深刻的国际背景。

改革开放之初，中国特色社会主义就引起国际社会的广泛关注。随着改革开放的全面展开和深化，随着民族历史日趋成为世界历史，中国特色社会主义的发展便日益融入世界，成为世界历史发展的重要组成部分。特别是2008年国际金融危机以后，在西方各国的发展逐渐暴露出一些重大问题之际，中国却依然保持相对强劲的发展势头，至2010年，中国已跃升为世界第二大经济体。党的十八大以来，中国特色社会主义进入新时代，我国发展进入新的历史方位，中国的国际地位也有了前所未有的提升。中国发展让世界“震惊”，由此也吸引了一批国外学者纷纷探究中国特色社会主义发展的成功奥秘，提出了“中国模式”“中国经验”“中国元素”等研究成果，其中一些成果值得关注。但他们的一些研究成果并不全面、准确、客观，不少学者立足西方理念、西方模式、西方范式、西方标准剪裁中国发展，这并不符合中国发展的客观实际，也妨碍了世界各国对中国特色社会主义发展的正确认知。在这样的国际背景下，中国学者完全有责任立足中国国情，全面准确深入揭示并阐释好中国特色社会主义真实的发展历程、发展逻辑、发展规律。不仅如此，中国特色社会主义所取得的历史性成就，使一些国家特别是西方发达国家感到焦虑与担忧。它们出于意识形态斗争的需要，不希望看到中国崛起，因而故意扭曲、恶意诋毁中国特色社会主义发展，“中国霸权论”“中国威胁论”“中国崩溃论”“历史终结论”等论调甚嚣尘上、愈演愈烈。事实上，改革开放初期，西方世界质疑、否定中国特色社会主义发展的声音就从未停止。中国特色社会主义历经40多年的发展，摆脱了挨打、挨饿的历史，却又陷入挨骂的境地，有理不会说、有理说不出的境况时常出现。因此，站在新时代这一新的历史起点上，阐释好中国特色社会主义的发展历程、发展逻辑、发展规律，并由此用中国道路解释中国奇迹、用中国理论阐释中国道路、用中国话语表达中国理论，以争取和掌握国际话语权，就显得尤为重要了。只有这样，我们才能更好地讲好中国故事、传播中国声音、塑造中国形象，让世界各国人民全面正确深入地了解中国、认识中国、理解中国，进而为中国特色社会主义发展营造健康良好的国际环境。

总之，对改革开放以来中国特色社会主义发展逻辑的研究，是应时代发展之需，应实践发展之需，应理论发展之需，应世界发展之需。

基于此，本书选取中国与世界两个视角，聚焦分析、研究、揭示中国特色社会主义的发展逻辑及其重大意义。就是说，从中国视角，要注重探讨改革开放以来中国特色社会主义发展逻辑对中国自身发展的意义与价值；从世界视角，要重点研究改革开放以来中国特色社会主义不断发展能为世界带来哪些贡献和影响。当然，这两个视角并非截然分开、各自孤立，而是相互交织在一起的。

从中国视角看，对改革开放以来中国特色社会主义发展逻辑的研究，有利于促进当代中国发展。

从学理上，这有助于深入理解和把握改革开放以来中国特色社会主义的发展规律，进一步明确新时代坚持和发展中国特色社会主义的根本路径和方式。以往对中国特色社会主义发展的研究，主要集中于对党和国家领导人讲话、党的报告及其他重要文献内容的政治解读，这是十分必要的。然而，其政治阐释有余而学理研究不足，真正从学理上加强对中国特色社会主义发展逻辑的研究和阐释，还远远不够。本书旨在用学术讲政治、从政治找学术，力求充分挖掘中国特色社会主义发展中的马克思主义理论渊源，把马克思主义哲学、马克思主义基本原理和中国特色社会主义发展逻辑深度融合在一起，进一步从哲学社会科学角度对改革开放以来中国特色社会主义的发展逻辑进行深入细致的学理研究，以丰富、发展中国特色社会主义的学术体系、理论体系和话语体系，进一步繁荣中国特色哲学社会科学。不仅如此，对改革开放以来中国特色社会主义发展逻辑的研究，必然涉及对发展逻辑的内涵和外延、发展的逻辑起点、发展阶段的划分、各个发展逻辑之间的关系等问题的学理研究。因此，研究改革开放以来中国特色社会主义的发展逻辑，有助于理解和把握中国特色社会主义的发展规律，有助于把握以习近平同志为核心的党中央是如何书写新时代中国特色社会主义的新篇章，进而有助于构建“中国理论”。

从政治上，这有助于进一步坚定“四个自信”。对改革开放以来中国特色社会主义发展逻辑的研究，旨在揭示中国特色社会主义发展的必然性和规律性及其根本经验，有助于从学理上深化对共产党执政规律、社会主义建设规律、人类社会发展规律的认识和理解，有效克服中国特色社会主义发展过程中出现的少知而惑、不知而盲、无知而乱等现象，避免走弯路、老路与邪路，要坚定不移走中国特色社会主义道路；有助于我们进一步坚持和发展中国特色社会主义，坚定道路自信、理论自信、制度自信、文化自信，进而坚定团结全国各族人民攻坚克难，为决胜全面建成小康社会、实现“两个一百年”奋斗目标、实现中华民族伟大复兴凝聚信心与力量。

从实践上，这有助于满足党和国家发展的需求。党的十九大报告指出，经过长期努力，中国特色社会主义进入新时代，这是我国发展新的历史方位。探究改革开放以来中国特色社会主义的发展逻辑，要求我们立足于新时代实践与理论发展的需求，站在新的历史起点上，回顾反思改革开放 40 多年的发展历程，以形成中国特色社会主义发展的新理念新思想新战略，并注重建构新时代的中国理论，从而为新时代实现社会主义现代化、实现中华民族伟大复兴提供理论指导和行动指南，推动中国特色社会主义发展跃升到更高、更新的平台与境界。

在应用上，从学理上认识和把握改革开放以来中国特色社会主义的发展逻辑，有助于进一步深入理解和把握新时代中国特色社会主义发展的新的逻辑，进而自觉主动地推进“理论创新”和构建“理论中国”；有助于揭示中国特色社会主义发展规律，进而更加自觉地用习近平新时代中国特色社会主义思想武装全党、指导实践、推进工作。

从世界角度分析，可以为推进世界发展贡献中国理念、中国智慧和中国方案。

为世界发展贡献中国理念。中国特色社会主义重在共商、共建、共享、共治，重在和平、和谐、和睦、和美，重在和平发展、合作共赢。习近平同志在许多场合提出要积极推动构建人类命运共同体，这是当今世界场景中的中国理念的核心要义。它打破了“西方中心论”的神话，强调世界各国地位平等、和而不同、包容发展、互利普惠。“一花独放不是春，百花齐放春满园。”①任何国家都是世界发展的重要组成部分，是人类命运共同体中的一员，在经济全球化视阈下，各国更应该加强沟通、促进合作、共同发展、追求共赢。这是中国理念不同于西方理念的根本精髓所在，也是中国特色社会主义贡献给世界的中国理念。

为世界发展贡献中国智慧。从中国特色社会主义发展逻辑中抽象概括和提升凝练出中国智慧，有利于在国际社会交往中进一步掌握对中国特色社会主义的解释权、定义权与话语权，进而不断提升我国在意识形态领域的主动性与引领性，从而打破西方意识形态垄断；有利于回应国际上对中国特色社会主义发展的种种肢解、曲解、误解，让世界各国人民更客观、全面、准确地了解中国特色社会主义，从而为使我国由大国成为强国营造有利的理论环境。

为世界发展贡献中国方案。中国特色社会主义道路、理论、制度、文化的不断发展，为世界各国，特别是广大发展中国家提供了一条非西方式的发展道路。中国特色社会主义发展既没有走封闭僵化的老路，也没有走改旗易帜的邪路，而是始终坚定不移地立足中国国情、解决中国问题、创造中国奇迹、促进中国成功，走出了一条独立自主的富国之路、强国之路。这显然为那些希望摆脱西方控制力求实现独立，希望摆脱贫穷加快发展的国家提供了道路启示和经验借鉴。现代化不等于西方化，它不是对西方现代化模式的照搬照抄，而是结合本国具体实际，立足本国国情，实事求是地找到一条解决本国问题、促进本国发展的自主发展道路，这是实现现代化发展的根本要义所在，是中国为当今整个世界发展贡献的中国智慧和中国方案。

---

① 习近平：《共建创新包容的开放型世界经济：在首届中国国际进口博览会开幕式上的主旨演讲》，4 页，北京，人民出版社，2018。

二　代表性成果的学术清理与总结

要全面准确深入研究改革开放以来中国特色社会主义的发展逻辑，首先必须清理相关研究成果，既继承和吸收其中的合理因素，又找到进一步深化研究的突破口，从而推进理论创新，这叫作“站在别人肩上说新话”。

(一)国内相关研究成果的梳理

1. 基本成果

通过对中国期刊全文数据库进行检索统计，从 1980 年到 2018 年，题名中含有“中国特色社会主义”的文章近 30 000 篇，其中，从 2007 年到 2017 年有文章 23 852 篇左右；从 1980 年到 2017 年，题名中含有“中国特色社会主义”与“发展”的文章约 55 000 篇，其中，从 2007 年到 2017 年有文章近 5 000 篇。当然，2018 年以来，这方面的文章也不少。

通过对中国博士学位论文全文数据库进行统计，题名中含有“中国特色社会主义”的论文 200 多篇，题名中含有“中国特色社会主义”与“发展”的论文 400 多篇。

通过对中国优秀硕士学位论文全文数据库进行统计，题名中含有“中国特色社会主义”的论文约 689 篇，题名中同时含有“中国特色社会主义”与“发展”的论文约 127 篇。

通过对中国国家图书馆中文普通图书库进行检索统计，正题名为“中国特色社会主义”的论著有 2 300 部之多，其中，正题名为“中国特色社会主义”与“发展”的论著有 358 部之多。

2. 研究进展

改革开放以来，随着中国特色社会主义实践的发展，国内学术界对中国特色社会主义开展了学术讨论和理论研究，发表了一系列相关论著。这些研究成果，是我们进一步深化对改革开放以来中国特色社会主义发展逻辑研究的基础和起点。

中国特色社会主义是我国改革开放进程中逐步形成和发展起来的中国特色社会主义道路、理论体系、制度和文化的有机整体。由于中国特色社会主义的原创性和开创性，一开始就受到理论界的广泛关注。特别是随着中国特色社会主义逐渐走向成功，进一步吸引了学术界对其内在发展逻辑的关注。实践发展无止境，中国特色社会主义的发展逻辑，必将进一步成为理论界继续关注和研究的热点。一直以来，全国哲学社会科学工作办公室都积极资助有关中国特色社会主义课题的研究。迄今为止，资助的相关重大课题、重点课题、一般课题和青年课题及其他课题有 210 多项。

截至 2016 年，与本研究关联度比较高的主要有：2000 年，北京大学黄宗良主持的“全球化与中国特色社会主义”；2004 年，中共中央党校谢春涛主持的“中国特色社会主义史”；2008 年，厦门大学李丹主持的“构建和谐世界：中国特色社会主义与全球化的联系”；2009 年，清华大学马克思主义学院肖贵清主持的国家社科基金重点项目“中国特色社会主义前沿问题研究”；2011 年，贵州师范大学李红军主持的“中国特色社会主义与当今人类文明发展道路研究”；2012 年，华中师范大学牟成文主持的国家社科基金重点项目“中国特色社会主义政治发展道路研究”；2013 年，北京大学杨河主持的国家重大课题“坚定中国特色社会主义的道路自信、理论自信、制度自信研究”，清华大学李捷主持的国家重大课题“中国梦理论与实践研究”，武汉大学孙来斌主持的国家重大课题“实现中华民族伟大复兴中国梦基本问题研究”；2014 年，王怀超主持的国家社科基金重点项目“坚持和发展中国特色社会主义”，许峰主持的“中国特色社会主义道路的世界意义研究”，王观松主持的“中国特色社会主义的‘中国特色’研究”，黄寿松主持的“中国特色民主话语体系建设研究”，杨金海主持的“中国特色社会主义价值认同研究”，许进品主持的“中国特色社会主义道路研究”；2015 年，郭强主持的国家社科基金重点项目“中国特色社会主义道路三大方位研究”，王明锁主持的“中国特色社会主义理论的竞争力研究”，杨文圣主持的“马克思社会形态理论视域下的中国特色社会主义道路自信研究”，刘明日主持的“马克思的现代性批判理论与中国特色现代性道路的建构研究”，马程程主持的“中国特色社会主义道路选择的‘三位一体’逻辑关系理路研究”；2016 年，祝黄河主持的国家社科基金重点项目“中国特色社会主义道路自信的内在逻辑研究”，吴苑华主持的“世界体系视野下的中国特色社会主义研究”，张艳娥主持的“中国特色社会主义制度成熟定型的内在逻辑”，何海根主持的“习近平总书记关于‘党的领导是中国特色社会主义最本质特征’重要思想研究”，方同义主持的“中国特色社会主义意识形态安全问题研究”，等等。2016 年之后，这方面的国家课题还在增加。

总体来说，国内这方面的研究进展大致可概括为：起初，着重从政治层面研究中国特色社会主义提出的背景、含义、地位和意义等；之后，着重从学理层面研究中国特色社会主义的立论基础、发展历程、逻辑结构和内容框架；今天，着重从历史逻辑、实践逻辑、理论逻辑层面等，进一步揭示中国特色社会主义发展的内在逻辑。

3. 主要观点

(1)关于中国特色社会主义的科学内涵。

中国特色社会主义，是中国共产党十二大以来历次党代会的主题，也是改革开放以来党的全部实践和理论的主题。1987 年，党的十三大报告沿用了十二大提出的“有中国特色的社会主义”的概念，并衍生出“有中国特色的社会主义道路”“有中国特色的社会主义理论”“有中国特色的社会主义的实践”“有中国特色的社会主义的基本路线”“有中国特色的社会主义民主政治”“有中国特色的社会主义的宏伟事业”“有中国特色的社会主义的伟大旗帜”等。1992 年，党的十四大报告仍保留了“有中国特色社会主义理论”“有中国特色社会主义道路”“有中国特色社会主义事业”“有中国特色社会主义的伟大旗帜”等提法，对“有中国特色社会主义理论”的主要内容，从八个方面进行了总结和概括，彰显了邓小平同志的理论贡献。党的十五大报告保留了“有中国特色社会主义道路”“有中国特色社会主义理论”“有中国特色社会主义事业”“有中国特色社会主义伟大实践”等衍生提法，并对建设有中国特色社会主义的经济、政治和文化进行了具体阐述，框定了中国特色社会主义事业“三位一体”的基本布局。党的十六大首次使用了“中国特色社会主义”这一概念，“中国特色社会主义道路”“中国特色社会主义事业”“中国特色社会主义共同理想”等提法随之出现。党的十七大报告对中国特色社会主义进行总结和升华，从“道路”“理论体系”两个方面明确了中国特色社会主义的内涵，并界定了“旗帜”的内容。2011 年 7 月，胡锦涛同志在庆祝中国共产党成立 90 周年大会上，将“中国特色社会主义制度”纳入中国特色社会主义这一主体概念之下，把对中国特色社会主义的认识从党的十七大的道路、理论体系“二位一体”升华为道路、理论体系、制度“三位一体”。2012 年，党的十八大报告重申中国特色社会主义包含“中国特色社会主义道路”“中国特色社会主义理论体系”“中国特色社会主义制度”三个方面，并阐明了三者之间的关系。同时，党的十八大报告还从实践特色、理论特色、民族特色、时代特色四个方面，回答了中国特色社会主义的“特色”所在，大大深化了对中国特色社会主义内涵的认识。党的十九大报告把中国特色社会主义道路、理论、制度、文化并提，表达了对中国特色社会主义的整体理解和把握。党的二十大报告强调继续高举中国特色社会主义伟大旗帜。

学术界对于中国特色社会主义的科学内涵的理解，整体上是遵循历次党代会报告的概括来展开的。当前，理论界主要根据党的十九大报告中“中国特色社会主义道路是实现社会主义现代化、创造人民美好生活的必由之路，中国特色社会主义理论体系是指导党和人民实现中华民族伟大复兴的正确理论，中国特色社会主义制度是当代中国发展进步的根本制度保障，中国特色社会主义文化是激励全党全国各族人民奋勇前进的强大精神力量”①这一重要论述，来理解中国特色社会主义的概念及

---

① 《中国共产党第十九次全国代表大会文件汇编》，13—14 页，北京，人民出版社，2017。

其科学内涵。学术界对中国特色社会主义内涵的理解主要有三种代表性的观点。第一种观点认为，中国特色社会主义道路、中国特色社会主义理论体系、中国特色社会主义制度、中国特色社会主义文化，共同构成了中国特色社会主义的科学内涵。这种观点是一些学者对政治文件语言的直接引用，内容正确，但缺乏应有的学术深度。第二种观点认为，中国特色社会主义包含中国特色社会主义旗帜、道路、理论体系、制度和文化。其中旗帜是方向，居于统领地位，道路、理论体系、制度、文化是旗帜在实践和理论上的选择、体现、展开和成果总结；旗帜以道路、理论体系、制度、文化为支撑和保障，道路、理论体系、制度、文化以旗帜为标志和指引，五者相互联系，相辅相成，统一于坚持和发展中国特色社会主义这一主题之中。相对第一种观点，第二种观点概括得比较全面系统，具有一定的学理性。第三种观点认为，中国特色社会主义的内涵包括五个方面的基本内容，即中国特色社会主义是伟大旗帜和根本方向，是根本道路和方法途径，是理论体系和指导思想，是伟大事业和运动实践，是社会制度和社会形态。这五者之间的辩证关系是实践决定理论，理论指导实践，旗帜决定方向，道路决定命运，制度决定成败。这种观点是尝试在党的十九大报告基础上，探索中国特色社会主义更为丰富的内涵，相比较而言，具有一定的独到见解。

当然，还有一些研究从很宽泛的角度来理解中国特色社会主义的内涵，认为它是一个内容丰富的庞大体系。

总体来看，学术界对中国特色社会主义的内涵理解大多还处在解读、阐释政治文件的层面，虽有学理研究，但学理研究的深度还不够。由于实践发展无止境，理论创新无止境，随着中国特色社会主义事业的不断发展，中国特色社会主义的科学内涵还在不断生成、充实、丰富和发展。因此，下一步的研究应当注重学理逻辑，应站在整体发展逻辑进程的高度，来研究中国特色社会主义的丰富内涵，进而为理论界提供有前瞻、有远见、有深度和穿透力的学术成果。

(2)关于中国特色社会主义的发展历程。

总体上看，理论界在对中国特色社会主义逻辑起点的界定问题上，基本形成了“始于1978年”这一共识，并在此基础上展开对中国特色社会主义的演进历程的研究。党的十八大前后，理论界曾有一种观点，认为中国特色社会主义的起点“始于毛泽东领导中国进行社会主义建设时期”。在党的十九大召开之前，有四种代表性观点。第一种观点认为，中国特色社会主义形成有两个历史时期，分别是改革开放以前的20多年和改革开放以来的近40年。其理论成果是，毛泽东思想开始创建，邓小平理论提供基本框架，“三个代表”重要思想标志着体系的成熟，科学发展观是进一步的深化。第二种观点认为，毛泽东治国理政时期是中国特色社会主义的孕育和准备阶段，邓小平治国理政时期是中国特色社会主义的正式提出和形成阶段，江泽民治国理政时期是中国特色社会主义的展开和发展阶段。第三种观点认为，毛泽东确立了中国特色社会主义的“出发点”，邓小平“创立与开辟”了中国特色社会主义，以江泽民同志为核心的党的第三代中央领导集体成功把中国特色社会主义推向21世纪，以胡锦涛同志为总书记的党中央在新的历史起点上坚持和发展了中国特色社会主义，并且“形成了中国特色社会主义政治、经济、文化、社会和生态‘五位一体’新格局”。第四种观点认为，党的十八大以来，以习近平同志为核心的党中央开创了治国理政新局面，党和国家事业发生历史性变革，中国特色社会主义进入了新的发展阶段。

(3)关于改革开放以来党的全部理论和实践的主题。

在党的十九大召开之前，理论界大体有三种代表性观点：第一种观点是“中国特色社会主义”主题论。强调邓小平理论、“三个代表”重要思想和科学发展观，都是围绕着“中国特色社会主义”这一主题提出来的，都一脉相承而又与时俱进地贯穿着这一共同主题。第二种观点是“发展”主题论。强调改革开放以来党的全部理论和实践的主题是“发展”，其基本理论内容都是围绕着发展而展开的。第三种观点是“发展中国特色社会主义”主题论。强调中国特色社会主义是对“什么是社会主义和怎样建设社会主义、建设一个什么样的党和怎样建设党、实现什么样的发展和怎样发展、实现什么样的现代化和民族复兴以及如何实现现代化和民族复兴”四大基本问题的科学回答。在新的历史起点上，坚持和发展中国特色社会主义是党的全部理论和实践的主题。

(4)关于中国特色社会主义的发展动力。

改革开放以来，中国特色社会主义事业蓬勃发展，中国的快速发展已经成为世界发展的强大引擎和动力源。关于中国特色社会主义的发展动力问题，在党的十九大召开之前，学术界主要有四种代表性观点。第一种观点是社会矛盾动力观。该观点源于毛泽东的矛盾论思想，认为社会矛盾是社会发展的根本动力。在社会主义社会中，社会基本矛盾仍然是生产力和生产关系的矛盾、上层建筑与经济基础之间的矛盾，正是这些矛盾推动着中国特色社会主义向前发展。这些矛盾不断出现，又不断解决，是事物发展的辩证规律。正是在解决矛盾、解决问题的过程中形成和发展了中国特色社会主义道路、制度和理论体系。这种观点从普遍意义上解释了中国特色社会主义发展的根本动力，但是这种解释过于抽象，没有回答矛盾何以成为动力的问题。第二种观点是改革开放动力观。这一观点针对矛盾动力观的局限性，强调生产力对社会发展的动力意义。该观点从生产力与生产关系、经济基础与上层建筑的辩证关系出发，认为改革开放从根本上打破了束缚生产力发展的体制性障碍，不断完善不适应生产力发展的生产关系和上层建筑的薄弱环节，建立起促进生产力发展的生产关系和上层建筑。因此，它认为改革开放是解放生产力的关键，是决定当代中国命运的关键一招，是中国特色社会主义持续发展的不竭动力。第三种观点是创新动力论。这一观点形成于20世纪90年代，认为中国要融入国际社会，紧跟时代潮流，接受世界挑战，就必须不断创新。中国特色社会主义发展必须在经济体制、政治体制、精神文化和科学技术等方面取得突破、有所创新。“创新是一个民族进步的灵魂，是一个国家兴旺发达的不竭动力，也是一个政党永葆生机的源泉。”①实践创新、理论创新、体制创新、科技创新和其他创新是中国特色社会主义发展的强大推动力。第四种观点是和谐动力理论。该观点认为，矛盾的同一性是事物发展的必要前提，和谐是社会发展的一种动力。社会历史发展归根结底依赖于一种合力，推动社会发展，需要把一切政治的、经济的、思想的、社会的、文化的要素纳入动力系统之中，只有各个要素配合适当，处在一种和谐的状态中，彼此之间才能产生一种推动社会发展的合力。中国特色社会主义是全面发展的社会，因此，各要素之间的和谐匹配形成的“和谐动力”，是中国特色社会主义发展的原动力。有动力才会有活力和生机，中国特色社会主义发展动力问题关乎党和国家、民族的兴衰存亡。对中国特色社会主义发展动力问题的研究，应当运用结构功能思维来分析，注意社会发展动力的复杂性与层次性，注重发挥社会各要素、驱动力之间的协调和匹配。

(5)关于中国特色社会主义的历史方位。

社会主义作为一种社会制度，自诞生之日起，就产生了历史定位问题，这是由其自身的历史逻辑前提与所面临的基本国情和社会环境决定的。对中国特色社会主义历史方位的研判，关系到回答中国特色社会主义性质、中国特色社会主义改革战略选择，以及中国特色社会主义发展方向等重大问题。目前，理论界对中国特色社会主义历史方位的判断主要有三种代表性看法。第一种观点主要是从“社会主义初级阶段论”来理解中国特色社会主义的历史方位，主张中国特色社会主义处在马克思所说的共产主义第一阶段。持该观点的学者认为，中国特色社会主义已然确立了社会主义制度，在社会形态上已经属于社会主义的范畴。但是，在生产力、生产关系、经济基础和上层建筑等方面，并没有呈现出与马克思关于未来社会主义描述相对应的形态，中国特色社会主义从发展程度上来说还处于不发达的状态。第二种观点认为，“社会主义初级阶段”

① 江泽民：《江泽民文选》第3卷，64页，北京，人民出版社，2006。

定位还不够精确。中国特色社会主义与马克思预设的社会主义存在较大差异，处于不同的历史序列，“初级阶段理论并没有完成对中国特色社会主义的历史序列的定位”①。中国特色社会主义存在着国家和阶级，不能定位于马克思所说的社会主义，社会主义初级阶段并不能与中国特色社会主义的初级阶段相对应。按照马克思的世界历史理论，我国建立了社会主义制度，并不表明我们已经进入共产主义第一阶段。因此，中国特色社会主义是没有完成马克思所讲的过渡时期任务的社会主义，处在马克思说的过渡时期。这种观点有待商榷。第三种观点认为，对中国特色社会主义历史方位的把握，要从明确制度形态、总结社会主义区域性与多样性实践的经验、确立运行规章制度和体现制度架构的意识形态三个层次着手。在此原则下，中国特色社会主义的历史方位是经过百年沧桑走上了社会主义，并且在新的历史起点上坚持和发展了中国特色社会主义，形成了中国特色社会主义事业的总体布局，开拓了马克思主义中国化的新境界。② 至于新阶段的特征，学术界仍在总结、探讨和提炼之中。

(6)关于中国特色社会主义的发展成就。

改革开放以来，中国特色社会主义全面发展，取得了举世瞩目的伟大成就。党的十八大报告强调“中国特色社会主义道路”“中国特色社会主义理论体系”“中国特色社会主义制度”，是党和人民 90 多年奋斗、创造、积累的根本成就。党的十九大之前，学术界在此框架下，对中国特色社会主义发展成就进行了多方位的诠释和展望。党的二十大报告也对中国特色社会主义的发展成就作出了全面概括。

一种观点认为，中国特色社会主义的重大发展成就在于摸索出了一条行之有效的道路。在党的领导下，我们解放思想，立足国情，成功开

---

① 邵夏：《论中国特色社会主义的历史方位：兼论中国特色社会主义的合理性》，载《求实》，2009(1)。

② 周燕：《中国特色社会主义的历史方位与制度架构》，载《思想教育研究》，2013(10)。

创了中国特色社会主义道路。在改革开放进程中，我们始终坚持以经济建设为中心，坚持四项基本原则，坚持改革开放，解放和发展了社会生产力，发展了中国特色社会主义市场经济、民主政治、先进文化、和谐社会、生态文明。中国特色社会主义道路使中国摆脱贫穷，它是一条富强之路、发展之路，是合作共赢、和平发展之路。

另一种观点认为，中国特色社会主义的重大成就，就是形成并不断完善了中国特色社会主义制度。中国特色社会主义制度不仅是历史和人民的选择，更是中国人民自觉遵循历史发展规律的结果。中国特色社会主义制度在中国的建立显示出了巨大的优越性和先进性。一方面，它促进了社会生产力的快速发展；另一方面，它具有强大整合能力，能够处理好各种复杂关系，实现比以往阶级社会更高的社会和谐。同时，这一制度成就顺应时代发展潮流，具有强大的自我完善能力；更为重要的是，这一制度使中国赶上了时代，迎来了中华民族从站起来、富起来到强起来的伟大飞跃，为当代中国持续发展提供根本制度保障。

还有一种观点认为，中国特色社会主义的发展成就突出体现在具有丰富的理论成果和理论体系。在改革开放进程中，中国特色社会主义取得了一个又一个胜利，形成了丰富的理论成果。在波澜壮阔的改革创新实践中，相继创立了邓小平理论、“三个代表”重要思想、科学发展观等重大战略思想。这些理论成果体现了中国共产党人在“什么是社会主义、怎样建设社会主义”“建设什么样的党、怎样建设党”“实现什么样的发展、怎样发展”问题上的创造性发展，是马克思主义与中国现实国情的完美结合。党的十八大以来，以习近平同志为核心的党中央围绕“实现什么样的现代化和民族复兴、怎样实现现代化和民族复兴”问题，提出了一系列治国理政的新思想、新理念、新战略，正在实现理论的新发展，实现马克思主义中国化的新飞跃。

也有的学者总结了党的十八大以来坚持和发展中国特色社会主义所取得的一系列历史性成就、发生的一系列历史性变革，认为在以习近平同志为核心的党中央的坚强领导下，立新规、树新风、开新局、谱新篇，调结构、深改革、崇法治、重治理、拓外交、强军队，在改革发展稳定、内政外交国防、治党治国治军各方面都取得了令人瞩目的成就，党和国家、军队的面貌发生了新的历史性变化，中国特色社会主义建设事业取得了令人瞩目的成就，有效维护了国家安全，促进了生产力发展，推进了国家制度优化，保持了党的先进性。

(二)国外相关研究成果的梳理

1. 研究成果

中国从来都是世界的关键一极，中国特色社会主义一经形成，就吸引了全世界的关注。随着中国特色社会主义伟大事业的发展和中国综合国力的增强，国际社会对中国特色社会主义的发展成就及其背后的发展逻辑，开展了相关探讨。“中国模式”，正在被国外学术界热议；“中国道路”，正被有影响的国际学术会议提及；“中国因素”，日益成为西方国家学者认识、分析国际形势与世界格局的重要依据。

近年来，国外出版了《伟大的中国革命 1900—1985》(费正清)、《邓小平领导下的中国》(戴维·W. 张)、《当中国改变世界的时候》(埃里克·伊兹拉莱维奇)、《中国特殊论：中国发展的困惑和路径》(洪朝辉)、《中国即将崩溃》(章家敦)、《当中国统治世界：中国的崛起和西方世界的衰落》(马丁·雅克)、《毛泽东的中国及后毛泽东的中国》(莫里斯·麦斯纳)、《在崛起与衰退之间：一个日本学者对中国改革开放的思考》(崛悦夫)、《出乎意料》(弗朗西斯·福山)、《处在十字路口的中国》(彼得·诺兰)、《习近平时代》(熊玠)、《习近平：正圆中国梦》(尤里·塔夫罗夫斯基)、《习近平复兴中国》和《大国领袖习近平》(罗斯·特里尔)、《论中国》(基辛格)、《邓小平时代》(傅高义)、《中国大趋势：新社会的八大支柱》(约翰·奈斯比特)等几十种专著，以及《北京共识：提供新模式》(乔舒亚·库珀·雷默)、《后社会主义：反思中国特色社会主义的过去、现在和未来》(阿里夫·德里克)、《处在十字路口的中国》(彼得·诺兰)、《对毛泽东、邓小平社会主义理论的比较研究》(季塔连科)、《如何评价中国的经济发展和现阶段》(大木一训)、《马克思的“科学观”——21世纪的资本主义和社会主义》(不破哲三)、《中国还是社会主义国家吗?》(托尼·安德烈阿尼)、《我的中国观》(A. 沙夫)、《关于中国模式若干问题的研究》(托马斯·海贝勒)、《国际发展格局中的中国模式》(郑永年)等重要研究成果。这些研究成果对中国经济崛起的现状和未来发展趋势做出了种种评析，提出了一些观点。

2. 主要观点

西方学者密切关注中国特色社会主义道路、理论和制度上所取得的新进展，并围绕中国特色社会主义处于“哪一发展阶段”、中国特色社会主义究竟还“是不是社会主义”、中国特色社会主义“特色”何在、中国特色社会主义的“实践影响”、中国特色社会主义“向何处去”等问题，展开了研究。

(1)关于中国特色社会主义处于“哪一发展阶段”。

关于这一问题，主要有三种代表性观点。

第一种观点认为，中国特色社会主义处于“原始资本主义阶段”。一些西方学者把“社会主义初级阶段”解读为“原始资本主义阶段”。他们从中国改革开放引进外资等情况出发，认为当代中国存在大量的资本奴役劳动的现象，类似于资本主义初期，即“原始资本主义阶段”。这就是所谓“补课论”，即中国正在补资本主义发展阶段的课。也有人认为中国是建立在“任人唯亲的中国特色资本主义”，或者是“准资本主义”(quasi-capitalist)上的“发展型国家”。

第二种观点认为，中国特色社会主义处于“市场社会主义阶段”。美国学者詹姆斯·劳尔认为，社会主义市场经济是通向社会主义高级阶段的过渡形式，它是列宁“新经济政策”的“中国版本”。美国学者戴维·施韦卡特认为，市场经济是中国特色社会主义的特征，发展和完善以“经济民主”为基调的市场社会主义是中国的未来发展方向。在施韦卡特看来，社会主义的核心价值：一是代际团结，二是有意义的工作，三是参与性的自治，四是生态的可持续性。“西方学者往往回避中国的政治模式，而仅仅把中国模式局限于中国在经济上的成功。但实际上，如果不讨论中国的政治模式，就很难理解中国的经济模式，因为到目前为止，中国的经济模式正是中国的政治模式促成的。”①中国发展的“第一大挑战就是找到一条能让中国经济保持经济高速发展节奏并实现经济转型的道路，经济发展是中国社会稳定的重要根基。这个双重挑战意味着，要实现2020年国内生产总值比2010年翻一番的目标，并使内需代替出口和廉价劳动力成为中国经济发展的支柱”②。

第三种观点认为，中国特色社会主义处于“社会主义初级阶段”。美国学者莫里斯·迈斯纳认为，中国特色社会主义的独特之处在于，用生产力标准来解释和引领社会主义，认为社会主义历史中每一阶段的演进都同经济发展水平相关联，并归根结底是由经济发展水平所决定的。由此，在社会主义发展阶段上，中国依然是尚不发达的社会主义，即处于“社会主义初级阶段”。法国学者托尼·安德烈阿尼认为，中国的社会主义市场经济仍属社会主义性质。其理由是：第一，中国目前正处在社会主义初级阶段；第二，在中国，国家和集体所有制在经济中占主导地位，公有经济发挥着领导作用；第三，中国仍然保留了国家计划和政府宏观调控，只不过更强调通过间接手段进行，其作用依然十分强大。

(2)关于中国特色社会主义究竟还“是不是社会主义”。

在这一问题上，主要有四种代表性观点。

第一种观点认为，中国特色社会主义不是社会主义而是“国家资本主义”。法国学者白吉尔在其新书《中国：新的国家资本主义》中指出，中国的改革开放打破了过去的计划经济，走向了“国家资本主义”，这一新型“国家资本主义”的基石仍然是“威权政府”。英国杂志《每月评论》在2004年7—8月号刊发了《中国的社会主义发生了怎样的变化?》一文。文章指出，“中国快速的经济发展表明，在现存的资本主义世界体制内，中国提供了另外一种可行性的发展路向。主流的经济学家都认为中国是

① 郑永年：《国际发展格局中的中国模式》，载《经济管理文摘》，2009(24)。

② 《中国通过超级大国考试》，载[俄罗斯]《晨报》，2013-03-13。

一种发展模式，中国将成为后发国家进行现代化建设的模范”。日本福祉大学经济学系教授、左翼学者大木一训在日共主办的《经济》杂志上发表《如何评价中国的经济发展和现阶段》一文，认为中国是以垄断资本主义时代的“国家资本主义”作为杠杆来进行社会主义建设的尝试。俄罗斯东方学专家阿列克谢·基瓦在描述中国模式时注意到了俄中历史的相似，他认为中国发展模式是“国家资本主义”方式的一种。

第二种观点认为，中国特色社会主义不是社会主义而是“威权资本主义”。关于“中国模式”为何得以流行，西方一些学者往往把这归功于“威权资本主义”发展模式的成功。美国学者乔舒雅·柯兰齐克认为，在中国模式中，虽然政府保持着对经济的高度控制，但它并没有重新退回到传统社会主义，而是走向了一种混合形式的资本主义。这种“威权资本主义”确保政府高度控制，使权威主义现代化的发展模式挑战了西方“正统”模式。因此，他认为，中国模式可能成为西方“正统”模式的替代性样板。麻省理工学院斯隆管理学院教授黄亚生在2008年出版的《中国特色资本主义：企业与国家》一书中指出，中国政府仍在主导经济发展，但整体经济已经资本主义化。所谓“中国特色社会主义”，实质上是“中国特色资本主义”。

第三种观点认为，中国特色社会主义不是资本主义而是“现实社会主义”。法国学者罗兰·列夫指出，邓小平改革开放的目标就是要探索“现实社会主义”新的活力，它产生了一种不同的、但尚未实现的社会主义典范。邓小平从胜利的世界资本主义角度寻求兼容性，同时在可能的限度内保持国家的独立性。在列夫看来，中国的“现实社会主义”，实际上是混合了西方资本主义的一种“现代化”的新形式和反资本主义的“社会主义”的民族主义变种。德国学者托马斯·海贝勒指出：中国共产党的领导体制在经历了“转型”和“巩固”两个阶段后，目前已经进入“适应”阶段。这一阶段的基本特征是意识形态逐渐被实用主义所取代，具体表现是：经济上，从计划经济到市场经济的转型；政治上，中国共产党已经从一个阶级的政党发展成为一个人民的政党；意识形态上，中国政府的目标不再是一个遥不可及的“共产主义”，而是现实的社会主义——“和谐社会”。俄罗斯学者季塔连科指出，中国特色社会主义理论，是从思想上和方法论上重新认识《共产党宣言》中提出的一些重要原理。这一理论能够“积极评价列宁的新经济政策”“重新考虑对当代资本主义状况的评价”及“在中国建设社会主义和共产主义的条件”。

第四种观点认为，中国特色社会主义不是资本主义而是“后社会主义”。美国学者阿里夫·德里克把中国特色社会主义称为“后社会主义”。他认为“后社会主义”有助于人们更好地反思社会主义，这反映出他试图突破传统二元对立的思维框架，重新思考“什么是社会主义”。德里克反对某些西方学者因为中国实际存在的社会主义吸收了资本主义的生产方式，就认定中国特色社会主义的性质是资本主义和走上资本主义之路的论点。其实，关于中国究竟是资本主义还是社会主义的论争，其实质是，理解在中国特色社会主义制度背后，中国主张了哪些最基本的价值观。

(3)关于中国特色社会主义的“特色”何在。

关于这一问题，有四种代表性观点。

第一种观点指出，“中国特色”体现为“特色”的经济模式和方法。国外一些学者认为，中国的社会主义市场经济是一种新型经济模式，中国实践了一些新的经济方法处理社会主义和资本、市场的关系。美国学者萨姆·韦伯认为，世界上不存在普适的社会主义道路与社会主义模式，社会主义的根基在于资本主义无力解决人类的各种问题。21 世纪社会主义的经济模式应优先考虑可持续性而不是无限制的增长。当前，中国正处于“结构转型”的关键期。所以，“今天的中国拥有传统的、社会主义的、当代的和市场的各种成分，所有这些混杂在一起，呈现出一种极不寻常的复杂性”①。保加利亚学者尼·波波夫认为，“社会主义市场经济”是能够成立的，关键是“社会主义要继承资本主义时期创造的某些做

① [美]巴里·诺顿：《中国经济：转型与增长》，4 页，上海，上海人民出版社，2010。

法和模式。资本主义时期形成的经济生活关系不可能简单地取缔，重要的是使其具有社会主义的精髓”。其实，无论是“市场手段论”“市场中性论”，还是“市场优越论”，都不能令人信服地说明市场经济和社会主义之间复杂且微妙的关系。日本学者大木一训在日共主办的《经济》杂志上发表《如何评价中国的经济发展和现阶段》一文，认为从中国引入市场经济的实际情况看，中国在一定范围内将资本主义经济的部分要素引入国民经济中，建立了混合经济体系，从而实现经济的快速增长。在他看来，社会主义市场经济是在国家的领导下，实现市场对资源配置的基础作用，是吸收了市场经济和计划经济两者优点的新体制，这将为中国发展奠定理论基础。日本学者不破哲三在《马克思的“科学观”——21 世纪的资本主义和社会主义》中认为，今天的中国正进入一个类似列宁提出的“新经济政策”阶段。他认为，“通过市场经济建立社会主义”的一般途径将会被世界上大多数国家所接受。因此，他所关注的是中国如何既坚持社会主义方向又不被资本主义所取代，如何使社会主义核心经济部分在市场经济中发挥作用来与资本主义展开竞争。澳大利亚格里菲斯大学国际商务与亚洲研究系副教授利奥·刘在《中国与新自由主义的对抗：路径依赖、地理与党的自我改造》一文中指出，1993 年以来中国共产党实行了“具有中国特色的社会主义”，正式用市场和公共所有制（public ownership）代替了指令性计划和国有制，并将之作为中国社会主义经济的核心特征和意识形态的重要支柱，比这更关键的是，中国没有毫无保留地支持新自由主义的改革。美国大西洋理事会高级研究员、中国经济问题专家盖保德表示，中国模式是中国经济在过去 30 年里高速发展的主要推动力。在过去 30 年里，随着中国经济的不断扩张和现代化程度的不断提高，中国模式也在朝着市场复杂化和自由化的方向不断调整变化，这是确保其成功的关键。

第二种观点认为，“中国特色”体现为“特色”的政治基础和新型民主模式。2001 年，在美国民主理论家拉里·戴尔蒙德（Larry Diamond）主编的《中国的选举与民主》一书中，大部分作者对中国的民主化前景表现出乐观的态度。有的作者认为，支持改革的精英将会同普通公民一道，最终形成一种民主的政治体制；有的相信，中国的文化能够支持民主政治的建设，并为民主政治的巩固做出贡献。美国卫斯理大学哲学系教授史蒂芬·C. 安格尔(Stephen C. Angle)在一篇《我们必须选择自己的领导人吗？——中国的人权与政治参与》的文章中认为，中国最明显的政治体制是“民主集中制”。德国《新德意志报》2008 年 2 月 7 日的文章说：“目前中国正在进行当代最伟大的社会实践……中国定将实现一种特殊的民主，这种民主将考虑到这个大国的社会、文化和经济特点。这种亚洲‘社会主义民主’所涉及的是史无前例地继续思考‘孔子的公共伦理’，而不是抽象地复制西方资产阶级民主。”新加坡国立大学东亚研究所所长郑永年教授强调中国民主政治要走自己的路，也就是“有中国特色的社会主义民主”，这种民主的价值取向当然不能照搬西方的民主理论预设。他的结论是：“中国不拒绝民主，但也不简单输入民主。这是中国有序民主的希望。”

第三种观点强调，“中国特色”体现为“特色”的改革开放和社会发展理念。美国马里兰大学终身教授洪朝辉从特殊的中国体制与文化角度对“中国特殊论”做了论证。他认为，中国政治文化中尽管缺乏西方所固有的以外部制衡为特征的三权分立和多党制约，但自古并不缺乏内部制衡的传统。其实，正是中国政治治理结构中始终存在着一定程度的分权与制衡，所以中国的核心领导层能够不断地调整，为中国的发展保存和延续了相当的潜力和活力。由此，洪朝辉认为，如果中国能够持续发展，“中国特色社会主义”的命运有可能像当年“美国例外论”一样，得到全世界的认同。美国学者弗朗西斯·福山在其主编的《出乎意料》一书中提到，不得不承认中国社会主义的崛起，“历史终结论”并不完善，西方自由民主并非是人类进化的终点。这其实是以另一种方式承认和认可了中国发展道路的独特性。可见，中国倡导并践行的“以人为本”“和平共处”“国际新秩序”“新安全观”“和平崛起”“和谐世界”“科学发展”等理念，仍然需要得到国际社会的认同。郑永年认为，和谐不能建立在贫穷之上，普遍贫穷之下即使有和谐，也是虚假的和谐，因此“小康社会”与“和谐社会”有密切的相关性。通过建设“小康社会”而达致“和谐社会”是一个很好的战略设想。他还指出，“改革的渐进性使得中国有时间来不断调整政治体制以适应不断变化中的经济和社会”。在他看来，中国的改革基本上分为三大类：经济改革、社会改革和政治改革。中国的成功之处就在于很好地处理了经济改革与政治改革的关系。英国学者安东尼·吉登斯认为，最好的社会类型是在竞争的市场、富有活力的公民社会和有效的政府之间达到一种平衡。如果市场有太大的影响，就会带来不平等和过度的商业化；如果政府影响过大，就可能造成专制主义；如果市民社会过于强大，则会造成社会分裂而引起冲突。因此，中国应处理好发展中的不平衡问题。

第四种观点认为，“中国特色”体现为“特色”的新型政党。俄罗斯学者季塔连科认为，“建设具有中国特色的社会主义的思想，是对中共多年经验的总结”①。中国今天所进行的把马克思主义中国化的改革，是“从理论上和实践上革新和完善社会主义”②。他指出，中国成功的根本原因在于中国共产党能够按照变化了的时代条件，及时平稳地调整党和国家的发展政策，用不断创新的中国化的马克思主义指导中国实践。美国著名中国问题专家布兰特利·沃马克2004年在《党政民主与“三个代表”：一种理论透视》一文中指出，中国共产党的目标是实现党政民主，而不是立法民主。党政民主可以被认为是一种走向民主的可行的主要路径。美国约翰·霍普金斯大学蓝普顿教授在《中国力量的三面：军力、财力和智力》一书中认为，中国领导人是有战略眼光的，是为人民服务的。特里尔大学的中国研究学者海尔曼指出，中国改革开放的成就取决于中国共产党领导方式的独特性，这种独特性不仅体现在中国共产党的

---

① [俄罗斯]季塔连科：《中共七十年的经验教训》，载《国外中共党史研究动态》，1992(1)。

② [俄罗斯]季塔连科：《中共七十年的经验教训》，载《国外中共党史研究动态》，1992(1)。

一元领导保障了政策实施的连续性与有效性，而且在于中国共产党在制定与实施政策过程中从“地方试验”到“国家政策”的动态性。李侃如认为，中国特色社会主义事业之所以能够保持长时间的发展态势，甚至在一定程度上创造出“中国奇迹”，与中国的社会主义治理之间存在着密不可分的关系。社会治理又源自中国共产党的特殊领导地位及其作用力，诸如，党的强有力领导、高度的群众动员、政治一元化格局及社会主义制度的优越性等，它的持续重要性来自其对行使政治权力的继续全面支配，来自党的上下级领导关系所提供的全国性纪律。

此外，还有一种观点认为，“中国特色”体现为“特色”的中华传统文化。

(4)关于中国特色社会主义的“实践影响”。

围绕这一主题，主要有四种代表性观点。

第一种观点是“中国威胁论”。其主要观点是，中国在经济上的迅速崛起必然导致军事力量的强化与政治野心的膨胀，从而威胁其他国家。一些西方学者习惯于从“西方中心论”立场和“霸权主义”思维定式出发，对中国发展心存疑虑，炮制出所谓“中国威胁论”，以此恶化中国发展的国际环境，遏制中国的崛起。从“经济威胁论”“文明威胁论”到“粮食威胁论”“军事威胁论”，最后到“秩序威胁论”，一些西方学者戴着意识形态的有色眼镜看待中国发展，这是“冷战”思维的延续。

第二种观点是“中国崩溃论”。其主要观点是，中国特色社会主义不能自外于世界潮流，中国政治的瓦解必然导致经济的崩溃。美国学者托马斯·罗斯基质疑中国经济增长的真实性，认为“中国的经济增长是虚假的”，因此“中国的经济即将崩溃”。美国学者斯塔德维尔在其出版的《中国梦》一书中，把中国经济比喻为“一座建立在沙滩上的大厦”。他预言中国将出现大规模的政治和经济危机。

第三种观点是“中国特殊论”。其主要观点是，中国特色社会主义具有自身独特的优势，认为中国经济发展将是可持续的。英国学者马丁·雅克从文化和现代性的视角理解中国崛起及其对西方世界的影响。雅克指出，现代性模式绝非只有一种，事实上有很多种。理解现代性，不能囿于欧洲和北美的经验。随着经济全球化的发展，人们对现代性的理解也应与时俱进。这样就把中国发展的独特性放到了全球现代性发展的多维谱系上，从而证明中国模式也是“一种现代化的发展模式”，它与欧洲和北美模式并存，具有自身的独特价值。中国发展之路是建立在自身的历史和文化基础之上，与西方经历的道路“完全不一样”。中国不是在“复制”或“模仿”西方，它是独一无二的，因而需要从独特的“中国模式”入手来理解中国。

第四种观点是“中国贡献论”。其主要观点是，中国特色社会主义具有世界意义，中国发展起来后，不仅解决了中国自己的问题，而且对世界也有巨大贡献。进入 21 世纪以来，国外一些学者开始从经济全球化和现代化等视角对“中国模式”进行研究。新加坡学者陈光炎提出“中国贡献论”，他认为中国的发展对世界不是威胁，而是机遇与贡献。美国学者雷默认为，“北京共识”的灵魂是不断创新、大胆试验、坚决捍卫国家利益，“北京共识”成为“华盛顿共识”的主要挑战。意大利学者洛丽塔·纳波利奥尼认为，中国把马克思主义与社会主义市场经济结合起来，其结果是产生了一种成功的中国经济模式，“中国模式”为其提供了一个很好的借鉴，它有利于人们去理解西方社会的危机和资本主义的衰落，也有助于西方纠正过去 20 年所犯的错误。俄罗斯学者季塔连科从现代性的角度对中国特色社会主义进行了阐述，认为中国实现现代化与成功解决深刻的国内及国际矛盾的经验，不仅为发展中国家树立了榜样、提供了切实可行的现代化模式，而且以中国特色社会主义理论和实践避免了社会主义危机，为中国发展和维护国际和平提供了新模式，具有世界历史意义。“中国现代性”可能孕育着“一种现代文明的新类型”。

(5)关于中国特色社会主义“向何处去”。

围绕这一主题，主要有三种观点。

第一种观点持否定与批判态度，是对中国特色社会主义的“情绪化质疑”。一些西方学者对“中国在影响世界”的认识带有情绪化判断和质疑，要么认为中国“改旗”与“易帜”了，要么认为中国越来越像西方，中国被西方“同化”了，要么认为中国“成不了大气候”，要么认为中国正在践行来自欧洲的各种“主义”。一些欧洲人认为，中国正在做的只不过是重复欧洲曾走过的老路，既在重复欧洲的辉煌，也在重复欧洲的错误。在这些人看来，“中国在历史上和现在正在实践的东西都是欧洲的思想结晶”。

第二种观点持动摇与摇摆态度，是对中国特色社会主义的“感性化描述”。西方有学者认为，在自由经济和统治经济之间，中国开辟了“第三条道路”，即“一党领导下的市场经济”，这是一个成功，但中国摇摆在自由经济和统治经济、资本主义和社会主义之间。英国学者彼得·诺兰指出，如果“第三条道路”是指国家与市场之间的一种创造性的、共生的相互关系，那么中国进入 21 世纪以来一直在走它自己的“第三条道路”。这一道路可能作为对美国主导的全球自由市场原教旨主义冲动的一种替代选择，将促进全球的生存和可持续发展。

第三种观点持坚持与发展态度，是对中国特色社会主义的“理性化反思”。西方主流学者主张用开放性思维看待中国特色社会主义的实践，从“进步性”和“替代性”视角来认识中国特色社会主义的性质和未来发展方向。美国学者沃马克认为，中国特色社会主义的核心是将马克思主义基本原理与中国实际相结合，是马克思主义中国化的具体体现，与毛泽东思想之间是一脉相承的，具有内在的连续性，也有发展创新。马克思主义的解放思想、实事求是、与时俱进的原理，在中国特色社会主义理论体系中得到了完整体现。埃及学者萨米尔·阿明认为，中国的发展道路和苏联模式有很大的不同，从 20 世纪 60 年代毛泽东的《论十大关系》开始，中国就开始有意识地探索中国特色发展道路。正是这些探索，为改革开放后中国的成功发展奠定了坚实的基础，从而避免遭遇苏联向西方开放所带来的崩溃。对于中国未来的发展，阿明认为中国目前要认识到新帝国主义的本质和新自由主义全球化的危害，坚持走一条中国特色的社会主义道路，而避免走向国家资本主义。美国学者阿里夫·德里克指出，“中国模式”中被大力称道的“民族经济的一体化、自主发展、政治和经济的主权以及社会平等这些主题的历史与中国革命的历史一样悠久，是社会主义革命时期提出的”，而这些社会主义革命的历史遗产，则是“中国模式”中最重要的内容。有的学者认为，邓小平提出的“三个有利于”标准、社会主义本质论、社会主义市场经济论等，是“一种新版的马克思主义理论”，它不仅系统地回答了经济文化比较落后的国家如何在经济全球化的大背景下建设社会主义的问题，而且颠覆了西方经久不衰的传统理论。

（三）对相关代表性成果的评析

1. 对国内相关代表性成果及观点的评析

总体而言，国内学术界对中国特色社会主义的研究成果颇丰，涵盖了中国特色社会主义的方方面面，在一些问题上也有所深化和创新。有一些研究成果已经开始发掘中国特色社会主义成功的奥秘，深入研究中国特色社会主义的发展战略、发展思路与发展方向。但总体说来，对改革开放以来中国特色社会主义的“发展逻辑”的研究正在进行中，还存在一些有待进一步深入研究的领域和环节，主要体现在以下方面。

局部性研究有余而整体性研究相对不足。目前学术界对中国特色社会主义道路、理论体系、制度、文化的每一部分都分别有相对深入的研究，但这绝不能代替对中国特色社会主义整体性发展逻辑的研究。学界已意识到应当加强对中国特色社会主义整体性发展逻辑的研究，然而，现有成果还显得相对不足。因此，应进一步加强对中国特色社会主义整体性发展逻辑的研究，把“道路”“理论体系”“制度”“文化”作为相互贯通、相互作用、不可分割、彼此理解的一个有机整体。

政治阐释有余而学理研究相对不足。已有成果多是对党和国家领导人的论断、党的文献进行政治解读，这是十分必要的。然而，真正从学理上对中国特色社会主义及其发展逻辑进行深度分析研究的成果还不够多。因此，应进一步从学理上深化对中国特色社会主义及其发展逻辑的研究。

独立研究有余而比较研究相对不足。目前的理论成果大多是就中国特色社会主义本身来研究其发展，相比之下，中国特色社会主义的比较研究尚显不足。如对中国特色社会主义与科学社会主义，与西方市场社会主义、民主社会主义和当代资本主义等的比较研究，还显得不够。

单一学科研究有余而多学科整合研究相对不足。现有研究成果多是从马克思主义理论这个单一学科的角度去论述，整合哲学及政治学、法学、文化学、社会学、历史学、党史党建等多学科、多领域、多视角去论述的研究成果，相对显得匮乏。因此，跨学科的综合性研究视角亟待加强。

梳理回顾有余而概括前瞻相对不够。就目前的研究成果而言，大量的论著主要是围绕中国特色社会主义某一方面的生成逻辑进行历史性的回顾、勾勒与描述，从内在联系、逻辑结构、完整框架和成熟形态上对改革开放以来中国特色社会主义的“发展逻辑”进行哲学概括、提炼的成果相对不多，一些论著尽管偶有涉及，但多是零散性的，系统性的研究的确少之又少。这种状况影响了相关研究成果的深度与前瞻性。理论要有前瞻性，不能只是黄昏时才起飞的“猫头鹰”，而应努力成为报晓的“雄鸡”。哲学社会科学应当积极研究中国特色社会主义的发展脉络、内在结构，从而找到改革开放以来中国特色社会主义的发展逻辑，揭示中国成功的历史经验及其内在规律。这是理论自身发展的需要，是国家发展的战略需要，也是相关研究特别需要加强的。

此外，从中国特色社会主义的发展逻辑来深入理解习近平新时代中国特色社会主义思想对实现马克思主义中国化的飞跃意义，学界涉及不多。

2. 对国外相关代表性成果及观点的评析

总体来说，国外学者对中国特色社会主义研究涉及中国特色社会主义的性质、特征、道路等问题。尽管有着不同的政治、文化背景与意识形态倾向，但国外有些学者基本上具有尊重历史、尊重事实的治学态度或学术精神，采取较为客观公正的态度，因而对中国特色社会主义的基本内涵有着较为客观的认识和评价，尤其是对中国特色社会主义道路的总结，也有不少启发与可取之处。他们对中国特色社会主义的认识，为我们拓宽视野并深化对中国特色社会主义的发展逻辑研究，提供了较为丰富的思想资源。

国外的研究也存在以下不足。

一是未能真正从历史逻辑出发理解和把握中国特色社会主义。不少学者用西方的理论范式且戴着自己的有色眼镜来看待中国特色社会主义，因而对中国特色社会主义存在一定的误解、曲解和肢解，其理解和评价存在不少偏差。由于国外学者相对缺少对中国历史逻辑的深刻认识和科学解读，不少学者对中国社会历史的发展进程与中国特色社会主义的理解还缺乏科学性、真实性、完整性和深刻性，他们针对中国发展问题所提出的解决方案，往往存在着“水土不服”的问题，也就是说，无论“把的脉”，还是“开的方”，都不切合客观实际。

二是未能深刻认识中国特色社会主义发展的现实逻辑。一些国外学者往往基于意识形态，试图用简单的“中国模式”概括中国特色社会主义的发展历程和伟大成就，以掩盖我国的社会主义性质和中国特色。西方一些人在肯定中国的成就时，总是故意淡化“社会主义”色彩，甚至恶意抹黑、攻击、诋毁社会主义。他们不愿意或很少使用“中国特色社会主义”这个概念，因为如果使用这个概念，就等于把中国取得的成就归功于搞中国特色社会主义，就等于承认社会主义的生命力和创造力。这表明，他们没有深刻认识中国特色社会主义发展的现实逻辑，因而往往用西方的逻辑来解释中国的现实，用“西方的鞋”套“中国的脚”。

三是未能从整体上理解中国特色社会主义发展的价值逻辑，更不愿正视中国特色社会主义的世界影响。国外学者对中国特色社会主义的理解大多局限于具体层面，从某个特定内容比如经济或者民主等展开分析和论证，对中国特色社会主义的整体价值理念把握不足。一些国外学者对中国特色社会主义研究体现为两面性——“深刻的片面”与“片面的深刻”并存；一些国外学者从中国的某些价值观缺失等角度出发，否定中国特色社会主义的历史进步和价值追求的历史演进；一些国外学者以中国也遭遇西方式的危机为例，力证中国只是重蹈西方覆辙罢了，从而否定中国特色社会主义的独特发展道路与对世界的贡献。应该看到，中国特色社会主义的确展现了有别于西方的价值观和发展道路，而且正在展现更大的世界影响与更为先进的社会发展理念，这不仅对中国，而且对世界也是一大贡献。

四是未能深入把握中国特色社会主义的理论逻辑。由于中国本身的文化传承性和西方社会思想传入中国后与中国文化融合的复杂性，加上国外学者对中国理论缺乏了解，以及西方媒体的意识形态化敌视，有些国外学者在对中国特色社会主义与马克思主义的关系的把握，以及对马克思主义中国化内涵的分析和理解上，表现出各自的局限性。国外学者大多未从马克思主义发展史的维度来考察中国特色社会主义的理论逻辑，更没有涉及习近平新时代中国特色社会主义思想对中国特色社会主义理论体系的创新性发展。这就导致他们对中国特色社会主义发展的理论逻辑缺乏科学和整体认知，也影响到他们对中国特色社会主义理论的科学判断。

三　问题、思路和分析框架

改革开放以来，特别是党的十八大以来，党的全部理论和实践的主题是坚持和发展中国特色社会主义。习近平同志 2017 年 7 月 26 日在省部级主要领导干部专题研讨班开班式上的讲话指出："中国特色社会主义不断取得的重大成就，意味着近代以来久经磨难的中华民族实现了从站起来、富起来到强起来的历史性飞跃，意味着社会主义在中国焕发出强大生机活力并不断开辟发展新境界，意味着中国特色社会主义拓展了发展中国家走向现代化的途径，为解决人类问题贡献了中国智慧、提供了中国方案。"他又强调指出："中国特色社会主义进入了新的发展阶段。"①这意味着，在中国特色社会主义发展问题上具有可进一步探讨与

① 习近平：《习近平谈治国理政》第 2 卷，62 页，北京，外文出版社，2017。

突破的广阔空间。其切入点是：(1)着力研究中国特色社会主义走向成功的根本经验与深层原因；(2)围绕实现富起来、强起来研究改革开放以来中国特色社会主义的发展逻辑及其内在规律；(3)围绕中国奇迹、中国道路、中国理论、中国方案、中国话语，来研究改革开放以来中国特色社会主义的发展逻辑。

(一)总问题与难点问题

基于对国内外相关研究成果的清理与分析，本书致力于研究的总问题是，全面准确深入揭示改革开放以来中国特色社会主义的逻辑起点、发展逻辑、发展规律、发展方向和发展路径及其蕴含的根本经验，揭示中华民族从站起来到富起来再到强起来尤其是由富起来到强起来的发展逻辑，揭示大国成为强国的发展逻辑及其蕴含的一般规律、根本路径和判断标准，为提出"中国理论"并构建"理论中国"，为新时代中国特色社会主义的发展提供理论基础。关于这一总问题，可做这样的阐释：改革开放以来，我国成功开辟和拓展了中国特色社会主义道路，创立和发展了中国特色社会主义理论体系，完善和发展了中国特色社会主义制度，培育了中国特色社会主义文化，中国已跃升为世界第二大经济体，中华民族实现了从站起来到富起来的历史性转变，正在迎来以中国式现代化由富起来再到强起来的伟大飞跃。中国特色社会主义发展了中国，壮大了中国，也影响着世界。当今，人们以不同的立场、方法、情感和眼光评价中国特色社会主义的发展成就，也以不同的立场、方法、情感、眼光评估中国未来的发展走向。历史唯物主义告诉我们，人类历史发展是有规律的，这种规律存在于历史发展过程和历史发展逻辑之中。面对各种非难和质疑，需要我们运用辩证唯物主义和历史唯物主义的立场、观点、方法，去分析、认识、理解、把握中国特色社会主义，从改革开放以来中国特色社会主义的发展逻辑中揭示其历史发展规律、发展方向和发展路径。只有这样，才能在实践中坚定方向、坚定自信，不断书写中国特色社会主义新篇章。面对中国特色社会主义进入新时代、世界进入百年未有之大变局的新的发展阶段，坚持和发展中国特色社会主义，奋力实现全面建成社会主义现代化强国的奋斗目标，实现中华民族伟大复兴，迫切需要全面总结、深刻认识和精准回答关乎我国发展全局的一系列重大思想理论问题。其中关键之一，就是要揭示改革开放以来中国特色社会主义的“发展逻辑”，为新时代中国特色社会主义发展提供理论基础。

基于总问题，本书致力于解决的核心问题是，全面准确深入研究改革开放以来中国特色社会主义发展的历史逻辑、现实逻辑、价值逻辑、理论逻辑和世界逻辑；从这些逻辑中，研究改革开放以来中国特色社会主义的生成、发展规律；从这些历程和规律中，进一步研究中国特色社会主义走向成功的根本经验。

由此，本书着力解决的难点问题主要是：如何深入揭示中国特色社会主义的发展阶段及其之间的演进逻辑；究竟如何全面准确深入揭示改革开放以来中国特色社会主义发展的各种逻辑及其之间的逻辑关系；如何从中国特色社会主义发展的各种逻辑中，深刻揭示中国特色社会主义发展的根本经验与基本规律；如何从中国特色社会主义发展的根本经验与基本规律中，提炼概括出能为世界做出贡献的“中国理论”，尤其是“中国核心理论”；如何揭示出中国特色社会主义道路相对于西方资本主义道路的比较优势；如何理解中国特色社会主义道路的中国式现代化新道路的关系；如何理解习近平新时代中国特色社会主义思想是实现马克思主义中国化新的飞跃；如何为解决人类发展问题贡献中华民族现代文明。要解决这些问题，需要具有高度的抽象力、概括力、理论思维能力和哲学分析能力。

(二)总思路

中国特色社会主义伟大事业是在经济全球化浪潮推动下发展壮大起来的。中国特色社会主义经过40多年的历史发展，取得了举世瞩目的历史性成就。研究改革开放以来中国特色社会主义的发展逻辑，既是为了总结其历史经验，也是为了揭示其发展规律，还是为了提升中国理论。因此，本书展开研究的总体思路是：首先，运用历史思维即从历史背景、历史起点、历史方位、历史进程上，揭示改革开放以来中国特色社会主义发展的历史逻辑，进而理解和把握中国特色社会主义发展的历史必然性、历史规律性与历史经验；其次，立足社会存在和社会实践的变化，从社会结构变迁的现实进程，来揭示改革开放以来中国特色社会主义发展的现实逻辑，从而理解和把握当代中国所发生的实践性变革；再次，进一步从价值尺度上，揭示改革开放以来中国特色社会主义发展的价值逻辑，以理解和把握中国特色社会主义发展中的价值追求及其历史演进；又次，再从理论上，从中国特色社会主义发展的历史逻辑、现实逻辑和价值逻辑中，揭示中国特色社会主义理论生成的历史基础、现实根据和价值支撑，进而揭示中国特色社会主义发展的理论逻辑，为中国特色社会主义实践提供理论引领和科学指导，为理解习近平新时代中国特色社会主义思想实现马克思主义中国化的一次新飞跃提供理论阐释；最后，中国特色社会主义发展进程始终伴随着世界历史发展进程，二者互相影响、互相作用，因而，要在二者的互动中揭示中国特色社会主义发展的世界化逻辑，以进一步理解和把握中国特色社会主义发展的世界意义和世界贡献。

（三）分析框架

历史唯物主义方法。本书属于“史”类研究，研究“史”，首先应坚持历史唯物主义视角，运用历史唯物主义方法展开研究，如社会存在和社会意识的关系、历史尺度和价值尺度的统一、合规律性与合目的性的统一、历史逻辑和理论逻辑的统一、史和论的统一、社会结构和历史过程的统一等。

结构主义方法。社会是由各要素及其关系即结构构成的一个有机系统，中国特色社会主义的“发展逻辑”，是由历史、现实、价值、理论、世界等各种逻辑及其关系来阐释的，也是由动力平衡、治理等结构性要素来理解的。由此，对中国特色社会主义的“发展逻辑”所蕴含的各种逻辑及其关系进行结构分析，是必须采取的一种视角和方法。就是说，要运用结构分析法，来理解和把握中国特色社会主义的“发展逻辑”。换言之，对中国特色社会主义的发展逻辑的研究，必须深入中国特色社会主义发展的内在逻辑结构之中。只有这样，才能在纷繁复杂的表象背后，深入理解和把握中国特色社会主义的发展逻辑，更注重把中国特色社会主义发展的历史逻辑、现实逻辑、价值逻辑、理论逻辑、世界逻辑构成一个相互贯通、相互作用、不可分割、彼此理解的有机整体。

过程分析方法。中国特色社会主义的发展是一个过程，这一过程要经过若干历史阶段。所以，我们应从过程分析视角，来理解和把握中国特色社会主义的“过去、现在、未来”，理解和把握中国特色社会主义的“定位、定标、定法”，理解中国特色社会主义发展的历史进程和逻辑进程及其内在相关性。

整体主义方法。中国特色社会主义是一个宏大、开放而又不断生成、发展的系统，只有从整体性视角展开对中国特色社会主义发展逻辑的研究，才能够真正把握中国特色社会主义的形成、发展和不断壮大的内在逻辑和根据。本书遵循整体主义视角，既注重从中国特色社会主义形成、发展、壮大的整体进程中，也注重从当代世界发展的整体进程中，来把握中国特色社会主义的发展逻辑。

四　主要内容

本书在本质上是一种“史”的研究。由此，本书的研究对象主要是：改革开放以来中国特色社会主义的“发展逻辑”及其蕴含的根本经验、基本规律；大国成为强国(由富到强)的发展逻辑，简称“强国逻辑”。

本书的主要内容分为六个部分。

第一部分，揭示改革开放以来中国特色社会主义开创的逻辑起点。这是本书研究的出发点。这一出发点，从历史逻辑看，是做大“蛋糕”与追赶“西方”，解放和发展社会生产力；从时代背景看，是寻求新路；从社会主义现代化建设角度看，是社会结构转型；从思想方法角度看，是确立实事求是的思想路线。

第二部分，揭示改革开放以来中国特色社会主义发展的历史阶段之划分标准及其总体发展逻辑。主要包括划分中国特色社会主义发展阶段的标准、中国特色社会主义总体发展逻辑和中国特色社会主义具体发展逻辑的五大维度三部分内容。

第三部分，揭示改革开放以来中国特色社会主义的发展逻辑及其基本规律。其发展逻辑主要包括历史逻辑、现实逻辑、价值逻辑、理论逻辑和世界逻辑。

一是历史逻辑。主要研究中国特色社会主义的“前世”、中国特色社会主义的“今生”和中国特色社会主义进入“新时代”。

二是现实逻辑。主要研究中国特色社会主义发展的基本遵循、中国特色社会主义发展的实践进程和中国特色社会主义发展的基本规律。

三是价值逻辑。主要研究作为价值关系的中国共产党与人民群众、中国特色社会主义价值追求的理论基础、中国特色社会主义发展的价值追求及其历史演进和中国特色社会主义发展的价值逻辑及其重要启示。

四是理论逻辑。主要研究中国特色社会主义的理论渊源、中国特色社会主义发展的理论逻辑和中国特色社会主义发展的理论逻辑所蕴含的哲学智慧。

五是世界逻辑。主要研究中国特色社会主义发展的世界基础、中国特色社会主义发展的世界化进程和中国特色社会主义发展的世界意义。

第四部分，主要总结提炼概括中国特色社会主义发展的根本经验。本书着力于从“路线”“结合”“四个伟大”“三种根本机制”和“社会革命和自我革命”等方面进行总结。

第五部分，进一步深入揭示中国特色社会主义道路的本源意义。本书认为：道路探寻是贯穿马克思主义发展史的一条根本主线，可运用“五定”总体框架来揭示中国道路的核心要义及其生成机制，中国道路具有本源意义，要进一步坚定中国特色社会主义的道路自信。这是本书最具创新性的部分。

第六部分，属于带有结论性质的余论，主要探究创立和发展 21 世纪马克思主义这一具有开创性、战略性、世界性和整体性的重大论题。

五　学术创新

本书力求在以下方面推进学术创新。

在问题选择上，着力于揭示“由大国成为强国”或由富起来到强起来伟大飞跃的内在历史逻辑、现实逻辑、价值逻辑、理论逻辑和世界逻辑，从中进一步提升出改革开放以来中国特色社会主义的“发展逻辑”，包括总体逻辑和具体逻辑。这是全新的问题，对这些问题的探讨，一定程度上可以填补学术界在这个方面研究的空白。

在分析框架上，我们所采取的“结构、过程、系统”相结合、“动力、平衡、治理”相统一、“能、好、行”相一致的分析框架，与“用学术讲政治、从政治找学术”的方法具有一定的创新性。因为它既从横向方面揭示中国特色社会主义“发展逻辑”的结构，即由历史逻辑、现实逻辑、价值逻辑、理论逻辑、世界逻辑五个根本要素构成的结构，又从纵向角度揭示中国特色社会主义“发展逻辑”的历史演进与基本规律，还从整体角度揭示中国特色社会主义“发展逻辑”的系统性及其功能。这有助于有效克服相关研究中出现的碎片化和静态化的局限。用学术讲政治，就是既把政治立场挺在本书所研究的问题的前面，同时又要注重为其提供学理支撑。

在学术观点上，力求在下述几点有所突破：确立研究改革开放以来中国特色社会主义发展逻辑的“逻辑起点”；确定划分改革开放以来中国特色社会主义发展阶段的标准；从历史、现实、价值、理论和世界五个基本维度入手，揭示中国特色社会主义的“发展逻辑”及其深刻内涵和本质特征；从“发展逻辑”中，揭示中国特色社会主义发展的根本经验和基本规律；从中国特色社会主义的“发展逻辑”“根本经验”“发展规律”中，提炼出能为解决人类问题贡献中国智慧、提供中国方案的“中国理论”，为构建“理论中国”奠定坚实的理论基础，为坚定道路自信提供坚实的支撑；从理论逻辑上深入理解习近平新时代中国特色社会主义思想是实现马克思主义中国化新的飞跃。

在话语体系上，力求把政治话语、学术话语、大众话语有机统一起来，克服一些研究把政治话语、学术话语和大众话语相互割裂的局限，既在根本政治立场和方向问题上让政治话语出场，又在进行学理分析或提供学理支撑时让学术话语彰显，还在语言表述问题上考虑读者的理解习惯，让大众话语呈现。

在中国道路上，通过各方面的分析，提出“中国道路具有本源意义”这一原创性观点，认为马克思主义发展史、近代以来中国所面临的根本问题、马克思主义中国化历程等，其深层背后都是“道路问题”，尤其是“中国道路”问题。可以通过阐述中国道路的本源意义，来真正理解和回答“马克思主义为什么行、中国特色社会主义为什么好、中国共产党为什么能”的问题，进而理解和把握坚定中国特色社会主义道路自信的问题。

第一章 改革开放以来党的全部理论和实践的主题

我们之所以要从学理上深入研究改革开放以来中国特色社会主义的发展逻辑，首先是因为中国特色社会主义是改革开放以来党的全部理论和实践的主题，也是我们党实现社会主义现代化、实现中华民族伟大复兴的根本主题。

以习近平同志为核心的党中央产生之后，世人所关注的头号问题，就是其治国理政以什么来开局。而开局的首要根本问题，就是要回答“举什么旗”“走什么路”“朝着什么目标前进”的重大问题。旗帜决定方向，道路决定命运。中国特色社会主义，是中国共产党和中国人民团结的旗帜、奋进的旗帜和胜利的旗帜。中国特色社会主义是当代中国发展进步的根本方向，坚持和发展中国特色社会主义是实现中华民族伟大复兴的必由之路。

坚持和发展中国特色社会主义，是改革开放以来党的全部理论和实践的主题，自然也是习近平新时代中国特色社会主义思想的主题。党的十八大之后，第十八届中央政治局就深入学习宣传贯彻党的十八大精神进行了第一次集体学习，习近平同志在主持学习时明确强调：“党的十八大精神，说一千道一万，归结为一点，就是坚持和发展中国特色社会主义。”①换言之，要把学习宣传贯彻党的十八大精神聚焦到、落实到坚持和发展中国特色社会主义这个主题上来。客观地讲，这是一次具有标志性意义的集体学习。习近平同志在大家所关注的“开局”问题上，旗帜鲜明地强调指出了新一届党中央治国理政的根本主题不是别的，就是毫不动摇地坚持和发展中国特色社会主义。可以说，在新的历史起点上坚持和发展中国特色社会主义，是习近平同志最为关注和重视的，是习近平同志治国理政的根本主题。实践证明，以习近平同志为核心的党中央紧紧围绕坚持和发展中国特色社会主义，带领全党全国各族人民积极应对前进道路上的困难和挑战，坚定不移深化改革开放，大力推进国家治理体系和治理能力现代化建设，凝聚起实现中华民族伟大复兴中国梦的强大力量，开启了中国改革开放和现代化建设的新征程。在新的历史起点上，中国共产党领导中国人民在发展中国特色社会主义实践中不断发现、创造、前进，正在奋力开拓中国特色社会主义更为广阔的发展前景。

一　对坚持和发展中国特色社会主义的理论自觉

中国特色社会主义是中国共产党人为实现社会主义现代化自觉选择的正确道路，是实现社会主义现代化的核心问题；正是中国特色社会主义，使中国社会主义现代化建设取得了成功。正因如此，中国共产党人对坚持和发展中国特色社会主义具有高度的理论自觉。

首先，这种理论自觉在于中国共产党人清醒认识到，中国特色社会主义是我们党团结带领全国各族人民长期实践取得的根本成就，是历史的结论、人民的选择。

① 习近平：《习近平谈治国理政》，22页，北京，外文出版社，2014。

一个国家实行什么样的主义，关键要看这个主义能否解决这个国家面临的历史性课题和根本性问题。历史和现实告诉我们，只有社会主义才能救中国，只有中国特色社会主义才能发展中国，这是历史的结论、人民的选择。中国特色社会主义承载着几代中国共产党人的理想和探索，寄托着无数仁人志士的夙愿和期盼，凝聚着亿万人民的奋斗和牺牲，是近代以来中国社会发展的必然选择，是发展中国、稳定中国的必由之路。道路问题是关系党的事业兴衰成败第一位的问题，道路就是党的生命，道路决定命运。习近平同志非常鲜明地强调："道路决定命运，找到一条正确道路是多么不容易。中国特色社会主义不是从天上掉下来的，是党和人民历尽千辛万苦、付出各种代价取得的根本成就。"①对于这一根本成就，习近平同志以高远深邃的历史眼光和深刻独到的概括，展现了坚持和发展中国特色社会主义的底气和自信。他用"四个走出来"给予精辟总结："这条道路来之不易，它是在改革开放 30 多年的伟大实践中走出来的，是在中华人民共和国成立 60 多年的持续探索中走出来的，是在对近代以来 170 多年中华民族发展历程的深刻总结中走出来的，是在对中华民族 5 000 多年悠久文明的传承中走出来的，具有深厚的历史渊源和广泛的现实基础。"②对于这一根本成就，我们应该倍加珍惜、始终坚持、不断发展。"鞋子合不合脚，自己穿了才知道。"③道路走得怎么样，最终要靠事实来说话，要由人民来裁判。新中国 70 多年特别是改革开放 40 多年的实践已经并将继续证明，中国特色社会主义这条路，走得通、走得对、走得好。正如习近平同志所指出的那样："站立在 960 万平方公里的广袤土地上，吸吮着中华民族漫长奋斗积累的文化养分，拥有 13 亿中国人民聚合的磅礴之力，我们走自己的路，具有无比广阔的舞台，具有无比深厚的历史底蕴，具有无比强大的前进

① 习近平：《在纪念毛泽东同志诞辰 120 周年座谈会上的讲话》，14 页，北京，人民出版社，2013。

② 习近平：《习近平谈治国理政》，39—40 页，北京，外文出版社，2014。

③ 同上书，273 页。

定力。”①

中国特色社会主义是历史的结论、人民的选择，就是说，中国共产党人在长期的历史性实践中，终于认识到中国特色社会主义是实现中华民族伟大复兴的必由之路，是人民获得幸福之路。

其次，这种理论自觉在于中国共产党人高度强调中国特色社会主义是一篇大文章，要继续把这篇文章写下去，谱写好新篇章，这是以习近平同志为核心的党中央做出的庄严承诺和坚定宣誓。

从党的十二大报告到党的二十大报告，所有的主题都涉及坚持和发展中国特色社会主义。这充分表明中国共产党人对坚持和发展中国特色社会主义具有坚定的信念和高度的理论自觉。

以习近平同志为核心的党中央对坚持和发展中国特色社会主义更具有高度的理论自觉。2012 年 11 月 15 日，习近平同志当选中国共产党的总书记以后，在十八届中央政治局常委同中外记者见面时的讲话中指出：“我们的责任，就是要团结带领全党全国各族人民，接过历史的接力棒，继续为实现中华民族伟大复兴而努力奋斗，使中华民族更加坚强有力地自立于世界民族之林，为人类作出新的更大的贡献。”②实践永无止境，中国特色社会主义也将在实践中不断发展、不断前进，因此，这就需要一代又一代的中国共产党人带领人民接续奋斗，不断续写中国特色社会主义的新篇章。2013 年 1 月 5 日，习近平同志在新进中央委员会的委员、候补委员学习贯彻党的十八大精神研讨班上的重要讲话中明确指出：“坚持和发展中国特色社会主义是一篇大文章，邓小平同志为它确定了基本思路和基本原则，以江泽民同志为核心的党的第三代中央领导集体、以胡锦涛同志为总书记的党中央在这篇大文章上都写下了精彩的篇章。现在，我们这一代共产党人的任务，就是继续把这篇大文章写下去。”③这一庄严宣誓，表明以习近平同志为核心的党中央坚持和发展

---

① 习近平：《习近平谈治国理政》，171 页，北京，外文出版社，2014。

② 同上书，4 页。

③ 同上书，23 页。

中国特色社会主义的信心和决心，字里行间饱含着以习近平同志为核心的党中央续写中国特色社会主义新篇章的深情和勇气，也充分体现了坚持和发展中国特色社会主义的鲜明的问题意识、高度的理论自觉、强烈的使命意识、坚定的担当意识。2012 年 11 月 17 日，习近平同志在主持十八届中央政治局第一次集体学习时发表讲话指出："只有高举中国特色社会主义伟大旗帜，我们才能团结带领全党全国各族人民，在中国共产党成立 100 年时全面建成小康社会，在新中国成立 100 年时建成富强民主文明和谐的社会主义现代化国家，赢得中国人民和中华民族更加幸福美好的未来。"①在新的历史起点上，我们正在进行着具有许多新的历史特点的伟大斗争，战胜前进道路上的一切困难和挑战，最为关键的就是坚定不移地坚持和发展中国特色社会主义，不断开创中国特色社会主义事业新局面，不断交出坚持和发展中国特色社会主义的合格答卷，把党和国家各项事业继续推向前进。

最后，这种理论自觉在于中国共产党人深刻体会到，坚信中国特色社会主义是道路、理论体系、制度和文化的"四位一体"，是实现社会主义现代化、实现中华民族伟大复兴的必由之路。

中国特色社会主义是实践、理论体系、制度和文化的一个有机整体，是由道路、理论体系、制度和文化"四位一体"构成的。其中，中国特色社会主义道路是实现途径，中国特色社会主义理论体系是行动指南，中国特色社会主义制度是根本保障，中国特色社会主义文化是精神支撑，四者统一于中国特色社会主义伟大实践，并且是实现社会主义现代化、实现中华民族伟大复兴的必由之路。在当代中国，坚持和发展中国特色社会主义，就是真正坚持社会主义。因此，我们还要进一步坚定中国特色社会主义自信，坚定对中国特色社会主义的道路自信、理论自信、制度自信、文化自信。2013 年 12 月 26 日，在纪念毛泽东同志诞辰 120 周年座谈会上的讲话中，习近平同志明确指出："坚持独立自主，就

---

① 习近平：《习近平谈治国理政》，7 页，北京，外文出版社，2014。

要坚定不移走中国特色社会主义道路，既不走封闭僵化的老路，也不走改旗易帜的邪路。我们要增强政治定力，增强道路自信、理论自信、制度自信。我们要根据形势任务发展变化，通过全面深化改革，不断拓展中国特色社会主义道路，不断丰富中国特色社会主义理论体系，不断完善中国特色社会主义制度。”①鲜明的旗帜、坚定的步伐，展示了以习近平同志为核心的党中央对世情国情的清醒认识，对中国未来发展走向的深沉思考，让世界感受到中国坚定不移地走中国特色社会主义道路的自觉和自信。习近平同志强调指出：“当今世界，要说哪个政党、哪个国家、哪个民族能够自信的话，那中国共产党、中华人民共和国、中华民族是最有理由自信的。”②彰显自信，传导自信，大大增强了中华民族对中国特色社会主义的思想认同、理论认同、情感认同。

二　对中国特色社会主义的“坚持”

针对国内外一些错误看法和论调，特别是一些人把中国特色社会主义误解为中国特色资本主义、国家资本主义、新官僚资本主义，习近平同志多次重申：“我们党始终强调，中国特色社会主义，既坚持了科学社会主义基本原则，又根据时代条件赋予其鲜明的中国特色。这就是说，中国特色社会主义是社会主义，不是别的什么主义。”③在纪念建党95周年的重要讲话中，习近平同志全面科学地回顾并总结了中国共产党在波澜壮阔的历史进程中为中华民族做出的伟大历史贡献，强调指出：“历史告诉我们，没有先进理论的指导，没有用先进理论武装起来的先进政党的领导，没有先进政党顺应历史潮流、勇担历史重任、敢于

① 习近平：《在纪念毛泽东同志诞辰120周年座谈会上的讲话》，21—22页，北京，人民出版社，2013。

② 习近平：《习近平谈治国理政》第2卷，36页，北京，外文出版社，2017。

③ 《十八大以来重要文献选编》上，109页，北京，中央文献出版社，2014。

作出巨大牺牲，中国人民就无法打败压在自己头上的各种反动派，中华民族就无法改变被压迫、被奴役的命运，我们的国家就无法团结统一、在社会主义道路上走向繁荣富强。”①实际上，反映时代精神和中国实践的邓小平理论、“三个代表”重要思想、科学发展观、习近平新时代中国特色社会主义思想，都坚持了社会主义和中国特色社会主义。尤其是习近平新时代中国特色社会主义思想，更是对中国特色社会主义的坚持。为了避免出现颠覆性的历史错误，习近平同志反复强调“不忘初心，继续前进”。具体来说，就是要坚定不移地坚持马克思主义指导地位、坚持毛泽东思想、坚持中国共产党的领导地位、坚持共产主义远大理想。

第一，坚持马克思主义指导地位。

坚持中国特色社会主义，最根本的一条原则就是坚持马克思主义指导地位。马克思列宁主义、毛泽东思想不能丢，丢了就丧失了根本。尽管马克思主义诞生于一百七十多年以前，但是历史和现实都证明了马克思主义是科学的理论，是具有真理性和道义性的理论。马克思主义不仅致力于“解释世界”，是伟大的认识工具，同时也致力于“改变世界”，是有力的思想武器。时至今日，马克思主义依然显示出科学理论的伟力，依然有着强大的生命力。实事求是地讲，在人类思想史上，还没有哪一种理论能像马克思主义理论那样对人类文明进步和世界历史进程产生了如此广泛而深远、持续而巨大的影响。马克思主义具有与时俱进的理论品质，它是随着时代、实践、科学发展而不断发展的开放的理论体系，马克思主义并没有结束真理，而是开辟了通向真理的道路。马克思主义的强大生命力就在于它不是静止的封闭的教条，而是深深根植在实践中且反复接受检验、不断发展、与时俱进的科学。因此，我们要不断深入推动马克思主义中国化，不断开辟当代中国马克思主义、21 世纪马克思主义发展新境界，让当代中国马克思主义、21 世纪马克思主义放射出真理和道义的光芒。

---

① 习近平：《在庆祝中国共产党成立 95 周年大会上的讲话》，4—5 页，北京，人民出版社，2016。

马克思主义是我们立党立国的根本指导思想，是全国各族人民团结奋斗的共同理论基础。在坚持马克思主义指导地位这一根本问题上，我们必须坚定不移，任何时候任何情况下都不能有丝毫动摇。背离或放弃马克思主义，我们党就会失去灵魂、迷失方向，我们的事业就会因为没有正确的理论基础和思想灵魂而遭到失败。100多年来，中国共产党坚持把马克思主义基本原理同中国具体实际、同中华优秀传统文化相结合，不断用马克思主义中国化、时代化的理论成果指导中国革命、建设和改革，使其走向胜利。在新民主主义革命时期，我们党经过28年艰苦卓绝的斗争，推翻了帝国主义、封建主义、官僚资本主义的反动统治，实现了民族独立和人民解放，建立了人民当家作主的新中国。在社会主义革命和建设时期，我们确立了社会主义基本制度，在“一穷二白”的基础上建立起独立的比较完整的工业体系和国民经济体系，使古老的中国以崭新的姿态屹立于世界东方。在改革开放和社会主义现代化建设新时期，我们开创了中国特色社会主义道路，坚持以经济建设为中心，坚持四项基本原则，坚持改革开放，建立和完善社会主义市场经济体制，大幅度提高了我国的综合国力和人民生活水平，为全面建成小康社会，实现中华民族伟大复兴开辟了广阔的前景。中国特色社会主义进入新时代，我们以中国化、时代化和马克思主义武装全党、教育人民、指导实践，取得了历史性成就，发生了历史性变革。历史雄辩证明，是历史和人民选择了马克思主义，是改革开放发展了马克思主义。中国革命、建设和改革的光辉历程，不仅充分显示了马克思主义的强大生命力，也充分证明了中国人民选择马克思主义的正确性。

20世纪80年代末90年代初，东欧剧变，苏联解体，世界社会主义运动遭受严重挫折。面对国际风云变幻，中国始终坚持马克思主义指导地位，坚持中国共产党领导，不仅成功地稳定了政治局面，而且实现了经济持续快速发展，人民生活水平大幅度提高，综合国力大大提升，社会主义和马克思主义在中国大地上焕发出勃勃生机。实践告诉我们：如果没有马克思主义的指导，这一切都是不可能的，也是不可想象的。正如习近平同志所指出的："中国共产党之所以能够完成近代以来各种政治力量不可能完成的艰巨任务，就在于始终把马克思主义这一科学理论作为自己的行动指南，并坚持在实践中不断丰富和发展马克思主义。这使我们党得以摆脱以往一切政治力量追求自身特殊利益的局限，以唯物辩证的科学精神、无私无畏的博大胸怀领导和推动中国革命、建设、改革，不断坚持真理、修正错误。无论是处于顺境还是逆境，我们党从未动摇对马克思主义的信仰。"①

第二，坚持毛泽东思想。

习近平同志反复强调，坚持和发展中国特色社会主义，毛泽东思想这个本不能忘。单纯而笼统地争辩毛泽东思想与中国特色社会主义理论体系的归属问题，意义不是很大，一种更具建设性的思路和做法应该是，把注意力放到毛泽东思想与中国特色社会主义理论体系之间的发展脉络与内在联系问题上，体现二者之间的区别与联系、继承与创新。②从形成共识、统一思想的角度看，我们必须清醒而深刻领会习近平同志的教诲："毛泽东思想作为一个科学体系，既包括毛泽东同志关于新民主主义的正确思想，也包括毛泽东同志关于社会主义建设的正确思想。""胡锦涛指出，中国特色社会主义理论体系是改革开放历史新时期我们党的理论创新成果。他还指出，中国特色社会主义理论体系，是对毛泽东同志艰辛探索社会主义建设规律重要思想成果的继承和发展。胡锦涛同志这些论断，从根本上把中国特色社会主义理论体系同毛泽东思想的内在联系说清楚、讲明白了。"③

第三，坚持中国共产党的领导地位。

坚持中国特色社会主义，必须坚持中国共产党领导。中国共产党是中国特色社会主义伟大事业的领导核心，中国共产党领导，是中国特色

① 习近平：《习近平谈治国理政》第 2 卷，33 页，北京，外文出版社，2017。

② 杨春贵：《中国特色社会主义理论体系的新概括》，载《中国社会科学》，2008(1)。

③ 习近平：《关于中国特色社会主义理论体系的几点学习体会和认识》，载《求是杂志》，2008(7)。

社会主义最本质的特征，是中国特色社会主义制度最大的优势，是中国最高政治领导力量。实际上，中国共产党领导是历史和人民的自觉选择。近代中国，面对空前深重的民族危机和社会危机，中国人民进行了不屈不挠的斗争，无数仁人志士苦苦探索救国救民的真理。各种主义和主张都出场了，也都破灭了；各种组织和政党都登台了，也都退出了。1921年，在马克思列宁主义同中国工人运动相结合的进程中，中国共产党诞生了，中国共产党才从根本上解决了中国的前途和命运问题，回答了旧制度灭亡后“中国向何处去”这一根本问题。中国产生了共产党，这是开天辟地的大事，它深刻改变了近代以后中华民族发展的方向和进程，深刻改变了中国人民和中华民族的前途和命运，深刻改变了世界发展的趋势和格局。在100多年波澜壮阔的历史进程中，中国共产党紧紧依靠人民，跨过一道又一道沟坎，取得一个又一个胜利，为中华民族做出了“三个伟大历史贡献”、实现了“三个伟大飞跃”，即我们党团结带领中国人民进行28年浴血奋战，打败日本帝国主义，推翻国民党反动统治，完成新民主主义革命，建立了中华人民共和国，实现了中国从几千年封建专制政治向人民民主政治的伟大飞跃；我们党团结带领中国人民完成了社会主义革命，确立了社会主义基本制度，消灭了一切剥削制度，推进了社会主义建设，实现了中华民族由“东亚病夫”到实现“站起来”的伟大飞跃；我们党团结带领中国人民进行改革开放新的伟大革命，极大激发广大人民群众的创造性，极大解放和发展社会生产力，极大增强社会发展活力，人民生活显著改善，综合国力显著增强，国际地位显著提高，中华民族和中国人民迎来了从站起来、富起来到强起来的伟大飞跃。

历史和人民选择中国共产党领导中华民族伟大复兴的事业是正确的，必须长期坚持、永不动摇。中国共产党领导中国人民取得的伟大胜利，使具有5 000多年文明历史的中华民族全面迈向现代化，让中华文明在现代化进程中焕发出新的蓬勃生机；使具有500年历史的社会主义主张在世界上人口最多的国家成功开辟出具有高度现实性和可行性的正确道路，让科学社会主义在21世纪焕发出新的蓬勃生机；使具有70多年历史的新中国建设取得举世瞩目的成就，中国这个世界上最大的发展中国家在短短30多年里摆脱贫困并跃升为世界第二大经济体，创造了人类社会发展史上惊天动地的发展奇迹，使中华民族焕发出新的蓬勃生机。

第四，坚持社会主义历史必然性和共产主义最高理想。

习近平同志指出："中国特色社会主义是社会主义而不是其他什么主义，科学社会主义基本原则不能丢，丢了就不是社会主义。"①科学社会主义的基本原则集中体现为一个核心问题，即社会主义的历史必然性。恩格斯在1885年《反杜林论》的序言中说：本书第三编第二章《理论》，即《社会主义从空想到科学的发展》一书的第三章，"这里所涉及的仅仅是我所主张的观点的一个核心问题的表述"②。这个"核心"包括两层含义：一是科学社会主义是马克思主义的核心，二是社会主义代替资本主义的历史必然性是科学社会主义的核心。这个论断，说明社会主义的历史必然性是马克思主义核心的核心。科学社会主义之所以是科学，就在于它令人信服地揭示和阐明了人类历史发展的总趋势。李大钊指出，社会主义的历史必然性这一历史规律，"乃如夜之继日，地球环绕太阳的事实一样确实了"③。因此，必须正确认识和辩证理解"两个必然"与"两个决不会"的关系。1848年，在《共产党宣言》中，马克思、恩格斯明确提出"两个必然"，即"资本主义必然灭亡，社会主义必然胜利"；1859年，在《〈政治经济学批判〉序言》中，马克思又提出了"两个决不会"，即"无论哪一个社会形态，在它所能容纳的全部生产力发挥出来以前，是决不会灭亡的；而新的更高的生产关系，在它的物质存在条件在旧社会的胎胞里成熟以前，是决不会出现的"④。联系起来看，我们

① 习近平：《习近平谈治国理政》，22页，北京，外文出版社，2014。

② 《马克思恩格斯选集》第3卷，384页，北京，人民出版社，2012。

③ 李大钊：《李大钊全集》第4卷，408页，北京，人民出版社，2013。

④ 《马克思恩格斯选集》第2卷，3页，北京，人民出版社，2012。

必须深刻地认识到实现共产主义趋势和方向的必然性与过程和道路的长期性：共产主义必胜，但决不会速胜；共产主义是长期的，但决不是遥遥无期。对此，邓小平同志曾非常明确地指出："封建社会代替奴隶社会，资本主义代替封建主义，社会主义经历一个长过程发展后必然代替资本主义，这是社会历史发展不可逆转的总趋势，但道路是曲折的。"①

坚持中国特色社会主义，就要坚持共产主义远大理想。革命理想高于天。中国共产党之所以叫共产党，就是因为从成立之日起我们党就把共产主义确立为远大理想。"志不立，天下无可成之事。"我们党之所以能够经受一次次挫折而又一次次奋起，归根到底是因为我们党有远大理想和崇高追求。习近平同志指出，坚定理想信念，坚守共产党人精神追求，始终是共产党人安身立命的根本。对马克思主义的信仰，对社会主义和共产主义的信念，是共产党人的政治灵魂，是共产党人经受住任何考验的精神支柱。形象地说，理想信念就是共产党人精神上的"钙"，没有理想信念，理想信念不坚定，精神上就会"缺钙"，就会得"软骨病"。现实生活中，一些党员、干部出这样那样的问题，说到底是信仰迷茫、精神迷失。习近平同志又指出，如果丢失了共产党人的远大目标，就会迷失方向，变成功利主义、实用主义者，最后意志消沉，奉行及时行乐的人生哲学，甚至产生"人不为己，天诛地灭"的想法，把当干部作为一种谋取私利、巧取豪夺的手段。邓小平同志也指出："为什么我们过去能在非常困难的情况下奋斗出来，战胜千难万险使革命胜利呢？就是因为我们有理想，有马克思主义信念，有共产主义信念。"②

理想因其远大而为理想，信念因其执着而为信念。没有远大理想，不是合格的共产党员；离开现实工作而空谈远大理想，也不是合格的共产党员。我们既要坚定走中国特色社会主义道路的信念，也要胸怀共产主义的崇高理想，矢志不移贯彻执行党在社会主义初级阶段的基本路线和基本纲领，做好当前每一项工作。习近平同志指出："衡量一名共产

① 《改革开放三十年重要文献选编》上，641页，北京，中央文献出版社，2008。

② 同上书，369页。

党员、一名领导干部是否具有共产主义远大理想，是有客观标准的，那就要看他能否坚持全心全意为人民服务的根本宗旨，能否吃苦在前、享受在后，能否勤奋工作、廉洁奉公，能否为理想而奋不顾身去拼搏、去奋斗、去献出自己的全部精力乃至生命。一切迷惘迟疑的观点，一切及时行乐的思想，一切贪图私利的行为，一切无所作为的作风，都是与此格格不入的。”①正如习近平同志所说的：“我们一些同志之所以理想渺茫、信仰动摇，根本的就是历史唯物主义观点不牢固。要教育引导广大党员、干部把践行中国特色社会主义共同理想和坚定共产主义远大理想统一起来，做到虔诚而执着、至信而深厚。有了坚定的理想信念，站位就高了，眼界就宽了，心胸就开阔了，就能坚持正确政治方向，在胜利和顺境时不骄傲不急躁，在困难和逆境时不消沉不动摇，经受住各种风险和困难考验，自觉抵御各种腐朽思想的侵蚀，永葆共产党人政治本色。”②

三　对中国特色社会主义的“发展”

在当代中国，坚持和发展中国特色社会主义，就是真正坚持社会主义。习近平同志指出：“中国特色社会主义，既坚持了科学社会主义基本原则，又根据时代条件赋予其鲜明的中国特色。”③从根本上来说，中国特色社会主义对于科学社会主义既有坚持又有发展，既不丢老祖宗，又别开生面地讲了许多新话。

邓小平理论、“三个代表”重要思想、科学发展观、习近平新时代中国特色社会主义思想，都是对中国特色社会主义的发展。总体来讲，邓小平理论开创了中国特色社会主义理论，从实现富起来方面书写了中国

① 习近平：《关于坚持和发展中国特色社会主义的几个问题》，载《求是》，2019(7)。
② 习近平：《关于坚持和发展中国特色社会主义的几个问题》，载《求是》，2019(7)。
③ 《十八大以来重要文献选编》上，10页，北京，中央文献出版社，2014。

特色社会主义新篇章；“三个代表”重要思想进一步从实现富起来进而从回答“建设什么样的党、怎样建设党”方面丰富和发展了中国特色社会主义；科学发展观也进一步从实现富起来进而从回答“实现什么样的发展、怎样发展”方面，进一步完善和发展了中国特色社会主义；尤其是习近平新时代中国特色社会主义思想，站在我国发展起来以后使大国成为强国这一新的历史起点上，从实现“强起来”方面进一步创新发展了中国特色社会主义，谱写了中国特色社会主义新篇章。在坚持和发展中国特色社会主义的实践中，习近平同志提出，要正确认识改革开放前后两个历史时期。这一论断再次表明了继承和发展的关系。路是一步一步走过来的。习近平同志饱含深情地指出：“一切向前走，都不能忘记走过的路；走得再远、走到再光辉的未来，也不能忘记走过的过去。”①这可谓语重心长，意义深远。我们必须清醒地认识到，中国特色社会主义绝不是无中生有、横空出世的，它是在改革开放历史新时期开创的，但也是在新中国已经建立起社会主义基本制度并进行了 20 多年建设的基础上开创的，从历史的发展来看，这个关系不能割断也无法割断。其实，马克思早就说过：“人们自己创造自己的历史，但是他们并不是随心所欲地创造，并不是在他们自己选定的条件下创造，而是在直接碰到的、既定的、从过去承继下来的条件下创造。”②

总体来讲，我们党对中国特色社会主义的发展主要体现在以下几个方面。

第一，中国特色社会主义是总依据、总布局、总任务的有机统一。

这就揭示了中国特色社会主义的根本问题与核心要义。

“总依据、总布局、总任务”是坚持和发展中国特色社会主义的题中之义，也是建设中国特色社会主义的三大前提性、基础性和根本性问题。

---

① 习近平：《在庆祝中国共产党成立 95 周年大会上的讲话》，8 页，北京，人民出版社，2016。

② 《马克思恩格斯选集》第 1 卷，669 页，北京，人民出版社，2012。

中国特色社会主义的总依据，就是社会主义初级阶段。坚持和发展中国特色社会主义，理解和把握中国特色社会主义，必须立足社会主义初级阶段的基本国情，始终以社会主义初级阶段为总依据。我们常讲，无论是革命、建设时期，还是改革新时期，都要坚持一切从实际出发。这个最大的实际，就是中国的基本国情，就是要搞清楚中国社会主义所处的真实的发展阶段。对于这个大问题，改革开放以来，我们党坚持解放思想、实事求是的思想路线，在总结正反两方面经验教训的基础上，从客观实际出发，不断深化对基本国情的认识，逐步形成并提出了我国仍处于并将长期处于社会主义初级阶段的科学论断。党的十八大、十九大都强调，我国仍处于并将长期处于社会主义初级阶段的基本国情没有变。因此，在新的历史起点上坚持和发展中国特色社会主义，必须立足于社会主义初级阶段的基本国情。立足社会主义初级阶段，就要始终坚持解放和发展社会生产力。同时也要清醒地看到我国发展的新的阶段性特征，科学地把握我国国情的变与不变的辩证法。中国特色社会主义进入新时代，这是“变”，表征着我们面对社会主义阶段不要妄自菲薄；我国仍处于并将长期处于社会主义初级阶段的基本国情没有变，这是“不变”，表征着我们面对社会主义初级阶段也不要狂妄自大。

中国特色社会主义的总布局，就是统筹推进“五位一体”总体布局。坚持和发展中国特色社会主义，必须不断深化对社会主义建设规律的认识，牢牢把握“五位一体”总体布局。古人云：“不谋全局者，不足谋一域。”社会主义建设如何谋篇布局，体现着我们对社会主义建设规律认识和掌握的程度，决定着社会主义建设实践的总体遵循和战略选择。党的十八大以来，习近平同志着眼于全面建成小康社会、实现社会主义现代化和中华民族伟大复兴，统筹推进中国特色社会主义事业“五位一体”总体布局。这一总布局把握了中国特色社会主义建设的基本领域，抓住了全面建成小康社会的主要方面，谋划了实现社会主义现代化、实现中华民族伟大复兴的总框架和总方略，突出了解放生产力、发展生产力在社会主义本质中的基础性、前提性地位，是中国特色社会主义实践发展和理论创新的重要成果，标志着我们党对社会主义建设规律的认识达到了一个新的高度。独木难成林，“五位一体”的总布局是一个相互贯通、相互作用、相辅相成的有机整体，不可分割。中国特色社会主义也不能单打一，不能只靠一个方面，而是由经济建设、政治建设、文化建设、社会建设和生态文明建设等多个相互联系、相互促进的领域和方面构成的有机统一体。因此，坚持和发展中国特色社会主义，就必须推动中国特色社会主义的整体发展，牢牢抓住党执政兴国的第一要务，坚持以经济建设为中心，在推动经济持续健康发展的基础上，稳妥推进社会主义民主政治建设，扎实推进社会主义文化强国建设，在改善民生和创新社会治理中加强社会建设，大力推进生态文明建设。

中国特色社会主义的总任务，就是实现社会主义现代化、实现中华民族伟大复兴。坚持和发展中国特色社会主义，就必须始终聚焦这个总任务(也可以说是主线)，紧紧扭住这个总任务，为实现社会主义现代化、实现中华民族伟大复兴的奋斗目标一代又一代锲而不舍地干下去。中国是世界上文明发展最早的国家之一，也是世界上少有的历史文化从未间断、一直延续至今的国家。中华民族创造的灿烂辉煌的文明，曾经一度长时期走在世界前列，对人类文明的发展作出了不可磨灭的贡献。然而，近代以来，世界格局发生了重大变化和根本扭转，中国从世界上最领先的国家之一沦为积贫积弱的国家，从鸦片战争到新中国成立之前的一百多年间，中国经受了前所未有的屈辱和苦难。为了改变中华民族的命运，从那时起，中国人民和无数仁人志士进行了千辛万苦的探索和不屈不挠的斗争，同样是从那时起，实现中华民族伟大复兴的梦想就开始在胸中燃起。习近平同志指出，实现中华民族伟大复兴是近代以来中华民族最伟大的梦想。[①] 在中国共产党的领导下，今天，我们的国家越来越走近世界舞台的中央，我们的人民比以往任何时期都更加接近这个

---

① 《中国共产党第十九次全国代表大会文件汇编》，11 页，北京，人民出版社，2017。

梦想，我们的党也比以往任何时候都更有信心、更有能力来实现这个梦想。空谈误国，实干兴邦。坚持和发展中国特色社会主义，是实现社会主义现代化、实现中华民族伟大复兴这一总任务的必然选择和必由之路。

第二，中国特色社会主义是全面发展的社会主义。

这就突出了中国特色社会主义的全面性和本质性。

如果说上述第一点是从重点和核心来讲的话，那么这一点，则是从全面和本质来讲的。改革开放以来，中国特色社会主义不断向前发展。从 40 多年改革开放的历史经验中可以得出一个重要结论："中国特色社会主义是全面发展的社会主义"①。习近平同志在中共中央政治局第三十次集体学习时的讲话中提出的这一重大论断，为坚持和发展中国特色社会主义指明了前进的方向，开辟了更为宽广的前景，标志着中国特色社会主义进入了全面发展新时期。

社会主义区别于资本主义的一个根本点，就是资本主义从根本上、本质上更注重资本的主导地位和作用，资本主义社会的总问题，就是资本占有劳动并控制社会，因而，资本主义是强调片面发展的。社会主义区别于资本主义，就在于在根本上、本质上是注重全面发展、协调发展的。全面性，是社会主义的一个本质特征。中国特色社会主义首先是社会主义，在其历史发展进程中，理应将其逐步发展成为全面发展的社会主义。中国特色社会主义的全面性体现在它是道路、理论体系、制度、文化"四位一体"。

习近平同志指出：中国特色社会主义道路是实现我国社会主义现代化、创造人民美好生活的必由之路；中国特色社会主义理论体系是指导党和人民实现中华民族伟大复兴的正确理论，写出了科学社会主义的"新版本"，是深深扎根于中国大地、符合中国实际的当代中国马克思主义。在当代中国，坚持中国特色社会主义理论体系，就是真正坚持马克

---

① 《习近平关于全面建成小康社会论述摘编》，208 页，北京，中央文献出版社，2016。

思主义。中国特色社会主义制度是当代中国发展进步的根本制度保障，随着中国特色社会主义不断发展，我们的制度必将越来越成熟，我国社会主义制度的优越性必将进一步显现。我们就是要有这样的道路自信、理论自信、制度自信，真正做到“千磨万击还坚劲，任尔东西南北风”。在建党95周年的重要讲话中，习近平同志把中国特色社会主义自信从“三个自信”拓展为“四个自信”。党的十九大报告强调，中国特色社会主义文化是激励全党全国各族人民奋勇前进的强大的精神力量，而且文化自信是一个国家、一个民族发展中更基本、更深沉、更持久的力量。①

“四个全面”战略布局与新发展理念，体现了道路、理论、制度、文化诸方面的辩证统一关系，升华了“发展”这一党执政兴国的第一要务，从而成为具有“全面性”的战略布局和新发展理念，使中国特色社会主义的全面发展达到了新的广度和深度。正如习近平同志所指出的：“党的十八大以来，党中央从坚持和发展中国特色社会主义全局出发，提出并形成了全面建成小康社会、全面深化改革、全面依法治国、全面从严治党的战略布局，确立了新形势下党和国家各项工作的战略目标和战略举措，为实现‘两个一百年’奋斗目标、实现中华民族伟大复兴的中国梦提供了理论指导和实践指南。”②如果说实现“两个一百年”的奋斗目标、实现中华民族伟大复兴的提出和确立，从目标维度回答了实现什么样的现代化和民族复兴问题的话，那么，“四个全面”战略布局对我们党治国理政的总体方略进行了顶层设计，并从手段(路径)维度回答了怎样实现现代化和民族复兴的问题。“四个全面”战略布局是对社会主义全面发展的升华。首先，这四个方面的每一个方面都达到了新的“全面”：小康已由基本小康、总体小康走向全面小康，改革的发展已进入全面改革，依法治国要求全面依法治国，从严治党也发展到全面从严治党。其次，“四个全面”战略布局的各个方面不是孤立存在的，而是相互联系密不可分

① 《中国共产党第十九次全国代表大会文件汇编》，18页，北京，人民出版社，2017。

② 习近平：《习近平谈治国理政》第2卷，25页，北京，外文出版社，2017。

的。虽然四个方面各具有不同的功能和作用，但结合为一个有机的整体或系统，便构成治国理政的战略布局。为适应“四个全面”战略布局，相应地也要求发展理念创新，以新发展理念引领新发展实践。党的十八届五中全会提出：“坚持创新发展、协调发展、绿色发展、开放发展、共享发展，是关系我国发展全局的一场深刻变革。”①这五大新发展理念，是对改革开放以来我国发展经验的集中且系统的总结，是在我国发展起来以后使大国成为强国的新时代、新的历史方位上提出来的，是对科学发展观的飞跃性发展。这五大新发展理念也是全面发展的新理念，既包括破解发展难题，以摆脱不平衡不协调不可持续的发展状况，以增强发展动力、提升发展质量、厚植发展优势的内容，也包括共享发展的要求，指明了走向共同富裕的社会主义方向。总之，改革开放以来，建设中国特色社会主义的历史经验，特别是党的十八大以来习近平总书记系列重要讲话所蕴含的新理念新思想新战略，都已经并将继续说明：中国特色社会主义是全面发展的社会主义，其中，“四个全面”战略布局和新发展理念，无疑是中国特色社会主义全面发展的新篇章。这些新篇章都是在中国特色社会主义建设实践中提出的，是对当前我国经济社会发展中存在的突出问题、改革攻坚和加快转变经济发展方式面临的难点问题、干部群众普遍关注的热点问题的积极回应，是最本质的东西；它体现了共产党执政规律、社会主义建设规律和人类社会发展规律，表明我们党对中国特色社会主义规律的认识达到了新水平。

第三，中国特色社会主义具有自身的发展逻辑。

这是从纵向历史勾勒出改革开放以来中国特色社会主义的发展逻辑。

这最鲜明、最集中的，就是体现在习近平同志所讲的：中国特色社会主义进入了新时代，意味着近代以来久经磨难的中华民族迎来了从站起来、富起来到强起来的伟大飞跃。这就是说，自 1978 年改革开放以

① 《十八大以来重要文献选编》中，793 页，北京，中央文献出版社，2016。

后，中国特色社会主义是沿着从富起来再到强起来的伟大飞跃这一逻辑而发展的。如果说中国特色社会主义是改革开放以来我党全部理论和实践的“主题”的话，那么，从富起来到强起来，就是我们党坚持和发展中国特色社会主义的“主线”，正是围绕这一“主线”，我们党发展了中国特色社会主义。习近平新时代中国特色社会主义思想，就是新时代我们党发展中国特色社会主义的集中体现。

四 为坚持和发展中国特色社会主义注入“时代”内涵

需要强调的是，党的十八大以来，以习近平同志为核心的党中央关于坚持和发展中国特色社会主义，提出了一系列富有创见性和突破性的新理念新思想新战略，从根本上回答了坚持和发展中国特色社会主义的一系列重大问题，为坚持和发展中国特色社会主义注入了新的时代内涵，提供了基础，开辟了当代中国马克思主义、21 世纪马克思主义发展的新境界。

第一，揭示了中国特色社会主义的历史必然性和价值合理性，回答“从哪里来”的问题。

这就是揭示了中国特色社会主义产生、形成的内在必然的逻辑。

认识和把握中国特色社会主义，首先要弄清楚它是“从哪里来”的，就是其产生和存在的历史必然性和价值合理性。习近平同志强调指出：中国特色社会主义是科学社会主义理论逻辑和中国社会发展历史逻辑的辩证统一，是根植于中国大地、反映中国人民意愿、适应中国和时代发展进步要求的科学社会主义，① 是有 500 年历史的社会主义主张在世界上人口最多的国家成功开辟出的具有高度现实性和可行性的正确道路。这实际上意味着中国特色社会主义第一次真正把科学社会主义从理论变

① 习近平：《关于坚持和发展中国特色社会主义的几个问题》，载《求是》，2019(7)。

成现实，具有理论基础、历史基础和实践基础。这就从根本上回答了中国特色社会主义“从哪里来”的问题。

1516年，英国人托马斯·莫尔的传世之作《乌托邦》的出版，标志着空想社会主义思想的诞生。迄今为止，社会主义经历了从无到有、从空想到科学、从理论到实践、从实践到现实、从一国到多国、从西方到东方整整500年的发展历程和光辉历史。站在当代中国这样一个新的历史起点和时代高度，坚持和发展中国特色社会主义，就要完整准确地理解究竟“什么是社会主义、怎样建设社会主义”这一根本问题。对这一根本问题清楚与否，直接关系到中国特色社会主义伟大事业的发展走向和兴衰成败。正是在这个意义上，习近平同志强调指出，要把中国特色社会主义放到“世界社会主义500年”的历史进程中加以考察，去认识社会主义的历史必然性和发展规律性，进而全面审视并科学定位“什么是中国特色社会主义”这一根本问题。因此，我们既要从理论逻辑上弄清楚科学社会主义的“基本原则及其实现方式”，同时又要从历史逻辑上弄清楚中国共产党人选择科学社会主义的历史必然性和价值合理性。

科学社会主义的基本原则，首要是实现无产阶级解放和人类解放，实现每个人自由而全面发展；其实现条件和根本途径，是通过社会主义革命进一步解放和发展社会生产力，坚持走共同富裕道路。这是科学社会主义的理论逻辑。科学社会主义产生之后，列宁首先在经济文化落后的俄国探索实现社会主义的道路，但由于种种原因未能成功。

十月革命一声炮响，给中国送来了马克思列宁主义。1921年，以马克思列宁主义武装的中国共产党登上中国历史舞台。之后，中国共产党通过新民主主义革命向社会主义过渡。新中国成立后，我们确立了社会主义基本制度，既解放和发展了社会生产力，也使中国人民站起来，获得了解放。1978年，适应时代发展和历史进步的要求，我国实行了改革开放和社会主义现代化建设，进一步把科学社会主义的基本原则与中国具体实际相结合，开创了中国特色社会主义，目的是既解放和发展社会生产力，又使中国人民富裕起来。显然，我们选择马克思主义、科学社会主义，是科学社会主义理论逻辑的必然，也是中国社会发展历史逻辑的必然，还是人民的选择。这就进一步搞清楚了中国特色社会主义的来源及其产生和存在的理论基础、历史基础和实践基础，进一步搞清楚了中国特色社会主义产生的历史必然性和存在的价值合理性。没有对科学社会主义理论逻辑和中国社会主义发展历史逻辑的深刻认知和真正自觉，就难以搞清楚中国特色社会主义究竟是“从哪里来”的，就难以搞清楚“中国特色社会主义究竟是怎么回事”，就会使中国特色社会主义成为无源之水、无本之木，成为人们误解、曲解、肢解、消解的对象。这就会从根本上动摇中国共产党的执政根基。

总之，从根本上说，作为中国共产党人的伟大创造，中国特色社会主义是科学社会主义一般原则与中国特殊实际相“结合”的产物，它既坚持科学社会主义的基本原则，具有深厚的理论基础，也根据时代条件、中国实际赋予其鲜明的“中国特色”，具有坚实的历史基础和实践基础。

第二，阐释了“中国特色”，回答中国特色社会主义“特在哪里”的问题。

这就是揭示并阐释了中国特色社会主义之“中国特色”的丰富内涵。

认识和把握中国特色社会主义，在弄清楚它是“从哪里来”之后，接着在逻辑上首先要认识和把握中国特色社会主义之“中国特色”。对此，在党的十九大召开之前，习近平同志做出了全面阐释。他指出：“中国特色社会主义特就特在其道路、理论体系、制度上，特就特在其实现途径、行动指南、根本保障的内在联系上，特就特在这三者统一于中国特色社会主义伟大实践上。”①这一论述，从根本上回答了中国特色社会主义究竟“特在哪里”的问题。党的十九大又把中国特色社会主义文化纳入中国特色社会主义，由“三位一体”拓展为“四位一体”。

“特”就特在中国特色社会主义道路上。中国特色社会主义道路之“中国特色”，在于它既与马克思所设想的社会主义一般道路有所不同，

---

① 习近平：《习近平谈治国理政》，9页，北京，外文出版社，2014。

中国特色社会主义道路给“市场经济”“市场配置力量”以一席之地，也与以资本主导为核心的西方模式有本质区别，中国特色社会主义道路坚持中国共产党的领导力量和人民主体力量。党的领导力量、人民主体力量、市场配置力量的协调并形成合力，是中国特色社会主义道路的哲学精髓，是实现社会主义现代化、实现中华民族伟大复兴的根本路径。

“特”就特在中国特色社会主义理论体系上。理论是行动的先导，行动需要理论指导。作为马克思主义中国化的第二大理论创新成果，中国特色社会主义理论体系是深深扎根于中国大地、反映中国人民意愿、适应中国和时代发展进步要求的当代中国马克思主义。显然，从其产生的历史和实践基础看，它具有“中国特色”。中国特色社会主义就其理论内容来讲，也具有“中国特色”，因为它是与“中国具体实际”相“结合”的产物。这种“结合”具体体现在：中国特色社会主义理论体系所产生和存在的历史方位，是中国社会主义初级阶段；所回答的时代课题，是在中国“什么是社会主义、怎样建设社会主义”“建设一个什么样的党、怎样建设党”“实现什么样的发展、如何实现发展”“在新时代坚持发展什么样的中国特色社会主义、怎样坚持和发展中国特色社会主义”等；它致力于解决的根本问题，是在当今中国如何解放和发展社会生产力、如何走共同富裕道路、如何推进国家治理现代化、如何实现民族复兴等“中国问题”；在解决这些问题的方式上，也注入了中国文化的元素。这样的中国特色社会主义，既体现了科学社会主义的基本原则，也具有“中国国情”“中国实际”“中国文化”“中国历史”“中国实践”“中国经验”“中国内涵”“中国问题”等“中国元素”。党的十七大报告在总结中国特色社会主义建设的历史经验时，讲到了“十个结合”，这“十个结合”充分彰显了“中国特色”。①

“特”就特在中国特色社会主义制度上。中国特色社会主义制度既坚持社会主义的根本性质，也充分吸收借鉴古今中外制度建设的有益成

---

① 胡锦涛：《胡锦涛文选》第2卷，620页，北京，人民出版社，2016。

果，既坚持中国共产党领导，有效动员、组织构架一切资源和力量解难题、办大事、加速度，又利用和驾驭市场机制。这种制度的“中国特色”主要体现在：它既集中体现了中国特色社会主义的特点和优势，也为解决人类的问题提供“中国智慧”“中国方案”，还坚持把当代中国的根本政治制度、基本政治制度与基本经济制度及各方面体制机制等重要制度有机结合起来，坚持把党的领导、人民当家作主、依法治国有机结合起来，坚持把国家层面民主制度同基层民主制度有机结合起来，坚持把社会主义文化、中华优秀传统文化和西方文化中的合理因素结合起来，坚持把党的领导、社会参与、协商共治、法德并治结合起来。

“特”就特在中国特色社会主义文化上。中国特色社会主义文化既不忘本来，又吸收外来，还面向未来。不忘本来，就是坚守中华优秀传统文化中的“和而不同、协和万邦、兼济天下、世界大同”等“和合”思想，又守正马克思主义文化；吸收外来，就是合理吸收世界上其他有益的文明成果；面向未来，就是直面实现社会主义现代化、实现中华民族伟大复兴，对中华传统文化实行创造性转化和创新性发展。

“特”就特在中国特色社会主义的实现途径、行动指南、根本保障、精神力量的内在联系上。中国特色社会主义道路是实现社会主义现代化、实现中华民族伟大复兴的根本途径，中国特色社会主义理论体系是实现社会主义现代化、实现中华民族伟大复兴的行动指南，中国特色社会主义制度是实现社会主义现代化、实现中华民族伟大复兴的根本保障，中国特色社会主义文化是实现社会主义现代化、实现中华民族伟大复兴的精神力量。这四者是一个具有严密逻辑的、有机的系统整体，彼此理解、相互制约、相辅相成，因而只有在一个系统完整的逻辑框架中才能得到彼此理解和把握；把其中某一个方面支离出来，都难以真正认识和把握其思想精髓、精神实质。这就充分体现了中国文化注重系统性、整体性、协调性的特征。

“特”就特在这四者统一于中国特色社会主义伟大实践上。就是说，在中国特色社会主义伟大实践上，道路、理论体系、制度、文化这四个方面是一个有机统一的整体，是同一实践活动的四个角度、四个侧面，离开哪一个方面，都难以完整认识和把握中国特色社会主义实践。就是说，只有把这四个方面统一起来，才能真正把握中国特色社会主义实践。

第三，亮明了我们党坚定的政治方向，回答中国特色社会主义的“性质和方向”问题。

这就是揭示并阐明了中国特色社会主义的“性质和方向”。

在认识和把握中国特色社会主义之“中国特色”以后，接着在逻辑上，就需要进一步认识和把握中国特色社会主义之“社会主义本质”，即“性质和方向”。对此，习近平同志旗帜鲜明地强调：“中国特色社会主义是社会主义而不是其他什么主义，科学社会主义基本原则不能丢，丢了就不是社会主义。”①这一论述，亮明了我们党坚定的政治立场和政治方向，从根本上回答了中国特色社会主义的性质、本质、方向及其所坚持的“基本原则”“根本要求”问题，回应了种种对中国特色社会主义的误解，为中国特色社会主义正了名。

这一论述具有极强的现实针对性。中国特色社会主义是科学社会主义的“新版本”，更是科学社会主义的“中国版本”。当代中国，在“怎样建设社会主义”这个问题上，必须毫不动摇地坚持中国特色“社会主义”方向，必须科学地对待中国特色社会主义，决不能在这一根本原则问题上闪烁其词、含糊其词或出现颠覆性错误。一段时期以来，国内外有些舆论提出中国现在搞的究竟还是不是社会主义的疑问，有人说搞的是“权贵资本主义”，还有人干脆说是“国家资本主义”“新官僚资本主义”。这些说法都是错误的，因为中国特色社会主义坚持中国共产党领导，坚持党的领导、人民当家作主、依法治国有机统一，坚持走共同富裕道路。在当代中国，坚持和发展中国特色社会主义，就是真正坚持社会主义。我们说中国特色社会主义是社会主义，那就是说，不论怎么改革、怎么开放、怎么现代化，我们都始终坚持中国特色社会主义道路、中国

① 习近平：《习近平谈治国理政》，22页，北京，外文出版社，2014。

特色社会主义理论体系、中国特色社会主义制度、中国特色社会主义文化，坚持党的十八大提出的夺取中国特色社会主义新胜利的基本要求。习近平同志指出：“这些都是在新的历史条件下体现科学社会主义基本原则的内容，如果丢掉了这些，那就不成其为社会主义了。”①

第四，鲜明强调坚持中国共产党领导是中国特色社会主义的本质特征和最大优势，回答中国特色社会主义的“本质属性”问题。

这就是揭示并阐述了中国特色社会主义的“本质特征”。

认识和把握中国特色社会主义，接下来的逻辑，就是要进一步认识和把握其“本质特征”和“最大优势”。就此，习近平同志强调指出：“中国共产党领导是中国特色社会主义最本质的特征，是中国特色社会主义制度的最大优势。”②这就从根本上回答了中国特色社会主义的“本质特征”的问题。这就意味着，中国共产党领导是中国特色社会主义最本质的特征，讲中国特色社会主义，首先要讲中国共产党领导，抽掉这一点，就抽掉了中国特色社会主义的本质，中国特色社会主义就不成其为中国特色社会主义了，这就叫作“本质颠覆”。

坚持中国共产党的领导，是中国特色社会主义最鲜明的政治标志。坚持中国特色社会主义，必须坚定不移地坚持中国共产党的领导。历史发展表明，没有中国共产党，就没有中国特色社会主义，就没有今天我们所取得的巨大成就。中国共产党从根本上解决了中国发展的前途命运问题。中国共产党是我们中国成长、发展、壮大的根基，历史需要它、中国人民需要它。正如习近平同志所指出的：历史和人民选择中国共产党领导中华民族伟大复兴的事业是正确的，必须长期坚持、永不动摇。

第五，强调要坚定中国特色社会主义道路自信、理论自信、制度自信、文化自信，回答当代中国共产党人的“政治信念和精神支柱”问题。

这就是回答了为什么要坚定“四个自信”进而揭示了当代中国共产党

---

① 《十八大以来重要文献选编》上，110页，北京，中央文献出版社，2014。

② 习近平：《在庆祝改革开放40周年大会上的讲话》，22页，北京，人民出版社，2018。

人的“政治信念和精神支撑”问题。

中国特色社会主义产生和存在具有历史必然性和价值合理性，中国特色社会主义既具有中国特色，又坚守社会主义本质，其本质特征和最大优势是坚持中国共产党领导，这就为坚定中国特色社会主义道路自信、理论自信、制度自信奠定了坚实基础。所以，在逻辑上，习近平同志强调指出：“坚定中国特色社会主义道路自信、理论自信、制度自信、文化自信，不断夺取中国特色社会主义新胜利，是当代中国共产党人最核心的使命。”①这就从根本上回答了中国特色社会主义的“政治信念和精神支撑”的问题。

坚定对中国特色社会主义的道路自信、理论自信、制度自信、文化自信，其实质，就是既要增强中国共产党人的思想认同、理论认同、情感认同和文化认同，也要增强政治定力，还要坚守中国共产党人的心理防线、精神防线和思想防线。2013 年 12 月 26 日，在纪念毛泽东同志诞辰 120 周年座谈会上的讲话中，习近平同志强调指出：“坚持独立自主，就要坚定不移走中国特色社会主义道路，既不走封闭僵化的老路，也不走改旗易帜的邪路。我们要增强政治定力，增强道路自信、理论自信、制度自信。”②2016 年 7 月，在建党 95 周年庆祝大会的重要讲话中，继强调中国特色社会主义道路自信、理论自信、制度自信之后，习近平同志又明确提出了中国特色社会主义的“第四个自信”即文化自信，认为“文化自信，是更基础、更广泛、更深厚的自信”③。习近平同志更加明确地指出：“站立在 960 万平方公里的广袤土地上，吸吮着中华民族漫长奋斗积累的文化养分，拥有 13 亿中国人民聚合的磅礴之力，我们走自己的路，具有无比广阔的舞台，具有无比深厚的历史底蕴，具有无比

① 习近平：《在学习〈胡锦涛文选〉报告会上的讲话》，8 页，北京，人民出版社，2016。

② 习近平：《在纪念毛泽东同志诞辰 120 周年座谈会上的讲话》，21—22 页，北京，人民出版社，2013。

③ 习近平：《在庆祝中国共产党成立 95 周年大会上的讲话》，13 页，北京，人民出版社，2016。

强大的前进定力。”[①]“当今世界，要说哪个政党、哪个国家、哪个民族能够自信的话，那中国共产党、中华人民共和国、中华民族是最有理由自信的。”[②]2019年，党的十九届四中全会做出的《中共中央关于坚持和完善中国特色社会主义制度 推进国家治理体系和治理能力现代化若干重大问题的决定》指出：我国国家制度和国家治理体系的显著优势，“是我们坚定中国特色社会主义道路自信、理论自信、制度自信、文化自信的基本依据”[③]。

之所以能够坚定道路自信、理论自信、制度自信、文化自信，是因为中国特色社会主义具有其独特优势和实践成就。

一是中国特色社会主义在既不封闭僵化又不改旗易帜的情况下，注重从客观实际出发，立足中国国情，走出一条符合本民族实际的发展道路，具有实践基础。世界上一些国家，要么匍匐在西方的模式之下，要么固守陈旧落后的老一套，结局自然大不相同。中国特色社会主义体现了治国理政的超级智慧。在中国特色社会主义指引下，中国始终坚定不移地积极追求实现现代化和民族复兴，从器物到制度、文化再到国家治理，中国始终不拒斥现代化，并且对现代化保持强烈的包容、开放和热情态度。这种积极性，就使得中国始终保持了对外部世界的开放性，而不至于陷入绝对的自我封闭状态；同时，中国在追求现代化的过程中，始终以不牺牲我国固有的制度和文化特性为前提，成功地在我国既有的制度基础和文化土壤的基础之上，从中国具体国情和实际出发，走出一条符合自身实际的道路。党的十八大报告指出，社会主义初级阶段是理解建设中国特色社会主义的总依据。只有中国特色社会主义而不是其他“主义”才适合中国国情，符合中国客观实际，具有实践基础，因而是我

---

① 习近平：《习近平谈治国理政》第2卷，339页，北京，外文出版社，2017。

② 习近平：《在庆祝中国共产党成立95周年大会上的讲话》，12页，北京，人民出版社，2016。

③ 《中国共产党第十九届中央委员会第四次全体会议文件汇编》，21页，北京，人民出版社，2019。

们要选择的“好主义”。

二是中国特色社会主义注重“一元主导”，坚持社会主义根本政治原则，能把握好正确的政治方向。在社会思潮多样化的背景下建设中国特色社会主义，需要处理中国特色社会主义与多样化社会思潮的关系，这涉及举什么旗这一根本问题。在这一问题上，中国特色社会主义坚持“一元主导”的社会主义根本政治原则：在政党制度上，它坚持中国共产党领导，强调这是中国特色社会主义的最本质的特征和本质属性，也是中国特色社会主义的根本所在；在基本经济制度上，它坚持以公有制、按劳分配为主体；在意识形态上，它坚持以马克思主义、当代中国马克思主义为指导。这种“一元主导”的中国特色社会主义坚持社会主义的根本政治方向，其优势在于可以避免在改革开放和现代化建设问题上改旗易帜、迷失方向。当然，中国特色社会主义在坚持“一元主导”的前提下，也尊重多样化。

三是中国特色社会主义注重“二基结合”，强调中国特色社会主义建设进程中基本的矛盾关系的结合、协调，具有可持续性，能避免左右摇摆。基于中国特色社会主义建设实践经验，党的十七大报告提炼出了特别值得我们关注的“十个结合”。这些结合都是中国特色社会主义建设进程中必然遇到的基本矛盾关系双方的结合。这些结合是中国特色社会主义建设的本质特征和基本方式。中国特色社会主义的优势在于它努力实现好这种结合，从而使我们避免了左右摇摆。值得一提的有马克思主义与中国优秀传统文化的结合、一脉相承和与时俱进相结合。中国特色社会主义坚持以马克思主义为指导，同时在坚持马克思主义基本立场、观点和方法的前提下，中国共产党力图让中华民族的优秀传统文化元素创造性地融入马克思主义政治生态之中，这就使得马克思主义与中华优秀传统文化成为一个有机整体，从而使得双方智慧互相滋润，共同筑牢了中国共产党治国理政的思想文化基础，成为抵御其他外来思想“侵略”的强大屏障。不仅如此，中国共产党人也特别注重总结经验教训，在总结中，既注重不忘初心，一脉相承地坚守和传承马克思主义传统和血脉，同时又继续前进，与时俱进地丰富和发展了马克思主义。

四是中国特色社会主义注重“自主创新”，实施创新驱动，具有动力作用，使我们一刻也不能懈怠。在中国建设社会主义，既没有现成的书本公式可以遵循，也没有既成的模式可以照搬，只有根据中国国情在实践摸索中开创中国特色社会主义。这意味着必须与时俱进、开放包容、自主创新。1978 年以来，我们所进行的中国特色社会主义建设都在追求自主创新：理论上，从邓小平理论、“三个代表”重要思想到科学发展观，再到习近平新时代中国特色社会主义思想，是自主创新；实践上，从建立社会主义市场经济体制，到走新型工业化道路，再到协调推进“四个全面”战略布局，从改革开放，到注重中国特色社会主义建设过程中矛盾双方的结合，也是自主创新。注重自主创新，是党积累的基本经验，是党不断探索得出的基本结论，是中国特色社会主义建设的内在动力，是中国特色社会主义的应有之义。与其他“主义”比，中国特色社会主义的优势就在于它具有成长的内在驱动力，使我们不可懈怠。

五是中国特色社会主义注重定标、定向、定力、定心，沿着正确的道路前行，具有凝聚人心作用和战略定力，使中国特色社会主义道路越走越宽广。“中国道路”意在定标，“中国理论”意在定向，“中国制度”意在定力，“中国文化”意在定心。以“中国道路”“中国理论”“中国制度”“中国文化”为内容的中国特色社会主义，可以使中国共产党人聚精会神搞建设、一心一意谋发展。

六是中国特色社会主义注重在政府与市场、政府与社会的关系框架中，着力解决社会主要矛盾，使党的领导力量、人民主体力量、市场配置力量都得到协调发挥，并形成合力，可以避免折腾，进而让一切创造财富的源泉涌流，让一切创新能力迸发，从而使中国取得巨大成就。

七是坚定“四个自信”，可增强中国共产党人的思想认同、理论认同、情感认同和文化认同，增强政治定力，进而坚守中国共产党人的心理防线、精神方向和思想防线。习近平同志指出：“道路决定命运，找到一条正确道路是多么不容易。中国特色社会主义不是从天上掉下来的，是党和人民历尽千辛万苦、付出各种代价取得的根本成就。”①对于这一根本成就，习近平同志以高远深邃的历史眼光和深刻独到的概括，展现了坚持和发展中国特色社会主义的底气和自信。他用了“四个走出来”给予了精辟总结：“这条道路来之不易，它是在改革开放30多年的伟大实践中走出来的，是在中华人民共和国成立60多年的持续探索中走出来的，是在对近代以来170多年中华民族发展历程的深刻总结中走出来的，是在对中华民族5 000多年悠久文明的传承中走出来的，具有深厚的历史渊源和广泛的现实基础。”②新中国成立70多年特别是改革开放40多年的实践已经并将继续证明，中国特色社会主义道路是社会主义现代化的必由之路，是创造人民美好生活的必由之路，是发展中国、稳定中国的必由之路，实现社会主义现代化需要它，创造人民美好生活需要它，中国发展稳定需要它。自从邓小平同志在党的十二大明确提出“走自己的道路，建设有中国特色的社会主义”以来，我们党沿着中国特色社会主义道路开拓前进，创造了一个又一个奇迹。当代中国在短短40多年里发生的巨大变化，说明中国人民为实现梦寐以求的“国家富强、民族振兴、人民幸福”的“中国梦”，已经找到了正确的道路。中国特色社会主义这条路，走得通、走得对、走得好。正如习近平同志所指出的：“站立在960万平方公里的广袤土地上，吸吮着中华民族漫长奋斗积累的文化养分，拥有13亿中国人民聚合的磅礴之力，我们走自己的路，具有无比广阔的舞台，具有无比深厚的历史底蕴，具有无比强大的前进定力。”③理论是行动的先导，行动需要理论指导。作为马克思主义中国化的第二大理论成果，中国特色社会主义理论体系，是深深扎根于中国大地、符合中国实际的当代中国马克思主义。在当代中国，坚持中国特色社会主义理论体系，就是真正坚持马克思主义。对此，我们也必须坚定自信。中国特色社会主义制度既坚持了社会主义的根本性质，

---

① 《十八大以来重要文献选编》上，695页，北京，中央文献出版社，2014。

② 习近平：《习近平谈治国理政》，39—40页，北京，外文出版社，2014。

③ 习近平：《习近平谈治国理政》第2卷，339页，北京，外文出版社，2017。

又充分吸收借鉴了古今中外制度建设的有益成果，集中体现了中国特色社会主义的特点和优势，可以为解决人类问题提供中国智慧和中国方案。

正因如此，习近平同志明确指出："坚持独立自主，就要坚定不移走中国特色社会主义道路，既不走封闭僵化的老路，也不走改旗易帜的邪路。我们要增强政治定力，增强道路自信、理论自信、制度自信。我们要根据形势任务发展变化，通过全面深化改革，不断拓展中国特色社会主义道路，不断丰富中国特色社会主义理论体系，不断完善中国特色社会主义制度。"①"当今世界，要说哪个政党、哪个国家、哪个民族能够自信的话，那中国共产党、中华人民共和国、中华民族是最有理由自信的。"②

第六，提出"两个不能否定"，运用历史阶段性和连续性的统一，回应历史虚无主义的"挑战"。

这就是为分析历史问题提供了科学世界观和方法论。

为坚定自信，针对历史虚无主义不能正确看待我国改革开放前后的历史，习近平同志明确强调："不能用改革开放后的历史时期否定改革开放前的历史时期，也不能用改革开放前的历史时期否定改革开放后的历史时期。"③这一论述的实质，就是要从阶段性和连续性的统一上把握历史发展，既不忘初心，又继续前进。站在新的历史起点上继续坚持和发展中国特色社会主义，就必须牢固树立正确的历史观，既不能割断历史，也不能虚无历史，坚持做到新民主主义革命的胜利成果决不能丢失，社会主义改革和建设的成就决不能否定，改革开放和社会主义现代化建设的方向决不能动摇。因此，要更好地坚持和发展中国特色社会主义，对于毛泽东思想与中国特色社会主义理论体系的关系问题，就不能

---

① 《十八大以来重要文献选编》上，699页，北京，中央文献出版社，2014。

② 习近平：《在庆祝中国共产党成立95周年大会上的讲话》，12页，北京，人民出版社，2016。

③ 习近平：《习近平谈治国理政》，23页，北京，外文出版社，2014。

回避而应该正视，不应该割裂而应该联系地看。我们必须看到，在毛泽东思想与中国特色社会主义理论体系的关系问题上，中国特色社会主义理论体系是在毛泽东思想的基础上产生和发展起来的，是在新的历史条件下对毛泽东思想的继承和发展，毛泽东思想为中国特色社会主义理论体系的形成奠定了理论基础。就毛泽东思想与中国特色社会主义理论体系的内在联系而言，两大理论成果之间彼此联系、相得益彰。“前者是为中国特色社会主义开辟道路、为探索中国特色社会主义理论体系做准备的；后者作为前者的继承、发展与深化，更为突出地显示出理论的一贯性和创新性。两个体系因共同的思想路线，共同的理论精髓，共同的根本观点、根本方法，从而实现了对解放思想、实事求是的共识，对实现人的解放和改变环境的共识，这就是从根本上逐步实现从必然王国向自由王国飞跃的共识。”①这一观点，讲清了“两个体系”之间的关系。

第七，阐明中国特色社会主义共同理想和实现共产主义远大理想之间的关系，回答中国特色社会主义“向何处去”和中国共产党人“为什么坚定理想信念”的问题。

这就是鲜明指出了新时代中国特色社会主义发展的历史走向和发展趋势问题。

中国特色社会主义向何处发展？我们强调坚持和发展中国特色社会主义，其政治意义何在？对此，习近平同志明确强调指出：坚持中国特色社会主义共同理想，就是为实现共产主义远大理想奠定坚实的现实基础，中国特色社会主义的发展方向，就是实现共产主义远大理想。“要教育引导广大党员、干部把践行中国特色社会主义共同理想和坚定共产主义远大理想统一起来，始终做‘两个理想’的坚定信仰者和忠实践行者。”②这一重要论述，既深刻阐明了中国共产党人坚定共产主义理想信念的必然性和必要性，阐明了信仰的力量对我们党治国理政的极端重要

① 庄福龄：《六十年间马克思主义中国化两大理论体系的形成》，载《马克思主义与现实》，2009(6)。

② 习近平：《关于坚持和发展中国特色社会主义的几个问题》，载《求是》，2019(7)。

性，又强调了革命理想高于天，理想信念是中国共产党人精神上的“钙”。其中的重要贡献主要在于，进一步指明了什么是中国共产党人的精神家园和战胜千难万险的精神法宝。

从上述对以习近平同志为核心的党中央为坚持和发展中国特色社会主义注入新的时代内涵的阐述中，可以进一步确证习近平新时代中国特色社会主义思想对中国特色社会主义理论体系所实现的新飞跃。

科学理论体系的发展过程可以形象地分为“发动”“助跑”“起飞”三个阶段。从中国特色社会主义理论体系的发展过程和实践意义来看，亦为三个阶段，即形成于党的十一届三中全会以后，理论成果为邓小平理论，此为“发动”阶段；丰富发展于党的十三届四中全会以后，理论成果为“三个代表”重要思想、科学发展观，此为“助跑”阶段；成熟完善于党的十八大以来，理论成果为习近平新时代中国特色社会主义思想，此为“起飞”阶段，即中国特色社会主义理论体系新的飞跃。新的飞跃，源于中国特色社会主义进入新时代、我国发展进入新的历史方位，中华民族迎来了从富起来到强起来的伟大飞跃，源于正在进行的具有许多新的历史特点的伟大斗争，源于新时代党的建设新的伟大工程。

首先，新的飞跃，源于中国特色社会主义进入新时代，即我国发展进入新的历史方位，中华民族迎来了从富起来到强起来的伟大飞跃。

习近平新时代中国特色社会主义思想是实现中华民族伟大复兴(伟大梦想)的行动指南。这一思想，从本质上是解决我国发展起来以后使大国成为强国的根本性问题，用大众化的语言，是解决“大而不强”的问题。党的十八大之前，我们党主要是致力于解决我国“欠发展”，进而使中华民族、中国人民富起来的问题。“新时代”“新的历史方位”蕴含着新的历史转折。党的十八大以后，以习近平同志为核心的党中央则主要是致力于解决我国发展起来以后使大国成为强国，从而使中华民族、中国人民强起来的问题。这一新的历史方位，是习近平新时代中国特色社会主义思想实现对中国特色社会主义理论体系新的飞跃，同时也蕴含着实现马克思主义中国化新的飞跃的立论基础。

实现强起来，换一种表述，就是实现中华民族伟大复兴。人类因梦想而伟大，科学理论因承载伟大梦想而具有划时代的意义。党的十八大首次提出建设中国特色社会主义的总任务，是实现社会主义现代化、实现中华民族伟大复兴。习近平同志强调："我们的责任，就是要团结带领全党全国各族人民，接过历史的接力棒，继续为实现中华民族伟大复兴而努力奋斗，使中华民族更加坚强有力地自立于世界民族之林，为人类作出新的更大的贡献。"①"实现中华民族伟大复兴，就是中华民族近代以来最伟大的梦想。"②同时他将这个历史重任定位为"中国梦"。党的十八大以来，党的创新理论与实践就是紧紧围绕实现"强起来"或"中国梦"这一主线而不断展开和深化的。

中国梦之所以伟大，是因为"追梦"历程之奇崛世所罕见。中华民族自秦汉始，曾以世界头号富强民族"独领风骚"达千年以上，对世界文明的贡献尤为巨大。但近代以来，帝国主义的轮番入侵，使泱泱大国濒临亡国灭种的危机。中国人开始奋起抗争，虽前仆后继、屡败屡战、办法想尽，却不能救中国于水火。后来辛亥革命结束了中国 2 000 多年的封建专制制度，但灾难深重的中国社会并没有发生根本性变革，帝国主义势力支持的北洋军阀使国家更加分崩离析。

正是这样的背景催生了中国共产党，从而开启了实现中华民族伟大复兴的新征程。经过一代又一代中国共产党人的不懈奋斗，中华民族一路走来，走到了今天。现在无论综合实力还是国际地位，都比历史上任何时期更接近于实现中华民族伟大复兴的目标。习近平同志强调："到中国共产党成立 100 年时全面建成小康社会的目标一定能实现，到新中国成立 100 年时建成富强民主文明和谐的社会主义现代化国家的目标一定能实现，中华民族伟大复兴的梦想一定能实现。"③自 1840 年鸦片战争到新中国成立 100 年时实现社会主义现代化和民族复兴，历时 200 余

① 习近平：《习近平谈治国理政》，4 页，北京，外文出版社，2014。

② 同上书，36 页。

③ 同上。

年。其中1945年抗日战争胜利，是中华民族由衰落到复兴的历史转折点，前100余年走的是持续衰落的下坡路，后100余年走的是实现复兴的上坡路。后100余年已经走完70多年的大半路程，从党的十八大算起还有38年。其中8年全面建成小康，再用30年建成社会主义现代化强国。习近平同志曾经引用“雄关漫道真如铁”“人间正道是沧桑”“长风破浪会有时”三句诗叙说中华民族的昨天、今天、明天，生动诠释了100多年来中国人民寻梦、追梦、圆梦的艰辛历程。试问一问，世界上有哪一个民族“追梦”历程如此艰苦卓绝？有哪一个政党“圆梦”决心如此之坚决？历史能不为承载这样伟大梦想的科学理论点赞吗?!

在世界层面，中国梦的实现意味着通过和平发展、合作共赢赢得世界认同，将自身发展经验和机遇同世界各国分享，让世界各国搭乘中国发展的“快车”“便车”“顺风车”，实现共同发展，努力建设“和平的世界”“公平的世界”“繁荣的世界”。在国家层面，中国梦的实现意味着中国将成为“富强的中国”“民主的中国”“文明的中国”“和谐的中国”“美丽的中国”“安全的中国”“统一的中国”。在个人层面，中国梦的实现意味着每一个中国人都能“人生出彩”和“梦想成真”，从而享有更好的教育、更稳定的工作、更满意的收入、更可靠的社会保障、更高水平的医疗卫生服务、更舒适的居住条件、更优美的环境。高举中国特色社会主义和共产主义理想大旗的中国共产党人有这样的雄心壮志，习近平新时代中国特色社会主义思想就有这样的宏图大略。这就是中国共产党和中国人民的伟大之处，也是习近平新时代中国特色社会主义思想的独特之处。

不仅如此，习近平新时代中国特色社会主义思想又谋划和推动中国特色社会主义伟大事业进入整体转型升级阶段，其实践价值标志着中国特色社会主义理论体系的一次新飞跃。判断一种理论是否实现新的飞跃，主要看该理论是否能够推动事业实现新的飞跃。经过40多年急行军式的改革开放，当代中国大踏步走到了世界的前列，正处于跨越“中等收入陷阱”并向高收入国家迈进的关键历史阶段，矛盾和风险比从低收入国家迈向中等收入国家时更多更复杂。这正如邓小平同志早在20

世纪 90 年代初就曾预见到的那样，“发展起来以后的问题不比不发展时少”；而且新旧问题、新老矛盾相互交织叠加，极大地增加了解决问题的难度。跨越“中等收入陷阱”是一个世界性难题，失败的教训很多。当前我国经济下行压力加大，科技水平总体不高、创新能力不足问题仍较突出，尚未完成工业化却又面临空前的资源环境约束，发展中的阻力和压力不断增大，周边安全风险呈累积态势，治理现代化目标任重道远……中国这样有 14 亿多人口之众的经济体要跃入高收入之列，不只是“中国难题”，更是罕见的世界难题。跨越成功了，我们的事业就会产生新的飞跃，“中国梦”就会如期实现；失败了，就会跌入“中等收入陷阱”而一蹶不振。如何成功跨越“中等收入陷阱”，实现由大国到强国的“惊险一跃”？这就是习近平新时代中国特色社会主义思想的使命所在。以习近平同志为核心的党中央坚持问题导向和科学思维，立足治国理政全局，统领中国发展总纲，运筹内政外交国防，抓住改革发展稳定关键，谋划和推动中国进入整体转型升级阶段。

在总体方略上，提出了实现“两个一百年”奋斗目标、实现中华民族伟大复兴的中国梦，回答了实现什么样的现代化和民族复兴的问题；提出和形成了全面建成小康社会、全面深化改革、全面依法治国、全面从严治党“四个全面”战略布局，“四个全面”战略布局是相辅相成、相互促进、相得益彰的顶层设计；提出了引领当代中国发展的“新发展理念”，破解发展难题，增强发展动力，厚植发展优势；提出了总体国家安全观这一原创性命题，深化对国家安全战略的认识，指导国家安全治理。

在改革方略上，党的十八届三中全会对全面深化改革做出总部署、总动员，勾画了到 2020 年全面深化改革的总目标、时间表、路线图，形成了改革理论和政策的一系列新的重大突破。党的十九届四中全会对坚持和完善中国特色社会主义制度、推进国家治理体系和治理能力现代化做出了新的决定。这些标志着改革由过去相对强调“摸着石头过河”走向更加注重顶层设计和战略谋划，由“基于解放和发展社会生产力的改革”的单兵突进式改革走向“基于公平正义的改革”的“五位一体”的全景式改革。党的二十届三中全会又紧扣中国式现代化主题，以制度建设为主线，为进一步全面深化改革确定了行动纲领。

在经济建设方面，主动适应、把握、引领经济发展新常态的大逻辑，积极构建高水平的社会主义市场经济体制，既发挥市场在资源配置中的决定性作用又更好发挥政府作用，促进增长速度从高速转向中高速，发展方式从规模速度型转向质量效益型，经济结构调整从增量扩能为主转向调整存量、做优增量并举，发展动力从主要依靠资源和低成本劳动力等要素投入转向创新驱动，技术和产业从全球产业链的中低端迈向中高端水平，推动高质量发展，发展新质生产力，建设创新型国家，建设引领型经济体，从根本上重塑中国经济的整体面貌和国际竞争力。

在政治建设方面，坚持和完善中国特色社会主义制度，推进国家治理体系和治理能力现代化，积极发展全过程人民民主，全力推进法治中国建设，把权力关进制度的笼子，由单向度的“国家管理”走向在党领导下的国家、政府、市场、社会、基层多元交互共治，不断改善党、国家、政府、社会之间的关系，进而营造共治自治法治德治的良好政治生态，进一步激发社会的内在动力和创新活力、扩大人民民主、实现社会公平正义。

在文化建设方面，牢牢掌握马克思主义在意识形态工作中的领导权和话语权，巩固中华民族文化主体性，由妄自菲薄的“文化自卑”走向更基础、更广泛、更深厚的“文化自信”，用中国梦和社会主义核心价值观“铸魂补钙”、求同存异、凝心聚力，弘扬主旋律，传播正能量，更有效地构筑民族精神家园，丰富人民精神世界，提高国家文化软实力，推动文化繁荣，建设社会主义文化强国，建设中华民族现代文明。

在改善民生方面，坚持以民为本、以人为本的执政理念，由“使一部分人先富起来”走向更加注重“共同富裕”“使全体人民共享发展成果”，由“收入差距过大”向实现“分配正义”转型，在劳动生产率提高的基础上提高收入水平，在经济和财力可持续增长的基础上提高福利水平，实现经济发展和民生改善的良性循环。

在生态文明建设方面，牢固树立保护生态环境就是保护生产力、改善生态环境就是发展生产力的理念，实现人与自然和谐共生，克服把保护生态与发展生产力对立起来的传统思维，实现最严格的生态保护制度，以系统工程思路抓生态建设，更加自觉地推动绿色发展、循环发展、低碳发展，走出一条经济发展和生态文明相辅相成、相得益彰的新发展道路。

在国防和军队建设方面，全面实施改革强军战略，着力解决制约国防和军队建设的体制性障碍、结构性矛盾、政策性问题，推进军队组织形态现代化，进一步解放和发展战斗力，进一步解放和增强军队活力，建设巩固国防和强大军队。适应战争准备基点转变，拓展和深化军事斗争准备，加大军事创新力度，使全军各项建设和工作向实现建设信息化军队、打赢信息化战争的战略目标聚焦，向实施信息化条件下联合作战的要求聚焦，向形成基于信息系统的体系作战能力聚焦。

在国际关系和外交战略方面，由回应挑战走向更加注重主动作为、参与全球治理、提升国际制度性话语权，引领世界修改不合理的旧规则、拟定新规则，积极推动“一带一路”建设，坚决维护国家核心利益，推动全球治理体制向着更加公正合理方向发展，积极推动建立以合作共赢为核心的新型国际关系，积极推进构建人类命运共同体。

上述整体转型升级概括起来，就是以实践发展的方式回答了新时代坚持和发展什么样的中国特色社会主义与如何坚持和发展中国特色社会主义的时代课题。美国学者约翰·奈斯比特说：“没有其他任何一个国家像中国一样进行如此大规模的调整和适应，也很少有哪个民族有它这样的事业心和雄心壮志。”①实践表明，以习近平同志为核心的党中央完全有决心、有智慧、有能力克服整体转型升级中的困难，推进中国特色社会主义伟大事业取得新的更大胜利，引领中国特色社会主义理论体系实现新飞跃。

---

① 钟声：《收获成功的“金钥匙”》，载《人民日报》，2012-11-09。

其次，新的飞跃源于正在进行的具有许多新的历史特点的伟大斗争。

习近平新时代中国特色社会主义思想指导着正在进行具有许多新的历史特点的伟大斗争，其发展态势标志着中国特色社会主义理论体系的新飞跃。越是伟大梦想和伟大事业，越要靠伟大斗争来攻坚克难；越是伟大斗争，越需要科学理论来指导，这就越能促进科学理论的突破和飞跃。从这个意义上说，伟大斗争是推动科学理论新飞跃的“助飞器”。党的十八大第一次提出“必须准备进行具有许多新的历史特点的伟大斗争”这一重大论断。习近平同志也反复强调“我们正在进行具有许多新的历史特点的伟大斗争”。这充分体现了党中央对国际国内局势的清醒认识，也预示了中国特色社会主义理论体系的新飞跃。因为缺乏与伟大斗争相适应的科学理论的指导，要取得伟大斗争的胜利是不可能的。

“进行具有许多新的历史特点的伟大斗争”，是一个立意高远、意蕴深邃的时代课题。这是基于对世界战略格局大变动、人类发展方式大转型、当代中国社会大变革的深刻把握和战略考量，是基于“新时代”“大变局”的战略把握，体现了以习近平同志为核心的党中央的深谋远虑和使命担当。在马克思主义语境里，“斗争”一词主要指向现存世界的革命化，既包括行为上的揭露、批判、打击等，也包括精神上的奋斗意志即“斗志”。在推进中国特色社会主义伟大事业、实现中华民族伟大复兴的进程中，我们党既面临长期执政的考验、改革开放的考验、市场经济的考验、外部环境的考验“四大考验”，也要化解精神懈怠、能力不足、脱离群众和消极腐败“四种危险”。习近平同志强调的“伟大斗争”，实质就是针对我们党所面临的困难、危险、考验、挑战，中国共产党人应具有的革命斗志和制胜本领。

习近平同志指出：“中华民族伟大复兴绝不是轻轻松松就能实现的，我国越发展壮大，遇到的阻力和压力就会越大。”[①]在推动中国由大国向

① 习近平：《习近平谈治国理政》，122页，北京，外文出版社，2014。

强国迈进的新征途中，进行具有许多新的历史特点的伟大斗争，意味着坚持从经济、政治、文化、军事、外交以及党的建设等各个领域，打好打赢直击矛盾和问题的总体攻坚仗，全方位排除障碍和围堵，实现“总突围”，不断开拓中华民族伟大复兴伟业新境界。“斗争”的对象既有国外的，也有国内的；既有党外的，也有党内的；既有经济、政治的，也有文化、社会的；既有对敌对势力做斗争，也有与挑战、考验、危险和困难做斗争。可以说，经济、政治、文化、生态、社会各领域处处是“斗争”的“战场”，资源、货币、市场、意识形态、领土、主权、腐败等都是“斗争”的“对象”。这些伟大斗争集中体现为意识形态斗争、经济斗争、网络斗争、反腐败斗争、反贫困斗争、反民族分裂主义斗争、反霸权主义斗争、反宗教极端主义、反恐怖主义斗争等。对当代中国而言，这些斗争是为崇高理想而战、为民族复兴而战、为人类正义而战。

当前的伟大斗争是在经济全球化不断深化的条件下进行的斗争，是在重要战略机遇期之内涵和条件发生变化的条件下进行的斗争，是在西强我弱、社会主义正在走向高潮时进行的斗争，斗争的范围、深度和广度都是前所未有的，斗争的难度在加大。如果我们不进行具有许多新的历史特点的伟大斗争，当代中国社会变革就无法向纵深推进，中华民族伟大复兴伟业就有被“搅局”、扰乱以致遭遇半途而废的危险。

这些斗争极具错综复杂性，国内外的复杂变化都可能反映到斗争的格局中来，因此呈现盘根错节状态，你中有我、我中有你，彼此抱团、互为因果；极具自我革命性，无论是突破利益固化藩篱的改革，还是刮骨疗毒式的反腐败，还是优化政治生态，都需要自我革命精神；极具伪装隐蔽性，西方敌对势力利用所谓“文明优势”或“话语权”，打着考察访问和人文交流的旗号，培植代理人进行文化渗透，用文明、学术表象设置政治陷阱，以文明、学术思想掩盖政治意图，企图诱使我们成为西方的附庸；极具风险连锁性，由于斗争涉及的范围广泛，触及的矛盾深刻，不确定不稳定的因素很多，难以预测和控制的因素也很多，任何一项斗争举措出现失误或失当，都可能带来意想不到的连锁式风险。

党的十八大以来，以习近平同志为核心的党中央以坚韧不拔的战略定力对待伟大斗争，以马克思主义的政治智慧谋划伟大斗争，以“不怕鬼、不信邪”的底气和“明知山有虎、偏向虎山行”的勇气应对伟大斗争，以辩证的科学方略展开伟大斗争，既不为境内外敌对势力的“十面埋伏”所疑惧，也不为各种错误倾向的“八面来风”所困扰，准确把握斗争的时、度、效，能动驾驭斗争主动权，在经济转型、意识形态建设、科技竞争、铁腕反腐、精准扶贫、国防和军队改革、外交战略、主权领土争端等方面取得了卓著成就，不少方面创造历史纪录，扛住了大风大浪的冲击，使党、国家和军队面貌焕然一新。尤其是积极谋划并实施一系列新的国际国内战略构想，譬如倡导人类命运共同体、建构中国制度性话语权、提出“一带一路”倡议、构建中美新型大国关系、成立亚洲基础设施投资银行、推动人民币进入SDR货币篮子、推进供给侧结构性改革、划设东海防空识别区、坚决维护南海领土主权和海洋权益等，为“具有许多新的历史特点的伟大斗争”赢得了先机。这样的发展态势无疑标志着科学理论的新飞跃。

最后，新的飞跃，源于全面从严治党这一新时代党的建设新的伟大工程。

习近平新时代中国特色社会主义思想指导开创新时代党的建设新的伟大工程的崭新局面，其治党气象标志着中国特色社会主义理论体系的新飞跃。理论的发展与理论主体的状态息息相关。在中国共产党发展的历史上，科学理论与伟大工程向来是比翼齐飞的。习近平新时代中国特色社会主义思想指导开创了新时代党的建设新的伟大工程的崭新局面，进一步提振了我们党的精气神，提高了我们党的领导能力和执政水平，刷新了党的形象，为中国由大国向强国跃升和中华民族伟大复兴提供了强大领导力量。

其一，提出了前所未有的强党建设新思想。习近平同志关于党的建设重要论述之本质特征，是使大党成为强党，即强党建设。世界历史表明，一个强大的政党对于后发现代化国家的稳定和发展至关重要。创造了世所罕见的“中国奇迹”就说明了这一点。习近平同志指出：“中国共产党人能不能打仗，新中国的成立已经说明了；中国共产党人能不能搞建设搞发展，改革开放的推进也已经说明了；但是，能不能在日益复杂的国际国内环境下坚持住党的领导，坚持和发展中国特色社会主义，还需要一代一代中国共产党人继续作出回答。”①习近平同志提出了一系列强党建设新思想，表达了党中央对党的建设规律的深刻认识，有力地回答了这一问题。其中关于理想信念的系列论述，体现了我们党不忘初心的崇高追求；关于“打铁必须自身硬”的重要论述，彰显了对国家、对民族、对人民、对党的责任；关于“好干部”“四个铁一般”的论述，体现了我们党的政治品格和担当精神；关于“中国共产党的领导是中国特色社会主义最本质的特征”的论述，有力回应了那种借“改革”把党的领导地位改掉、借“法治”削弱党的领导地位的企图；关于政治生态的系列论述，体现了党中央全面从严治党的决心；关于坚持思想建党与制度治党、依规治党与以德治党相结合的论述，体现了中国特色的治党思想；关于“把抓好党建作为最大的政绩”的论述，揭示了“党兴则国家兴民族兴，党强则国家强民族强”的党建大逻辑；关于把中国共产党建设得更加坚强有力、把中国共产党建设成世界上最强大的政党、大党要有大党的样子的论述，充分表达了习近平同志对强党建设的自信，等等。这样的强党建设开辟了党的建设新境界。

其二，建立了前所未有的常态化经常性教育机制。习近平同志2014年在参加河南兰考县委常委班子专题民主生活会时指出：“这些年来一些党组织党内政治生活长期不正常、不严肃，给党员、干部带来了不少疑惑和困扰。这个问题要抓紧解决。”正是基于这样的背景，我们党坚持思想建党，依据党章管党治党，绵绵用力、久久为功，突出党内教育常态化和经常性。既讲理想信念又讲铁的纪律，既立规又立德，既筑牢拒腐防变精神堤坝，又健全扶正祛邪长效机制，体现出管党治党的新视

① 《锻造更为坚强的领导核心：热烈庆祝中国共产党成立九十三周年》，载《人民日报》，2014-07-01。

角。要求全党大兴学习之风，做到干中学、学中干，学以致用、用以促学、学用相长，补足精神上的“钙”，练就“金刚不坏之身”，努力克服“本领恐慌”和“能力不足”，化解“四种危险”，应对“四大考验”，不断形成在党言党、在党忧党、在党为党的政治自觉。以踏石留印、抓铁有痕的劲头开展“为民务实清廉”为主要内容的党的群众路线教育实践活动，对作风之弊、行为之垢大排查、大检修、大扫除，坚决反对形式主义、官僚主义、享乐主义和奢靡之风。开展“三严三实”专题教育，要求党员干部立根固本、挺起精神脊梁，落细落小、注重细节小事，修枝剪叶、自觉改造提高，从谏如流、自觉接受监督，尤其绷紧政治纪律和政治规矩这根弦，使深化党风廉政建设有了更明确的方向。开展“两学一做”学习教育，推动全面从严治党的要求在基层落地生根，强调政治合格、品德合格、守纪合格、履职合格，让党的每一个细胞都健康起来、每一个组织都坚强起来，更好保持党的先进性和纯洁性。党内教育的常态化和经常性促进了党员队伍的精神状态、能力素质、纪律作风、政治生态大改观。

其三，形成了前所未有的反腐高压态势。习近平同志强调“治国必先治党，治党务必从严”，“凡是影响党的创造力、凝聚力、战斗力的问题都要及时解决，凡是损害党的先进性和纯洁性的病症都要认真医治，凡是滋生在党的健康肌体上的毒瘤都要坚决祛除”①。“凡是”，着眼的是“全面”；“及时”“认真”“坚决”，体现的是“从严”。党的十八大以来，我们党以猛药去疴、重典治乱的决心，以刮骨疗毒、壮士断腕的勇气，从严格落实中央八项规定精神入手，坚持“老虎”“苍蝇”一起打，下大气力拔“烂树”、治“病树”、正“歪树”，努力形成不敢腐的惩戒机制、不能腐的防范机制、不想腐的保障机制，铲除腐败现象滋生蔓延的土壤。空前的反腐力度刷新了人们对“全面从严”的认识，让人们看到什么叫“零容忍”“全覆盖”“无死角”，刹住了过去认为不可能刹住的歪风，解决了不少多年来没有解决的问题。

---

① 《十八大以来重要文献选编》上，701 页，北京，中央文献出版社，2014。

其四，打造了前所未有的制度治党“利器”。习近平同志指出：“要抓住建章立制，立‘明规矩’、破‘潜规则’，围绕发生的腐败案例，查找漏洞，吸取教训，着重完善党内政治生活等各方面制度，通过体制机制改革和制度创新促进政治生态不断改善。”①我们党切实打造全面从严治党、依规治党的制度笼子，修订颁布《党政领导干部选拔任用工作条例》，严把政治关、品行关、作风关、廉政关、能力关，把真正的好干部选好用好；推出《中国共产党廉洁自律准则》《中国共产党纪律处分条例》，把纪律挺在前面，明确主体责任，以正面倡导、道德宣示、自律自觉的形式把我们党的“德”立起来，彰显了先锋队的先进性标准、执政党的政治性原则和政党组织的组织性要求；以贯彻执行《中国共产党巡视工作条例》为契机，提高依规依纪巡视能力，推动巡视工作制度化、规范化，发挥全面从严治党利器作用；制定《中国共产党问责条例》，增强责任意识、激发担当精神，让失责必问、问责必严成为常态。这些管党治党利器产生了发力生威的效应，在解决管党治党失之于宽、失之于软的问题上取得显效，促进了良好政治生态和政治局面的形成。

可以说，党的十八大以来强党建设发生了脱胎换骨的变化，焕发了党的青春活力，改善了党内政治生态，大大增强了党内凝聚力、民众向心力、社会吸引力和国际影响力，标志着伟大工程进入了新的阶段，标志着中国特色社会主义理论体系的新飞跃。

这里需要强调说明的是，要准确理解新时代以来党的创新理论的主题和主线的关系。人们常常把党的十八大以来即新时代以来党的创新理论主题和主线等同起来，认为主题就是主线。其实主题与主线既有区别又有联系。我们讲的党的创新理论的主题，是党的创新理论所围绕的中心，与“旗帜”“方向”“道路”有关，它回答“做什么”的问题。坚持和发展中国特色社会主义，就是党的创新理论的根本主题，这属于上位的一级范畴。主线，是党的创新理论及其主题在一定历史发展阶段展开的主线

① 习近平：《习近平谈治国理政》第2卷，168页，北京，外文出版社，2017。

或围绕的核心线索，与“时代课题”“奋斗目标”有关，它回答“怎么做”的问题。在当代中国，实现中华民族伟大复兴，是党的创新理论的核心主线，它是服务一级范畴的二级范畴。比如，一篇命题作文要求写“我的母亲”。写“我的母亲”是作文的主题，如果你从“勤劳善良”的角度写“我的母亲”，这里的“勤劳善良”就是主线。书写中国特色社会主义，这里的“中国特色社会主义”是主题，围绕实现中华民族伟大复兴即实现强起来书写中国特色社会主义新篇章，这里的“实现中华民族伟大复兴”或“实现强起来”，就是书写中国特色社会主义的主线。

第二章　中国特色社会主义开创的逻辑起点

分析研究并揭示改革开放以来中国特色社会主义的发展逻辑，在理论上有一个前提性问题首先需要搞清楚，这就是：中国特色社会主义开创的逻辑起点是什么？也就是说要厘清中国特色社会主义从何出发的问题。

一　从解放和发展社会生产力出发

这是从历史逻辑来讲的。

马克思、恩格斯构想的社会主义，或本来意义上的社会主义，是建立在生产力高度发达基础之上的。然而，在世界历史上，在社会主义发展史上，往往是经济文化相对落后的国家先通过无产阶级革命或社会主义革命建立起社会主义基本制度。这样的社会主义是社会主义，但不够成熟，用邓小平同志的话来说，还“不够格”，是“不够格的社会主义”。之所以“不够格”，主要是由于社会生产力不发达，缺乏雄厚的物质基础。

要由“不够格”或“不成熟”的社会主义成为够格且成熟的社会主义，首要是充分解放和发展社会生产力，为社会主义奠定雄厚且强大的物质基础。这是世界上所有的社会主义国家必须首先要解决好的根本性问题、命运性问题。对此，马克思、恩格斯、列宁、毛泽东、邓小平等，都有许多重要论述。马克思、恩格斯在《德意志意识形态》《共产党宣言》中论述过这一思想，列宁在晚年的著述中也阐述过这样的思想，毛泽东也有类似的论述。马克思、恩格斯在《德意志意识形态》《共产党宣言》中明确强调指出：无产阶级将利用自己的政治统治，一步一步地夺取资产阶级的全部资本，把一切生产工具集中在组织成为统治阶级的无产阶级手里，并且尽可能快地增加生产力的总量。就是说，无产阶级夺取政权之后，首要的根本任务，就是集中精力和力量发展社会生产力，为社会主义奠定雄厚的物质基础。否则，如果社会生产力不发达，缺乏雄厚的物质基础，全部陈腐污浊的东西又要死灰复燃。

由此，“做大蛋糕”，解放和发展社会生产力，就是所有社会主义国家建设社会主义的必然逻辑，是中国特色社会主义建设的逻辑起点。谁违背这一逻辑，谁就会付出沉重的代价。在1978年以前一段时期，尤其是“文化大革命”时期，我们没有集中精力解放和发展社会生产力，反而“以阶级斗争为纲”，结果付出了沉重代价，其教训是极为深刻的。

二　从建设社会主义现代化出发

这是从时代背景来讲的。

解放和发展社会生产力，“做大蛋糕”，实现社会主义现代化是根本出路。现代化问题，本质上首先是解放和发展社会生产力的问题。

1978年改革开放之初，作为中国特色社会主义的开创者，邓小平同志最关注的根本性问题，就是中国要尽快赶上世界现代化潮流，不至于因落后而被“开除球籍”。当时西方国家都在搞现代化，而且取得丰硕成果，处在世界现代化的潮头。哪一个国家如果赶不上现代化的步伐，落后于现代化发展所要求的水平，就会被世界现代化的潮流甩下。当年邓小平同志考察完日本、新加坡等国之后，在心中形成的最根本、最核心的理念，就是“中国要追赶世界现代化潮流”。

实现社会主义现代化，是改革开放以来党的全部创新理论和实践所要完成的一项总任务。党的创新理论和实践的主线，与其治国理政所解决的根本问题和完成的总体任务直接相关。邓小平理论的主线，主要是通过建设社会主义现代化，来解放和发展社会生产力。“三个代表”重要思想的主线，主要是通过提升和完善执政党的执政能力和执政方式，来进一步解放和发展社会生产力。科学发展观的主线，主要是通过实现科学发展，以发展和完善社会主义现代化，来解放和发展社会生产力。

在我国“发展起来以后”的新的历史方位，中国发展的现实逻辑和内在要求，是推进国家治理体系和治理能力现代化。2012 年 11 月 29 日，习近平同志当选中共中央总书记两周以后，就率领十八届中央政治局常委参观“复兴之路”展览，并发表重要讲话，号召全党同志继续朝着中华民族伟大复兴的目标奋勇前进。这个目标愿景，凝聚了几代中国人的夙愿，体现了中华民族和中国人民的整体利益，是每一个中华儿女的共同期盼。然而，我们的国家治理能力现代化相对滞后，是一块短板。经过几十年的改革开放，我国仍有发展不平衡不充分的问题，但更多是“发展起来以后的问题”。解决这些问题，实现我国由大国向强国的跃升，实现中华民族伟大复兴的中国梦，必须补上国家治理能力现代化这块短板。于是，实现民族复兴任重而道远与国家治理能力现代化相对滞后的矛盾，便构成党的创新理论所关注的一种矛盾。

习近平同志指出：怎样治理社会主义社会这样全新的社会，在以往的世界社会主义中没有解决得很好。我们在国家治理体系和治理能力方面还有许多不足，有许多有待改进的地方。我们要更好发挥中国特色社会主义制度的优越性，必须从各个领域推进国家治理体系和治理能力现代化。①

---

① 习近平：《习近平谈治国理政》，91—92 页，北京，外文出版社，2014。

习近平同志还强调，这是中国社会主义实践“后半程”的主要历史任务。党的十八届三中全会把推进国家治理现代化凸显出来，党的十九届四中全会强调要把制度优势更好地转化为国家治理效能，有其历史逻辑、实践逻辑和执政逻辑。就历史而言，国家治理现代化，是中国由传统社会向现代社会转型进程中凸显出来的一个概念，它必然提出如何治理社会主义社会，并充分发挥中国特色社会主义制度优越性的时代课题。就实践而言，国家治理现代化是当代中国发展的现实逻辑必然提出的，其实质就是为治理好国家公共权力与政党、国家、政府、市场、社会之间的关系，提供一种现代化的制度模式，即党的领导、社会参与、协商共治、法德并治，使经济社会发展既充满动力又达至平衡。就执政而言，毛泽东同志毕生致力于使中国人民站起来，解决“挨打”问题，其首要路径是革命。邓小平同志主要致力于使中国人民富裕起来，解决“挨饿”问题，其根本路径是改革开放。党的十八大以来，以习近平同志为核心的党中央治国理政，致力于实现“两个一百年”奋斗目标、实现中华民族伟大复兴的中国梦，由大国成为强国，使国家富强、民族振兴、人民幸福起来，提升国际话语权，解决“挨骂”问题。其根本路径之一，是推进国家治理现代化。因为推进国家治理现代化的目的，就是凝聚社会一切积极力量，整合协调党的领导力量、人民主体力量、市场配置力量，提升中国共产党的领导能力、国家能力和民众能力，从而为实现民族复兴、使大国成为强国，提供制度、能力和价值支撑，为实现经济社会发展的动力与平衡的有机统一提供制度、能力和价值支持。推进国家治理现代化，对实现民族复兴、使大国成为强国具有决定性意义。

实现社会主义现代化，也是改革开放以来我们党全部创新理论和实践所承载的历史使命。党的十三大、十五大提出了中国社会发展的“三步走”战略，即“温饱”“小康”和“基本现代化”。党的十八大以来，以习近平同志为核心的党中央在继承以往中国共产党人“三步走”战略思想的基础上，以历史担当精神，进一步把实现“两个一百年”奋斗目标、实现中华民族伟大复兴的中国梦作为必须完成的历史使命。习近平同志强调：“到中国共产党成立100年时全面建成小康社会的目标一定能实现，到新中国成立100年时建成富强民主文明和谐的社会主义现代化国家的目标一定能实现，中华民族伟大复兴的梦想一定能实现。”①中国梦表达了近代以来一代又一代中国人的美好夙愿，揭示了中华民族的历史使命和当代中国的发展走向，指明了全党全国各族人民共同的历史担当。纵观我国现代化发展的历史脉络，实现中华民族伟大复兴的中国梦，已经成为“中华民族近代以来最伟大的梦想”。十八大以来，党的创新理论和实践，始终把实现社会主义现代化、实现中华民族伟大复兴作为中国共产党人的历史使命。

实现社会主义现代化，引领着党中央治国理政和中国特色社会主义的理论创新。习近平新时代中国特色社会主义思想，是一个系统完整的科学理论体系。在这个科学理论体系中，实现中华民族伟大复兴是居于引领地位的宏伟奋斗目标，凝结着14亿中国人民的共同梦想，体现了我们党在理论和实践上的伟大创造。党的十八大以来，我们党治国理政的所有理论和实践，都是紧紧围绕着实现这个崇高奋斗目标精进展开。实现社会主义现代化为党的创新理论提供了坐标：党的十八大以来，推进国家治理现代化，“体现了我们党在理论和实践上的伟大创造”，它不仅引领着我们党治国理政的理论创新，而且也引领着中国特色社会主义的理论创新。党的十八大以来，我国正步入“发展起来以后”的整体转型升级时期，这一时期，从根本上就是为实现国家治理现代化、实现民族复兴而进行具有许多新的历史特点的伟大斗争的关键时期，党的创新理论，就是指导为实现国家治理现代化而进行具有许多新的历史特点的伟大斗争的鲜活的马克思主义；实现国家治理现代化，是我国“发展起来以后”的时代课题；党的创新理论的根本主题，是坚持和发展中国特色社会主义，而坚持和发展中国特色社会主义，是实现国家治理现代化的必由之路；牢固树立和落实“创新、协调、绿色、开放、共享”新发展理念，是

① 习近平：《习近平谈治国理政》，36页，北京，外文出版社，2014。

破解当今横亘在我国实现国家治理现代化路上“五大短板”的对症方剂，是实现国家治理现代化、使中国由大国成为强国的理念引领、发展之道，是统领实现国家治理现代化的总纲领；协调推进“四个全面”战略布局，是实现国家治理现代化的总体方略，反映了以习近平同志为核心的党中央对如何实现国家治理现代化的顶层设计和战略思考；统筹推进经济建设、政治建设、文化建设、社会建设、生态文明建设“五位一体”总体布局，可为实现国家治理现代化奠定坚实的物质基础，凝聚强大的精神力量；加强国防和军队建设，推动构建以全球治理、合作共赢、和平发展为核心的新型国际关系，是实现国家治理现代化的内在必然要求，它为实现国家治理现代化营造良好发展环境并保驾护航；党的创新理论蕴含实事求是、人民中心、知行合一的思想精髓，这一思想精髓以及历史思维、辩证思维、战略思维、系统思维、创新思维、底线思维、法治思维的科学思想方法，为实现国家治理现代化提供了科学世界观和方法论的指引①。

三　从中国特色社会主义道路出发

这是从路径来讲的。

既然搞的是现代化，那么，在中国搞现代化，与西方式现代化自然会有共同点，那就是要由农业社会向工业社会转变，由落后的生产方式向现代生产方式转变，大力发展科学技术，合理运用市场机制，自觉推进民主政治，注重国家治理和社会治理，等等。但是，在中国搞的现代化与西方式现代化也有根本区别，那就是在中国建设的是社会主义现代化，而不是资本主义现代化；是在中国共产党领导下建设的现代化，而不是弱化中国共产党领导；是让全体人民共享现代化建设的成果，是以

① 《习近平总书记系列重要讲话读本(2016年版)》，2页，北京，学习出版社，人民出版社，2016。

人民为中心，而不是以资本为主导；是以公有制主导为基础，而不是以私有制为基础。

这就必然提出一个具有根本性的问题：在中国建设社会主义现代化的正确道路究竟是什么？历史经验表明：这条道路绝不能走西方以资本逻辑为主导的“邪路”，那将成为西方国家猎取他国利益的附庸；也不能走过去在我国已经证明束缚生产力发展的封闭僵化的“老路”，那将严重束缚和禁锢我国生产力的发展。我们只能通过“摸着石头过河”，寻求一条有利于解放和发展社会生产力的“新路”，用邓小平同志的话来讲，就是要“杀出一条血路”。这条“新路”，就是中国特色社会主义开创的一个逻辑起点或出发点。

在今天看来，在当代中国所要实现的现代化，是中国特色社会主义现代化，在中国实现社会主义现代化，必须走中国特色社会主义道路。西方最先完成现代化任务，西方模式往往被看作现代化的较好选择，甚至是唯一选择。于是，“走西方道路”就成为很多国家无法抗拒的致命诱惑。现代化的方向无法绕开，但道路可以选择。西方模式只是实现现代化的一种选择，而非唯一选择。实现什么样的现代化，中国共产党人一开始就有自己的独立判断和选择——实现中国特色社会主义现代化。习近平同志反复强调，“世界上没有放之四海而皆准的发展模式”①，“我们愿意借鉴人类一切文明成果，但不会照抄照搬任何国家的发展模式”②。中国特色社会主义现代化一定意义上与西式现代化有着共同点，但现代化的实现方式与西方现代化有所不同。中国特色社会主义现代化不是“苏联模式”的再版，不是“西方模式”的翻版，也不是“东亚模式”的模版，它是在中国历史性实践中逻辑地生成的，是具有完全自主知识产权的“中国智造”。习近平同志在布鲁日欧洲学院的演讲中指出：“中国人苦苦寻找适合中国国情的道路。君主立宪制、复辟帝制、议会制、多

① 习近平：《习近平谈治国理政》，307页，北京，外文出版社，2014。

② 《习近平关于实现中华民族伟大复兴的中国梦论述摘编》，27页，北京，中央文献出版社，2013。

党制、总统制都想过了、试过了，结果都行不通。最后，中国选择了社会主义道路。”①独特的文化传统、独特的历史命运、独特的基本国情，注定中国必然走适合自己特点的发展道路。“当代中国的伟大社会变革，不是简单延续我国历史文化的母版，不是简单套用马克思主义经典作家设想的模板，不是其他国家社会主义实践的再版，也不是国外现代化发展的翻版，不可能找到现成的教科书。”②中国找到了一条实现国家治理现代化和民族复兴之路，即中国特色社会主义道路。习近平同志反复强调：“改革开放以来，我们总结历史经验，不断艰辛探索，终于找到了实现中华民族伟大复兴的正确道路，取得了举世瞩目的成果。这条道路就是中国特色社会主义。”③“实现中国梦必须走中国道路。这就是中国特色社会主义道路。”④总之，封闭僵化的老路会毁掉中国，改旗易帜的邪路会葬送中国，只有中国特色社会主义新路才能发展中国。“中国道路”是以“社会主义”为底色、以“中国特色”为标志、以“现代化和民族复兴”为目标的发展道路。这条道路以党的领导力量为主导，以人民力量为主体，以市场配置力量为支撑，并力求使这三者协调，形成合力。这是一条走得通、走得好、走得稳的道路，是实现社会主义现代化的正确道路。

中国道路的世界意义在于：中国道路的成功改变了全球发展观念，证明了“单一发展模式与模式可输出理论的简单和偏颇”，证明通往现代化并非只有“西方化”一条路，开启了发展道路具有多样化的时代；打破了“西方中心论”的神话，终结了西方模式主宰世界的线性史观；将西方“普世模式”还原为地区性模式，向世界揭示了寻找适合本国国情的发展道路才是不变的法则、永恒的真理，为世界特别是广大发展中国家提供了一种可资借鉴的道路。

---

① 习近平：《在布鲁日欧洲学院的演讲》，载《人民日报》，2014-04-02。

② 习近平：《在哲学社会科学工作座谈会上的讲话》，21页，北京，人民出版社，2016。

③ 习近平：《习近平谈治国理政》，35页，北京，外文出版社，2014。

④ 同上书，39页。

四　从实事求是出发

这是从思想路线来讲的。

要在中国开创中国特色社会主义道路，实际上就是在“杀出一条血路”。因为当时各种错误的思想观念都阻碍着通过开创中国特色社会主义来实现社会主义现代化。其中最具有标志性的、阻力最大的，是“左”倾教条主义。这种教条主义之本质特征，就是从书本公式、书本观念出发，从个人言论出发，而不是从客观实际出发。如果从书本公式和书本观念出发，那么，在当时的书本里，是根本找不到中国特色社会主义的。由此，要找到一条适合中国国情、解决中国问题、促进中国成功的实现社会主义现代化的“中国道路”，就必须解放思想、实事求是。

这就意味着，在当时的中国，必须来一场思想观念领域的革命，这场革命的核心，就是要确立一条正确的认识中国国情的思想路线。历史为中国共产党人提供了难得的机遇。1978 年 5 月，在中国社会掀起了一场关于“真理标准”的大讨论，这场讨论的实质，就是破除当时所谓“权威标准”和“书本标准”，真正恢复和确立“实践标准”。当时，以邓小平同志为代表的中国共产党人坚决支持并引领这场“真理标准”的讨论。于是，在全国就掀起了一场轰轰烈烈的关于“真理标准”的大讨论。这场讨论的政治意义，从“破”的方面，就是破除了“两个凡是”的错误的思想路线；从“立”的方面，就是重新恢复并确立了解放思想、实事求是的正确的思想路线。这种思想路线的实质，就是强调并注重从客观实际出发来认识事物、认识国情。其中取得一种具有重大历史意义的积极成果，那就是确立中国的社会主义依然处在“初级阶段”，是初级阶段的社会主义。于是，一个具有重大历史意义的判断提出来了，即“社会主义初级阶段”。社会主义初级阶段，是开创并坚持和发展中国特色社会主义的“总依据”。

实事求是，是开创中国特色社会主义在思想领域的逻辑起点或出发点，没有实事求是，就没有中国特色社会主义的开创。实事求是，既是中国革命成功的基本经验，也是我国改革开放的基本经验，还是中国特色社会主义建设和发展的成功经验。

解放和发展社会生产力、建设社会主义现代化、坚持走中国特色社会主义道路、实事求是，这四者的有机统一，构成开创中国特色社会主义的完整的逻辑起点。

第三章　中国特色社会主义历史发展阶段及其发展逻辑

分析研究并揭示改革开放以来中国特色社会主义的发展逻辑，不仅要厘清中国特色社会主义开创的逻辑起点，而且还要厘清中国特色社会主义的历史发展阶段及其发展逻辑。这两个问题，都是基础性、前提性的问题。

一　划分中国特色社会主义历史发展阶段的标准

历史问题、历史哲学问题，首要的是划分历史阶段的标准问题。马克思研究历史和历史哲学问题，首要的就是确立历史划分的标准。他既依据生产力这一划分标准，把历史划分为手推磨社会、蒸汽磨社会；又依据生产关系标准，把历史划分为原始社会、奴隶社会、封建社会、资本主义社会和共产主义社会；也依据人的发展标准，把历史划分为人的依赖社会、物的依赖社会、自由个性的社会。

自改革开放以来，中国特色社会主义建设已经有了40多年的历史。要清晰揭示改革开放以来中国特色社会主义的发展逻辑，就首先必须对中国特色社会主义 40 多年的历史发展进行阶段性划分。这一划分，必须依据一定的科学标准，可以把中国特色社会主义 40 多年的历史，划分为“二、三、四”阶段。

“二”，即两大历史方位或“两个半程”。两大历史方位，是指“欠发展”的历史方位和“发展起来以后”的历史方位。这实际上是与富起来和强起来相对应的，也是与中国社会主义实践的“前半程”和“后半程”相对应的。所谓“欠发展”的历史方位和“发展起来以后”的历史方位，是依据当年邓小平的一个重要表述，即“发展起来以后的问题不比不发展时少”。依据经济社会发展整体水平这一标准，整个社会主义初级阶段的中国特色社会主义实践可以划分为“欠发展”和“发展起来以后”两大历史方位。如果从 1978 年算起，那么到 2012 年党的十八大召开，总体上属于“欠发展”的历史方位。在这一历史方位的主要历史任务、奋斗目标、解决的根本问题，是解放和发展社会生产力，积累社会物质财富，“做大蛋糕”，使中华民族、中国人民富起来。从党的十八大召开到 21 世纪中叶，总体上属于“我国发展起来以后”的历史方位。在这一历史方位，主要的历史任务、奋斗目标、解决的根本问题，就是既解决发展不平衡不充分的问题，也解决满足人民美好生活需要的问题，使中华民族、中国人民“强起来”。这两大历史方位，与习近平同志所讲的中国社会主义实践的“前半程”和“后半程”基本上是相对应的。2014 年 2 月 17 日，习近平同志在省部级主要领导干部学习贯彻党的十八届三中全会精神全面深化改革专题研讨班上的讲话中，提出了中国社会主义实践的“前半程”和“后半程”：前半程的主要历史任务是建立社会主义基本制度，并在此基础上进行改革；后半程的主要历史任务是使中国特色社会主义制度更加成熟和定型，使国家治理更加现代化，即推进国家治理体系和治理能力现代化。前半程基本走过了，党的十八大以后，要开启中国社会主义实践的后半程。习近平同志在这里虽然讲的是“中国社会主义实践”，但实际上也包含中国特色社会主义实践。因为中国特色社会主义实践的

“前半程”，就是在建立社会主义基本制度的基础上进行改革，而中国特色社会主义实践的“后半程”，就是要推进全面深化改革，全面深化改革的总目标，就是完善和发展中国特色社会主义制度，推进国家治理体系和治理能力现代化。

“三”，即三个历史时期：中国特色社会主义开创奠定基本框架时期、中国特色社会主义体系构建时期、新时代中国特色社会主义集成提升时期，或者说相对注重发展动力时期、相对注重发展平衡时期、相对注重发展治理时期。1978 年改革开放初期，即邓小平领导的改革开放和社会主义现代化建设时期，就属于中国特色社会主义开创并奠定基本框架(总依据、首要根本任务、基本路线、基本思路、基本原则、判断标准、领导力量等)时期；之后总体上属于中国特色社会主义发展并构建体系(构建总体框架和理论体系等)时期；而党的十八大以后，中国特色社会主义进入了新时代，我国发展步入新的历史方位，这在总体上属于使中国特色社会主义进入新时代的集成提升(完成中国特色社会主义建设后半程的历史任务，集中国特色社会主义理论体系之大成)时期。这三个历史时期，已经或将要解决的影响中国发展的根本性问题、命运性问题，分别是影响中国经济社会发展的动力问题、影响中国经济社会发展的平衡问题、中国经济社会发展的治理问题，所以，一定意义上，也可分别称之为相对注重发展动力时期、相对注重发展平衡时期、相对注重发展治理时期。

“四”，即推进中国特色社会主义发展的四个不同重点时期。邓小平同志着重从生产力发展(经济领域)来追问中国特色社会主义时期；江泽民同志着重从坚持、完善和巩固党的领导(政治上层建筑领域)来追问中国特色社会主义时期；胡锦涛同志着重从发展目标和方式上(总体性)来追问中国特色社会主义时期；习近平同志着重从大国成为强国即实现强起来追问中国特色社会主义时期。

在上述划分中，最值得我们关注和研究的，是“三分法”，即把改革开放以来中国特色社会主义的发展逻辑划分为“三个历史时期”，可称之为中国特色社会主义开创奠基时期(邓小平)、中国特色社会主义体系构建时期(江泽民、胡锦涛)、新时代中国特色社会主义集成提升时期(习近平)。理由有以下几个方面。

(1)邓小平被称为“中国特色社会主义开创者”，在党史界、理论界已有定论，且已达成共识。之所以说邓小平是中国特色社会主义的开创者，就在于他明确提出了“有中国特色的社会主义”这一原创性概念、理念，提出了社会主义初级阶段这一标识性大论断，确立了中国特色社会主义的基本依据、首要任务(坚实基础)、基本路线、基本思路、基本原则、发展方向、根本立场、判断标准和领导力量等基本轮廓：基本依据是社会主义初级阶段；首要任务是解放和发展社会生产力；基本路线是“一个中心、两个基本点”；基本思路是从客观实际出发，立足于社会主义初级阶段，把大力解放和发展社会生产力作为首要根本任务，建立社会主义市场经济体制；基本原则是坚持四项基本原则；发展方向是发展和完善社会主义，使中国特色社会主义逐步成为“够格”的社会主义，且能体现发挥社会主义制度的优越性；根本立场，是消灭剥削、消除两极分化、最终使全体中国人民达到共同富裕；判断标准是“三个有利于”；领导力量是中国共产党。正因如此，1978 年改革开放以后可称之为“中国特色社会主义开创奠定基本轮廓时期”。

(2)江泽民治国理政时期、胡锦涛治国理政时期可称之为“中国特色社会主义体系构建时期”。这是因为这一时期构建了中国特色社会主义理论的总框架、总体系，即进一步从政治上层建筑、整体科学发展方面发展了中国特色社会主义，确定了中国特色社会主义理论体系的基本内容，揭示了中国特色社会主义理论体系的内在逻辑，尤其是确定了中国特色社会主义的总依据(社会主义初级阶段)、总框架(统筹推进“五位一体”总体布局)、总任务(实现社会主义现代化、实现中华民族伟大复兴)。

(3)党的十八大以后，中国特色社会主义进入了新时代，可称之为“中国特色社会主义集成提升时期”。这主要体现在：习近平同志从完成中国社会主义实践“后半程”的历史任务方面，从新时代方面，进一步完善了中国特色社会主义理论体系；在新时代或我国发展新的历史方位，在集中国特色社会主义理论体系之大成的基础上，以“解决我国发展起来以后的问题且使大国成为强国即实现强起来”为历史使命，把中国特色社会主义理论体系进一步系统化了；对中国特色社会主义理论体系进一步从理论上加以系统的论证，使其更为完备。

当然，上述划分都具有相对性，是相对而言的，不可绝对化。

二　中国特色社会主义的总体发展逻辑

所谓中国特色社会主义的总体发展逻辑，是指改革开放以来中国特色社会主义的总体发展逻辑，这一逻辑就是前面所讲的，即从中国特色社会主义开创奠基，经中国特色社会主义体系构建，再到新时代中国特色社会主义集成提升。这里需要展开分析。

1978 年改革开放以前一段历史时期，中国发展究竟是走受“苏联模式”影响的封闭僵化的所谓“老路”，还是走别的什么路？这一问题确确实实困扰着我们。“中国向何处去”是需要我们党去面对的根本性问题。1978 年后，这一问题同样困扰着我们。1978 年以前的中国历史和实践表明：僵化的旧体制严重束缚着我国生产力的发展，所以必须打破。然而，当时我们一些人依然受“左”的僵化思想观念的禁锢和束缚，即只从“书本公式”(列宁语)中找答案，从权威言论中找出路。不打破陈旧落后僵化的思维定式和思想观念，是难以打破束缚生产力发展的陈旧僵化的体制束缚的。所以，1978 年以后，我们党引领了全国“真理标准”大讨论。这一大讨论的政治意义在于，既打破了陈旧落后僵化的思维定式和思想观念的束缚和禁锢，又恢复和确立了党的解放思想、实事求是的思想路线。这使我们党自觉地从客观实际出发重新来认识中国国情，从而得出了中国的社会主义依然处在初级阶段即社会主义初级阶段的重大判断和结论。在社会主义初级阶段，首要任务就是解放和发展社会生产力。要解放和发展社会生产力，就必须追赶世界现代化潮流，利用世界现代化建设的积极成果。在中国搞现代化，也有一个道路选择的问题。这一道路，就是以邓小平同志为代表的中国共产党人开创的道路，即中国特色社会主义道路。

这一时期为中国特色社会主义开创性地奠定了基本轮廓，主要体现在：(1)重新恢复和确立了解放思想、实事求是的思想路线，为重新认识中国国情提供了正确的出发点；(2)原创性地提出"社会主义初级阶段"这一具有标识性的大论断，并将其作为中国特色社会主义的立论基础；(3)明确提出了"有中国特色的社会主义"这一原创性概念、理念，强调中国特色社会主义是自觉创新、自我完善、自主发展的社会主义，能逐渐彰显社会主义制度的优越性；(4)中国特色社会主义既坚持科学社会主义基本原则，坚持社会主义方向，又适应中国国情，可以利用市场经济和市场机制，即建立社会主义市场经济体制，来解决经济效率问题；(5)中国特色社会主义既坚持马克思主义基本原理，坚持"为了人民"的根本政治立场，又根据社会主义初级阶段我国生产力相对落后的国情，为解放和发展社会生产力，合理利用、驾驭与管理资本；(6)中国特色社会主义既坚持中国共产党领导，强调并注重党的领导力量，又根据社会主义初级阶段的实际，进一步激发社会创新活力，注重市场配置力量；(7)中国特色社会主义坚持以公有制为主体，又依据社会性质及基本国情，坚持多种所有制经济共同发展；(8)中国特色社会主义既遵循世界现代化发展的一般规律，注重市场、效率、民主、法治的积极作用，又依据中国的历史、文化、传统、国情，注重坚持中国共产党领导，坚持走共同富裕道路；(9)中国特色社会主义把解放和发展社会生产力作为首要根本任务，目的在于为坚持和发展社会主义奠定坚实的物质基础；(10)中国特色社会主义把社会主义初级阶段作为根本依据，把"一个中心、两个基本点"作为基本路线，把实现社会主义现代化作为奋斗目标，把"三个有利于"作为判断成败得失的根本标准。上述这些，为中国特色社会主义奠定了基本轮廓，也可简称为"奠基"。

江泽民治国理政时期、胡锦涛治国理政时期，总体上属于中国特色社会主义的发展并构建体系的时期。开创，意味着开启、创立；奠基，意味着奠定基础或基本轮廓。开创奠基之后，确定中国特色社会主义总体框架并构建完整的体系，在逻辑上就显得十分重要了。江泽民同志、胡锦涛同志发展并构建了中国特色社会主义的总体框架和完整体系，主要体现在：(1)揭示了中国特色社会主义理论体系的科学内涵。在中国特色社会主义开创奠基时期，中国特色社会主义的总体框架、完整体系还没有构建起来，而在发展并构建中国特色社会主义总体框架、完整体系时期，中国特色社会主义理论的总体框架和完整体系就基本上构建起来了。党的十七大报告主要从三个方面对中国特色社会主义理论体系做了界定：从来源看，中国特色社会主义理论体系既坚持科学社会主义基本原则，又根据中国具体实际和时代特征赋予其鲜明的中国特色；从内容看，中国特色社会主义理论体系是包括邓小平理论、“三个代表”重要思想、科学发展观等重大战略思想在内的科学理论体系；从地位看，中国特色社会主义理论体系是马克思主义中国化最新成果，是党最可宝贵的政治和精神财富，是全国各族人民团结奋斗的共同思想基础。①(2)明确了中国特色社会主义的主题，强调这一主题就是坚持和发展中国特色社会主义。(3)揭示了中国特色社会主义理论体系的理论渊源，强调这一渊源就是马克思列宁主义和毛泽东思想。党的十八大报告指出：“科学发展观是中国特色社会主义理论体系最新成果，是中国共产党集体智慧的结晶，是指导党和国家全部工作的强大思想武器。科学发展观同马克思列宁主义、毛泽东思想、邓小平理论、‘三个代表’重要思想一道，是党必须长期坚持的指导思想。”②邓小平理论、“三个代表”重要思想同样以马克思列宁主义和毛泽东思想为理论渊源。(4)确定了中国特色社会主义理论体系的基本内容。这一理论体系主要包括社会主义初级阶段论、社会主义本质论、发展目标论、发展道路论、发展方式

① 《十七大以来重要文献选编》上，9页，北京，中央文献出版社，2009。
② 同上书，6页。

论、市场经济论、改革开放论、党的领导论等。(5)揭示了中国特色社会主义理论体系的内在逻辑，构建了中国特色社会主义理论体系的总框架、总体系。根据邓小平理论、“三个代表”重要思想、科学发展观，中国特色社会主义理论体系的内在逻辑及其总体框架结构主要是：第一大板块是宏观指导层面的基本原理，包括社会主义初级阶段论、社会主义本质论、社会主义改革开放论、社会主义科学发展论；第二大板块是战略布局层面的，包括社会主义市场经济论、社会主义民主政治论、社会主义先进文化论、社会主义和谐社会论；第三大板块是条件保障层面的，包括社会主义依靠力量论、社会主义执政党建设论、社会主义“一国两制”论、社会主义和平发展论。(6)明确了中国特色社会主义的核心要义，即“总依据”“总布局”“总任务”。(7)揭示了中国特色社会主义理论体系的历史地位，即中国特色社会主义理论体系是“马克思主义中国化的最新成果”，是“当代中国的马克思主义”。

党的十八大以后，中国特色社会主义进入了新时代，可称之为“中国特色社会主义集成提升时期”，习近平新时代中国特色社会主义思想是中国特色社会主义理论体系集大成者。这主要体现在它继承了邓小平理论、“三个代表”重要思想、科学发展观，并在整合这些理论成果的基础上，进一步发展和提升了中国特色社会主义理论体系：(1)习近平新时代中国特色社会主义思想既注重邓小平理论相对强调的解放和发展社会生产力，又注重科学发展观相对强调的促进公平正义、增进人民福祉、让全体人民共享发展成果，从而把解放和发展生产力与促进公平正义、增进人民福祉统一起来了，把发展生产力与实现共同富裕统一起来了。(2)习近平新时代中国特色社会主义思想既注重邓小平理论相对强调的动力问题，也注重科学发展观相对强调的平衡(和谐)问题，还注重中国特色社会主义进入新时代应注重的治理问题，把动力、平衡、治理有机统一起来了。(3)习近平新时代中国特色社会主义思想既注重邓小平理论所强调的重点突破、发挥比较优势，又注重科学发展观所强调的全面协调、统筹兼顾，把重点突破和全面协调统一起来了。(4)习近平新时代中国特色社会主义思想从完成中国社会主义实践“后半程”的历史任务方面，从新时代、新方位方面，进一步完善了中国特色社会主义理论体系。从开启改革开放新时期到党的十八大召开之前这一段历史区间，总体上处于中国特色社会主义建设实践的“前半程”，即在建立社会主义基本制度的基础上进行改革。党的十八大以后，中国特色社会主义进入了新时代，我国发展步入新的历史方位，习近平同志既在新时代或新的历史方位，带领全党继续完成中国特色社会主义建设实践“后半程”的历史任务——坚持和完善中国特色社会主义制度，推进国家治理体系和治理能力现代化，又以实现“强起来”为历史使命，从而进一步完善和发展了中国特色社会主义理论体系，把中国特色社会主义理论体系进一步系统化了。习近平同志指出：“从形成更加成熟更加定型的制度看，我国社会主义实践的前半程已经走过了，前半程我们的主要历史任务是建立社会主义基本制度，并在这个基础上进行改革，现在已经有了很好的基础。后半程，我们的主要历史任务是完善和发展中国特色社会主义制度，为党和国家事业发展、为人民幸福安康、为社会和谐稳定、为国家长治久安提供一整套更完备、更稳定、更管用的制度体系。”①这实质上就是全面深化改革的总目标，即完善和发展中国特色社会主义制度，推进国家治理体系和治理能力现代化。党的十八大以前，中国特色社会主义在建立社会主义基本制度的基础上，大力推进改革。党的十八大以后，习近平同志“接着说”，继续书写中国特色社会主义新篇章，走好中国社会主义建设的“后半程”，这就是要通过全面深化改革，坚持和完善中国特色社会主义制度，推进国家治理体系和治理能力现代化，使中国特色社会主义制度更加成熟更加定型，使国家治理体系和治理能力更加现代，把“中国之治”提升到一个新境界。(5)对中国特色社会主义理论体系进一步从理论上加以系统的论证，构成了较为完备的中国特色社会主义理论体系。习近平同志对中国特色社会主义的形成逻辑、立论基

① 《习近平关于全面建成小康社会论述摘编》，79页，北京，中央文献出版社，2016。

础、总体任务、根本立场、发展理念、总体布局、战略安排、强军战略、国际战略、根本动力、领导力量、本质特征、根本优势、重大意义等，都做了较为全面系统的阐述和论述，尤其是从历史逻辑、历史方位、历史变革、本质特征、制度优势、历史成就、重大意义等方面，进行了深入的论述。

三　中国特色社会主义具体发展逻辑的五大维度及其内在逻辑

中国特色社会主义从开创奠基到体系构建再到集成提升的总体发展逻辑，是通过下述五大具体发展逻辑体现出来的。

（一）历史逻辑

所谓历史逻辑，指的是历史必然性和历史因果联系。它重历史过程性、历史必然性和历史合理性，它把对象和事物置于历史发展过程中进行思考，注重揭示事物发展的必然进程及其内在逻辑。历史逻辑理应在先，一切逻辑皆从历史逻辑开始和产生，没有历史逻辑，其他逻辑便无从谈起。马克思指出：“我们仅仅知道一门唯一的科学，即历史科学。历史可以从两方面来考察，可以把它划分为自然史和人类史。但这两方面是不可分割的；只要有人存在，自然史和人类史就彼此相互制约。”[①]这就是说，一切哲学社会科学或人文社会科学都要从历史科学谈起。同理，一切逻辑都要从历史逻辑谈起。我们讲逻辑与历史的统一，其基本含义就是指逻辑的东西与历史的东西相统一。这是辩证逻辑的基本原则，也是辩证思维的一种重要方法。这里讲的历史，指的是客观现实的历史发展过程（包括自然界和人类社会），以及人类认识客观现实的历史（包括科学史、哲学史、思维史）；逻辑，则指的是历史发展过程在思维

---

① 《马克思恩格斯选集》第 1 卷，146 页，北京，人民出版社，2012。

中概括性的反映。逻辑与历史的统一，就是指思维的逻辑应当概括地反映历史发展过程的内在必然性。逻辑与历史相统一的方法，要求我们在科学研究和建立科学的理论体系的时候，首先要揭示对象的发展过程与认识发展过程的历史规律性；在安排理论体系的各个概念、范畴的逻辑顺序时，必须符合被考察对象历史发展的顺序。显然，逻辑首先要建立在历史发展过程及其历史必然性的基础之上。

研究改革开放以来中国特色社会主义的发展逻辑，首先要揭示改革开放以来中国特色社会主义发展的历史逻辑，这是基础和前提。只有把改革开放以来中国特色社会主义发展的历史逻辑搞清楚了，才能进一步真正把改革开放以来中国特色社会主义发展的其他逻辑搞清楚，其他逻辑都是在历史逻辑基础上的不同层面的展开。这里的改革开放以来中国特色社会主义的历史逻辑，讲的是中国特色社会主义的“前世今生”，即把中国特色社会主义放在整个社会主义发展的历史长河当中来揭示其历史逻辑。具体来说，就是在中国，揭示从科学社会主义经改革开放新时期中国特色社会主义再到新时代中国特色社会主义的历史发展逻辑。

马克思研究问题，首先是从研究历史开始的。马克思毕生的精力，都是致力于实现无产阶级解放和人类解放，最终促进每个人自由而全面发展。为此，他首先去研究历史，创立唯物史观，其鲜明标志就是《德意志意识形态》。在这本著作中，马克思指出：“我们开始要谈的前提不是任意提出的，不是教条，而是一些只有在臆想中才能撇开的现实前提。这是一些现实的个人，是他们的活动和他们的物质生活条件，包括他们已有的和由他们自己的活动创造出来的物质生活条件。因此，这些前提可以用纯粹经验的方法来确认。全部人类历史的第一个前提无疑是有生命的个人的存在。”①

这里，马克思把历史和现实的人的活动看作是彼此相互理解的东

---

① 《马克思恩格斯选集》第1卷，146页，北京，人民出版社，2012。

西，也正是在这种相互理解中创立了唯物史观。正因为马克思创立了唯物史观，才进一步创立了政治经济学和科学社会主义。唯物史观是马克思主义的哲学基础。

习近平治国理政所思考的问题，也首先是从历史开始的。习近平同志运用历史思维，首先来分析解决中国特色社会主义的历史必然性和价值合理性问题。习近平治国理政的主题，是坚持和发展中国特色社会主义。他强调：中国特色社会主义，是科学社会主义理论逻辑和中国社会发展历史逻辑的辩证统一，是根植于中国大地、反映中国人民意愿、适应中国和时代发展进步要求的科学社会主义。这里讲的中国社会发展历史逻辑，就是历史思维的体现，它把中国特色社会主义置于中国历史发展的必然进程进行思考，着力揭示中国特色社会主义产生的历史必然性和历史合理性，以坚定对中国特色社会主义的道路自信、理论自信、制度自信、文化自信。

习近平同志运用历史思维，来分析解决国家治理现代化的历史必然性问题。习近平治国理政追求的历史目标之一，是推进国家治理现代化。改革开放后，在中国式现代化的起飞阶段，首要任务是解放和发展社会生产力，即“做大蛋糕”。“蛋糕做大”以后，中国式现代化进入了邓小平同志所讲的“发展起来以后”阶段，进入“表达诉求期”。当今，民众表达诉求日趋觉醒和增强，但由于受主客观条件的限制，公共治理又跟不上，其部分诉求难以得到满足，进而产生了各种矛盾，进入矛盾突发期。有些党员干部缺乏问题意识和担当精神，遇到矛盾绕着走，结果使矛盾“堆成山”，成为“难啃的硬骨头”，还会带来各种风险。因而，这一时期也是攻坚克难期。如何破解“表达诉求、矛盾突发、攻坚克难”这一新的历史起点上的难题？习近平同志强调要通过全面深化改革来解决。改革的总目标之一，就是为实现国家治理现代化提供现代化的制度模式和治理能力。这里讲的治理，核心首先是治理国家公共权力与正确处理党、国家、社会的关系，而国家治理的现代制度模式就是：在中国共产党领导下，党的领导，社会参与，协商共治，法德并举，能力现代。这种治理模式，既有利于坚持党中央集中统一领导，也有利于破除权力高度集中而又缺乏有效制约的体制弊端，有助于实现经济社会发展中的动力与平衡的有机统一。显然，推进国家治理体系和治理能力现代化，是在我国现代化发展到一定历史阶段的背景下提出的，它试图为解决新的历史起点上的矛盾、难题和问题提供一整套制度设计和治理体系。

(二)现实逻辑

历史逻辑是从纵向角度，来揭示中国特色社会主义的“前世今生”以及“历史发展过程”，目的在于揭示改革开放以来中国特色社会主义的历史必然性和历史发展规律，回答中国特色社会主义“由何而来”的问题。现实逻辑，则是从实践发展角度，来揭示改革开放以来中国特色社会主义发展深层的本质逻辑和实践发展的逻辑，目的在于分析中国共产党人是如何在与时俱进、步步深入地解决具有本质性问题的进程中，来推进实践发展(甚至实践变革)并引领时代发展的，回答改革开放以来中国特色社会主义“如何在本质上进行实践推进”的问题。

应怎样理解我们所讲的“现实”？哲学所理解和把握的“现实”，从本质上讲，不仅仅是看得见、摸得着的“现象”或“表象”，它具有三层深意：一是偶然性背后的“必然性”及其展开；二是现象背后的“本质性”及其展示；三是感性背后的“理性”及其展现。“现实”并不是与偶然性、现象和感性毫不相干的。我们往往是透过一系列偶然性来把握必然性，通过现象来把握本质，通过感性来把握理性。因为必然性与偶然性、本质与现象、理性与感性是直接相关的，是紧密联系在一起的。现实，是一种必然与偶然相统一、本质与现象相统一、理性与感性相统一的存在，那种没有表现在偶然、现象和感性中的必然、本质、理性只是在逻辑中存在，不具有现实性。有些学者割裂了必然性与偶然性、本质与现象、理性与感性的关系，只强调必然性、本质和理性而忽视偶然性、现象和感性，这就把自己置于偶然性、现象和感性之外，而在实际上却是难以真正把握必然性、本质和理性的。因为如果不与感性的现象接触，我们是永远把握不到必然性、本质和理性的。我们研究的目的，是要把握感性现象背后的本质、必然性及其展开、展现的内在逻辑和实现方式，是要用理性思维透过偶然、现象和感性来把握本质。这就对我们的研究提出了要求：既要了解感性现象，更要把握其本质和必然。这叫作从感性认识上升到理性认识。

现实逻辑与历史逻辑紧密相联，二者具有内在逻辑联系。现实逻辑是历史逻辑的进一步深层挖掘，它揭示的是历史逻辑背后深层的本质演进。如果说历史逻辑侧重于历史必然性，那么，现实逻辑则侧重于解决历史必然性背后的本质问题及其所发生的实践性变革。没有对历史逻辑的揭示，就难以有对现实逻辑的深刻把握；没有对现实逻辑的深刻把握，历史逻辑也显得肤浅。所以，在揭示改革开放以来中国特色社会主义发展的历史逻辑之后，就需要进一步深入揭示改革开放以来中国特色社会主义发展的现实逻辑。

（三）价值逻辑

历史逻辑、现实逻辑都侧重于客观事实，都属于历史维度，都注重科学尺度。任何事物和对象都具有两个根本方面，即客观事实和价值取向。客观事实讲的是客观存在，回答“是什么”的问题；价值取向讲的是价值评价，回答“对谁有利”的问题。马克思主义哲学既注重历史维度，也注重价值维度；既注重客观事实，也注重价值取向；既坚持科学尺度，也坚持价值尺度，它是两个基本维度的有机统一，是两种根本尺度的有机统一，是事实和价值的有机统一，二者共同构成一个有机整体。所以，在揭示了改革开放以来中国特色社会主义发展的历史逻辑和现实逻辑之后，就需要进一步揭示改革开放以来中国特色社会主义发展的价值逻辑。

所谓价值逻辑，指的是价值取向演进的逻辑。改革开放以来，中国特色社会主义具有自身客观的历史和现实的演进逻辑，同时也具有其价值取向上的演进逻辑。揭示改革开放以来中国特色社会主义在价值取向上的演进逻辑，即价值逻辑，有助于我们理解和把握改革开放以来中国特色社会主义所具有的“真理性”的基础上的“道义性”，使我们深入认识到中国特色社会主义具有深厚的人文情怀和道义关怀。

无论是马克思、恩格斯，还是列宁，或者是毛泽东、邓小平、江泽民、胡锦涛、习近平，他们在理解和把握历史事实的基础上，都注重对价值追求的考察。比如邓小平同志既讲要解放和发展社会生产力，又讲坚持走共同富裕道路，让人民过上富裕生活；江泽民同志既讲中国共产党要代表先进生产力的发展要求，又讲要代表中国最广大人民的根本利益；胡锦涛同志既讲第一要义是发展，又讲核心是以人为本；习近平同志既讲要理解和把握中国特色社会主义的历史发展的逻辑，又讲要树立以人民为中心的发展思想。

（四）理论逻辑

历史、现实、价值，都要在理论上得以反映和论证，理论在本质上是对历史、现实和价值的反映。时代是思想之母，实践是理论之源。就是说，理论逻辑是对历史逻辑、现实逻辑、价值逻辑有机统一的理论表达，是对它们的总结和概括。

按照马克思主义哲学的观点，理论的逻辑进程要与客观现实、历史发展进程相一致。恩格斯指出："历史从哪里开始，思想进程也应当从哪里开始，而思想进程的进一步发展不过是历史过程在抽象的、理论上前后一贯的形式上的反映。"①这就是说，理论逻辑的进程要与关于对象认识发展的历史进程相一致，各门科学的概念、范畴的发展要与其理论的历史发展进程相一致。

由是，在揭示了改革开放以来中国特色社会主义发展的历史逻辑、现实逻辑和价值逻辑之后，逻辑上，就需要进一步揭示改革开放以来中国特色社会主义发展的理论逻辑。揭示改革开放以来中国特色社会主义发展的理论逻辑，就要揭示改革开放以来马克思主义中国化的理论创新成果之间的内在逻辑演进，具体来说，就是要进一步揭示邓小平理论、"三个代表"重要思想、科学发展观、习近平新时代中国特色社会主义思

---

① 《马克思恩格斯选集》第2卷，3版，14页，北京，人民出版社，2012。

想之间内在演进的逻辑。其目的，就是要从完整的逻辑构架、逻辑体系上，来完整系统地理解和把握中国特色社会主义理论体系。

(五)世界逻辑

中国特色社会主义本来就是在世界现代化潮流的时代背景中开创、形成的，又是在与世界发展的互动交融过程中发展的。

在曾经世界现代化潮流的大背景中，中国落后的主要原因是生产力不发达，社会主义制度的优越性不仅没有充分体现出来，而且还不大“够格”。所以，当时的首要任务是解放和发展社会生产力，让中国尽快赶上世界现代化发展潮流。在中国要搞现代化，就必须立足中国国情、解决中国问题、促进中国走向成功。要做到这些，就必须坚持走中国特色社会主义道路。中国特色社会主义，就是在这样的背景下开创和形成的。

不过，在我国生产力不发达的基础上建设中国特色社会主义，当时国内外还有一些质疑的声音。那时，中国特色社会主义建设还处于相对被动的地位，我们更多是为中国特色社会主义建设做理论辩护，而且更多的是注重解决国内生产力发展的问题。就是说，那时，我们相对关注的是中国特色社会主义的“中国化”和“国内意义”。随着改革开放和社会主义现代化的发展，也由于中国特色社会主义道路促进中国走向成功，我们已经由过去的“追跑”现代化走向了今天“竞跑”于世界现代化，甚至在某些方面我们还能“领跑”经济全球化。在这种情境下，中国特色社会主义的世界意义就逐渐呈现出来了。尤其是随着民族历史逐渐成为世界历史，中国特色社会主义发展与世界发展互动、交融，中国特色社会主义的“世界化”和“世界意义”更加得以彰显。由此，在揭示改革开放以来中国特色社会主义的历史逻辑、现实逻辑、价值逻辑和理论逻辑之后，还要进一步揭示改革开放以来中国特色社会主义发展的世界逻辑。

所谓揭示改革开放以来中国特色社会主义发展的世界逻辑，就是揭示改革开放以来中国特色社会主义是如何一步步走向世界的，是如何逐渐彰显中国特色社会主义的“世界化”和“世界意义”的，是如何由“中国意义”逐步呈现其“世界意义”的，是如何由“追跑”现代化走向“竞跑”现代化再进一步走向在某些方面“领跑”经济全球化的，是如何走入世界历史的。

历史逻辑、现实逻辑、价值逻辑、理论逻辑、世界逻辑，共同构成改革开放以来中国特色社会主义发展的具体逻辑。

由以上论述可以看出：改革开放以来中国特色社会主义发展的五个维度或五个层面的具体逻辑在支撑其总体逻辑，总体逻辑统领其具体逻辑，二者共同构成改革开放以来中国特色社会主义发展逻辑的核心结构；不仅如此，这五个层面的具体逻辑之间也是具有内在逻辑联系的分层关系，构成一个有机的整体系统：揭示改革开放以来中国特色社会主义的发展逻辑，其基础和前提，应首先揭示其历史逻辑，否则，其他一切逻辑都无从谈起；接着，应揭示其现实逻辑，它是历史逻辑在本质层面、实践层面的“接着说”，也是价值逻辑和理论逻辑的实践基础或现实基础；再接着，应进一步揭示其价值逻辑，如果说历史逻辑和现实逻辑属于历史维度或事实维度，那么，价值逻辑就属于价值维度；再接下来，应继续揭示其理论逻辑，它是其历史逻辑、现实逻辑和价值逻辑的理论提升、表达和反映；最后，需要揭示其世界逻辑，即揭示中国特色社会主义发展与世界发展的互动交融关系及其世界展现和世界意义。

第四章　中国特色社会主义发展的历史逻辑

中国特色社会主义有其历史渊源，有其孕育、开创、发展与不断丰富完善的历史依据、历史基础、历史进程。中国特色社会主义在自我完善和发展的历史进程中，既保持了中国自身的独立性，又使中国快速发展，且大踏步地赶上了时代。

一　中国特色社会主义的“前世”

先来理解和把握中国特色社会主义的“前世”。

理解和把握改革开放以来中国特色社会主义发展的历史逻辑，首先要综合把握中国文明史、世界社会主义运动史和中国特色社会主义发展史三大历史线索。我们按照“5 000 多年中华文明积淀—世界社会主义 500 年—近代以来 170 多年的波澜壮阔—100 多年党的光辉历程—40 多年改革开放的开创与发展—新时代的坚持与发展”这样的历史发展脉络，来把握中国特色社会主义从无到有、从弱到强的历史逻辑。

5 000 多年历史积淀的中华文明构成中国特色社会主义的历史根基。中华民族文明历史源远流长，有着“超百万年的文化根系，上万年的文明起步，五千年的古国，两千年的中华一统实体”①。积淀深厚、绵延久远的中华文明史蕴含着丰富的哲学思想、人文精神、教化思想、道德理念等，涵育了中华民族自强不息、开放包容、协和万邦的历史基因。光辉灿烂的中华文明为中华民族生生不息、发展壮大提供了重要滋养，也是中华民族虽历经波折总能昂首挺立的内在根据。中华文明中积淀着丰富的社会主义思想因子，中国特色社会主义是科学社会主义与中国历史文化和现实国情相结合的产物。中华民族 5 000 多年的文明历史积淀，为坚持和发展中国特色社会主义提供了宝贵的历史财富。

世界社会主义 500 年的沧桑历程，构成中国特色社会主义形成发展的历史场域。空想社会主义历经 300 多年的发展历史，对资本主义进行了无情的批判，对未来理想社会进行了天才的描绘，为科学社会主义提供了思想资源。马克思的“两大发现”使社会主义从空想发展到科学，世界社会主义运动有了指导理论。列宁把科学社会主义理论同俄国具体国情结合，在资本主义最薄弱的一环打开了缺口，实现了社会主义从理论到实践的转变。俄国革命与苏联社会主义建设取得了巨大成就，社会主义探索从多元化模式固化为苏联模式。苏联解体，东欧剧变，国际共产主义运动在世界范围内遭受挫折，陷入低潮。中国共产党人科学认识社会主义的本质、任务与阶段，从中国具体国情与实际出发，突破“苏联模式”，探索出了一条有中国特色的社会主义道路。中国特色社会主义展现了社会主义的独特优势与强大生机活力，在世界上高高举起了社会主义的伟大旗帜。总之，社会主义从空想到科学、从理论到实践、从实践到现实、从模式的多元化探索到“苏联模式”确立，经历了艰难的发展，理论真正变成了现实；同时，社会主义在苏联的成功和失败以及在中国的曲折发展，使社会主义进入了世界视野和实践境遇。只有对社会主义进行系统的历史考察，才能真正找到中国特色社会主义发展的历史

① 苏秉琦：《中国文明起源新探》，176 页，北京，生活·读书·新知三联书店，1999。

逻辑，才能真正理解中国特色社会主义确立和发展的根基，才能真正看清楚中国进入社会主义的时机和早期探索的意蕴，进而为中国特色社会主义的发展奠定基础。

近代以来中华民族170多年的艰辛探索做出了中国特色社会主义这一重大历史选择。鸦片战争后，中华民族陷入了苦难深渊，无数仁人志士救亡图存，谱写了中华民族波澜壮阔的奋斗史。在170多年的奋斗历程中，中国人民先后做出了许多尝试和探索，做出了两次重大历史选择。第一次历史选择是，把马克思主义基本原理与中国革命具体实际相结合，选择了经过新民主主义通向社会主义的正确道路，建立了新中国，确立了社会主义基本制度。第二次历史选择是，从社会主义初级阶段的基本国情出发，在改革开放实践中成功开辟并不断发展中国特色社会主义。中国特色社会主义是中国近代历史发展的必然逻辑，是中国人民做出的历史选择。

中国共产党带领中国人民历经100多年苦难辉煌，铸就了中国特色社会主义这一根本成就。中国共产党一经成立，就担负起实现中华民族伟大复兴的历史使命。100多年来，党带领中国人民把马克思主义基本原理同中国革命、建设与改革各个时期的具体实际相结合，不仅推翻了“三座大山”，结束了中华民族百年来被宰割的屈辱历史，而且成功开辟了中国特色社会主义伟大事业。100多年来，中国共产党由小到大、由弱到强，不断深化对共产党执政规律、社会主义建设规律、人类社会发展规律的认识与把握，使中国特色社会主义从无到有、从弱到强，并且道路越走越宽广。中国特色社会主义是党带领人民经历100多年苦难辉煌取得的最大历史成就。

以上阐述，都可看作是中国特色社会主义的“前世”。自改革开放开始，中国特色社会主义真正进入了从无到有、从弱到强、从开创奠基到体系建构再到集成提升的快速成长和发展期。以邓小平同志为主要代表的中国共产党人，解放思想、实事求是，创造性地回答了“什么是社会主义、怎样建设社会主义”这一重大问题，成功避开了“邪路”“老路”，开创了中国特色社会主义道路；以江泽民同志为主要代表的中国共产党人继往开来，对“建设什么样的党、怎样建设党”这一新的重大现实问题进行了深入的阐释，成功把中国特色社会主义推向21世纪；进入21世纪，以胡锦涛同志为主要代表的中国共产党人，明确了中国特色社会主义道路、理论体系和制度的“三位一体”，成功在新的历史起点上坚持和发展了中国特色社会主义。换一种表述，经历了新中国成立之初的社会主义建设探索之后，自改革开放开始，中国真正进入了社会主义的快速成长和发展期。这一时期，邓小平同志引领我们成功地避开了“邪路”“老路”，创造性地确定了中国特色社会主义的基本思路、基本原则与发展方向，开创了中国特色社会主义发展道路；江泽民同志带领我们继往开来，成功地确立和完善了中国特色社会主义的基本理论；胡锦涛同志则在21世纪提出科学发展观，坚持和发展了中国特色社会主义，明确了中国特色社会主义是道路、理论体系和制度“三位一体”的中国特色社会主义。以习近平同志为核心的党中央在治国理政实践中，使中国特色社会主义进入新时代，取得了历史性成就，发生了历史性变革。总之，在改革开放进程中，我们党带领全国各族人民成功开辟了中国特色社会主义道路，丰富了中国特色社会主义理论体系，完善、发展了中国特色社会主义制度，培育了中国特色社会主义文化，并使中国摆脱“一穷二白”的落后面貌跃升为世界第二大经济体，实现了从站起来到富起来的历史性转变。

党的十八大以来，在新的时代条件下，中国共产党把中国特色社会主义推入了新时代。今天，我们迎来了由大国向强国的伟大飞跃，迎来了从富起来到强起来的伟大飞跃。

二　中国特色社会主义的“今生”

在对中国特色社会主义的“前世”做简要梳理之后，这里着重揭示一下改革开放以来中国特色社会主义发展的“今生”，即具体的历史逻辑。

（一）在奋斗目标上：由“解决温饱”到“达到小康”，再到“实现现代化和民族复兴”

改革开放以来中国特色社会主义的历史逻辑体现在奋斗目标上，就是由“解决温饱”经“达到小康”再到“实现现代化和民族复兴”。这些都属于中国特色社会主义建设的奋斗目标。

马克思说：“人类始终只提出自己能够解决的任务，因为只要仔细考察就可以发现，任务本身，只有在解决它的物质条件已经存在或者至少是在生成过程中的时候，才会产生。”①就是说，历史只能提出自己所能完成的任务。一般说来，历史方位不一样，提出的历史任务、奋斗目标往往不一样。

在1978年改革开放之初，主要且直接的奋斗目标，就是尽快解决人民群众的温饱问题。因为那个时候，许多人“碗里没有肉、腰包没有钱、肚子吃不饱”。在这种情境下，邓小平同志特别强调“发展才是硬道理”“以经济建设为中心”“把大力解放和发展社会生产力作为首要根本任务”。党的十三大报告提出了“三步走”战略，简要说就是“解决人民温饱问题—人民生活水平达到小康—基本实现现代化”。那时，解决温饱问题属当务之急！

江泽民同志在党的十四大报告中明确指出：十一亿人民的温饱问题基本解决，正在向小康迈进。现在最重要的是走好第二步，“使人民的小康生活更加宽裕”。党的十六大报告的主题，是“高举邓小平理论伟大旗帜，全面贯彻‘三个代表’重要思想，继往开来，与时俱进，全面建设小康社会，加快推进社会主义现代化，为开创中国特色社会主义事业新局面而奋斗”。党的十七大报告的主题，是“高举中国特色社会主义伟大旗帜，以邓小平理论和‘三个代表’重要思想为指导，深入贯彻落实科学发展观，坚持改革开放，推动科学发展，促进社会和谐，为夺取全面建设小康社会新胜利而奋斗”，而且对实现全面建设小康社会的奋斗目标

---

① 《马克思恩格斯选集》第2卷，3页，北京，人民出版社，2012。

及其新要求做了全面系统的阐述。胡锦涛同志所做的党的十八大报告的主题，是“坚定不移沿着中国特色社会主义道路前进，为全面建成小康社会而奋斗”。所以，在这一历史时期，我们党的奋斗目标，主要就是由全面建设小康社会到全面建成小康社会。

党的十八大以来，以习近平同志为核心的党中央所确定的奋斗目标，就是在决胜全面建成小康社会的基础上，开启全面建设社会主义现代化新征程，把实现中华民族伟大复兴作为历史使命。虽然决胜全面建成小康社会属于以习近平同志为核心的党中央所要实现的奋斗目标，但更为关注和强调的，是实现社会主义现代化、实现中华民族伟大复兴，是要开启全面建设社会主义现代化建设新征程，进而肩负起实现伟大梦想的历史使命。所以，习近平同志在谈到实现中华民族伟大复兴这一问题的时候，表达的都是一种紧迫感、责任感与使命意识、担当意识。他强调说：今天，我们比历史上任何时期都更接近、更有信心和能力实现中华民族伟大复兴的目标。习近平同志刚刚当选我们党的总书记以后，有 20 分钟面对中外记者发表演讲，演讲的核心内容是“三个责任担当”：为民族担当，为人民担当，为党担当。这里是把为民族担当即实现中华民族伟大复兴中国梦放在第一位的。党的十八大以来，中央政治局常委有两次集体外出政治活动，其中第一次是到国家博物馆参观《复兴之路》展览，习近平同志发表重要讲话，首次正式提出实现中华民族伟大复兴中国梦这一战略思想。我们开展的“不忘初心、牢记使命”的主题教育，其核心内容之一，就是为中华民族谋复兴打牢思想基础。

(二)在改革上：从“杀出血路”到“问题倒逼改革”，再到“顶层设计全面深化改革”

改革，是中国特色社会主义发展的根本动力。

1978 年改革开放之初，邓小平同志所领导的改革的本质特征，就是“杀出血路”。因为这个时期的改革，首先是要改革束缚生产力发展的体制机制弊端，扫除阻碍生产力发展的思想障碍，进而开创社会生产力发展新局面。而在当时却遇到了思想僵化、体制固化的重围。不突破思想僵化、体制固化的重围，是难以解放和发展社会生产力的。所以，邓小平同志讲改革开放，特别强调“要杀出一条血路”。“杀出血路”是注重“破”，开辟新路是注重“立”。要解决和发展社会生产力，必须追赶世界现代化潮流。要在中国搞现代化，选择一条正确的道路是关键，这条道路就是中国特色社会主义道路。在中国要走中国特色社会主义道路，必须解放思想、实事求是，打破思想僵化和体制固化的束缚和禁锢。然而，当时的思想阻力、体制障碍相当大，争论也异常激烈，没有社会革命和自我革命的勇气是绝对不行的。在这种情境下，邓小平同志讲，改革必须先“杀出一条血路来”。他到南方发表谈话的目的之一，就是要使改革“杀出一条血路来”，冲破陈旧的思想观念和体制机制束缚，为开辟新路做准备。

“杀出血路”，首先可以用“披荆斩棘”来形容。披荆斩棘就是扫除障碍，亦即消除束缚生产力发展和人的发展的障碍、弊端，为发展开辟新路。这表明在我国发展的路上阻力很大，每推进、深化一步改革开放都相当艰难。这就需要具有一种披荆斩棘即扫除障碍、“杀出血路”的革命精神。1978 年我们党开启的改革开放，始终都是在“破坚冰”“趟血路”中披荆斩棘、艰难前行。这就需要革命精神。革命精神，是对化解矛盾、破解难题、抵御风险、应对挑战之刚毅决心的强调。改革是要以自我革命推动社会革命，既要通过自我革命以革除自身肌体的“病毒”，也要通过社会革命以革除社会弊端。这样的改革，才能真正触及问题的本质，也才能真正既改造主观世界，也改造客观世界。邓小平同志领导的改革开放，是在思想僵化、体制固化的重围中“杀出一条血路”，这体现在刀刃向内，进行自我革命，向我们自身存在的问题开刀，也体现在社会革命上，向体制机制弊端和利益固化藩篱开刀。正是在这个意义上，邓小平同志讲“改革是中国的第二次革命”①。

“杀出血路”，其次可以用“革故鼎新”来形容。革故鼎新，就是革除

① 邓小平：《邓小平文选》第 3 卷，113 页，北京，人民出版社，1993。

陈旧落后的东西，建构有利于我国发展进步的新的东西，就是在改造旧世界中建立新世界，永不僵化、永不停止，进而实现历史转折和历史跨越。改革开放，首要就是打破束缚我国生产力发展的体制机制弊端，冲破束缚人的发展的陈旧僵化的思想观念。改革开放的进程，就是革故鼎新、破旧立新、不断超越的过程。“文化大革命”时期，我国社会生产力发展水平较低，发展速度也较慢。究其深层原因，从客观来讲，就是落后的体制机制束缚了社会生产力的发展；从主观来说，就是陈旧落后的思想观念束缚了人的手脚，人的积极性主动性创造性得不到充分发挥。为解放和发展社会生产力，充分激发广大人民群众的积极性主动性创造性，就需要通过改革开放，冲破束缚生产力发展的体制机制弊端和阻碍人的发展的陈旧僵化的思想观念。1978 年，全党全国开展的真理标准问题大讨论，其实质就是打破思想僵化的教条主义，确立实事求是的思想路线，为工作重点向经济建设转移、实现社会主义现代化和中华民族伟大复兴寻求正确道路。

“杀出血路”还可以用“敢闯敢试”或“攻坚”来形容。攻坚精神的核心是敢闯敢试。敢闯敢试就是勇往直前、不懈奋斗、自强不息。拥有敢闯敢试、勇往直前、不懈奋斗、自强不息的精神状态，就是为了攻坚克难。在改革开放进程中，既要涉险滩，又要闯难关。当今我国改革开放面临的难题，其难度绝不亚于革命战争年代遭遇的难题。在革命战争年代，攻破敌人的堡垒比较难；在和平建设年代，攻破体制机制的“堡垒”和落后僵化思想观念的“堡垒”也不容易。不破除这些影响和阻碍我国发展的各种顽固“堡垒”，发展就难以前行。为此，要坚定并坚实地推进改革开放，就必须以敢闯敢试、勇往直前、团结奋斗、坚韧坚毅、自强不息的攻坚精神，冲破阻碍前进的“堡垒”。中国自古即有“天行健，君子以自强不息”的攻坚精神。几千年来，这些精神已经刻入中华民族的基因。特别是近代以来，在抵御列强侵略、争取民族独立和人民解放的进程中，这种精神弥足珍贵。在带领中国人民进行社会主义革命、建设和改革的过程中，中国共产党人将这种精神谱写成一曲又一曲华美的乐章，充分显示了中国共产党敢闯敢试、勇往直前、不懈奋斗、自强不息的创新精神。正是有这种精神，中国共产党带领中国人民冲破了一个又一个艰难险阻、取得一个又一个伟大胜利。当年邓小平也特别强调要敢闯敢试敢为人先。

接下来，主要的是解决发展进程出现的问题，由此，"问题倒逼改革"的本质特征就比较鲜明。在这一时期，有大量发展进程中出现的问题需要通过改革来解决。所以，这一时期强调最多的，就要用改革和发展的办法来解决前进中出现的问题。改革，在本质上就是要解决我国发展进程中所出现的问题，一些问题解决了，就推进了发展；在进一步发展进程中，新的问题又出现了，还要通过改革来解决。这叫作"直面难题"，直面难题就是问题倒逼改革。发展出题目、改革做文章，改革在本质上就是解决问题、推进发展。要真正解决好我国发展进程中出现的各种问题和难题，就需要一种责任担当精神。这要求我们向前看，及时地研究新情况和解决新问题，否则，我们就不可能顺利前进。习近平同志特别强调："我们中国共产党人干革命、搞建设、抓改革，从来都是为了解决中国的现实问题。可以说，改革是由问题倒逼而产生，又在不断解决问题中得以深化。"①

党的十八大以来，中国特色社会主义进入了新时代，这是我国发展新的历史方位。这也意味着中国的改革进入新时代，进入新的历史方位。进入新时代或新的历史方位的改革，是全面深化的改革，是全面性改革，是攻坚性改革，是治本性改革。对这种改革，必须进行顶层设计。所以，习近平同志在新时代所讲的全面深化改革，其本质特征就是"顶层设计全面深化改革"。"顶层设计全面深化改革"，主要体现在对全面深化改革的复杂性，方向、立场和原则，总目标和路径，方法等进行战略谋划和战略设计，具体体现在以下几个方面。

第一，对全面深化改革的复杂性、艰巨性做出具有高度理性自觉的

---

① 习近平：《习近平谈治国理政》，74 页，北京，外文出版社，2014。

判断。

我们党把改革称为一场“革命”，这既是就其引发变化的广度和深度而言，也包含着对于改革的复杂性、艰巨性及危险性的深刻认知。全面深化改革、扩大开放，更多更大的风险和困难摆在我们面前。习近平同志指出：“中国改革经过30多年，已进入深水区，可以说，容易的、皆大欢喜的改革已经完成了，好吃的肉都吃掉了，剩下的都是难啃的硬骨头。”①这是由我国发展起来以后，改革开放本身的复杂性和艰巨性决定的。

发展起来以后的改革，是经济、政治、文化、社会、生态、党建、国防、军事、外交等全方位展开的“全面性”改革。40多年来的改革开放，走了一个先易后难、由浅入深的渐进式改革过程，这个过程体现了一种改革智慧上的审慎与明达，同时也带来了问题的积压。可以说，当时所启动的改革，必须先从容易改的改起，可谓“标本兼治、重在治标”，主要是“治标性”改革。然而，我国发展起来以后的全面深化改革进入了攻坚期和深水区，发展进入了关键期，社会矛盾进入了凸显期，改革的复杂性和艰巨性前所未有，改革已经成为“标本兼治、重在治本”的“治本性”改革。40多年前的改革开放主要解决“发展的问题”，即解放和发展社会生产力，而我国发展起来以后的全面深化改革，则要在继续推动经济发展的同时，更好解决我国社会发展出现的各种问题，更好实现各项事业全面发展，更好发展中国特色社会主义伟大事业，更好推动人的全面发展、社会全面进步，更好地坚持和完善中国特色社会主义制度，推进国家治理体系和治理能力现代化。40多年前的改革开放是从激发人的利益追求来获得动力，而在我国发展起来以后的全面深化改革，必须从破除体制机制弊端和利益固化藩篱来获得动力。40多年前的改革虽有设计，但更多是“摸着石头过河”，而我国发展起来以后的全面深化改革，还要继续“摸着石头过河”，但主要是在顶层设计的框架下

① 习近平：《习近平谈治国理政》，101页，北京，外文出版社，2014。

“摸着石头过河”，顶层设计相对突出了。

面临诸多“艰险”“困难”和“烦恼”，怎样把改革开放继续进行下去？“明知山有虎，偏向虎山行。”事业越前进、越发展，新情况新问题就会越多，面临的风险和挑战就会越多，面对的不可预料的事情就会越多。习近平同志强调，进一步深化改革，必须坚定信心、凝聚共识、统筹谋划、协同推进；必须以更大的政治勇气和智慧，不失时机深化重要领域改革；必须勇于冲破思想观念障碍和利益固化藩篱，敢于啃硬骨头，敢于涉险滩；必须有逢山开路、遇河架桥的精神，锐意进取，大胆探索，不断深化改革开放，不断有所发现、有所创造、有所前进，不断推进理论创新、实践创新、科技创新、制度创新。要而言之，必须进行具有战略谋划的“顶层设计”。

第二，要坚持改革开放的方向、立场和原则。

一是牢牢坚持改革开放的社会主义性质。中国的改革开放举什么旗、走什么路，关系党的事业的兴衰成败，关系国家长治久安。在旗帜、道路这个大是大非问题上，习近平同志态度鲜明、立场坚定。他强调：“改革开放是一场深刻革命，必须坚持正确方向，沿着正确道路推进。在方向问题上，我们头脑必须十分清醒，不断推动社会主义制度自我完善和发展，坚定不移走中国特色社会主义道路。”①这充分说明，改革开放必须坚持和改善党的领导，坚持中国特色社会主义的方向，坚持和完善中国特色社会主义制度。

二是牢牢坚持社会主义初级阶段的基本路线。“以经济建设为中心，坚持四项基本原则，坚持改革开放”是我国社会主义初级阶段的基本路线。坚持改革开放的正确方向、立场和原则，要求我们正确处理好改革开放与四项基本原则之间的关系，旗帜鲜明地、系统完整地坚持党的基本路线。习近平同志指出：“党的基本路线是国家的生命线、人民的幸福线，我们要坚持把以经济建设为中心作为兴国之要、把四项基本原则

① 习近平：《习近平谈治国理政》，67页，北京，外文出版社，2014。

作为立国之本、把改革开放作为强国之路，不能有丝毫动摇”①，“我们要坚持四项基本原则这个立国之本，既以四项基本原则保证改革开放的正确方向，又通过改革开放赋予四项基本原则新的时代内涵”②。

第三，确定全面深化改革的总目标和路径。

党的十八届三中全会的全面深化改革和党的二十届三中全会的进一步全面深化改革的总目标，就是完善和发展中国特色社会主义制度，推进国家治理体系和治理能力现代化；其路径，既在于把促进公平正义、增进人民福祉作为全面深化改革的出发点和落脚点，又在于坚定不移走中国特色社会主义道路。这是一条“为人类对更好社会制度的探索提供中国方案”的新路。习近平同志在广东考察工作时就明确指出：“我们当然要高举改革旗帜，但我们的改革是在中国特色社会主义道路上不断前进的改革，既不走封闭僵化的老路，也不走改旗易帜的邪路。”③

第四，确立全面深化改革科学方法论。

这就是要将坚持加强党的领导和尊重人民群众首创精神相结合，将坚持“摸着石头过河”和顶层设计相结合，坚持问题导向和目标导向相统一，坚持试点先行和全面推进相促进，坚持胆子要大和步子要稳相统一，更加注重系统集成，更加突出重点，更加注重改革实效。

（三）在现代化建设上：由“追赶现代化”到“北京共识”，再到“为解决人类现代化问题贡献中国智慧”

中国特色社会主义发展的历史逻辑，体现在现代化建设上，就是由“追赶现代化”到“北京共识”再到“为解决人类现代化问题贡献中国智慧”。

邓小平同志所关注并重视的，是追赶现代化潮流。现代化是一种世界潮流。起初，中国搞现代化就是为了赶上时代潮流，追赶世界现代化发展的步伐。早在鸦片战争结束以后，中国先进的知识分子就开始探索和寻求中华民族的现代化道路。在洋枪洋炮的震撼下，一些有识之士提

① 习近平：《习近平谈治国理政》第 2 卷，37 页，北京，外文出版社，2017。
② 《习近平关于全面深化改革论述摘编》，15 页，北京，中央文献出版社，2014。
③ 同上书，14 页。

出了“师夷长技以治夷”和“学习西方”的口号，力求追赶世界潮流。戊戌变法和伟大的革命先行者孙中山先生领导的资产阶级民主革命，也是在寻求一条振兴中华民族的道路。中国共产党自 1921 年成立之日起，就一直把探索实现中华民族的现代化道路作为自己的不懈追求。1949 年新中国成立，中国共产党便开始了建设中国现代化的历程。1949 年 3 月召开的党的七届二中全会，毛泽东同志提出“迅速地恢复和发展生产，对付国外的帝国主义，使中国稳步地由农业国转变为工业国”的现代化任务。这里的“迅速”，便具有“追赶时代”的意思。1956 年以后，中国共产党就提出要实现“四个现代化”。尤其是从 1978 年我国改革开放以后，实现社会主义现代化并建设社会主义现代化国家，便成为我们党在社会主义初级阶段的宏伟目标或总任务，我们党也开创了实现社会主义现代化的中国特色社会主义道路，并提出了“三步走”战略。为加快实现社会主义现代化的步伐，我们强调对外开放，向西方现代化的先进科学技术和管理方法学习。中国对外开放的目的，就是吸收人类社会创造的一切文明成果，尤其是要正确对待资本主义社会所创造的现代文明成果，赶上时代发展的步伐。邓小平同志多次明确强调，我们要有计划、有选择地引进资本主义国家的先进技术和其他对我们有益的东西，包括引进外资、先进技术和管理经验，要积极吸收借鉴人类社会创造的一切有益的文明成果，并且长期做下去。这样做，只会有利于社会主义发展，有利于提高人民生活水平，有利于我们的社会主义国家和社会主义制度。在这种背景下，我国实行外向型经济，加入经济全球化进程，积极加入 WTO，积极利用市场机制，积极利用西方资本，积极学习西方先进的科学技术和管理方法等。当然，当时中国式现代化建设依然是立足于自力更生，立足于我们自己。

这之后，中国社会主义现代化建设逐渐具有了与西方现代化“并跑”或“竞跑”的特点，“北京共识”的提出就表明这一点。1978 年那个时候，我们基本上是追赶西方现代化，这叫作“追跑”。西方现代化建设起步早、成果多，制定了许多严格的标准。所以，当时我们建设现代化主要是向西方学，追着别人跑，我们的理论研究也主要处在理论辩护阶段，为中国特色社会主义初级阶段的基本国情和社会主要矛盾辩护，为中国特色社会主义辩护，论证其必然性与合理性。中国特色社会主义在发展过程中取得了很大成功以后，中国现代化进程便进入了与西方现代化“并跑”或“竞跑”的阶段，比如西方有“华盛顿共识”，中国也有雷默提出的“北京共识”。“并跑”或“竞跑”阶段在理论上体现为阐释，由理论辩护走向理论阐释，阐释中国道路、中国理论、中国制度、中国文化，讲好中国故事、传播中国声音。“华盛顿共识”表达的是西方模式，“北京共识”表达的是中国社会主义现代化道路，中国社会主义现代化道路与“华盛顿共识”从此便展开了对话。世界上越来越多的人认为，建立在“北京共识”基础上的中国社会主义现代化道路具有世界价值，对于发展中国家如何寻求经济增长和改善人民生活具有重要参考价值。2004 年 5 月，雷默教授发表《北京共识》后，反响强烈，在国内外理论界引起了热烈讨论。之后，有的单位收集了国内外这方面一些很有影响力的论文，并于 2005 年 8 月专门召开“北京共识”与中国模式研讨会，对这一问题做了进一步深入的探讨。该研讨会认为，“北京共识”是国际上对中国发展经验的概括，它探讨中国这样一个发展中国家到底是如何组织的，以及中国经验对世界上其他国家的适用性问题。该研讨会认为，“北京共识”是指一系列关于中国发展的新思想；今后将是中国塑造自己国际形象的重要契机，中国不仅要通过经济手段，而且还要通过典范作用来帮助和重塑这个世界。①

党的十八大以后，中国特色社会主义进入了新时代。党的十九大、二十大又进一步做出了全面建成社会主义现代化强国和实现中华民族伟大复兴的战略安排。自十八大以来，中国的现代化迎来了从追赶世界现代化潮流、“并跑”或“竞跑”时代发展步伐，到在道路、理论、制度、文

---

① 俞可平：《中国模式与“北京共识”：超越“华盛顿共识”》，北京，社会科学文献出版社，2006；黄平、崔之元：《中国与全球化：华盛顿共识还是北京共识》，北京，社会科学文献出版社，2005。

化方面逐渐引领时代的伟大飞跃。其标志体现在：在改革开放进程中，中国特色社会主义道路、理论、制度、文化的不断发展，拓展了发展中国家走向现代化的途径，即以“自己的方式”“自己的走法”走向现代化；为世界上那些既希望加快发展又希望保持自身独立性的国家和民族提供了全新选择，也提供了有益启示，因为中国特色社会主义道路、理论、制度、文化既能解决中国加快发展的问题，又能保持中国自身的独立性；能为解决人类现代化问题贡献中国智慧，比如它所倡导的积极构建新型国际关系、构建人类命运共同体，可以为解决2008年国际金融危机之后所出现的世界难题(发展赤字、和平赤字、治理赤字、信任赤字)，提供中国智慧；也可以使中国积极参与全球治理，引领经济全球化，不断为人类发展做出更大贡献。2018年11月5日，习近平同志在首届中国国际进口博览会开幕式上指出：“中国将始终是全球共同开放的重要推动者，中国将始终是世界经济增长的稳定动力源，中国将始终是各国拓展商机的活力大市场，中国将始终是全球治理改革的积极贡献者!”①中国还可以为世界和平发展、合作共赢提供抓手和平台，比如中国提出的“一带一路”倡议等。尤其是习近平同志提出的“构建人类命运共同体”，其核心要义是强调“世界多样、国家平等、文明互鉴、包容发展、互利普惠”。其中就蕴含着中国的世界观、国家观、文明观、发展观、义利观，它在实质上就是引领时代发展趋势的中国智慧。这意味着中国的现代化道路不仅具有其内生性、独立性、自主性，而且也越来越具有在某些领域、某些方面“领跑”世界现代化的意义。当然，我们也不能由此而狂妄自大，中国实现社会主义现代化、全面建成社会主义现代化强国，还有很长的路要走，甚至还很艰难。

(四)在发展进程上：由“经济高速增长”到“科学发展”，再到以人民为中心的“新发展理念”

改革开放以来中国特色社会主义发展的历史逻辑，体现在发展进程

① 习近平：《共建创新包容的开放型世界经济：在首届中国国际进口博览会开幕式上的主旨演讲》，6页，北京，人民出版社，2018。

上，就是由经济高速增长到科学发展再到以人民为中心的新发展理念。

改革开放之初的经济发展最为鲜明的特征，就是追求经济高速增长。一般来讲，追求经济效率和物质财富积累有两种基本路径：一是主要依靠“人”以外的“物”来推进经济增长速度，如依靠要素驱动和投资规模驱动等；二是主要依靠“人”来推动经济发展质量。改革开放之初，由于历史发展的内在必然性，在中国特色社会主义建设进程中，我们相对注重经济增长速度。这主要是依靠“人”以外看得见、摸得着、见效快的“物”的要素来拉动经济增长。当时我国许多地方都在追求 GDP 至上的发展观，比拼 GDP 增长速度。从历史发展的角度来看，这种以“物”的方式来推动经济高速增长的路径功不可没。但当今看来，这种路径的代价越来越大，发展空间越来越小，发展道路越走越窄：注重要素驱动、投资规模驱动，导致创新能力、活力不够及发展不充分；为经济高速增长而注重重点突破，导致发展不平衡；注重消耗自然资源，导致生态破坏、环境恶化；让一部分人先富起来，导致贫富差距的拉大，影响了社会的和谐稳定。

为减少经济高速增长中的代价，胡锦涛同志提出了科学发展观，以注重科学的发展方式，来解决发展科学或科学发展的问题，即强调第一要义是发展，核心是以人为本，基本要求是全面、协调和可持续，根本方法是统筹兼顾。

我国发展起来以后，中国特色社会主义进入了新时代，我国发展进入新的历史方位。历史发展的必然性，要求我们必须实行以人民为中心的发展，要求由相对注重经济高速增长提升到注重以人民为中心的高质量发展。这样的发展聚焦于牢固树立并落实“创新、协调、绿色、开放、共享”的发展理念。具体来讲，就是由要素驱动、投资规模驱动走向更加注重创新驱动，谓之“创新”；由不平衡发展走向协调发展，谓之“协调”；由牺牲生态环境为代价的“黑色”发展走向注重绿色发展，谓之“绿色”；由低端开放的发展走向注重高端开放的发展，谓之“开放”；由让一部分人先富起来的发展走向更加注重“共同富裕”“共享发展成果”的发展，谓之“共享”。新发展理念整合了科学发展观的基本因素并以此为理论来源，然而，它更是在我国发展起来以后使大国成为强国即实现强起来更高的站位提出来的。其实质就是追求以人民为中心的高质量发展。因此，新时代中国特色社会主义在发展问题的逻辑，就是要牢固树立并落实新发展理念，注重高质量发展。

（五）在国际战略上，由“韬光养晦、决不当头”到“回应挑战”，再到“积极参与全球治理、构建人类命运共同体”

改革开放以来中国特色社会主义发展的历史逻辑，体现在国际战略上，就是由“韬光养晦、决不当头”到“回应挑战”，再到“积极参与全球治理、构建人类命运共同体”。

在1978年改革开放之初，我国处于“欠发展”的历史方位，中国特色社会主义发展的历史逻辑，就相对注重解决国内的发展问题，在看待和处理外交事务和国际问题上，相对注重韬光养晦、决不当头。邓小平强调指出：“对于国际局势，概括起来就是三句话：第一句话，冷静观察；第二句话，稳住阵脚；第三句话，沉着应付。不要急，也急不得。要冷静、冷静、再冷静，埋头实干，做好一件事，我们自己的事。”①核心就是“韬光养晦、决不当头”。因为在当时“黑云压城城欲摧”的形势下，我国必须善于谋划、卧薪尝胆。“韬光养晦”的战略，使中国经济长期持续高速发展，综合国力大大增强。

中国特色社会主义发展到江泽民治国理政时期、胡锦涛治国理政时期，我国的外交工作和国际战略方针更多具有了“回应挑战”的特点。因为那个时期，我国依然处于“欠发展”历史方位，精力依然是放在搞好国内的事情上，即聚精会神搞建设、一心一意谋发展，让一切创造财富的源泉涌流、让一切创新能力迸发，而且在不少方面，还需要得到以美国为代表的西方发达国家的某种帮助和支持，况且中国在国际上的地位还不算高，缺乏国际话语权，“西强我弱”的局面没有得到根本改变。在这

① 邓小平：《邓小平文选》第3卷，321页，北京，人民出版社，1993。

种情境下，面对西方尤其是美国对中国的一些“围堵打压”，我们较多的是“外交抗议”，“回应挑战式”外交的特点较为明显。

我国发展起来以后，中国特色社会主义伟大旗帜在世界上高高举起，其进一步发展的宏伟目标，就是使大国成为强国即实现强起来。然而这时，2008 年国际金融危机发生，世界遭遇全球经济增长动能不足、全球发展失衡、全球治理滞后三大难题。在这种情境下，一些西方国家不仅无能为力，而且还出现逆时代潮流的倾向，反而中国特色社会主义以其强大的时空穿透力和国际影响力，使中国能够积极参与全球治理，积极构建人类命运共同体，也逐渐掌握了一些国际话语权。习近平同志指出，我们既要坚定不移地走和平发展道路，倡导合作共赢、和平发展，捍卫国家核心利益，又要积极主动作为，积极参与全球治理，积极推动构建人类命运共同体。当然，我们所讲的“积极主动作为，积极参与全球治理，积极推动构建人类命运共同体”，绝不是狂妄自大，而是在我国发展起来以后迎来从富起来到强起来的伟大飞跃的必然历史进程中，在保持理性自觉前提下，必然具有的适合历史和时代发展趋势的一种合理选择。

（六）在发展地位及其本质特征上：从具有“某种依赖性”到具有“独立性”，再到具有“主体性”

改革开放以来中国特色社会主义发展的历史逻辑，体现在发展地位及其本质特征上，就是从具有“某种依赖性”到具有“独立性”，再到具有“主体性”。

在改革开放初期我国“欠发展”时期，在当时整个世界社会主义都处于低潮。那时，人们谈中国特色社会主义尤其是谈“中国特色”时，略感“底气不足”，所以我们较为注重从初级阶段、基本国情、主要矛盾、生产力发展水平来为中国特色社会主义尤其是“中国特色”做理论论证或理论辩护。中国特色社会主义的独立性还没有真正呈现出来，在经济发展、文化交往、学术交流、科学技术、社会管理等方面，我们也常常是主动向西方学习。在学习过程中，也往往处于某种被动的

"学徒状态"，甚至在某些方面、某种程度上，对西方具有一定程度的依赖。比如，我们有些人把资金存到国外，把房产买在国外，把孩子送到国外，定居到国外，退休以后到国外养老，还到国外参加各种各样的培训。虽然不能说这些都是"依附"于国外，但其中的依赖心理不同程度上是存在的。

中国特色社会主义发展到江泽民治国理政时期、胡锦涛治国理政时期，我国的经济、政治、文化、社会、党建、外交、国际交往等都有了较大发展，中国特色社会主义的独特优势逐渐呈现出来，尤其是2010年，中国一跃成为世界第二大经济体，中国的国际地位也逐渐得到提升。在这种情境下，我们不仅把"有中国特色的社会主义"称为"中国特色社会主义"(表达的是一个基本事实，即我们对中国特色社会主义有了一定底气)，而且提出了"北京共识"。"北京共识"之本质，表达的就是"中国特色社会主义道路"及其经验、成就。这充分表明：中国特色社会主义在理论上具有了较强的独立性。

经过长期努力，中国特色社会主义进入了新时代，进入我国发展起来使大国成为强国即实现强起来的新历史方位。在这一新的历史方位，中国特色社会主义取得了巨大历史性成就，发生了巨大历史性变革，产生了巨大历史性影响，科学社会主义在中国焕发出了强大的生机活力，中国特色社会主义伟大旗帜也在世界范围被高高举起。在此基础上，习近平同志特别强调要坚定对中国特色社会主义的道路自信、理论自信、制度自信、文化自信，要构建中国理论和中国话语，讲好中国故事，传播中国声音，要为解决人类问题贡献中国智慧和中国方案。至此，中国特色社会主义的主体性和精神主动性真正确立起来了，中国特色社会主义由过去的某种相对被动转向了新时代的积极主动。这可以从中国特色社会主义理论的影响得到确证。在改革开放初期即我国"欠发展"的历史方位，在探索中国特色社会主义道路的进程中，在向西方学习现代化技术、管理及经验的过程中，西方向中国输出了一些理论，我们一些人在某些方面也受西方某些理论的影响。那时，中国特色社会主义理论的独立性、自主性、主体性、世界性还没有完全、真正确立起来。党的十八大以后，中国特色社会主义进入了新时代。在新时代，习近平同志特别强调，这是一个需要理论并且一定能够产生理论的时代，是一个需要思想并且一定能够产生思想的时代，不要辜负这个时代，要构建并让世界知道“学术中的中国”“理论中的中国”“哲学社会科学中的中国”“为人类文明作贡献的中国”①，中国要为解决人类问题贡献中国智慧和中国方案。这就从理论上表明中国特色社会主义理论具有了鲜明的主体性。

此外，中国特色社会主义发展的历史逻辑体现在治国理政上，就是由改革开放之初相对注重动力，到后来相对注重平衡和谐，再到新时代相对注重治理。当然，这种划分都是相对的侧重点划分，不是绝对的，在每一个重点环节上，不能忽视其他环节。

以上六个方面所体现出来的改革开放以来中国特色社会主义发展的历史逻辑，从总体上可概括为“整体转型升级”。“整体转型升级”，是对改革开放以来中国特色社会主义发展的历史逻辑最本质最集中最鲜明最概括的体现和表达。

三　中国特色社会主义进入“新时代”

研究改革开放以来中国特色社会主义发展的历史逻辑，中国特色社会主义进入新时代作为最为关键的发展阶段，应高度重视。虽然本章第二节已经涉及这一问题，但仍然有进一步做专门阐述的必要。

(一)中国特色社会主义进入新时代的主要依据

以毛泽东同志为核心的党的第一代中央领导集体为新时期开创中国特色社会主义提供了宝贵经验、理论准备、物质基础，以邓小平同志为

---

① 习近平：《习近平谈治国理政》第2卷，340页，北京，外文出版社，2017。

核心的党的第二代中央领导集体成功开创了中国特色社会主义，以江泽民同志为核心的党的第三代中央领导集体成功把中国特色社会主义推向21世纪，以胡锦涛同志为总书记的党中央成功在新的历史起点上坚持和发展了中国特色社会主义，以习近平同志为核心的党中央开启了坚持和发展中国特色社会主义的新阶段，使中国特色社会主义进入了新时代。

党的十九大报告的逻辑起点，就是对中国特色社会主义进入新时代即我国发展新的历史方位做出的科学研判。正确认识我国发展所处的新的历史方位，是理解和把握党的十九大报告精神的重要前提。党的十九大报告提出了一个具有基础性的重大政治论断："经过长期努力，中国特色社会主义进入了新时代，这是我国发展新的历史方位。"①这一论断是我们党坚持马克思主义的科学世界观和方法论，从党和国家事业发展大局出发，从历史和现实、理论和实践、国内和国际的结合上进行深入思考而得出的科学结论。

做出中国特色社会主义进入新时代这一重大判断，有充分的根据。

1. 历史性成就

中国特色社会主义进入新时代的第一个根据，就是经过长期努力，我们党和国家发展取得了重大的历史性成就。

一是新中国成立以后所取得的历史性成就。从1949年10月1日中华人民共和国成立到1978年改革开放之前，新中国进行了土地改革运动，取得了抗美援朝战争的胜利，进行了土地改革，第一颗原子弹爆炸成功，第一颗氢弹空爆试验成功，第一颗人造卫星发射成功，恢复了在联合国的合法席位，内政外交等都取得了巨大的历史性成就。

二是我国改革开放之后所取得的历史性成就。40多年改革开放的根本成就，就是开创并坚持和发展了中国特色社会主义。在中国这样的东方大国建设社会主义，是一项全新的伟大事业。无论在人类社会发展史上，还是世界社会主义发展史上，都没有先例，只能在实践中艰辛探

---

① 习近平：《决胜全面建成小康社会 夺取新时代中国特色社会主义伟大胜利——在中国共产党第十九次全国代表大会上的报告》，10页，北京，人民出版社，2017。

索。中国共产党在探索中取得了实践和理论上的许多重大成果，也不可避免走了一些弯路。党的十一届三中全会开始的改革开放，就是在坚持党的领导和社会主义基本制度的前提下，全面纠正"文化大革命"及之前"左"的错误，自觉调整和改革生产关系同生产力、上层建筑同经济基础之间不相适应的方面和环节，解放和发展社会生产力，解放和增强社会活力，推动社会主义制度自我完善和发展，建设中国特色社会主义。改革开放对于中国、中华民族、中国共产党的意义，对于当今世界的重大意义，归根结底就是开创并坚持和发展了中国特色社会主义。改革开放开辟和拓展了中国特色社会主义道路，创立和发展了中国特色社会主义理论体系，健全和完善了中国特色社会主义制度，发展和繁荣了中国特色社会主义文化。

三是更为主要的，就是党的十八大以来，我国改革开放和社会主义现代化建设所取得的历史性成就。这可以从两方面来看。一方面，可以用两个"前所未有"来概括，即我国的国际地位得到了前所未有的提升，党的面貌、国家的面貌、人民的面貌、军队的面貌、中华民族的面貌发生了前所未有的变化。另一方面，可以用"极不平凡的五年"来概括。十八大以来的五年，是党和国家发展进程中极不平凡的五年。之所以不平凡，就在于这五年我们解决了许多长期想解决而没有解决的难题，办成了许多过去想办而没有办成的大事。解决难题和办成大事，就是党的十九大报告第一个部分所讲的"十个方面"。这"十个方面"是：经济建设取得重大成就，全面深化改革取得重大突破，民主法治建设迈出重大步伐，思想文化建设取得重大进展，人民生活不断改善，生态文明建设成效显著，强军兴军开创新局面，港澳台工作取得新进展，全方位外交布局深入展开，全面从严治党成效卓著。这些历史性成就是全方位的、开创性的，为实现强起来奠定了坚实的历史基础，使中国特色社会主义发展站在了一个新的历史起点上。①

① 《中国共产党第十九次全国代表大会文件汇编》，2—8 页，北京，人民出版社，2017。

2. 历史性变革

中国特色社会主义进入新时代的第二个根据，就是党和国家事业发生了历史性变革。

历史性成就必然推动历史性变革。党的十八大以来，面对全球经济增长动能不足、全球发展失衡、全球治理滞后的外部环境，面对全球发展赤字、和平赤字、治理赤字、信任赤字的严峻局面，面对我国经济发展进入新常态等一系列深刻变化，面对党面临的“四大考验”“四种危险”与党内政治生活存在的“宽松软”等突出问题，以习近平同志为核心的党中央团结带领全党全国各族人民进行具有许多新的历史特点的伟大斗争，统筹推进“五位一体”总体布局、协调推进“四个全面”战略布局，既推动改革开放和社会主义现代化建设取得全方位的、开创性的历史性成就，也推动党和国家事业发生了历史性变革。

这种历史性变革是深层次的、根本性的，从生产力到生产关系、从经济基础到上层建筑、从国内到国际全方位地展开了。

在生产力方面，主要是由要素驱动、投资规模驱动转向更加注重创新驱动。在党的十八大之前，我国经济发展相对注重要素驱动、投资规模驱动。历史来看，这种驱动对加快中国发展做出了历史性贡献。然而，在我国发展起来以后从大国成为强国的历史进程中，要素驱动、投资规模驱动的空间越来越小，道路越走越窄，代价越来越大。至此，必须要寻求发展的再生之路。这条路，就是创新驱动。党的十八大以后，以习近平同志为核心的党中央大力实施创新驱动发展战略，积极主动推进供给侧结构性改革，实施高质量发展，坚定不移贯彻新发展理念，经济建设取得重大成就。

在生产关系方面，主要是由让一部分人先富起来转向更加坚持走共同富裕道路、使全体人民共享发展成果。改革开放初期，由于强调加快经济发展，我国实施重点突破非均衡发展方式，主张让一部分人先富起来。在这一过程中，出现了收入差距拉大的情况。收入差距拉得过大，超过临界点，就会引起社会不稳定。党的十八大以后，以习近平同志为核心的党中央坚持走共同富裕道路，积极推进分配制度改革，扩大中等收入群体，增加低收入者收入，调节过高收入，取缔非法收入，缩小收入分配差距，使全体人民共享发展成果。

在思想文化方面，主要是由马克思主义在有的领域某些方面要么“失语”、要么“失声”、要么“失踪”，走向更加巩固马克思主义在意识形态领域的指导地位。党的十八大以前，在实际工作中，在有的领域中马克思主义被边缘化、空泛化、标签化，在一些学科中“失语”、教材中“失踪”、论坛上“失声”。① 党的十八大以后，以习近平同志为核心的党中央积极推进思想文化领域改革，努力建设具有强大凝聚力和引领力的社会主义意识形态。这既体现在加强党对意识形态工作的领导，牢牢掌握意识形态工作的领导权，也体现在加快构建中国特色哲学社会科学，加强中国特色新型智库建设，还体现在积极落实意识形态工作责任制，进行意识形态工作专项巡视，把“坚持马克思主义在意识形态领域指导地位”确定为“根本制度”。②

在政治上层建筑方面，主要是由政府主导体制走向在中国共产党领导下更加注重推进国家治理体系和治理能力现代化。邓小平同志曾强调要让中国特色社会主义制度更加成熟和定型。党的十八大以后，以习近平同志为核心的党中央加大全面深化改革的力度，把全面深化改革的总目标确定为完善和发展中国特色社会主义制度，推进国家治理体系和治理能力现代化。

在社会发展方式方面，主要是由注重重点突破非均衡发展转向更加注重全面协调发展、平衡充分发展。在“欠发展”的历史方位，为解放和发展社会生产力、解决落后的社会生产问题，我国在社会发展方式上，往往注重重点突破而非均衡发展。在进一步发展进程中，经济社会发展不平衡、不充分的问题日益突出。党的十八大以后，以习近平同志为核

---

① 习近平：《习近平谈治国理政》第2卷，329页，北京，外文出版社，2017。

② 《中国共产党第十九届中央委员会第四次全体会议文件汇编》，43页，北京，人民出版社，2019。

心的党中央积极推进社会治理创新，把要解决的社会主要矛盾确定为人民日益增长的美好生活需要和不平衡不充分的发展之间的矛盾，强调要致力于解决不平衡不充分发展的问题，进而达到全面协调发展。

在国际战略方面，主要是由回应国际挑战式外交走向更加注重积极参与全球治理、积极推动构建人类命运共同体和推动建设“一带一路”。过去，在外交政策和国家战略方面，“回应挑战式”外交的特点相对突出。党的十八大以后，以习近平同志为核心的党中央由某些外交的被动走向相对的外交主动，全面推进中国特色大国外交，倡导构建人类命运共同体，促进全球治理体系变革。

此外，党的十八大以后，以习近平同志为核心的党中央在改革上全面发力、多点突破、纵深推进，在重要领域和关键环节改革取得突破性进展，如国防和军队改革取得历史性突破，党的建设制度改革深入推进，等等。

这些历史性变革，在本质上就是各个领域在发展水平和发展方式上的整体转型升级。也就是说，在“我国发展起来以后”，当代中国社会在中国共产党领导下，在内涵和外延上、在发展目标和发展方式上，正在逐渐实行由“大”到“强”、由“体量”到“质量”、由“粗放”到“精致”、由“虚胖”到“强体”、由“重点”到“全面”、由“制造”到“创造”、由“速度”到“效益”等全方位的转化、升级。这种整体转型升级，推动了中国特色社会主义进入了新时代，促进了我国发展进入新的历史方位。

实事求是地说，学界对这种整体转型升级，关注和重视得还不够。

3. 历史性转化

中国特色社会主义进入新时代的第三个根据，就是我国社会主要矛盾发生了历史性转化。

历史性成就、历史性变革必然产生历史性影响。这种影响最集中、最鲜明、最根本的，就是促进了社会主要矛盾的历史性转化。正如习近平总书记在党的十九大报告中指出的：“我国社会主要矛盾已经转化为人民日益增长的美好生活需要和不平衡不充分的发展之间的矛盾。”①这是关于我国社会主要矛盾历史性转化的重大政治判断，也构成中国特色社会主义进入新时代的直接根据。

1956 年，社会主义基本制度建立以后，党的八大第一次明确提出并阐释了我国社会的主要矛盾：社会主义制度在我国已经基本上建立起来，国内主要矛盾已经不再是无产阶级和资产阶级的矛盾，而是人民对于经济文化迅速发展的需要同当前经济文化不能满足人民需要的状况之间的矛盾。遗憾的是，由于种种原因，之后一段时期我们党和国家的工作布局逐渐偏离了对社会主要矛盾的判断，最终导致了“文化大革命”这一全局性错误的发生。党的十一届三中全会实现了党和国家事业发展全局的重大历史转折，反映在对社会主要矛盾的认识上，就是再次回到了党的八大对社会主要矛盾的判断上来。1981 年，党的十一届六中全会通过的《关于建国以来党的若干历史问题的决议》，正式对社会主要矛盾做出了明确界定：“在社会主义改造基本完成以后，我国所要解决的主要矛盾，是人民日益增长的物质文化需要同落后的社会生产之间的矛盾。”②从那以后一直到党的十九大之前，我们党始终坚持这一判断，并且从这一判断出发来制定党和国家的路线、方针、政策。

党的十九大报告对新的社会主要矛盾的表述，是自 1981 年明确界定社会主要矛盾以来的第一次重大调整。应当说，这一新表述是准确的，反映了当前我国社会发展的整体状况，表明我们党对人民多层次、多样化的需求有着清晰而深刻的自觉。可从理论、历史和现实三个维度，来全面理解和把握当今我国社会主要矛盾所发生的历史性转化。

从理论上看，人类的一切活动，归根结底，最终都可还原或归结为“需要”和“供给”这两个根本的原点。需要和供给的矛盾，本质上就是社会的主要矛盾。换言之，社会主要矛盾在本质上就是人的需要和社会供

---

① 习近平：《决胜全面建成小康社会 夺取新时代中国特色社会主义伟大胜利——在中国共产党第十九次全国代表大会上的报告》，11 页，北京，人民出版社，2017。

② 《改革开放三十年重要文献选编》上，212 页，北京，中央文献出版社，2008。

给之间的矛盾。社会主要矛盾从需要状况和供给状况体现出社会发展的整体状况。要理解和把握一个社会发展的整体状况，就要理解和把握这个社会中人的需要的总体状况和社会供给的总体状况及其二者关系的总体状况。由此看来，社会主要矛盾之所以重要，其根据在于它在实质上表达的是人类活动的两个最根本方面，即需求和供给。人类活动千头万绪、千变万化、错综复杂，但归根到底可以还原到两个最根本的原点：一是需求，二是供给。这是以唯物史观为理论基础的。

从历史来看，历史方位的转变必然带来社会主要矛盾的转化。一般来说，社会基本矛盾决定着社会的性质，而社会主要矛盾决定着历史的方位；社会基本矛盾变了，社会性质也就变了；社会主要矛盾变了，历史方位也就变了。当今，社会主义初级阶段的基本国情没有变。那么，社会主要矛盾是在何种程度上发生了变化呢？当今的社会主要矛盾和原来的社会主要矛盾，分别是社会主义初级阶段之不同历史方位中的矛盾。人民日益增长的物质文化需要同落后的社会生产之间的矛盾，实际上是我国“欠发展”历史方位中的社会主要矛盾，且在本质上都是“生产力不发达”带来的矛盾，而人民日益增长的美好生活需要和不平衡不充分的发展之间的矛盾，则是我国“发展起来后使大国成为强国”历史方位中的社会主要矛盾。“不发达”在不同历史阶段有不同表现。在“欠发展”的历史方位，“不发达”表现为“落后的社会生产”；在“我国发展起来以后”、在中国特色社会主义进入新时代，“不发达”表现为“发展不平衡不充分”，二者在“不发达”这一问题上是一致的。因此，新时代的社会主要矛盾不是对过去社会主要矛盾的否定性超越和彻底性颠覆，不是根本性质的变化，而是阶段性的变化，是量的累积，是部分质变，是原来社会主要矛盾基础上的升级版。因此，这种“变”并没有超越社会主义初级阶段的“度”，因而也没有改变社会主义初级阶段的基本国情。

从现实来看，当今我国社会主要矛盾的需求方和供给方都发生了部分质变。在人民的需求方面，由“物质文化需要”升级为“美好生活需要”。今天，人民需要的外延拓展了，需要的内涵升级了，人民不仅对物质文化生活提出更高要求，而且从人的全面发展和社会全面进步的角度提出更多更高要求——期待社会提供更好的教育、更稳定的工作、更满意的收入、更可靠的社会保障、更高水平的医疗卫生服务、更舒适的居住条件、更优美的环境、更丰富的精神文化生活，期待社会更好地满足人们在民主、法治、公平、正义、安全、环境等方面的美好生活需要，期待社会更好地满足人们的参与感、公平感、获得感、幸福感、安全感、尊严感等“软性需要”，期待整个国家的物质文明、政治文明、精神文明、社会文明、生态文明平衡发展、共同进步，满足人们在各个方面的需要。在社会供给方面，由“落后的社会生产”升级为“不平衡不充分的发展”。经过长期努力，我国社会生产力水平总体上显著提高，社会生产能力在很多方面进入世界前列，更加突出的问题是发展不平衡不充分，这已经成为满足人民日益增长的美好生活需要的主要制约因素。具体来说，不平衡发展主要体现在：地区发展不平衡，如东西部、南北方；领域发展不平衡，如经济发展与文化发展、社会发展、生态发展、人的发展之间的不平衡；领域内部发展不平衡，如经济领域内部之供需结构的不平衡，即产能过剩与有效供给不足并存，国民收入大幅提高但贫富差距依然过大；各个行业之间发展不平衡；人本身发展不平衡，人的身心之间的发展存在着不协调，等等。不充分发展主要表现在：国家经济总量较大，但人均收入较低；国家经济体量较高，但发展质量和效益相对较低；中低端制造业较为强大，但高端制造业相对较弱；“中国制造”响彻世界，但“中国智造”还不响亮，等等。总之，不平衡发展可简要概括为“发展失衡、大而不强”。

我国社会主要矛盾的历史性转化并没有改变社会主要矛盾的性质。党的十九大之前我们党所讲的社会主要矛盾与党的十九大所讲的新的社会主要矛盾，在本质和性质上都是关于我国“发展”中的矛盾，它所改变的只是社会主要矛盾的形态。今天，重新认识我国社会主要矛盾，必须把握“没有改变”和两个“没有变”的基本事实。这就是：“我国社会主要矛盾的变化，没有改变我们对我国社会主义所处历史阶段的判断，我国仍处于并将长期处于社会主义初级阶段的基本国情没有变，我国是世界最大发展中国家的国际地位没有变。”①我们要牢牢把握社会主义初级阶段这个基本国情，而不能有任何怀疑；牢牢立足社会主义初级阶段这个最大实际，而不能超越发展阶段；牢牢坚持党的基本路线这条生命线、幸福线，而不能轻言放弃；牢牢抓住经济建设这个中心任务，而不能有丝毫动摇。

(二)中国特色社会主义新时代的根本标志

党的十九大报告提出：“中国特色社会主义进入新时代，意味着近代以来久经磨难的中华民族迎来了从站起来、富起来到强起来的伟大飞跃，迎来了实现中华民族伟大复兴的光明前景；意味着科学社会主义在21世纪的中国焕发出强大生机活力，在世界上高高举起了中国特色社会主义伟大旗帜；意味着中国特色社会主义道路、理论、制度、文化不断发展，拓展了发展中国家走向现代化的途径，给世界上那些既希望加快发展又希望保持自身独立性的国家和民族提供了全新选择，为解决人类问题贡献了中国智慧和中国方案。”②这就是人们所讲的“三个意味着”。这“三个意味着”，窃以为，既讲的是中国特色社会主义进入新时代的伟大意义，也讲的是中国特色社会主义进入新时代的根本标志。对于后者，人们关注度并不是很高。

方位，即方向和位置，通常意义上是判断某一物理实体所处时空状态而使用的概念。作为哲学社会科学所使用的“历史方位”，主要指某种社会历史事件所处的阶段，如“我国发展所处的新的历史方位”。

1. 中华民族站在新的历史起点上

中国特色社会主义进入新时代，意味着久经磨难的中华民族迎来了从站起来、富起来到强起来的伟大飞跃，迎来了实现中华民族伟大复兴

① 习近平：《决胜全面建成小康社会 夺取新时代中国特色社会主义伟大胜利——在中国共产党第十九次全国代表大会上的报告》，12页，北京，人民出版社，2017。

② 《中国共产党第十九次全国代表大会文件汇编》，8—9页，北京，人民出版社，2017。

的光明前景。

“中国人民站起来了!”多么庄严、豪放、朴实的宣示。然而，不了解跪着的屈辱，就不可能了解站起来的意义，也不能了解这几个字的分量。1840 年以来，中国人民的命运却迎来了一百八十度的翻转，昨天还挺直脊梁的中国人一下子跌入跪着讨生活的深渊。辛亥革命结束了封建王朝统治的历史，却没有结束中华民族屈辱的历史；大清帝国倒下了，中国人民却没有站起来。其实，旧中国被一个个列强肆意蹂躏，原因只有一个：精神已经跪下了，不仅是国力弱、军力弱，更是精神弱、意志弱、领导者弱。这一面貌直到中国共产党的出场、新中国的成立才有根本扭转。

自 1921 年中国共产党登上中国的历史舞台，就担负起实现民族独立、人民解放的历史使命。这在本质上，就是使中华民族“站起来”。以毛泽东同志为代表的中国共产党人付出的所有努力，都聚焦于使中华民族“站起来”。新中国成立之初，毛泽东同志也曾提出“我们的总目标，是为建设一个伟大的社会主义国家而奋斗”①，为此，1956 年以后，毛泽东致力于探索社会主义建设的道路。

新时期我国改革开放以后，党的十三大明确提出了众所周知的具有总体意义、战略意义和引领意义的中国发展的“三步走”战略目标，通俗来讲：第一步，解决人民的温饱问题；第二步，人民生活达到小康水平；第三步，到 21 世纪中叶，基本实现现代化。党的十五大进一步丰富了这一“三步走”战略。前两步属于“当务之急”，第三步属于长远目标。因此，“三步走”战略的实质，就是首要解决人民的温饱、小康问题，使中国人民富起来。邓小平同志提出的“发展才是硬道理”，江泽民同志提出的“发展是党执政兴国的第一要务”，胡锦涛同志提出的“第一要义是发展”，总体上主要是解决“落后的社会生产力”，并“满足人民日益增长的物质文化需要”问题，其实质就是使中国人民富起来。当然，

---

① 《建国以来重要文献选编》第 5 册，291 页，北京，中央文献出版社，1993。

新时期中国共产党人的所有努力不仅仅限于使中国人民富起来，但富起来却是核心主线和历史使命。

党的十八大以来，在继承“三步走”战略的基础上，在全面深化改革的进程中，习近平同志进一步明确了新时代中国共产党人的历史使命：在实现“两个一百年”奋斗目标的基础上，实现中华民族伟大复兴。根据党的十九大报告，第二个“百年奋斗目标”，就是到 21 世纪中叶，把我国建成富强民主文明和谐美丽的社会主义现代化强国。实现中华民族伟大复兴，是近代 170 多年以来中国历史发展的一条主线，是中国共产党 100 多年革命建设改革历史的永恒主题，是党的十八大以来以习近平同志为核心的党中央治国理政的核心主线与历史使命。进入新时代，中国特色社会主义的发展逻辑，也是围绕实现社会主义现代化强国、实现中华民族伟大复兴而展开的。习近平治国理政的聚焦点，就是解决我国发展起来以后“使大国成为强国”的根本性问题。实现中华民族伟大复兴，其本质内涵就是实现国家富强、民族振兴、人民幸福。无论是建成“现代化强国”，还是实现“中华民族伟大复兴”，或者“使大国成为强国”，其实质都是使中华民族强起来。

改革开放是决定当代中国命运的关键一招，也是决定能否实现“两个一百年”奋斗目标、实现中华民族伟大复兴的关键一招。改革开放使中华民族迎来了从富起来到强起来的伟大飞跃。

2. 科学社会主义站在焕发新的生机活力的新的历史起点上

马克思、恩格斯使社会主义由空想变为科学，创立了科学社会主义。列宁把科学社会主义与俄国具体实践相结合，使科学社会主义由理论变成实践。十月革命一声炮响，给中国送来了马克思列宁主义，也使科学社会主义实践由一国走向多国、由实践变成现实。

然而，在科学社会主义由理论变成实践的世界历史进程中，无论是苏联，还是东欧，或者是中国，都曾出现过“低潮”。首先是 1991 年苏联的解体。这标志着科学社会主义实践在苏联出现了严重挫折。其次是 1989 年前后的东欧剧变。东欧一些社会主义国家共产党和工人党在短时间内纷纷丧失政权，社会主义制度也随之发生根本性改变，社会主义制度最终演变为资本主义制度，亦即抛弃了科学社会主义。最后是中国社会主义实践所出现的挫折。1956 年，我国确立了社会主义制度。当时中国的社会主义缺乏雄厚的物质基础或经济基础，应当集中精力发展社会生产力。但在 1966 年到 1976 年，我国发生了“文化大革命”，搞“以阶级斗争为纲”，结果使社会主义建设实践遭遇严重挫折。1989 年的政治风波，也使一些人对科学社会主义产生怀疑。国际社会也抛出了“西方中心论”“历史终结论”，对科学社会主义提出质疑，认为社会主义要灭亡、退出历史舞台了。尼克松甚至在《1999 年：不战而胜》一书中提出：资本主义将会胜利，社会主义终将失败。不言而喻，这期间的科学社会主义和世界社会主义处于某种“低潮”。落后国家如何建设社会主义，便成为一个亟待破解的难题。

进入 21 世纪以后，改革开放使科学社会主义、中国特色社会主义逐渐焕发出强大的生机活力。一是在经济上，2010 年，中国成为世界第二大经济体，同时，中国也成为世界第一大工业国、第一大货物贸易国和第一大外汇储备国；二是在政治上，中国共产党正在由大党向强党迈进；三是在文化上，中国正在建设文化强国和网络强国；四是在社会上，中国正在积极构建社会发展的良性秩序，正在积极推进社会治理创新；五是在军事上，军队的面貌发生了前所未有的变化，中国的军力位于世界前列；六是在外交和国际地位上，中国积极参与全球治理，积极推动构建新型国际关系，积极推动构建人类命运共同体，在国际舞台上的地位和作用日趋提升；七是在总体上，中国发展起来以后，正在由大国向强国迈进，到 21 世纪中叶，要把中国建成社会主义现代化强国，进而实现中华民族伟大复兴。尤其是党的十八大以来，中国特色社会主义进入了新时代。中国特色社会主义的成功开创和快速发展，以铁一般的事实回答了落后国家如何建设社会主义这一亟待破解的难题。尽管中国特色社会主义仍在发展、丰富和完善过程中，但中国特色社会主义的巨大成功，为当代世界共产主义运动注入了活力、信心和希望。这意味着科学社会主义在21世纪的中国焕发出强大的生机活力，在世界上高高举起了中国特色社会主义伟大旗帜。不言而喻，科学社会主义、中国特色社会主义迎来了从“低潮”到“焕发强大生机活力”的伟大飞跃。

3. 中国特色社会主义站在引领时代发展新的历史起点上

现代化是一种世界潮流。起初，中国搞现代化，就是为了赶上时代潮流，追赶世界现代化发展步伐。早在鸦片战争结束以后，中国先进的知识分子就开始探索和寻求中华民族现代化道路。伟大的革命先行者孙中山先生领导的民主革命，其实质就是在寻求一条振兴中华民族的道路，以尽快实现中国的现代化。中国共产党自1921年成立之日起，就一直把探索实现中华民族的现代化道路作为自己的不懈追求，并致力于使中国尽快实现工业化和现代化。1949年新中国成立，中国共产党便开始了建设中国现代化的历程。自从1978年我国改革开放以后，建设社会主义现代化国家便成为我们党在社会主义初级阶段的宏伟目标，我们党也开创了实现社会主义现代化的中国特色社会主义道路，并提出了“三步走”战略，第三步就是基本实现社会主义现代化。邓小平同志的许多重要论述，在实质上都是为了使中国赶上时代发展的步伐。

党的十八大以后，中国特色社会主义进入了新时代，我国发展进入新的历史方位。在这一新时代或新的历史方位，以习近平同志为核心的党中央提出了实现“两个一百年”奋斗目标、实现中华民族伟大复兴中国梦的战略思想。与此同时，又特别强调要坚定中国特色社会主义的道路自信、理论自信、制度自信、文化自信。党的十九大又进一步提出全面建成社会主义现代化强国和实现中华民族伟大复兴的战略安排。

自党的十八大尤其是党的十九大以来，中国特色社会主义迎来了从追赶时代到引领时代的伟大飞跃。其标志体现在：(1)在改革开放进程中，中国特色社会主义道路、理论、制度、文化的不断发展，拓展了发展中国家走向现代化的途径，即可以“自己的方式”“自己的走法”走向现代化。(2)在改革开放进程中，中国特色社会主义道路、理论、制度、文化的不断发展，为世界上那些既希望加快发展又希望保持自身独立性的国家和民族提供了全新选择，提供了有益启示，因为中国特色社会主义道路、理论、制度、文化既能发挥集中力量办大事这一制度优势解决中国加快发展的问题，又能加强中国共产党集中统一领导，坚持社会主义制度，坚持马克思主义在意识形态领域的指导地位，从而保持了中国自身的独立性。(3)在改革开放进程中，中国特色社会主义道路、理论、制度、文化的不断发展，为解决人类问题贡献了中国智慧和中国方案。比如它所倡导的积极推动构建新型国际关系、积极推动构建人类命运共同体，可以为解决2008年国际金融危机之后所出现的世界难题，即发展赤字、和平赤字、治理赤字和信任赤字，提供中国智慧和中国方案。(4)在改革开放进程中，中国特色社会主义道路、理论、制度、文化的不断发展，不仅使中国日益走近世界舞台中央，不断为人类发展做出更大贡献，而且为合作共赢、合作发展提供了重要平台。比如我们强调要积极参与全球治理，积极推动经济全球化。2018年11月5日，习近平同志在首届中国国际进口博览会开幕式上指出：中国将始终是全球共同开放的重要推动者，将始终是世界经济增长的稳定力量，将始终是各国拓展商机的活力大市场，将始终是全球治理各国的积极贡献者。尤其是习近平同志提出的“构建人类命运共同体”，其核心要义，是强调“世界多样、国家平等、文明互鉴、包容发展、互利普惠”，它在实质上就是引领时代发展趋势的先进理念、战略谋划和行动纲领。

(三)中国特色社会主义进入新时代的科学内涵

中国特色社会主义进入新时代的科学内涵，党的十九大报告用“五个时代”，分别从伟大事业、奋斗目标、美好生活、民族复兴、人类贡献五方面做出了全面系统的阐述。这既可以看作是从五个方面阐述中国特色社会主义进入新时代的目标，也可以看作是从总体上所讲的由“大”向“强”迈进的具有总体性的历史逻辑。

1. 新时代是承前启后、继往开来、在新的历史条件下继续夺取中国特色社会主义伟大胜利的时代

这一内涵，其主体是中国特色社会主义，目标是夺取伟大胜利。这

是夺取中国特色社会主义伟大胜利的发展逻辑。

这一逻辑具有总体性，可从奋斗目标和根本路径两个方面理解。其奋斗目标，是全面建成社会主义现代化强国，实现中华民族伟大复兴，使人民过上美好生活；其根本路径，是坚持和完善中国特色社会主义制度，推进国家治理体系和治理能力现代化。通过这种根本路径实现了奋斗目标，可以说就是从总体上夺取中国特色社会主义伟大胜利了。其中，“制度成熟”和“治理现代”是起决定性作用的。展开来说，中国特色社会主义是党和人民100多年来奋斗、创造、积累的根本成就。坚持和发展中国特色社会主义，是改革开放以来党的全部理论和实践的主题。进入新时代，我们党的理论和实践的主题，仍然是坚持和发展中国特色社会主义；我们党的思想旗帜，仍然是高举中国特色社会主义伟大旗帜；我们党治国理政第一位的任务，仍然是紧紧围绕坚持和发展中国特色社会主义这个主题，续写中国特色社会主义这篇大文章；我们党的历史使命，仍然是实现中华民族伟大复兴，进而夺取新时代中国特色社会主义伟大胜利，让中国特色社会主义制度更加成熟和定型，让国家体系和治理能力更加现代化，让中国特色社会主义更加具有生机活力，在国际上更加具有比较优势。在新的历史条件下继续夺取中国特色社会主义伟大胜利，就是要完成习近平同志所讲的中国社会主义建设实践“后半程”的历史任务，即完善和发展中国特色社会主义制度，推进国家治理体系和治理能力现代化，进而把我国全面建成富强民主文明和谐美丽的社会主义现代化强国。

2. 新时代是决胜全面建成小康社会、进而全面建设社会主义现代化强国的时代

这一内涵，其主体是国家，目标是建设现代化强国。

制定、调整和实施战略谋划和规划，是我们党治国理政的一条基本经验，是我们党一以贯之的领导方法，是中国特色政治制度的鲜明优势。西方多家主流媒体认为，中国共产党带领下的中国有能力办成西方国家无法办成的事情。中国特色政治制度具有战略规划的能力和定力，

善于谋定而后动，对认准的事情有序推进，对关系长远的事情“一届接着一届干”“一张蓝图绘到底”，使今天的事业与明天的事业相衔接，当前的利益同长远的利益相结合，局部的利益同整体的利益相一致。这在某些“一届隔着一届干”甚至“一届对着一届干”的西方国家，是不可想象的。

改革开放之初，我们党对我国社会主义现代化建设做出战略安排，提出“三步走”战略目标。解决人民温饱问题、人民生活总体上达到小康水平这两个目标已提前实现。在这个基础上，我们党提出了“两个一百年”的奋斗目标，这就是到建党一百年时建成经济更加发展、民主更加健全、科教更加进步、文化更加繁荣、社会更加和谐、人民生活更加殷实的小康社会，然后再奋斗三十年，到新中国成立一百年时，基本实现现代化，把我国建成社会主义现代化国家。从党的十九大到党的二十大，是“两个一百年”奋斗目标的历史交汇期，我们既要全面建成小康社会，实现第一个百年奋斗目标，又要乘势而上，开启全面建设社会主义现代化国家新征程，向第二个百年奋斗目标奋进。

根据党的十九大报告，可采取“新三步走”战略安排。

第一步，就是要坚决打好“防范风险”“精准脱贫”“污染防治”三大攻坚战。这是决胜全面建成小康社会的根本之举、核心之战，是实现由“第一个百年”奋斗目标向“第二个百年”奋斗目标迈进的战略一招、关键一步。之所以确定这三大攻坚战，是因为一方面来讲，这三个方面是关乎决胜全面建成小康社会的根本；从另一方面来说，这三个方面又是决胜全面建成小康社会的三大根本性短板。要而言之，这三个方面从根本上关乎全面建成小康社会的成败。

第二步，就是从 2020 年到 2035 年，再奋斗 15 年，基本实现社会主义现代化，这是建成社会主义现代化强国的基础。党的十九大报告提出：“在全面建成小康社会的基础上，再奋斗十五年，基本实现社会主义现代化。到那时，我国经济实力、科技实力将大幅跃升，跻身创新型国家前列；人民平等参与、平等发展权利得到充分保障，法治国家、法治政府、法治社会基本建成，各方面制度更加完善，国家治理体系和治理能力现代化基本实现；社会文明程度达到新的高度，国家文化软实力显著增强，中华文化影响更加广泛深入；人民生活更为宽裕，中等收入群体比例明显提高，城乡区域发展差距和居民生活水平差距显著缩小，基本公共服务均等化基本实现，全体人民共同富裕迈出坚实步伐；现代社会治理格局基本形成，社会充满活力又和谐有序；生态环境根本好转，美丽中国目标基本实现。”①这意味着原定的我国基本实现现代化的目标将提前15年完成。根据我国现状和发展态势判断，这一目标是可以实现的。改革开放以来，中国发展的速度超乎预期，中国特色社会主义的制度优势、中国共产党的治理优势、中国经济发展的后发赶超优势充分释放，中国道路迸发出来的巨大创造力已经并将继续深刻而快速地改变中国的面貌，中国人民也具有永不懈怠的精神状态和一往无前的奋斗姿态。

第三步，就是从2035年至21世纪中叶，再奋斗15年，要全面建成“富强民主文明和谐美丽的社会主义现代化强国”。党的十九大报告提出：“从二〇三五年到本世纪中叶，在基本实现现代化的基础上，再奋斗十五年，把我国建成富强民主文明和谐美丽的社会主义现代化强国。到那时，我国物质文明、政治文明、精神文明、社会文明、生态文明将全面提升，实现国家治理体系和治理能力现代化，成为综合国力和国际影响力领先的国家，全体人民共同富裕基本实现，我国人民将享有更加幸福安康的生活，中华民族将以更加昂扬的姿态屹立于世界民族之林。”②这一安排，相较于过去第三步的战略目标，内涵更加充实，目标更加宏大，远景更加美好。一是从“现代化国家”升级为“现代化强国”，这意味着我们的新目标不是建成一般意义上的社会主义现代化国家，到那时，民族复兴的伟大梦想已经成为现实，中华民族已经实现了从站起

---

① 习近平：《决胜全面建成小康社会 夺取新时代中国特色社会主义伟大胜利——在中国共产党第十九次全国代表大会上的报告》，28—29页，北京，人民出版社，2017。

② 同上书，29页。

来、富起来到强起来的历史性飞跃，以昂扬的姿态屹立于世界民族之林。二是现代化国家的具体标准从“富强民主文明”优化为“富强民主文明和谐美丽”，增加了“和谐”“美丽”。这五个概念分别对应经济建设、政治建设、文化建设、社会建设、生态文明建设“五位一体”的总体布局。

要顺利建成社会主义现代化强国，就要使我们的制度更加成熟和定型，使国家治理更加现代。其中最为重要的，是需要从“人”和“制度”两方面入手。从“人”作为主体而言，既需要具有永不懈怠的精神状态和一往无前奋斗姿态的人，也需要具有较高文明素养的高素质的人。精神对物质具有强大的反作用，强大的精神力量是无穷的，具有永不懈怠的精神状态和一往无前的奋斗姿态，是建设社会主义现代化强国的关键一环。过去，我国成为世界第二大经济体是人们奋斗出来的，当今，我们要全面建成社会主义现代化强国，也要靠人们的不懈奋斗。任何伟业都是靠人来完成的，人是其主体和承担者，离开具有较高文明素养的高素质的人，什么也干不成、也完不成。这样的人，要政治过硬、本领高强、勇于创新等。就“制度”来说，需要把我国国家制度优势更好地转化为国家治理效能，提升“中国之治”新境界，要通过积极推进国家治理体系和治理能力现代化以加强法治建设，把中国真正建设成法治中国，进而使中国社会成为一个人人讲规则、处处有秩序的社会。从制度建设层面来说，推进国家治理能力现代化是建设社会主义现代化强国伟业的关键一环，它是解决问题、破解难题、化解矛盾的关键一招。历史上的实践和事实表明，很多问题之所以未得到有效解决，大多与缺乏现代化治理能力有关。而法治，是现代治理的基本方式。法治的目的，就是维护公平正义，从而使人人讲规则，使社会处处有秩序。公平正义意味着社会具有活力也达至和谐。人人讲规则，意味着对他人权益的尊重，对自己权益的保护。社会处处有秩序，意味着一个社会井然有序、健全运行。上述这些，有助于减少国家治理成本，提高国家治理效率，提升民众文明素养。

上述战略安排，不仅使实现“两个一百年”奋斗目标、实现中华民族伟大复兴的路线图、时间表更加清晰，而且意味着原定的我国基本实现社会主义现代化的目标将有能力、有信心提前15年完成，意味着第二个百年奋斗目标的内涵更加充实、更加鼓舞人心，意味着人类社会在西式现代化道路之外成功开辟了更加壮丽的现代化之路，意味着中国用更短的时间走完了西方国家用几百年才走完的路，意味着中国特色社会主义的制度优势、治理优势、发展优势充分释放。

之所以提出要提前15年基本实现社会主义现代化，一是过去我国的发展超过我们的预期，二是今后中国的发展具有广阔的国内外空间，三是拥有中国共产党领导下中国人民一往无前的奋斗姿态。

3. 新时代是全国各族人民团结奋斗、不断创造美好生活、逐步实现全体人民共同富裕的时代

这一内涵，主体是人民，目标是实现共同富裕、过上美好生活。

以人民为中心，是新时代坚持和发展中国特色社会主义的价值取向；人民对美好生活的向往，是我们党的奋斗目标；实现全体人民共同富裕，是社会主义的本质要求。今天，人民的物质文化生活水平大幅提升，但距离美好生活仍有短板；社会财富快速增长，但距离共同富裕仍有差距。中国特色社会主义进入新时代，我们将更加关注人民对美好生活的需求，更加关注社会公平正义，更加注重保障和改善民生，更加注重使全体人民共享发展成果，更加注重人民的获得感、幸福感、安全感，着力在创造美好生活、实现共同富裕上不断取得实实在在的新进展。不仅如此，大国成为强国，一定是在民富并使人民过上美好生活基础上的强国，国富民穷或人民生活不够美好，人民群众的民生问题得不到切实解决，是谈不上强国的，也是难以成为强国的。“美好生活”，是对主客体之间的需求和供给关系的整体主观认知和总体社会评价的一个概念。其中最核心的，是主客体之间的需求和供给关系。所谓美好生活，按照人的需求逻辑，用大众化的语言来讲，就是人们在“生存需求”（如衣食住行）上无后顾之忧，在“发展需求”（如各尽其能、各得其所）上

有用武之地，在“社会需求”上人人尊重、井然有序，在“精神需求”上无事纷扰、心灵宁静。

4. 新时代是全体中华儿女勠力同心、奋力实现中华民族伟大复兴中国梦的时代

这一内涵，主体是中华民族，目标是伟大复兴。

近代以前中国的不少朝代，在诸多方面在当时的世界是领先的；近代以降，中国由曾经的辉煌沦落入挨打、被宰割的境地。

实现中华民族伟大复兴是近代以来中华民族最伟大的梦想。中国共产党一经成立，就义无反顾肩负起实现中华民族伟大复兴的历史使命。历史使命，就是必须刚性完成的历史重任及其责任担当。中国共产党领导新民主主义革命的胜利，社会主义基本制度的建立，为实现中华民族伟大复兴奠定了根本政治前提和制度基础。中国共产党领导改革开放这场新的伟大革命，中国这个世界上最大的发展中国家创造了人类社会发展史上惊天动地的发展奇迹，都为实现民族复兴注入了强大的生机活力。今天，中国共产党人历经百年接续奋斗，国家的经济实力、科技实力、军事实力和文化软实力均有大幅度提升，中华民族已经站到了复兴的门槛上，我们比历史上任何时期都更接近、更有信心和能力实现中华民族伟大复兴的目标。进入新时代，全体中华儿女勠力同心，将凝聚成共筑中国梦的磅礴力量，我们终将完成民族复兴的历史使命，到达民族复兴的光辉彼岸。

5. 新时代是不断为人类做出更大贡献的时代

这一内涵，主题讲的是中国在世界上的地位，目标是为人类做出更大贡献。

工业革命以后逐渐形成了西方主导的依附型世界体系和中心—边缘结构，这一体系随着苏联解体达到了登峰造极的地步。西方秩序，在经济上，以布雷顿森林体系为依托，辅之以 G7 俱乐部，谋求主导世界经济的话语权和规则的制定权；在安全上，以军事同盟体系为支柱，将同盟体系成员的安全利益凌驾于非同盟国家的安全利益之上；在政治上，

谋求按照西方政治制度改造非西方世界，建构趋同化的人类世界；在文化和价值观上，谋求西方价值观统治世界，“实现思想征服”。在这个世界体系中，“主客二分”的哲学思维方式主导国际事务的讨论，核心国家、中心国家掌握绝对话语权，广大发展中国家不得不服膺中心统治边缘的权力逻辑，在现代化、经济全球化的洪流中扮演依附的角色，随波逐流。

然而，时过境迁，到了21世纪初，随着中国等新兴经济体的群体性崛起，资本主义世界体系便面临严峻挑战。2012年以来，中国和平复兴的步伐明显加快，日益走近世界舞台中央。以美国金融危机、欧洲债务危机为起点，以美国退出TPP、退出《巴黎协定》、奉行“美国优先”战略为标志，以中国筹建亚投行、推动“一带一路”建设、英德法意加组团加入亚投行为佐证，一系列重大国际事件预示着资本主义世界体系正在松动，美国主导的中心—边缘结构趋于瓦解，而且呈现出不可逆的趋势。中国走近世界舞台中央，意在消解而不是捍卫资本主义世界化所造成的中心—边缘结构，意在打破而不是固化依附型世界体系，意在终结而不是延续霸权主义和强权政治，其目标是要在去中心化的追求中建构起一个世界多元、国家平等、文明互鉴、包容发展、互利普惠、充满正义的世界。在中国特色社会主义新时代，随着“中国实力”的强劲崛起，随着“中国方案”的全球热销，随着“中国理念”的广泛认可，随着“中国制度”的优势彰显，中国重返世界舞台中央的步伐将越来越快，中国对世界和平与发展、人类文明繁荣与进步的贡献将越来越大。中国走近世界舞台的中央，不是为了“成为第一”且“主导世界”，不是为了称霸，不是霸凌世界，而是为世界谋大同，不断为人类做出更大的贡献，这便使大国成为强国更具有道义性、人类性。中国走近世界舞台中央，还有很长的路要走，甚至路途曲折坎坷，需要过坎闯关。

上述“五个时代”，分别是从中国特色社会主义、国家、人民、中华民族、中国的国际地位五个根本方面，对“实现强起来”的内涵和目标所做出的具体阐释，其共同的核心目标，就是使“大国”成为“强国”。

(四)中国特色社会主义新时代的重大意义

中国特色社会主义进入新时代，其意义十分重大，它是诸多判断得以立论的基础。

第一，在中华人民共和国发展史上具有重大意义，它迎来了实现强起来的伟大飞跃。1949 年新中国成立，中国人民站起来了。这种站起来是新中国成立的重要标志，它意味着推翻了压在中国人民头上的“三座大山”，在政治上获得了民族独立和人民解放。1949 年至 1977 年这一历史区间，一定意义上是进一步巩固站起来的历史成果。站起来为富起来提供了历史基础。1978 年以后，中国共产党人相对侧重于从经济上解决富起来的问题。从“发展才是硬道理”，到“发展是党执政兴国的第一要务”，再到“第一要义是发展”，都分别是对“什么是社会主义、如何建设社会主义”“建设一个什么样的党、怎样建设党”“实现什么样的发展、怎样实现发展”等时代课题的回答，都着重从经济上解决“欠发展”并“富起来”的历史性问题。富起来为强起来奠定了较为坚实的历史基础。党的十八大以后，中国特色社会主义进入了新时代，我国发展进入新的历史方位。这意味着经济上富起来的问题总体解决之后，中国共产党要更加着力于全方位解决如何使中国强起来的问题。中国强起来之重大意义在于：它将彻底改变近代以来国家分裂屈辱的历史；将使中国逐渐地跻身于世界强国行列，在世界上真正挺起腰杆，不再受制于人；将使中国人民过上更加美好的生活；将使中国不断为人类做出更大贡献。

第二，在中华民族发展史上具有重大意义，它为世界贡献了一种中华新文明。在世界文明谱系中，能与西方文明相提并论的，无疑是以中华民族为代表的东方文明，亦称中华文明。我们认为，中华文明是一种典型的农业文明和内陆文明，起源于夏商周三代之前，成型于秦汉，兴盛于隋唐，高峰于宋明，其博大精深的文明成果为人类发展做出了重要贡献。对于西方国家来说，无论是地理大发现、文艺复兴，还是走出中世纪进入近代社会，中华文明都起到了十分重要的作用。然而，由于清朝后期统治者的封闭僵化保守，中华文明在西方工业文明和海洋文明的冲击下，迅速走向衰落。在近代历史上，中华民族盛极而衰，中华文明也因此背负骂名，曾经成为中华民族沉重的包袱。“西方中心论”“全盘西化论”因此甚嚣尘上，至今仍有一定市场。党的十八大以来，习近平同志站在我国发展起来以后使大国成为强国这一新的历史方位和新的历史起点上，在国内提出实现中华民族伟大复兴的中国梦，在国际上提出积极构建人类命运共同体，中华文明正发生着凤凰涅槃式的变化。中国梦的本质内涵，是国家富强、民族振兴、人民幸福。这既是凝聚所有中华儿女力量的最大公约数，又与和平发展、合作共赢的世界梦息息相通；构建人类命运共同体的本质内涵，从学理来讲，就是世界多样、国家平等、文明互鉴、包容发展、互利普惠。它从“道”上分别表达的是世界观、国家观、文明观、发展观、义利观。这种既注重凝聚所有中华儿女力量，又注重和平发展、合作共赢，既消解西方中心论、文明冲突论、历史终结论，又能为人类发展做出更大贡献的中华民族复兴论和人类命运共同论，蕴含着中华新文明。这种中华新文明，既继承了中华文明注重“和合”的基因，又在新时代或新的历史方位赋予新的时代内涵，在中华民族发展史上具有重大意义；它既具有真理性、道义性和人类性，又符合规律性、富有创造性。新的文明体正在形成和完善，进而意味着中华民族的真正复兴。

第三，在世界社会主义发展史上具有重大意义，它使世界社会主义由“低潮”正在走向“高潮”。马克思、恩格斯把社会主义由空想变为科学，创立了科学社会主义；列宁领导的十月革命把科学社会主义由理论变成实践、由“一国”变成“多国”，积极探索了俄国由小农经济向社会主义过渡的俄国社会主义发展道路；毛泽东把科学社会主义基本原则同中国革命具体实际相结合，使科学社会主义的革命实践由曲折走向成功，使中国人民站起来，实现了马克思主义中国化的第一次飞跃；以邓小平等为代表的中国共产党人把科学社会主义基本原则同中国改革具体实践相结合，使科学社会主义在中国的实践由革命走向改革，进一步推进中国走向成功，使中国人民总体上富起来，实现了马克思主义中国化的第二次飞跃；党的十八大以来，以习近平同志为核心的党中央站在我国发展起来以后使大国成为强国这一新的历史方位和新的历史起点上，把科学社会主义基本原则同实现“两个一百年”奋斗目标、实现中华民族伟大复兴的具体实际相结合，使科学社会主义在中国的实践由“建立社会主义基本制度，并在此基础上进行改革”这一“前半程”，走向“完善和发展中国特色社会主义制度、推进国家治理体系和治理能力现代化”①这一“后半程”，并推进中国特色社会主义进入新时代，肩负起实现强起来的历史使命，从而既使科学社会主义在中国焕发出强大生机活力，在世界上高高举起了中国特色社会主义旗帜，也为发展中国家走向现代化拓展了新的途径，为那些既希望加快发展又希望保持自身独立性的国家和民族提供了全新选择，为解决人类问题贡献了中国智慧和中国方案，② 从而进一步实现了马克思主义中国化的新飞跃。这充分表明：在我国发展起来以后使大国成为强国新的历史方位，必须夺取中国特色社会主义伟大胜利，而这就使中国特色社会主义具有相对高于资本主义制度的独特优势，能把世界社会主义曾经遭遇的“低潮”转升为“高潮”，也使曾经落后挨打的发展中国家逐步建成社会主义，并焕发出勃勃生机，因而在世界社会主义发展史上具有重大意义。

第四，在人类社会发展史上具有重大意义，它使原先相对落后的国家跨越了“卡夫丁峡谷”进而正在实现强起来。在我国发展起来以后使大国成为强国新的历史方位，其历史任务和奋斗目标是实现强起来，其历史使命是实现中华民族伟大复兴。这在人类社会发展史上，是一种具有世界意义的最伟大历史性事件：这是世界上人口最多的国家要实现强起来；这是曾经有过辉煌尔后出现衰落并遭遇诸多苦难，再之后在中国共产党领导下的国家，仅仅通过 30 多年的跨越式发展，就站在了实现强

① 习近平：《习近平谈治国理政》，104 页，北京，外文出版社，2014。

② 《中国共产党第十九次全国代表大会文件汇编》，9 页，北京，人民出版社，2017。

起来新的历史起点上；这是在社会主义阵营中但仍然处于社会主义初级阶段并处在“时空压缩”①境遇下的国家，要用坚持走中国道路的方式实现强起来；这是在发展中国家的行列中具有超大型体量的国家要率先实现强起来；这是在遭遇西方某些发达国家围堵打压的情境下要努力实现强起来；这是既希望加快发展又希望保持自身独立性的国家要率先实现强起来；这是既要解决好本国存在的大量问题又要为解决人类问题贡献中国智慧的国家要实现强起来；这是坚定不移地坚持以马克思主义为指导、坚持中国共产党领导、坚持走社会主义道路的国家要实现强起来；更为重要的，这是原先相对落后的国家在中国共产党领导下，既利用集中力量办大事的制度优势，又在吸收西方发达国家一些有益的文明成果同时克服其一些弊端，跨越了“卡夫丁峡谷”进而要实现强起来。这些人类社会发展史上的种种奇迹充分表明：中国共产党是世界上一个强大的政党；马克思主义、科学社会主义具有真理性、道义性和人类性；中国特色社会主义具有道路优势、理论优势、制度优势和文化优势；中国克服了自身种种“不利因素”而在实现强起来，且能为人类发展做出更大贡献。

第五，在中国共产党创新理论发展史上具有重大意义，它为实现马克思主义中国化、时代化新的飞跃，提供了坚实而雄厚的基础。时代是思想之母，实践是理论之源。强国时代、强国逻辑需要并产生“强国理论”。习近平新时代中国特色社会主义思想到底是一种什么样的理论？可以从不同角度做出不同概括。根据党的十九大报告对新时代或我国发展新的历史方位、新时代中国共产党的历史使命、新时代开启全面建设社会主义现代化国家新征程的论述，用大众化的语言，我们可以把它概括为“关于我国发展起来以后使大国成为强国的强国理论”。美国华裔学者熊玠在其著作《习近平时代》中说：邓小平曾经指出，发展起来以后的

---

① “时空压缩”，是美国著名新马克思主义者戴维·哈维（David Harvey）在其《后现代的状况：对文化变迁之缘起的探究》一书中提出的一个重要概念。他使用这一概念试图表明：资本主义历史发展具有加速的特征，同时又克服了空间上的各种障碍。

问题不比不发展时少。发展起来以后的问题到底是什么？他将其称为“邓公之问”。接着他指出：这一“邓公之问”的答卷，如今交到了以习近平同志为核心的新一届中央领导集体手里。①

那么，我国发展起来以后的根本性问题究竟是什么？根据党的十九大报告的论述，这一根本性问题，就是我国发展起来以后如何使大国成为强国，即全面建成社会主义现代化强国，实现强起来。我们可以以党的十九大报告所讲的“八个明确”和“十四个坚持”作为权威的逻辑起点、总体框架、根本遵循和立论基础，紧紧围绕“如何使大国成为强国”或实现强起来这条主线，按照习近平同志所强调的“大道至简、实干为要”，从中进一步提炼概括出习近平新时代中国特色社会主义思想的核心要义。这些核心要义具有严密的逻辑结构，构成一个有机整体。其整体和结构可划分为五个层面：立论基础、奋斗目标、根本路径、重要保障、领导力量。其一，立论基础层面，就是“历史方位论”。这是习近平新时代中国特色社会主义思想的第一个要义，是实现强起来的历史方位，是习近平新时代中国特色社会主义思想的立论基础。其二，奋斗目标层面，分别是“民族复兴论”和“人民中心论”。这是习近平新时代中国特色社会主义思想的第二要义和第三要义，分别是实现强起来的历史使命和价值取向。二者具有同等地位，同属习近平新时代中国特色社会主义思想的两大基石，但角度有所不同：民族复兴侧重于历史维度，它是实现强起来的历史使命；人民中心侧重于价值维度，它是实现强起来的价值取向。二者分别讲的是“使命”和“初心”，可谓“不忘初心、牢记使命”。其三，根本路径层面，这就是“发展理念论”（五大新发展理念）、“两大布局论”（“五位一体”总体布局、“四个全面”战略布局）、“战略安排论”（对2020年至21世纪中叶做出“两步走”的战略安排）。这是习近平新时代中国特色社会主义思想的第四要义、第五要义、第六要义，分别是从“道、术、行”来讲的实现强起来的根本之道、总体方略、行动步骤。其

① 熊玠：《“四个全面”：中国的大战略布局——〈习近平时代〉选载》，载《学习时报》，2016-04-25。

四，重要保障层面，这就是“强军战略论”“命运共同体论”“深化改革论”。这是习近平新时代中国特色社会主义思想的第七要义、第八要义、第九要义，分别是实现强起来的军事保障、国际环境和强大动力。其五，领导力量层面，这就是“强大政党论”。这是习近平新时代中国特色社会主义思想的第十要义，是实现强起来的领导力量。以上十大要义都是围绕“强起来”来提炼的，它们在本质上构成“强国理论”。当我们强调强国时，还应增强忧患意识。我们既要强调由大国成为强国，不要妄自菲薄，同时还要增强忧患意识，不要狂妄自大。显然，这种在新时代、新方位、新实践基础上形成的关于我国发展起来以后使大国成为强国即实现强起来的“强国理论”，正在逐步实现马克思主义中国化的新飞跃。这是在中国共产党创新理论发展史上所具有的重大意义。

第五章　中国特色社会主义发展的现实逻辑

在阐述改革开放以来中国特色社会主义发展的历史逻辑之后，我们再进一步深入其底层背后，理解和把握改革开放以来中国特色社会主义发展的本质逻辑和所发生的实践性变革，这就是其现实逻辑。

“面向现实”是马克思主义哲学的本质要求，它关涉马克思主义研究的主题和对象，关涉马克思主义研究的方式和方法，关涉马克思主义发展的根本和动力。正是基于对现实问题、社会实践的深厚关切，马克思开辟了新的哲学道路，也为中国特色社会主义形成与发展奠定了基石、创造了条件。“现实逻辑”的提出，正是根源于马克思主义哲学这一本质特征。如前所述，哲学视阈下的“现实”，并非看得见、摸得着的“表象”或“现象”，而是感性背后的“理性”、现象背后的“本质”和偶然性背后的“必然性”①。正如黑格尔所说：“现实是本质与实存或内与外所直接形成的统一。”②任何割裂感性与理性、现象与本质、偶然性与必然性统一的研究，都偏离了“现实”的整

① 韩庆祥：《现实逻辑—中国问题—治国理政》，载《学习时报》，2015-09-07。
② 黑格尔：《小逻辑》，贺麟译，295 页，北京，商务印书馆，1980。

体性存在。因此，“现实逻辑”不仅表现在对感性、现象和偶然性的客观描述，更表现在对它们背后的理性、本质和必然性的探索与分析。正是在这个意义上，中国特色社会主义发展的现实逻辑，着重以“现实”为基础，梳理改革开放40多年以来发展的客观现实过程，并从客观现实过程中揭示现象背后的本质和规律，指引中国未来发展的方向。

对“现实逻辑”研究，是中国特色社会主义发展的必然要求。当前我国学术界对“经典文本”研究有余，做出了重要学术贡献，这必须充分肯定。然而对“现实逻辑”认识相对不足，有些学者不愿、不敢研究中国特色社会主义发展的“现实逻辑”，使理论研究脱离时代和实践发展的需要，成为从概念到概念、从理论到理论的自圆其说，经典理论研究对接不上中国特色社会主义发展的“现实逻辑”。另外，对改革开放以来中国特色社会主义发展的“现实逻辑”的忽视，使西方新自由主义思潮等大行其道。学界一些人以中国发展验证西方论断，用西方范式剪裁中国现实，“耕了西方地，荒了中国田”。中国特色社会主义发展以中国实践为基础，中国特色社会主义发展的现实逻辑研究，实际上是一种以中国实践变革为基础和本质的中国特色社会主义发展研究。

一　中国特色社会主义发展的基本遵循

所谓基本遵循，就是根据、原则，是人们分析和解决问题的凭借。基本遵循，就是基本依据，是人们进行思考和做出行动所赖以遵循的客观凭证。基本遵循的重要意义在于，人们的思想和实践不再是主观臆想、盲目行动，而是有着具体、清晰的依托。不仅如此，基本遵循还决定着人们的认识和判断，决定着实际行动的方式和方法，决定着社会发展的方向和性质等。改革开放以来中国特色社会主义的发展着重以“现实”为基础，“现实”主线贯穿于改革开放40多年的发展历程。具体来说，社会主义初级阶段是中国特色社会主义发展所要遵循的最大实际，它规定着一切从中国实际出发的行为导向；中国问题是把握改革开放以来中国特色社会主义发展的现实前提，中国问题不同于西方问题的特殊性，决定了中国特色社会主义发展的独特魅力；从传统社会向现代社会转型，是把握改革开放以来中国特色社会主义发展的实践基础，这有助于从本质上把握中国特色社会主义发展的现实逻辑。

（一）最大实际：社会主义初级阶段

揭示改革开放以来中国特色社会主义发展的现实逻辑，有一个基础，那就是首先要把它放在社会主义初级阶段这一基本国情、最大实际之中来进行。

毛泽东同志指出："认清中国的国情，乃是认清一切革命问题的基本的根据。"①党的十八大报告明确强调："建设中国特色社会主义，总依据是社会主义初级阶段。"②习近平同志多次指出，坚持和发展中国特色社会主义，必须清醒认识世情国情党情的变与不变。正确认识国情，事关中国发展使命，事关中国前途命运，事关中国未来趋向。

当前，我国处于社会主义初级阶段，这是我国最大实际与基本国情，也是我们探讨中国特色社会主义发展的现实逻辑的重要现实依据。改革开放初期，《关于建国以来党的若干历史问题的决议》首次提出"初级阶段"这一概念。党的十三大报告明确使用"社会主义初级阶段"，并从两个方面界定它的内容：从社会性质方面分析，我国已经是社会主义性质的社会，与资本主义社会性质截然不同；从发展阶段方面分析，我国社会主义社会还处在初级阶段，与马克思所设想的"社会主义阶段"还存在很大差距。在党的十四大至十八大期间，我们不断对"社会主义初级阶段"从理论上进行丰富完善，详细阐释了它的基本路线、基本特征、基本纲领等。党的十八大明确将"社会主义初级阶段"确认为"建设中国特色社会主义"的"总依据"。党的十九大继续深化对"社会主义初级阶

---

① 毛泽东：《毛泽东选集》第2卷，633页，北京，人民出版社，1991。

② 胡锦涛：《坚定不移沿着中国特色社会主义道路前进 为全面建成小康社会而奋斗——在中国共产党第十八次全国代表大会上的报告》，13页，北京，人民出版社，2012。

段”的认识，强调坚持社会主义初级阶段的基本国情没有变，“全党要牢牢把握社会主义初级阶段这个基本国情，牢牢立足社会主义初级阶段这个最大实际”①。这一历时性的阐述，使我们深刻认识到，党对“社会主义初级阶段”的基本国情给予了高度重视。社会主义初级阶段理论不断丰富完善，使人们越来越自觉地认识到，社会主义初级阶段是中国特色社会主义发展的总依据。

社会主义初级阶段到底是一个什么样的历史阶段？为什么指认它是“初级”的发展阶段？社会主义初级阶段，首先是中国社会发展的特定阶段。无论是“社会主义初级阶段”概念的提出，还是其理论的丰富和完善，都是源自中国社会发展的实际，与中国实践、中国现实密切相关。因此，它并不是泛指任何国家进入社会主义都必须要经历的阶段，不具有普遍性与规律性，而是特指我国由半殖民地半封建社会脱胎出来，在落后生产力发展现状、商品经济不发达基础上，进行社会主义现代化建设必然要经历的过程。“初级”正是对中国经济文化落后现状的实际表达。

我们对“社会主义初级阶段”的定位不是随意划定的，而是有着深厚的马克思主义理论依据的。马克思提出实现共产主义要历经两个阶段：“经过长久阵痛刚刚从资本主义社会产生出来的”是共产主义社会第一阶段；“各尽所能，按需分配”②是共产主义社会高级阶段。列宁具体详细地阐释了共产主义社会第一阶段的不完全性，明确指称共产主义社会第一阶段为“社会主义”。③ 然而，由于俄国落后生产力发展现状，列宁又

---

① 习近平：《决胜全面建成小康社会 夺取新时代中国特色社会主义伟大胜利——在中国共产党第十九次全国代表大会上的报告》，12 页，北京，人民出版社，2017。

② 马克思在《哥达纲领批判》中明确划分了共产主义社会第一阶段与共产主义社会高级阶段。经过长久阵痛刚刚从资本主义社会产生出来的是“共产主义社会第一阶段”，是不可避免的，而各尽所能，按需分配的是“共产主义社会高级阶段”。参见《马克思恩格斯文集》第 3 卷，436 页，北京，人民出版社，2009。

③ 列宁在《国家与革命》中详细阐释了共产主义社会第一阶段的不完全性，以及会由共产主义社会第一阶段过渡到它的最高阶段，并明确提出，共产主义社会的第一阶段，通常称为社会主义。参见《列宁选集》第 3 卷，193—203 页，北京，人民出版社，2012。

对“社会主义”进行了划分，指出在经济基础落后的俄国，只能建成“初级形式”的“社会主义”，而无法立即到达共产主义。[①] 由此不难看出，对社会主义“初级”阶段的划定，主要根源于落后的生产力发展水平，这是“初级”之所以为“初级”的根本缘由。在马克思主义看来，生产力发展是社会发展的根本，是社会主义的基础，由生产力的发展水平决定了生产关系、经济基础、上层建筑等一切诸要素，因此，它是人类社会生存与发展的最基本、最重要、最根本的元素。正是在这个意义上，我们认为，未来共产主义的实现是建立在生产力极大发展和物质财富极大丰富的基础之上的。新中国成立初期的社会主义建设积累了一定的经济基础和物质财富，也取得了一定的历史成绩，但总体来讲，我国生产力发展水平还不高。一方面，对于国内需求来说，远远落后于人民日益增长的物质文化需要；另一方面，对于国际竞争来说，远远落后于世界发达国家的先进水平，跟不上世界发展和时代发展的步伐。正是在这个意义上，我们认为，我国处于并将长期处于社会主义初级阶段的基本国情不变。基本国情决定根本任务，初级阶段虽为“初级”，却也内在蕴含着走向高级阶段的力量与趋势，初级阶段是为社会主义发展打基础的阶段，是社会主义优越性逐步彰显的阶段。正是由于初级阶段落后生产力发展的现状，因此，这一阶段的首要根本任务就是“发展”，就是依据中国现实国情，集中力量解放生产力、发展生产力。

我们对社会主义初级阶段的认识不是一蹴而就，而是经历了一段坎坷曲折的过程，我们是在总结社会发展的多次经验教训中逐渐把握了这一现实国情的。邓小平同志指出：“我们总结了几十年搞社会主义的经验。社会主义是什么，马克思主义是什么，过去我们并没有完全搞清楚。”[②]因此，我们在社会主义建设过程中出现了多次失误甚至错误。为

---

① 列宁指出共产主义同社会主义的区别：社会主义是新社会的初级形式。而共产主义则是更高的社会形式，只有在社会主义完全巩固的时候才能得到发展。参见《列宁选集》第4卷，91页，北京，人民出版社，2012。

② 邓小平：《邓小平文选》第3卷，137页，北京，人民出版社，1993。

什么过去我们没有完全搞清楚？本质性的根源在于我们脱离了中国社会发展的国情实际，总是根据马克思主义书本上的某些结论来裁剪中国社会发展，因而，制定的路线、方针、政策都严重超越了当时生产力发展水平。所谓“大跃进”中的“浮夸风”、人民公社化运动、“文化大革命”等，都是我们在社会主义建设过程中脱离实际、急于求成、僵化教条而导致的失误，给国家和人民带来了损失。恩格斯指出：“马克思的整个世界观不是教义，而是方法。”①这种方法要求我们一切从实际出发，实事求是，不能从主观愿望出发、随性而为，也不能从马克思主义经典著作中具体的、个别的论断出发，犯教条主义错误。社会主义初级阶段理论的最重要贡献就在于，它准确把握了马克思主义立场、基本原理和方法论的精髓，确立了社会主义发展所处的历史方位，揭示了落后生产力发展的现实困境，提出中国社会的发展必须从中国实际出发，实事求是，任何时候都不能忽视国情，不能逾越初级阶段。

正是在这个意义上，我们强调，社会主义初级阶段是研究改革开放以来中国特色社会主义发展的现实逻辑的重要依据。

(二)现实前提：坚持问题导向

揭示改革开放以来中国特色社会主义发展的现实逻辑，有一个基本前提，那就是把它与所要解决的根本问题结合起来。

问题植根于中国特色社会主义发展的“现实逻辑”中，但问题不会自发地产生，而是源于实践过程中的主客体相互作用，发起于主体的反思和追问之中。问题实际上是现实逻辑、客观矛盾与主体追问的统一。没有“现实逻辑”及其中的矛盾，就不会有问题，它是基础和前提；没有主体的追思和发问也就无所谓问题，它是“生成”和“成为”。在这种意义上可以说，问题存在于现实逻辑、客观矛盾与主体追问的相互作用中。

当然，这里集中关注的不是细枝末节、零零碎碎的具体问题，而是影响中国发展命运和中国人生活方式的根本性问题；也不同于经济学、

---

① 《马克思恩格斯文集》第10卷，691页，北京，人民出版社，2009。

政治学、社会学等各具特色的关注中国问题的具体学科维度，而是依据中国特色社会主义发展的现实逻辑并在借鉴各个具体学科研究成果的基础上，从哲学维度上关注具有总体性和普遍性的中国问题。坚持居安思危的忧患意识和问题导向，把中国特色社会主义发展过程中存在的诸多具体问题提升至哲学视域，可以有不同视角和多种框架。出于包容性和整体性的考虑，这里主要借助于“中国·西方·传统·现代”这一宏观的时空结构分析框架，来提炼哲学层次上的中国问题。

适应东亚的地理环境和气候条件，并基于历史沉淀而成的生活方式、思维方式、文化传统和民族心理，传统中国一直在适合于自身的轨道上发展。近代以来，在古代社会居于领先地位的中华文明，日益深入地被动遭遇提前步入现代工业社会的西方文明。一个历史悠久的文明古国，面对在军事、政治和经济等方面均强于自己的现代西方工业文明的强势冲击，陷入了深深的民族忧虑：在强大的西方工业文明面前，在传统中国的体制和结构遭遇认同危机的变局中，“中国应向何处去”这个关系中国走向的命运性问题，成为困扰当时的先进知识分子和爱国人士的隐痛与情结。这是现代意义上的“中国问题”的首次出场，也可以称为“中国问题的 1.0 版”。正是在这样的思考和探索中，中国人民开启了从传统走向现代的历史大幕，肩负起了民族复兴的历史使命。无论是梁漱溟关注的西方文化侵入引起中国文化失调的问题，还是罗素讲的中国经济、政治和文化相互关联的“中国问题”，都是在近代中西文明碰撞的视域中来揭示当时的中国问题。

此后，历经洋务运动、戊戌变法、清末宪政、辛亥革命、新文化运动、新民主主义革命和社会主义建设及改革开放初期，中国人民始终不屈不挠地艰难探索“中国向何处去”的目标与道路及其发展规律。在现代化的征程中，中华民族虽步履蹒跚却也斩获颇丰，不断积累和沉淀着如何发展中国的历史经验与实践智慧。时至今日，在新世纪的世界格局中，中国已成为世界第二大经济体。更重要的是，对于从中华民族五千年文明和中国现代化百年进程中走出来的中国道路，我们越来越自觉和自信。现代中国正在以“中国方式”实现现代化，并立志于实现中华民族的伟大复兴。旧问题的式微必然伴随着新问题的生成。道路和方向的日益明确，也推动着“1.0 版的中国问题”逐渐升级。在当代中国的现实生活世界中，人们在享受现代化带来的巨大成就的同时，也开始越来越多地感受到现代性的问题及其局限：前现代的、现代的和后现代的因素在当代中国同时共存的问题，区域差距和社会分化问题，总体性上的结构转型、领域分开、力量转移、利益博弈、思想多元、财富生产、财富分配、思想分化、整合共识、文化生态、转型升级、现代治理、战略布局、建构秩序、民族复兴问题，经济与政治领域的权力与资本的问题，文化领域的传统文化的现代转型问题，中国传统文化、马克思主义文化和西方文化三大文化形态的碰撞、交流和融合问题，生态领域的资源与生态环境的承受力及其限度问题，人的发展领域的“政治解放”问题，欲望过度膨胀导致感性至上原则凸显而意义失落的问题，虚假狂欢遮蔽真实的问题，等等，既受到当今世界普遍存在的现代性问题的影响，又植根于当代中国发展的形式逻辑之中，具有中国式现代化建设实践的特殊性底色。因此，“经济全球化背景下中国式的现代性问题”，就成为“中国问题的 2.0 版”。

纵观人类社会发展，呈现出一幅新问题不断代替老问题的历史画卷。只有抓住时代的中心问题、把握时代精神的精华，才能永立时代潮头并引领时代发展。面向经济全球化背景下中国式的现代性问题，并在分析和解决这一总体性问题的过程中不断推进中国式现代化的进程，需要深入理解和把握中国特色社会主义发展的现实逻辑。同时，中国特色社会主义发展的现实逻辑，也是理解经济全球化背景下中国式的现代性问题的实践基础。

(三)实践主线：传统社会向现代社会转型

揭示改革开放以来中国特色社会主义发展的现实逻辑，还有一条主线，那就是要理解和把握中国由传统社会向现代社会转型这种在实践中所发生的历史性变迁。

中国特色社会主义是一个动态发展过程，它不仅贯穿于社会主义初级阶段，而且贯穿于所要解决的根本问题的进程中，还贯穿于由传统社会向现代社会实践变迁的发展过程。变迁，是事物从一种形式向另一种形式转变的过程，它包括事物的结构、要素、功能、运行机制的转换。实践变迁乃至社会转型，是社会发展从一种历史“环节”向另一种历史“环节”转变的实践过程。郑杭生、郭星华指出：“党的十一届三中全会以来，我国进入了从传统社会向社会主义现代化社会转型的新时期。”① 从实践本质来讲，这是改革开放以来中国特色社会主义发展最大的现实问题。从更广泛的意义上讲，中国社会转型最早始于1840年鸦片战争，帝国主义凭借坚船利炮打开了中国传统社会的大门；至1949年新中国成立，标志着从中国传统社会向现代社会转型有了新的契机和平台；在1978年之前，中国社会转型缓慢滞后，传统保守力量较大，排外思维惯性较强，直到改革开放开辟中国特色社会主义，才为社会转型注入鲜活的动力，这不仅加速推进了传统社会向现代社会转型，而且彰显出不同于以往转型的新特点、新问题。正是在这个意义上，我们认为，改革开放以来中国特色社会主义发展的现实逻辑，也就是我国社会主义现代化转型与变迁的进程。

中国传统社会向现代社会转型有其内生性，比如生产力不发达、经济发展落后、具有沉重的历史教训等。但这种转型不是自发产生的，而是内外环境交互作用的产物，其实，外力因素的涌动在中国社会转型中发挥了重要作用。这也是中国社会转型不同于西方社会转型的特殊性所在。中国历史上最早的社会转型，与帝国主义发动侵华战争有着关联。当然，当前中国传统社会加速向现代社会转型，则主要得益于改革开放政策的实施。中国主动打开大门，积极走向和融入世界，加强与世界各国的交往和联系，当然不可避免地也受到西方现代化发展(这里主要指西方的科学技术、生产方式、生活方式、思想文化、管理经验等)的影

① 郑杭生、郭星华：《中国社会的转型与转型中的中国社会：关于当代中国社会变迁和社会主义现代化进程的几点思考》，载《浙江学刊》，1992(4)。

响。在中西经济、政治、文化等碰撞交流中，中国传统社会向现代社会转型的步伐不断加快、程度不断加深、范围更加广泛。郑杭生教授将这种外域因素(如经济、政治、文化、科技、思想等)对社会发展的影响称为“外扰动”因素，并指出中国社会的现代化转型受“外扰动”因素的影响最为明显。但“外扰动”因素并不必然引起社会系统发生变化，它还取决于两个因素：一是“外扰动”因素的强度和频率，二是社会系统自身的“屏蔽效应”。“外扰动”因素强度越大，频率越高，社会系统自身的屏蔽功能越弱，对社会运行发展的影响就越大。① 改革开放以来，中国打破闭关锁国的局面，积极主动加强与世界各国的联系，学习借鉴西方发达国家现代化建设的积极有益成果，改变了排外的、夜郎自大的思维方式，因此自身的“屏蔽效应”大大减弱。同时，经济全球化视阈下，各国之间的联系交往日益密切，特别是现代高科技发展使人类生存的地球越来越小，成为“地球村”，“外扰动”因素不断强化。由此，外域因素特别是西方现代化发展对中国社会转型的影响，是不言而喻的，正因如此，中国社会转型发展与西方现代化转型截然不同，具有“倒逼”特征。事实上，西方社会也历经了由传统社会向现代社会转型的过程，即封建社会向资本主义社会发展，但这种转型主要是从它自身的生产方式变革中生长出来的，即“内扰动”因素占主导地位。而中国社会转型起步较晚，时至今日仍处于转型进程中，因此它面临着转型前、转型中、转型后的“时空压缩”问题。已完成转型的西方现代化发展与仍处在转型进程的中国现代化发展属于共时性存在，这为中国合理吸收利用发达资本主义国家的转型成果，学习借鉴转型经验，提供了可能性与便利性，但这并不代表中国社会转型要走西方转型的道路。中国社会的现代化发展有着自身独特的历史传统、民族文化、基本国情等，在传统社会向现代社会转型的过程中，可以借鉴，也应该借鉴西方现代化社会的转型经验，但不顾中国社会转型的特殊性，盲目效仿西方，其结果只能陷入“画虎不成

---

① 郑杭生、郭星华：《中国社会的转型与转型中的中国社会：关于当代中国社会变迁和社会主义现代化进程的几点思考》，载《浙江学刊》，1992(4)。

反类狗”的窘境。马克思晚年在对东方社会发展道路探索的基础上，提出“跨越卡夫丁峡谷”的设想，就是对东方社会如何通过非西方方式实现现代转型所做的一次有益探索。这启示着我们：中国社会转型并不必然要走西方转型的老路，我们要时刻把握中国转型的特殊性，立足中国转型的实际问题，走出一条超越西方的转型之路。

中国社会转型在中西因素的交互作用下，赋予了中国现代化发展以新的活力，使得中国现代化发展有着不同于传统社会的新内涵、新特征和新表现。笔者认为，这种中国由传统社会向现代社会的转变趋势主要体现在：在坚持正确政治立场的前提下，由“关系”社会走向能力社会，由人治社会走向法治社会，由人情社会走向理性社会，由农业社会走向工业社会等。① 也有学者从两个不同维度具体分析了中国传统社会向现代社会的转型历程，即社会结构意义上农业社会—工业社会—信息社会的转型，社会主体形态意义上人的依赖—物的依赖—人的自由个性发展的转型。② 还有学者详细分析了社会结构、社会运行机制和价值观念体系三个方面在现代化社会的发展变化。③ 虽然他们分析转型的具体范畴和方法体系各不相同，但都具体描述出现代社会较传统社会的差异性、进步性和优越性，为我们从深层本质上探讨实践上的转型过程，提供了理论基础与方法借鉴。

然而，另一方面，特别需要注意的是，现代社会与传统社会并非截然对立的两种社会形态，过分依赖“二分法”的思维方式来划分传统与现代，会割裂现代社会与传统社会的关联性与统一性。我们的改革在本质上是社会主义制度的自我完善与发展，传统社会向现代社会转型也是在这一制度的逻辑框架内进行的，这不仅为中国社会转型划定了界限、范围，也为中国特色社会主义发展确立了性质、方向与基本遵循。与此同

① 韩庆祥：《当代中国的社会转型》，载《现代哲学杂志》，2002(3)。

② 席成孝：《马克思分析现代社会转型的逻辑框架》，载《学术论坛》，2006(9)。

③ 郑杭生、郭星华：《中国社会的转型与转型中的中国社会：关于当代中国社会变迁和社会主义现代化进程的几点思考》，载《浙江学刊》，1992(4)。

时，传统社会向现代社会转型不是一蹴而就、朝夕可成的易事，转型是渐进式的升华，不是断裂式的跳跃，是前者比例不断缩小、作用不断削弱，后者比例逐渐增大、作用逐渐加强，直至后者占据主导地位的过程。这一渐进的发展趋势，在中国特色社会主义发展过程中表现得十分明显，也取得了较大成绩。但整体来说，中国社会转型并未完成，我们依然处在“摸着石头过河”和顶层设计相统一的转型发展阶段。这一阶段不仅漫长，而且充满矛盾与冲突。传统社会与现代社会的对立、中西因素的博弈、社会内部结构功能的失调等现象时有发生，并逐渐引发出一系列值得关注、警惕并需要解决的社会问题。由此，我们必须正确认识我国社会转型的长期性、艰巨性及其带来的双重影响，将社会问题的形成与解决置于传统社会向现代社会转型的发展背景下，全面准确地把握中国社会转型的内在规律，从而推动中国社会转型顺利进行，促进中国特色社会主义不断发展。

“逻辑”一词内在蕴含着一种理性的思维方式，“现实逻辑”是以“最大实际”“现实前提”“实践变迁”为出发点与立足点，来对改革开放以来中国特色社会主义发展进行理性分析的。“最大实际”“现实前提”“实践变迁”，是我们概括总结改革开放以来中国特色社会主义发展的现实逻辑的前提与基础。

二　中国特色社会主义发展的实践进程

这里所讲的实践变迁，实质上讲的是改革开放以来中国特色社会主义发展的现实逻辑。

改革开放以来中国特色社会主义发展的现实逻辑，本质上就是在社会主义现代化转型与建设中不断解决根本问题进而实现实践变迁的过程。这个过程如何展开，如何实现它的发展目标与转型任务，不能仅仅停留在对转型、变迁概念的界定上，而是要在转型、变迁的实现上下功夫，从社会转型、实践变迁视角来把握改革开放以来中国特色社会主义发展的现实逻辑。就此，可以把改革开放以来中国特色社会主义发展的现实逻辑提炼概括为："结构转型—领域分开—力量转移—利益博弈—多样纷争—思想分化—认同危机—社会无序—整合共识—整体转型—现代治理—建构秩序—民族复兴—党的领导"①。蕴含其中的深层逻辑，总体上可概括为：从打破僵化思想观念和体制机制以释放经济社会发展活力从而做大做强物质基础，到做好顶层设计以优化上层建筑，推进国家治理现代化，再使中国经济社会达到平衡和谐，"动力"到"平衡"再到"治理"是贯穿其中的基本逻辑。

在一定程度上，上述实践变迁和历史发展是依次展开、依次过渡、依次递进的，前者的发展蕴含并催生出后者的基因和基础，后者是对前者的发展延续和升级。另外，以上实践变迁和历史发展的跃升并不是在某个时期突然出现的，而是历经了一个时间或长或短的过程，在这一过程中，各个实践变迁的表现形式、特点等各不相同。之所以出现这些不同，根源于它们所处的时代背景、现实生产力发展状况、面对的问题等各不相同，也正是基于这些因素，我们将以上多样化的实践变迁和历史发展划分为三个时期：欠发展初期②、推进发展时期、发展起来以后时期。欠发展初期，着力推动结构转型(结构转型—领域分开—力量转移)，激发经济社会发展的动力；推进发展时期，由结构转型跃升到整体转型(利益博弈—思想分化—认同危机—社会无序—整合共识)，因此

① 韩庆祥、王海滨：《建构"理论中的中国"与中华民族的"学术自我"：现实逻辑、中国问题和中国话语》，载《江海学刊》，2017(3)。

② 目前学术界普遍认可自改革开放至党的十八大期间为中国特色社会主义发展的欠发展时期，党的十八大以后中国特色社会主义进入新时代，为邓小平所说的发展起来以后时期。本文遵循这一阶段划分标准，又具体将这两个大的发展阶段根据中国社会转型发展实际情况划分为三个小的阶段，即欠发展初期(改革开放起始至20世纪90年代)、进一步发展时期(20世纪90年代至党的十八大召开)、发展起来以后(党的十八大以来至今)。不仅本章依循这三个发展阶段的划分标准，第三章、第四章、第五章有关发展阶段部分，也统一遵循以上时间划分标准，以期使通篇连贯统一，这也正是中国特色社会主义发展整体性的表现。

更加注重经济社会发展的平衡、和谐；发展起来以后时期，我国进入整体转型升级(现代治理—建构秩序—民族复兴)，此时会更加注重推进国家治理体系和治理能力现代化，即注重经济社会发展中的治理。

(一)结构转型——欠发展初期相对注重经济社会发展的动力

在“欠发展”初期，中国特色社会主义发展的现实逻辑，主要体现为着力推动结构转型(结构转型—领域分开—力量转移)，激发经济社会发展的动力。

现代化过程实质上就是结构转型的过程，中国现代化进程首先是从结构转型开始的，结构转型是把握改革开放以来中国特色社会主义发展的现实逻辑的逻辑起点。之所以把结构转型作为把握当代中国发展现实逻辑的逻辑起点，是因为结构转型的逻辑展开就构成了当代中国现代化进程的主线。这种转型，是从1978年真正开始的。从哲学角度讲，“逻辑起点”是指运用从抽象和具体相统一的方法，以形成系统理论而选定的作为分析起点的概念或范畴，即逻辑范畴体系中的逻辑始项、初始范畴，① 它不以该体系中任何其他逻辑范畴为前提，却是其他一切逻辑范畴的基础与依据。中国式现代化转型与发展首先体现为结构转型，结构转型构成了改革开放以来中国特色社会主义发展之现实逻辑的原初范畴、初始概念。结构转型逐渐引发领域分开和力量转移等一系列历史性变迁，进而推动中国特色社会主义向纵深发展。

改革开放推进结构转型，有着历史发展的必然性。传统中国的社会结构是一种“金字塔式”的社会层级结构，政治权力相对强大，经济权力和社会权力相对弱小，经济权力和社会权力常常依附于政治权力。这种社会结构对应着“权力至上、自上而下、层级管理”的社会运作方式。这种运作方式在较为封闭稳定的社会系统中具有一种较大优势和积极作用，这就是它有利于动员和组织一切资源、集中力量解难题办大事，因而应历史地加以肯定。然而，在实行改革开放和社会主义现代化建设新

---

① 彭漪涟、马钦荣：《逻辑学大辞典》，修订本，上海，上海辞书出版社，2010。

时期，这种传统的社会层级结构的一些历史弊端逐渐显现，并显示出过分保守、缺乏创新活力、缺乏有效制约与能力建设不足、公共服务不足、法治不足等历史局限，会阻碍社会主义现代化建设与发展。因此，中国现代化发展推进结构转型势在必行，在坚持中国共产党领导下，对这种社会层级结构实行创造性转化和创新性发展刻不容缓。

推进结构转型的直接的、必然的结果，就是导致领域分开。促进社会由层级结构相对转向经济、政治、社会领域相辅相成的新型社会结构，目的在于更合理更有效能地发挥政治权力的积极作用，提升政治权力的领导力，增强和提升经济和社会的地位、作用及其力量，促进三者作用协同发挥。为此，结构转型的首要结果，是在坚持中国共产党集中统一领导的前提下推进领域分开，一是政企(政府与企业)运行方式相对分开，二是政社(政府与社会)运行方式相对分开，从而促使经济领域和社会领域具有相对的独立性，并发挥好其应有的力量。① 这叫作在党和政府领导下的“领域相对划界”，也叫作发挥经济力量、社会力量的积极作用，以更好地发挥党和政府力量的作用。

领域分开必然导致力量转移。因为它为经济领域内市场配置力量的提升、社会领域内人民主体力量的增强，提供了良好的制度安排、社会环境与基本遵循，也使政治权力的任性滥用逐渐受到约束和制约，进而使政治、经济和社会三种力量的协同作用越发明显。党的十一届三中全会以后，我们党和国家转变了“以阶级斗争为纲”的错误路线，把工作重心转移到经济建设上来，强调以经济建设为中心，集中力量解放和发展社会生产力，重视经济领域内的发展动力；在社会领域，强调人民群众聚精会神搞建设、一心一意谋发展，让一切创造财富源泉涌流、让一切创新能力迸发，促进和谐社会建设。这是力量转移的最直接的体现。

从结构转型、领域分开到力量转移，实际上是我们对寻求经济社会

---

① 分开不是分离，分开是相对分工、相对自主，前提是坚持中国共产党集中统一领导，更好地发挥政府的作用。

发展动力的有益探索。改革开放初期，我国生产力发展水平相对落后，人民生活贫穷落后。在这样的现实国情下建设中国特色社会主义、建设社会主义现代化，势必以增加物质生产、提高人民生活水平作为第一需求。马克思、恩格斯在《德意志意识形态》中指出，人类生存的第一个前提就是："必须能够生活。但是为了生活，首先就需要吃喝住穿以及其他一些东西。因此第一个历史活动就是生产满足这些需要的资料，即生产物质生活本身。"①这段经典论述告诉我们，物质生活条件是人类生存发展的"第一前提"或第一需要，追求富足的物质生活、进行物质资料生产，是人之常情，也是推动人类社会发展的根本动力。特别是在人类社会发展初期，对物质生活条件的需求更加迫切、更为主要。在中国特色社会主义发展初期，物质资料严重匮乏，生产力发展水平严重落后于西方发达国家，传统政治力量对经济发展的束缚较多，整体来看，我们称这一阶段为欠发展初期。这一时期人民日益增长的物质文化需要和落后社会生产之间的矛盾，成为当时中国社会发展的主要矛盾。社会主要矛盾决定所要解决的根本问题和完成的首要任务，解决根本问题和完成首要任务需要正确的方式、方法。欠发展初期中国社会所要解决的根本问题、完成的首要根本任务是解放生产力、发展生产力，提高人民生活水平。而要做到这一点，就必须首先从社会结构出发，扬弃传统保守的社会层级结构，促进经济领域、社会领域、政治领域相对分开，把工作重心由"以阶级斗争为纲"转移到经济建设上来，增加社会财富的生产，这是对寻求社会发展动力的成功探索。

欠发展初期，我们主要通过改革社会层级结构、促进结构转型来解决社会主义现代化建设中"发展动力不足"的问题。然而事实上，结构转型（以及由此而带来的领域分开和力量转移）并非仅限定于欠发展初期，而是贯穿于整个中国特色社会主义发展、社会主义现代化建设的全过程。只是在以后经济社会发展进程中，社会转型更加复杂多元，向整体

① 《马克思恩格斯文集》第1卷，531页，北京，人民出版社，2009。

转型跃升，并出现整体转型升级，因而，总体称呼上再使用“结构转型”，已经远远不能涵盖经济社会发展和人民发展的实际，但结构转型作为基本事实，依然存在于整体转型与整体转型升级的过程中。另一方面，从宏观上看，结构转型主要表现在由传统社会层级结构向经济、政治和社会领域相辅相成的新型结构转变。这种转型必须在中国共产党领导下进行。而从微观上看，结构转型有着更丰富的内涵。它不仅包括经济领域的所有制结构、分配结构、市场结构、产业结构、技术结构等转型，也包括政治领域的权力结构、监督结构等转型，文化领域的文化结构等转型。综观从宏观和微观对结构转型的解读，我们发现结构转型与领域分开、力量转移也并非截然分开、各自孤立存在，在一定意义上，它们是有机统一的整体，这个整体共同构成了改革开放初期推动解决社会发展的动力机制，它能有效解决“发展动力不足”问题。李忠杰教授指出：“所谓动力机制，是指一个社会赖以运动、发展、变化的不同层级的推动力量，以及它们产生、传输并发生作用的机理和方式。”[①]我也认为，动力机制的基本要素主要包括科学技术、市场力量、人的积极性主动性创造性等。[②] 结构转型不仅旨在推动政治、经济、社会、文化领域内部转型，也旨在促进形成它们相互制约、相辅相成的新型社会结构，由此构成社会运动、发展、变化的不同层级的推动力量：政治领域不断提高党的集中统一领导力量，经济领域充分发挥市场配置力量，社会领域逐步提升人民主体力量，这是领域分开、力量转移的生动表现，也成为建构新型动力机制的有效元素。

综上所述，改革开放初期，我们推进了一系列结构改革举措，有效促进了结构转型；结构转型引发领域分开；伴随领域分开进而出现力量转移。在中国共产党领导下的“结构转型—领域分开—力量转移”这一改革开放之初中国特色社会主义发展的现实逻辑，共同构成了推动当时中

---

① 李忠杰：《论社会发展的动力与平衡机制》，载《中国社会科学》，2007(1)。

② 韩庆祥、王海滨：《论作为分析框架的动力、平衡、调整三种根本机制》，载《天津社会科学》，2015(4)。

国经济社会发展的动力机制，在当时生产力发展水平极其落后的现实国情下，为市场配置力量和人民主体力量的增强、提升提供了结构性推动，为解放生产力、发展生产力做出了有益贡献。

（二）整体转型——推进发展时期相对注重经济社会发展平衡和谐

推进发展时期，由结构转型跃升到整体转型，即中国特色社会主义发展在一定时期会呈现“利益博弈—思想分化—认同危机—社会无序—整合共识”的现实逻辑，这一逻辑更加注重经济社会发展的平衡、和谐、稳定。

1978年以降，我国以结构转型拉开了中国社会转型的帷幕，至今还一直处在转型过程中。但在改革开放之初，这种转型只局限于政治、经济、社会三维结构，转型也只是在政治、经济、社会领域展开，还没有进入全面整体转型阶段。随着中国特色社会主义实践的不断深入展开，结构转型、领域分开、力量转移的充分且深刻推进，由此引发出经济社会发展过程中一系列新矛盾、新问题、新特征，问题的涵盖面已经远远超过“结构”层面、某些领域，而体现出整体性、总体性特征，它不再局限于经济、政治、社会领域及其内部结构、力量的变化，而是从利益博弈、思想多元、价值认同、社会秩序、观念共识等维度全方位展开，由结构转型发展为整体转型。这也要求人们的思维方式发生转换。它不再仅限于从社会结构入手，而是主要从社会实际生活入手，来认识并遵循中国经济社会发展的规律。正如有学者指出：“它打破了一种严格按照社会结构思维对现实社会生活过程的观察和描述，回到一种从社会生活实际出发观察社会生活的唯物辩证思维上来。”①中国特色社会主义发展的现实逻辑，就是由社会结构或社会生活的根本方面向更广阔、更丰富、更具体的方面扩展的过程，社会实际生活的复杂性、多样性、艰巨性已经超越了关于社会结构分析方法的容纳力，并且长期局限于社

① 梁树发：《中国特色社会主义事业总体布局演变的逻辑与意义》，载《马克思主义研究》，2014(1)。

会结构分析的思维方式，容易使人陷入思辨的、教条的结构分析模式中去，而忽视社会生活的真实性与现实性。只有从社会实际生活过程入手，我们才能发现结构之外的更贴近人们生存与发展的利益、思想、价值、秩序、文化等方面问题，从而为整体转型提供基础和前提。

整体转型是中国特色社会主义发展的现实逻辑的必然结果。“推进发展”历史时期，本质上仍属于“欠发展”时期，是对欠发展初期的延伸。然而，中国经济社会转型的整体跃升又赋予这一时期以新的实践特征与主要任务，因而把它单独作为现实发展进程中一个过渡环节提出，更能体现中国社会发展的连贯性、渐进性和进步性。

力量转移首要带来的是利益博弈。具体来说，从现实进程来讲，市场力量、社会力量的增大带来了“财富生产”，随之而来的就是“财富分配”。分配背后的实质是利益，分配之必然展开的逻辑，是“利益博弈”；不仅如此，改革的进一步发展又深化推进了结构转型及领域分开和力量转移，特别是社会主义市场经济的确立与发展，使力量转移发生了“现实性”的变化，它在实际事实上会使政治管制力有所弱化，使市场力量不断增大，社会力量也不断增强，中国由传统政治权力主导型社会逐步走向在中国共产党集中统一领导下由政治力量、市场力量、社会力量共同推进的社会。随着市场经济的确立与发展，资本因素也会不断进入人们的生产、生活领域，它所带来的深刻影响，就是使一切被浸染在利益的藩篱中，此时力量转移的结果便会导致“利益博弈”。政治力量、经济力量、社会力量博弈的背后底色是利益博弈。此时，各式各样的利益诱惑、利益纷争随处可见，一些人为追逐私利勾心斗角，甚至不惜伤害他人，扰乱党纪法规。

就现实性来讲，利益博弈会在一定意义上导致思想分化。思想的背后是利益，利益总是以思想的形式表达出来。这种利益博弈的必然逻辑，就是因思想多元且由于法治、德治等还没有完全跟进，而带来的“思想分化”。马克思、恩格斯指出：“‘思想’一旦离开‘利益’，就一定会使自己出丑。”[1]利益的多样纷争必然导致思想多元分化，也必然导致传统价值观与现代价值观的碰撞，以及中西思想观念的冲突，也使人们一时难以达成价值共识。

思想分化的进一步发展，会在一定程度上出现某种“认同危机”。这一时期，正处在一个力量、利益、思想、价值多样纷争与冲突时期，社会发展在取得巨大成就的同时，也会导致问题频发。其中出现的一个特别值得我们关注的问题，就是在一些人那里存在着价值认同危机。思想的根本立场和取向是价值观，思想的分化首先是价值观的分化，价值观的分化意味着价值认同危机的出现。如今，同一群体、不同群体在讨论问题时，很容易出现纷争和争论，而纷争和争论的背后，本质上是所持价值观不同。

价值认同危机所造成的一个直接结果，就是一定程度上的社会无序，使社会陷入无序的窘境。思想分化、价值认同危机、社会无序是一种危险信号，它意味着若不及时解决，就有可能导致思想解体。苏联解体首先就是从思想解体开始的。由此，当务之急就是要化解利益冲突、达成思想共识、构建社会秩序，最为首要的，就是要更加注重经济社会发展中的平衡、和谐、稳定，从各个方面入手来整合社会共识。胡锦涛同志提出的科学发展观与构建社会主义和谐社会，其重大意义就在于此。就是说，为解决思想分化问题，首先要“整合共识”；要达成思想共识，进而凝聚力量推动经济社会整体发展，需要重建和营造与当代中国现代化发展能够产生良性互动的“文化生态”。像空气、水等环境要素构成自然生态一样，习惯、风俗等文化氛围构成可以称为“第二自然”的文化生态。在当代中国，作为民族性象征的中华传统文化，“西学东渐”以来渐次传入中国的西方文化，以及新中国成立后开始成为党和国家层面意识形态的马克思主义文化，构成当代中国人现实生活世界中的主要文化氛围。在这三大文化传统对话、交流和融合的基础上，积淀出能够应

① 《马克思恩格斯文集》第1卷，286页，北京，人民出版社，2009。

对中国式现代性问题的文化优势和中国智慧，成为建构文化中国的时代使命。上述这些，正在引起当今中国社会广泛而深刻的变化，这就是“整体升级”。

从利益博弈、思想多元、价值认同危机、社会无序到整合共识，这一现实逻辑进程的展开，一方面是前后相续、层层递进、环环相扣，缺少任何一个环节，都会削弱社会发展的真实性与连续性；另一方面，以上各个环节并非只是从单一维度展开的，而是相互影响、相互交织的一个有机整体。利益不同会导致思想多元分化、价值冲突，同样，思想和价值观多元、分化会更加重不同利益之间的矛盾。利益、思想、价值观不同，难以形成社会共识，不利于建立良性的社会发展秩序，而社会无序混乱，也会使利益、思想、价值观冲突更加严重，社会共识更难以凝聚，由此会形成一种恶性循环。这就启示我们，牵一发而动全身，必须从整体视角看待中国社会整体转型发展中的各个方面。注重各方面之间协调、和谐与稳定，是促进整体转型发展的关键。整体转型阶段，要求注重各方面之间的协调、和谐与稳定，这在实质上就是要努力寻求并构建经济社会发展的平衡机制。所谓平衡机制，“是指社会各基本要素和各部分之间保持协调、和谐，且稳定有序运行的机理和状态”①。也有很多学者将其称为“整合机制”。概念表述虽不一样，但本质内涵是一致的，它们都关涉公正和谐、全面协调、统筹兼顾、稳定有序。

从探索并建立健全中国经济社会发展的动力机制到寻求平衡机制，表明我们对中国特色社会主义和社会主义现代化转型与发展规律的认识更加深刻。改革开放初期，我们主要围绕解决生产力发展落后、物质资料匮乏问题，旨在迅速提高人民生活水平，因此致力于推动结构转型，寻求经济社会发展动力；随着改革实践逐步深入，随着中国特色社会主义、社会主义现代化建设实践的进一步推进，社会生产力有了一定提高，物质资料不断丰富，温饱问题基本解决。但与此同时，社会转型发

① 韩庆祥、王海滨：《论作为分析框架的动力、平衡、调整三种根本机制》，载《天津社会科学》，2015(4)。

展也引发了一系列新矛盾、新问题，如力量失衡、发展失衡、贫富悬殊、思想分化、价值冲突、矛盾增多、社会无序等。这就要求我们必须把转型发展的重点放在促进社会平衡、和谐与稳定上来，从相对注重解决经济社会发展的动力问题，到进一步相对注重解决经济社会发展的平衡、和谐、稳定问题，这是我国改革开放与中国特色社会主义建设实践的内在逻辑与基本经验。① 这里需要我们解决的一个问题，即能否说在欠发展初期就不需注重经济社会发展平衡？或者说经济社会进一步发展时就不需要关注经济社会发展的动力了呢？答案是否定的。客观地讲，经济社会发展的动力机制与平衡机制并不是截然分开、孤立存在的，经济社会发展既需要持久动力，也需要保持持续的和谐平衡稳定，两者共处于同一时空中。不过，在经济社会发展的不同阶段，基于社会矛盾、存在问题、社会现状、发展需要、人的认知程度等不同，它们各自所占据的地位、发挥的作用、展开的程度不同而已。我们应该结合实际发展过程中社会主要矛盾、存在的根本问题和工作重点的具体状况来理解和认识，而不是想当然地以时间先后顺序的逻辑去理解和认识。也正是在这个意义上，我们才能真切感受到中国特色社会主义发展的阶段性特征和进步性所在。“稳中求进”的工作总基调，就根植于上述所谓现实逻辑之中。

(三)整体转型升级——“发展起来以后”更加注重推进国家治理现代化

发展起来以后时期，中国特色社会主义发展进入整体转型升级阶段，由此它相对注重“现代治理—建构秩序—民族复兴”，更加注重推进国家治理体系和治理能力现代化，即相对注重经济社会发展中的治理。

党的十八大以来，中国特色社会主义进入新时代，这意味着我国已经进入了邓小平所说的“发展起来以后”时期。从中国特色社会主义和社

① 韩庆祥、王海滨：《论作为分析框架的动力、平衡、调整三种根本机制》，载《天津社会科学》，2015(4)。

会主义现代化建设进程来看，历经长期努力，我国成功走完了现代化的“前半程”，社会生产力发展水平有了很大提高，物质财富不断丰富，经济、政治、文化、科技等实力均迈向一个更高台阶，甚至有些方面已达到国际先进水平，综合国力、国际地位显著提高，人民面貌、党的面貌与国家面貌都发生了翻天覆地的变化。改革开放以来中国特色社会主义发展之所以取得如此巨大的历史性成就，从根本上是得益于中国共产党选择了一条正确的中国特色社会主义道路，使得中国社会主义现代化转型能顺利进行，它不仅适应于经济社会发展的实际，也体现了人民发展的需要。

当前我国在历经整体转型发展之后，站在了整体转型升级这一新的历史起点上。“升级”，汉语词典中解释为规模扩大、程度加深、活动加剧等。这里所谓“整体转型升级”，既指整体转型的继续延伸与深化，又标示着新时代的转型跃升与创新。“升级”并不是要割裂与之前发展阶段的联系，相反，整体转型的顺利进行为“升级”奠定了基础，积蓄了力量。因此，整体转型升级仍然要面临力量转移、利益博弈、思想多元、价值冲突、社会无序等问题。我国发展起来以后时期，这些问题以新的形式呈现出来，且不断发生着升级演化。这种升级演化在新时代具体表现为：在生产力上，由要素驱动、投资规模驱动逐渐走向更加注重创新驱动发展；在社会分配方式上，由让一部分人先富起来走向更加注重共享共富，缩小贫富差距，重视分配正义、社会和谐；在权力运作方式上，由政府主导走向在中国共产党领导下积极推进国家治理体系和治理能力现代化建设；在发展理念上，由以 GDP 为标准走向以人民为中心的共商共建共享共治；在思想观念上，由注重解决思想分化问题和认同危机走向注重建构中国理论、中国价值，注重构筑最大同心圆；在人的生存方式上，由市场主导的“物的依赖性”生存到不断推进人的全面发展；在发展目标上，由“三步走”发展战略到实现“两个一百年”奋斗目标，最终实现社会主义现代化、实现中华民族伟大复兴；在治国理政方略上，由“摸着石头过河”到更加注重顶层设计；在外交策略上，由被动回应挑战走向积极参与全球治理、积极推动构建人类命运共同体、主动争取国际话语权；在国际地位上，由大国走向强国……这些整体转型升级表明，中国特色社会主义发展能够不断焕发出强大生机活力，不断开辟出新境界、新天地，这将为中国特色社会主义新时代发展指明方向、增添活力。

整合社会共识要求注重现代治理，这也是中国特色社会主义进入新时代的必然逻辑。没有良好的政党治理、国家治理、政府治理、社会治理和基层治理，是难以整合社会共识的，因为治理的核心要义之一，就是运用现代化的方式来化解社会各种矛盾，正确处理各种社会关系，并从中寻求最大公约数，以体现最大的公平正义，构筑最大的同心圆，进而实现经济社会发展中的动力与平衡的有机统一。从整体转型进入到整体转型升级，是中国特色社会主义发展的现实逻辑的具体呈现，它意味着中华民族、中国人民逐步实现由站起来到富起来的历史性飞跃，正迎来由富起来到强起来的伟大飞跃。然而，我国发展起来并不意味着可以高枕无忧、坐享其成。邓小平同志早就告诫我们，发展起来以后的问题不比不发展的时候少。这就是说，发展起来以后问题会更多更大更复杂更严峻。问题总是客观存在的，发展起来以后面对的问题、矛盾与风险不仅没有减少，反而表现形式更多样、更复杂，问题更加严峻，我们对这些问题的解决也更加艰难，这也正是整体转型升级的应有之义。事实上，从欠发展初期、到推进发展时期、再到发展起来以后时期，我国仅仅用了 40 多年时间，就走完了早期西方发达资本主义国家要走上百年乃至数百年才走完的现代化发展之路。正因如此，中国特色社会主义、社会主义现代化建设的基础始终还不够稳固，总是面临着问题、矛盾等被“时空压缩”，而同时又会出现风险多样频发的窘境，因而中国特色社会主义建设的历史任务也更艰巨、更艰难。我国发展起来以后面临的第一个问题，就是促进分配正义和实现共同富裕，解决发展不平衡问题。第二个问题就是激发和增强全社会内生动力和创新活力，解决发展不充分问题，第三个问题是抵御风险挑战，第四个问题就是推进国家治理现代化。这四个问题是发展起来以后面临的最为突出的问题。① 促进分配正义，实现共同富裕，实质上注重的是经济社会发展的平衡；激发全社会内在动力和创新活力，实质上是注重经济社会发展的动力；抵御风险挑战，实际上讲的是抵御因动力不足、发展失衡而带来的风险，更加注重激发创新动力与达至平衡和谐；推进国家治理现代化，实质上重视的是经济社会发展中的治理，目的是使经济社会发展实现动力与平衡的有机统一。发展起来以后，我们对中国特色社会主义发展的现实逻辑的理解更加全面、准确、深入了。中国社会的良性运行不仅需要动力机制、平衡机制，还需要治理机制。在当前整体转型升级新的历史起点上，治理机制显得尤为重要，其功能之一就是寻求并确立最大公约数，画出最大同心圆。如我们所讲的积极培育和践行社会主义核心价值观、实现中华民族伟大复兴中国梦、让人民群众在每一个司法案件中都感受到公平正义、构建人类命运共同体等，皆是如此。党的十九大报告明确指出，要全面提升物质、政治、精神、社会、生态文明，实现国家治理体系和治理能力现代化，把我国建成富强民主文明和谐美丽的社会主义现代化强国。② 党的十九届四中全会对坚持和完善中国特色社会主义制度、推进国家治理体系和治理能力现代化做出重要部署，其深意之一也在于此。因此，以国家治理现代化统摄经济社会发展动力与平衡，是中国特色社会主义发展的现实逻辑的内在要求。

新时代积极推进中国社会整体转型升级，关键是要推进国家治理体系和治理能力现代化建设，而推进国家治理体系和治理能力现代化，首要的目的是构建良性的社会秩序。正因如此，党的十八届三中全会和二十届三中全会都注重推进国家治理现代化问题。一方面，在任何一个国家和社会中都需要确立三种根本机制——动力机制、平衡机制和治理机

---

① 韩庆祥：《当代中国发展的现实逻辑与马克思主义哲学创新》，载《中国社会科学评价》，2017(4)。

② 《中国共产党第十九次全国代表大会文件汇编》，22—24 页，北京，人民出版社，2017。

制，这三种机制有助于使经济社会达至良性的发展秩序，而治理机制如何，直接影响着动力机制、平衡机制的状况，治理机制的功能就是致力于实现动力机制和平衡机制的有机统一。由此，推进国家治理体系和治理能力现代化，能够为整体转型升级提供良性发展的秩序环境与价值目标。推进国家治理体系和治理能力现代化，将会打破过去传统、保守、强制的国家管制方式，逐渐转变为在中国共产党领导下同时注重政党、国家、政府、社会、个人协商共治的现代治理方式；它要求统筹推进“五位一体”总体布局、协调推进“四个全面”战略布局，贯彻落实新发展理念。而这些举措之首要目的，就是全面整合、整体推进、合理建构社会发展的良性秩序。在整体转型时期，也致力于解决利益博弈、思想分化、价值冲突等引发的社会无序问题，但升级版的建构秩序更富有共商、共建、共享、共治的意蕴。另一方面，党的十八大以来，所发生的是以力量转移、利益博弈、思想分化为推动的整体转型升级。这种整体转型升级，正在从生产力、生产关系、国家权力运作方式、人的生存方式、外交方略等方面全方位地展开。推进中国特色社会主义发展的整体转型升级，国家的现代治理能力(或国家治理效能)是关键。由此，党的十八大以来，以习近平同志为核心的党中央积极“推进国家治理体系和治理能力现代化”。现代治理的主要手段是协调推进“四个全面”战略布局，是系统治理、综合治理、依法治理、源头治理、基层治理等，把制度优势更好地转化为国家治理效能，其首要目的是解决思想分化问题、整合共识且顺利推进当代中国整体转型升级，这些都是为了建构秩序，即建构当代中国社会发展的良性秩序。当前，以习近平同志为核心的党中央正致力于建构这样的良性秩序，如转变经济发展方式、加强政治建设、建设文化强国、促进公平正义、建设法治中国、积极培育和践行社会主义核心价值观、推进生态文明建设、建设强大政党等。

现代治理、建构秩序的根本目标首要是为了实现国富民强，实现中华民族伟大复兴。由此，中国特色社会主义发展中的“现代治理—建构秩序—民族复兴”的现实逻辑之展开，展现了新时代整体转型升级的价值目标指向。

需要指出的是，推进国家治理体系和治理能力现代化，本质上是中国特色社会主义制度的自我完善和发展，它为新时代整体转型升级奠定了原则遵循与道路指引。也正是在这个意义上，新时代中国社会整体转型升级有着完全不同于传统社会主义国家和西方资本主义社会发展的现实逻辑。立足于社会主义初级阶段的基本国情，直面中国问题，中国特色社会主义现实发展进程中所发生的实践变迁和历史性变革，既没有走封闭僵化的老路，也没有走改旗易帜的邪路，而是走出了一条中国特色社会主义道路。新时代整体转型升级使这条发展道路更加宽广、更加具体、更具魅力，它不仅促使中国逐渐由大国走向强国，而且推动中国为那些既希望加快发展又希望保持自身独立的国家和民族提供了转型升级之路。新时代整体转型升级与国家治理是相互渗透、相辅相成的有机整体，它们从不同维度展现了中国特色社会主义在新时代的发展逻辑。新时代整体转型升级在实质上体现的就是国家治理现代化的具体举措、发展方向和主要任务。从生产力新发展到生产关系新变化，从国家权力运作方式转型到治国理政方略转变，从意识形态、思想观念变化到发展理念、价值追求转变，从社会主要矛盾历史性转化到实现“两个一百年”奋斗目标等，这些都是国家治理的核心要素所在。不仅如此，新时代整体转型升级的过程，既是我国国家治理现代化的推进，也为全球治理提供了有益借鉴。

揭示改革开放以来中国特色社会主义发展的现实逻辑，是一种内容庞杂而又错综复杂的学术努力，梳理概括这一现实逻辑并非易事。这里，我们尝试立足社会主义初级阶段的最大实际，直面中国问题的客观现实，围绕中国实践变迁进程中所发生的历史性变革，以中国社会转型所划分的三个转型阶段，即“结构转型—整体转型—整体转型升级”为主线，从实践变迁中把握改革开放以来中国特色社会主义发展的现实逻辑。改革开放初期，结构转型拉开了中国社会主义现代化转型与建设的帷幕，结构转型伴随着经济领域、社会领域与政治领域的相对分开及力量转移，这是改变我国欠发展时期落后生产力发展现状、寻求经济社会发展动力的有益探索。随着改革开放实践的逐步深入，结构转型跃升为整体转型，社会发展不仅关注社会结构的变化，而且更加注重人们现实的社会生活变化，利益博弈、思想分化、价值冲突、社会无序等现实发展进程中呈现出的逻辑，要求在进一步推进整体转型时期更加注重社会的平衡、和谐、稳定。党的十八大以来，我国进入“发展起来以后”时期，整体转型发展为“升级”版，生产力、生产关系、国家权力运作方式、治国理政方式、人的生存方式、发展理念、奋斗目标、外交战略等方面在新时代都表现出转型升级的新特点。整体转型升级要求致力于国家治理、建构秩序、民族复兴。其中最为关键的是建立起经济社会发展的动力机制、平衡机制和治理机制。这是贯穿于改革开放以来中国特色社会主义发展的现实逻辑之中的一条核心线索。

这里需要特别说明的是，这三个阶段的划分并不是绝对的、孤立的、封闭的，而是一个不断发展的、开放的、有机的整体，它们同处于中国社会主义现代化转型与发展的全过程。三个阶段分别发生的实践变迁也并非只限于某个阶段所独有，而是始终贯穿于中国社会转型的全过程，只是在不同的历史发展阶段，其侧重点、重要性有所不同而已。

三　中国特色社会主义发展的基本规律

揭示改革开放以来中国特色社会主义发展的现实逻辑，有利于我们探寻中国特色社会主义发展的基本规律。规律总是从事物发展的现实进程中提炼出来的，社会发展的内在规律，就蕴含在立足社会发展的现实逻辑中。我们从历时性、生成性的实践变迁进程中，可以找到其蕴含的内在的、普遍的、不变的东西，在变与不变的交织融合中，可以呈现中国特色社会主义发展的现实逻辑，进而从改革开放以来中国特色社会主义发展的现实逻辑中，可以进一步揭示中国特色社会主义的发展规律。

规律，亦即事物发展过程中内部的、本质的、必然的联系和趋势。列宁指出："规律就是关系……本质的关系或本质之间的关系。"①在列宁看来，规律与本质是同一程度的哲学范畴，规律具有根本性、基础性、必然性、普遍性等特点，决定着事物发展的性质与方向。基本规律，是以客观现实为逻辑主线，揭示客观现实的根本性、必然性和普遍性，它是客观现实的抽象与反映。关于中国特色社会主义发展的基本规律研究，反对"主观臆想"和"抽象思辨"，而是以"客观现实"进而以"现实逻辑"为基础的。它表征现实发展规律的客观性、现实性，即这一发展规律是客观存在，不以人的意志为转移，我们可以揭示、认识、遵循这些规律，但不能任意创造、改变、消灭这些规律。因此，探寻、揭示、提炼中国特色社会主义发展的基本规律，是我们正确认识中国特色社会主义发展的关键，这有利于为新时代中国特色社会主义发展提供基本遵循。

下面，我们从学理上尝试着探寻改革开放以来中国特色社会主义发展的基本规律，因为对规律的探寻和揭示，是一项难度很大、相当艰苦的学术研究工作。

(一)立足中国国情、具体实际和实践发展的生产力发展规律

这一规律贯穿于整个社会主义初级阶段。整个社会主义初级阶段的中国特色社会主义建设，就是矢志不渝地解放和发展社会生产力。

马克思指出，物质资料的生产是人类生存与发展的基础，人类"第一个历史活动就是生产满足这些需要的资料，即生产物质生活本身"②。生产物质资料，实际上表达的就是对生产力发展的需求。注重并坚持生产力发展的基础性地位，是马克思关于人类历史发展规律的一贯主张。在马克思看来，生产力决定生产关系，我们要"尽可能快地增加生产力

---

① 《列宁全集》第 55 卷，128 页，北京，人民出版社，2017。

② 《马克思恩格斯文集》第 1 卷，531 页，北京，人民出版社，2009。

的总量”[①]，特别是那些经济文化落后的国家，更需要坚持并贯彻落实生产力发展原理。

自改革开放开辟中国特色社会主义以来，40 多年风雨历程中我国取得了举世瞩目的成就。究其根源，最为重要的一点，就是我们对生产力发展规律矢志不渝的坚持与遵循。事实上，我们对生产力发展规律的正确认识不是一蹴而就，而是经历了一段坎坷曲折的过程。1978 年之前，我国主要根据马克思主义经典著作的一些结论和“苏联模式”，来指导中国经济社会发展。所以，在所有制结构上只强调纯而又纯的公有制，在分配方式上采用按劳分配而排斥按生产要素分配，在经济体制上实行权力高度集中的计划经济，在权力运作方式上主要以行政命令为主。历史和实践证明，这种发展模式虽然不能完全否定，然而它并没有带来我国社会主义建设的繁荣，反而导致生产力发展受阻。“大跃进”中的浮夸风、人民公社运动、“文化大革命”给党、国家与人民造成了较大损失，也带给我们不少沉痛的教训。它启示我们，要从中国具体实际出发，不能抽象地、教条地复制马克思主义经典作家得出的具体的个别结论，更不能照搬照抄“苏联模式”，而是要准确把握马克思主义基本原理与“苏联模式”中的某些经验，找到它们与社会主义初级阶段这一基本国情最大、最实际的契合点，从而为中国特色社会主义、社会主义现代化建设实践提供指导。

从中国社会主义初级阶段这一基本国情、最大实际出发，我们必须以解放和发展生产力为基础，来建设中国特色社会主义，而不能逾越生产力来空谈生产关系。在马克思看来，生产力决定生产关系，而不是生产关系决定生产力，所有制结构、经济体制、分配方式等一系列生产关系不是凭空出现、任意确立的，而是产生于“自己生活的社会生产中”[②]，并同物质生产力发展阶段相适应。这就是说，在物质基础薄弱、生产力水平较低

① 《马克思恩格斯文集》第 2 卷，52 页，北京，人民出版社，2009。

② 同上书，591 页。

的情境下，是建立不了社会主义的。过去我们忽视生产力发展规律，片面、过分地强调生产关系，颠倒了生产力与生产关系的关系，没有真正搞清楚“什么是社会主义、怎样建设社会主义”，从而使我国的发展实践遭受巨大挫折。党的十一届三中全会以后，我国毅然决然实行改革开放政策，在总结以往实践发展经验教训的基础上，依据我国生产力发展落后的实际，把党和国家的工作重心转移到经济建设上来，重新确立并落实马克思关于生产力发展是社会发展的基础的基本原理。1992 年邓小平南方谈话进一步明确指出：“社会主义的本质，是解放生产力，发展生产力，消灭剥削，消除两极分化，最终达到共同富裕。”[①]把解放生产力、生产力发展与社会主义本质相联系，突出强调解放生产力、发展生产力在社会主义本质中的重要性、基础性和根本性，是邓小平理论基于中国具体实际所做出的重要历史性贡献。正是在这个意义上，我们说中国特色社会主义发展进程、中国社会主义现代化发展过程，就是不断解放生产力、发展生产力的过程。特别是在转型发展初期，生产力发展水平极其落后，物质资料极其匮乏，因而积极推进结构转型，寻求促进社会发展的经济动力，便成为这一时期的首要任务。

坚持遵循生产力发展规律，并不意味着生产关系毫无作用可言。唯物史观认为，生产力决定生产关系，生产关系又具有相对独立性，并反作用于生产力。正是生产力与生产关系的矛盾运动规律，推动着社会不断变革发展。当生产力发展到一定程度，自然而然地需要生产关系也不断更新完善，并与之相适应。然而，生产关系的发展变化远没有想象中那么快速，以前确立的生产关系又具有相对独立性与滞后性。因此，在一段时期内，生产力与生产关系一定程度上会陷入某种矛盾乃至对立的窘境，落后的生产关系也会阻碍生产力的进一步发展。生产力与生产关系发生矛盾冲突，是社会转型、变革的必要前提，它要求我们在继续发展生产力的同时，更加关注生产关系的变革，以及生产力与生产关系的

---

① 邓小平：《邓小平文选》第 3 卷，373 页，北京，人民出版社，1993。

协调平衡发展。在我国改革开放初期，在确立以经济建设为中心、大力解放和发展生产力之后，经过一段时期的积累，我国物质资料不断丰富，生产力发展水平有了很大提升，此时生产力进一步发展，便要求生产关系不断更新和完善。然而，传统生产关系的变革却缓慢滞后，明显落后于生产力发展的步伐和要求，从而导致整体转型复杂多样，利益、思想、文化、价值、秩序方面的问题频发。也正由于此，在整体转型时期，我们提出要更加关注生产关系的变革，以及生产力与生产关系的和谐并进、平衡发展。生产力与生产关系本来就是一个相辅相成的有机整体，生产力本身要求生产关系与之相适应，生产关系的性质与内容既决定于又影响生产力发展现状，两者对立统一，共同构成人类历史发展规律的重要基础。中国发展起来以后，社会进入整体转型升级时期，这种整体转型升级不仅关涉各自内容的“升级”，也要求更加注重生产力和生产关系所构成的有机整体的“升级”，即将生产力变革与生产关系变革协同推进，充分体现生产力与生产关系的矛盾运动规律，为新时代中国特色社会主义发展、全面建成社会主义现代化强国奠定坚实的基础。即使我国全面建成了社会主义现代化强国，我们还要向更高发展阶段迈进，那时，整个社会的生产力发展依然是物质基础。

毋庸置疑，中国特色社会主义发展是遵循生产力发展规律的。然而，中国的生产力发展有着自身的特殊性。一方面，中国生产力发展水平比较低，这是中国最大的现实。虽然历经 40 多年改革开放，我国生产力发展水平有了很大提高，但相比于西方发达国家生产力发展水平，仍然有很大差距，最主要的是，与马克思所设想的共产主义包括社会主义社会的生产力发展水平有巨大差距。马克思设想未来共产主义社会是建立在生产力高度发展与物质资料极大丰富的基础之上的，而 1956 年我国确立的社会主义基本制度并不具备这个前提。中国由半殖民地半封建社会直接进入社会主义，未具备社会生产力充分发展这一物质基础。如果说资本主义社会形态可以跨越，那么共产主义、社会主义所需要的生产力发展的物质基础则无法逾越。因此，我国建立社会主义基本制度之后，面临的一个十分突出且紧迫的任务，就是要大力解放和发展社会生产力，这是始终贯穿整个社会主义初级阶段中国特色社会主义发展的根本主线。另一方面，我国要坚持发展生产力与解放生产力有机统一。解放生产力，严格意义上说不同于发展生产力，它指的是要打破、克服束缚生产力发展的阻力与桎梏，为生产力发展创造良好条件。西方社会历经资本主义几百年发展历程，封建社会残余早已消耗殆尽，开放的环境体系与思维方式极大地解放了社会生产力。而中国社会发展却截然不同，不仅面临着发展生产力的重要任务，而且有着解放生产力的迫切需求。这主要根源于一些传统思想观念与保守僵化的体制，以及一些人对马克思主义经典理论的教条式理解和运用，它们严重束缚人们的思维方式，成为阻碍生产力发展的体制机制障碍与思想观念障碍，因此，解放生产力就成为发展生产力的前提和基础。只讲发展生产力不讲解放生产力，将严重影响生产力发展的质量与速度。同样，只讲解放生产力不讲发展生产力，也将会影响生产力发展的广度与深度。发展生产力，指的是生产力的发展水平和质量。发展生产力与解放生产力好比人的两条腿，只有协同并进，才能在中国特色社会主义建设中发挥强有力的作用。

(二)辩证解决中国特色社会主义发展进程中系列矛盾双方的总体性规律

总体性规律，是中国特色社会主义发展进程中蕴含的又一基本规律。这一规律的本质内涵，源自卢卡奇的总体性辩证法概念。总体性思想，是马克思的理论体系中蕴含的一个重要内容与方法论原则，但马克思本人并没有明确提出过总体性概念。卢卡奇在继承马克思理论与方法的基础上，特别是依据马克思《资本论》及其他经典著作中的论述，比较详细地阐释了总体性范畴。他指出，“总体性范畴，总体之于部分的完全至高无上的地位”，是马克思主义辩证法的本质。① 由此可见，卢卡

① ［匈］卢卡奇：《历史与阶级意识——关于马克思辩证法的研究》，76 页，北京，商务印书馆，1996。

奇非常注重对“总体性”的分析研究。事实上，早在黑格尔哲学中，就有了对总体观念的论述。黑格尔指出，历史就是一个个环节走向总体的过程。但黑格尔所讲的总体并不具备现实性，纯粹是“绝对精神”的化身。马克思继承了黑格尔的思想，将头足倒立的辩证法正立过来。他指出，思维过程不是现实事物的创造主，“观念的东西不外是移入人的头脑并在人的头脑中改造过的物质的东西而已”①。所以，马克思便将总体由“绝对精神”发展为具体的、现实的总体。卢卡奇在此基础上，赋予总体性以更高的地位和更丰富的内涵。他将总体性与物化、阶级意识、历史、辩证法等范畴联系在一起，明确把总体性看作是马克思主义辩证法的实质与核心。正是在这个意义上，我们把卢卡奇对马克思辩证法的新阐释，称为总体性辩证法。总体性辩证法，指的是要注重由矛盾双方有机统一所构成的一个有机整体或总体，这一整体或总体构成事物发展的动力和事物的本质。深化对总体性辩证法的认识，有利于我们更准确地把握中国特色社会主义发展的总体性规律。

总体性规律与总体性辩证法的核心要义密切相关。纵观黑格尔、马克思、卢卡奇对总体性的论述，我们大致可以梳理出关于总体性范畴的主要内涵：总体性是相对于抽象思维的“具体总体性”，是相对于部分的“整体总体性”，是相对于有限历史存在的“历史总体性”。换言之，总体性辩证法贯穿于人类社会存在与发展的过程中，而具体总体性关涉社会发展的物质基础，整体总体性侧重于社会发展的整体统一，历史总体性体现社会发展的历史进步。基于此，我们提出中国特色社会主义发展的总体性规律，指的是始终坚持发展的具体特殊性与一般性的辩证统一，始终坚持发展的重点性与整体性的辩证统一，始终坚持发展的阶段性与连续性的辩证统一，尤其是始终坚持发展过程中一系列矛盾双方的辩证统一。事实上，中国特色社会主义发展的现实逻辑，历经结构转型—整体转型—整体转型升级的现实进程，这正是我

① 《马克思恩格斯文集》第5卷，22页，北京，人民出版社，2009。

们对总体性规律的有益探索与成功运用的过程。改革开放 40 多年来我们取得了丰硕成果，其主要原因之一，就在于我们正确认识并遵循总体性规律。这一规律同生产力发展规律同样重要，是中国特色社会主义发展带给我们的宝贵财富。

首先，中国特色社会主义发展坚持发展的具体特殊性与一般性的辩证统一。其具体性主要表现在，中国特色社会主义发展进程是从中国具体实际出发，立足中国国情、中国实践，解决中国问题的现实发展过程，它以中国现实存在为根据，而不是简单对马克思主义的个别结论的教条式的复制粘贴，更不是对西方模式的“拿来主义”。卢卡奇指出：“具体的总体性是真正的现实范畴。”①立足中国现实国情和具体实际，是中国特色社会主义发展的具体性的生动表达。事实上，中国特色社会主义道路之所以越走越宽广，得到国际社会的广泛认可，一个重要原因，就在于我们始终坚持中国现实存在的第一性和特殊性。但具体性并不代表特立独行、标新立异，也不意味着只讲特殊不讲一般，它既立足中国现实存在，也要有章可循、有据可依，既注重特殊性，也注重一般性，遵循人类历史发展的一般规律。这实际上是对马克思主义社会存在论的中国式运用。马克思指出：“不是人们的意识决定人们的存在，相反，是人们的社会存在决定人们的意识。”②“社会存在”在归根结底的意义上是第一性的，任何时候我们都要以自身的现实存在为基础，这是人类社会生存与发展需要遵循的基本原理。社会存在既包括存在的特殊性，也包括存在的一般性。中国特色社会主义发展是具体特殊性与一般性的辩证统一，它既遵循现实存在是第一性的，又注重现实存在的“中国式”表达，始终立足于中国现实存在的根基，而不是主观臆想出的“思维存在”，更不是他者的“现实存在”。具体特殊性与一般性的辩证统一规律在总体性规律中占有重要地位，它规定了中国特色社会主义发展的

① ［匈］卢卡奇：《历史与阶级意识——关于马克思辩证法的研究》，58 页，北京，商务印书馆，1996。

② 《马克思恩格斯文集》第 2 卷，591 页，北京，人民出版社，2009。

性质与方向。

其次，中国特色社会主义发展始终遵循重点性与整体性的辩证统一。中国特色社会主义发展本身是一个体系庞大、错综复杂的过程，如何在这一纷繁复杂的过程中把握其本质、核心，是决定中国特色社会主义发展、社会主义现代化发展能否顺利进行的关键。中国共产党人历来重视对主要矛盾、根本问题、时代课题和工作重点的研究与探索，这实际上表达的正是对发展重点的关注。全面准确地把握发展的重中之重，将会极大地促进经济社会发展，收到事半功倍的效果。改革开放初期，我们着手推进结构转型，重点在于寻求经济社会发展的动力，强调重点突破非均衡；推进发展时期，我国进入整体转型阶段，因而，我们更加重视经济社会发展的平衡和谐，注重全面协调、整体推进；当前中国处在发展起来以后时期，整体转型升级要求我们发展的重中之重，是注重推进国家治理现代化。把握每一阶段的发展重点，能更有效地指引中国特色社会主义发展的方向与趋势。然而，另一方面，不同阶段的发展重点并不是抽象的存在，而是一个不断生成、不断跃升的过程。与此同时，发展的不同阶段也并不是孤立存在的，而是相互联系、相互作用，共同构成发展全过程的有机整体。马克思在《1857—1858年经济学手稿》导言中阐释生产、分配、交换与消费的关系时，指出“它们构成一个总体的各个环节”，“不同要素之间存在着相互作用”①。卢卡奇也指出，总体性之为总体性，就在于它不顾“这些孤立的和导致孤立的事实以及局部的体系，坚持整体的具体统一性”②。因此，事物发展总是部分与整体、重点和全面的辩证统一。部分是整体中的部分，各部分之间相互联系、相辅相成，并依存整体而存在，始终处于统一体的规定性之中；整体是由各部分有机结合而成，对各部分具有绝对统治地位，是多样性的综合和统一。整体性要求我们在理解和把握一个整体内部各构成要素

① 《马克思恩格斯文集》第8卷，23页，北京，人民出版社，2009。

② ［匈］卢卡奇：《历史与阶级意识——关于马克思辩证法的研究》，54页，北京，商务印书馆，1996。

时，要相互贯通、相互统一起来，而不能只抓住其中一个要素而忽略其他要素。因为各要素之间的关系构成一个有机整体，不可分割。

中国特色社会主义发展的现实逻辑自始至终都非常重视部分发展与整体发展的辩证统一、重点发展与全面发展的辩证统一，特别是对发展的整体性追求，更是有着深厚的中华文化因素。我们强调要紧紧抓住社会主要矛盾，实际上就是要求抓住重点。在抓住重点的同时我们还注重全面。中华优秀传统文化历来重视天人合一、和合共生、天下大同等理念，这与马克思所阐释的社会有机体理念殊途同归、异曲同工，为中国特色社会主义发展提供了整体性视野。随着中国特色社会主义实践发展的不断深入，中国特色社会主义各个组成部分（内容）也都充分显现出来，但我们对各部分的认识并不是孤立、教条的，而是始终围绕中国特色社会主义发展的整体规定性，将各领域、各部分纳入中国特色社会主义发展的总体格局中，以新发展理念、新发展目标、新发展举措等统筹中国特色社会主义发展。从发展格局上看，从改革开放初期着重推进经济改革，到推进经济体制与政治体制协同改革，从经济、政治、文化“三位一体”格局，发展到经济、政治、文化、社会“四位一体”，再到确立经济、政治、文化、社会、生态文明“五位一体”总体布局，我们对中国特色社会主义发展的整体性认识不断深化。如我们提出的统筹推进“五位一体”总体布局、协调推进“四个全面”战略布局，树立和落实五大新发展理念，便是如此。正是由于我们始终把握重点发展与全面发展的有机统一，重视发展整体对各部分的统领地位，重视各部分、各领域之间的平衡、和谐，中国特色社会主义发展才超越了传统部分与整体对立的发展思维，并站在总体统筹发展的高度。

再次，中国特色社会主义发展始终坚持发展阶段性与连续性的辩证统一。发展的阶段性，相对侧重于从静态中把握不同发展阶段的本质特征，这在表面上体现为一种并列的逻辑属性。但另一方面，各阶段、各环节并非绝对静止、绝对并列，而是处在一个总体的运动过程中，体现为连续的、不可分割的、动态的发展过程。马克思指出，辩证法不崇拜任何东西，任何事物都不是永恒的，都是过程性的存在。卢卡奇也指出，“只有在这些环节彼此间处于一种动态的辩证关系，并且认为是在一个同样动态的、辩证的、整体的环节这层意义上”①的时候，各环节才具有真正的现实意义。由此，我们仅仅从发展整体性上把握个别、重点和部分还远远不够，因为它忽视了事物发展最重要的一个事实，那就是事物发展的生成性、历史性和连续性。只有把发展各阶段、各部分置于总体发展的历史生成过程中，它们自身才具有存在的价值，由之而形成的总体过程才有意义。因此，有限的阶段性与无限的连续性是同时存在、互为前提的。中国特色社会主义发展本身是一个总体发展的生成过程，这一总体运动表现为不同发展阶段与环节的渐进性与连续性。中国特色社会主义发展的现实逻辑表明，从结构转型、整体转型到整体转型升级，不是后者对前者的否定，而是后者对前者的生成、延续与进步，是逐步走向并生成为整体的过程。正是各阶段的连续与进步，使中国特色社会主义发展呈现出阶段性与连续性的有机统一。

最后，中国特色社会主义发展始终坚持正确处理和驾驭其发展进程中所遇到的一系列矛盾关系。中国特色社会主义建设和发展的一个基本事实和本质特征，就是在其建设和发展进程中，必然会遇到一系列矛盾关系，诸如马克思主义基本原理与中国实际、解放思想与实事求是、社会主义制度与市场经济、经济全球化与独立自主、循序渐进与跨越式发展、又快发展与又好发展、速度与质量、劳动与资本、效率与公平、经济和社会、政府和市场、活力和秩序、发展和安全等。如何正确处理和驾驭这些复杂的矛盾关系，事关中国特色社会主义事业建设的成败。中国特色社会主义发展要求自身必须正确处理和驾驭这些复杂的矛盾关系。胡锦涛同志在《高举中国特色社会主义伟大旗帜，为夺取全面建设小康社会新胜利而奋斗》的讲话中，总结了改革开放的根本经验，就是正确处理和驾驭我国改革开放进程乃至中国特色社会主义发展进程中所

---

① ［匈］卢卡奇：《历史与阶级意识——关于马克思辩证法的研究》，61页，北京，商务印书馆，1996。

遇到的十对矛盾关系，做好“十种结合”。[1] 这种经验其实也是中国特色社会主义发展基本规律的经验表达。

(三)具有中国实践变迁逻辑的历史生成性规律

历史生成注重“是”，更注重成为“是”，注重“结果”，更注重成为“结果”的过程及其因果逻辑。

哲学视阈下的“现实”，不是静态的现象、表象，而是动态的实践、活动，不是预成的、一成不变的表现，而是不断生成、不断“成为”、不断发展的过程。因此，现实逻辑的最重要基础不是主观臆想，不是外在于人的客观事物，而是立足于人的感性的实践活动，其根本原则不是既成性原理，不是永恒性规律，而是立足于实践变迁逻辑的历史生成性规律。换言之，中国特色社会主义发展的现实逻辑，实质上就是立足中国改革开放伟大实践及其发生的历史性变革，从而不断生成、不断“成为”、不断发展的过程，中国特色社会主义实质上就是从人民群众生机勃勃的历史实践中“生长”出来的。从结构转型、整体转型到整体转型升级，正是历史生成性的生动表达。中国特色社会主义现实发展之所以取得如此成就，也是因为始终遵循立足于中国实践变迁逻辑的历史生成性规律。

实践的观点，是马克思主义哲学首要的、根本的观点。马克思指出，从前一切唯物主义包括费尔巴哈唯物主义的主要缺点，只是从客体的或者直观的形式去理解对象、现实或感性；而唯心主义者特别是德国哲学集大成者黑格尔，从思维、观念或“绝对精神”出发解释一切，完全不了解主体人的现实生活。他们不是曲解了现实，就是完全抛弃了现实，他们根本不懂得现实的、感性的活动，不懂得主体人的实践。[2] 马克思不是从人之外的抽象的客体或精神寻求历史发展的根本动力，而是立足于人所生活的现实世界，从人的感性的实践活动出发，确立起历史

---

① 胡锦涛：《胡锦涛文选》第 2 卷，620 页，北京，人民出版社，2016。

② 《马克思恩格斯选集》第 1 卷，133 页，北京，人民出版社，2012。

发展的本质。他指出："整个所谓世界历史不外是人通过人的劳动而诞生的过程，是自然界对人来说的生成过程。"①实践变迁构成了历史发展的基础与动力，正是人的永不停歇的实践变迁活动，正是这一实践变迁活动的本源性与超越性，推动历史不断生成、不断发展。因此，主体人的感性的实践活动成为历史生成性规律的坚实基础。实践不是与人无关的抽象的、实体的东西，而是人本身的生活生产，是实际的、可以通过经验确定、通过感觉察觉的现实的人的活动。由实践的观点来理解人，人就不是一成不变的、预定的、思维的存在，而是实践的产物，是实践生成的结果。马克思指出："个人怎样表现自己的生命，他们自己就是怎样。"②他们不断发展变化的实践活动的过程，就是人自身不断创造、不断超越、不断生成的过程。实践不仅实现着人自身本质力量的生成与丰富，更是在这一过程中推动了历史进步。"历史不过是追求着自己目的的人的活动而已。"③随着人们生存与发展需要的跃升，以及对自由全面发展终极价值目标的追求，他们的实践活动不断实现着变迁、创新和发展，它不仅改造了自然，更是创造了社会，改变了世界，由此形成历史。马克思正是由于把握了实践的生成性本质，把历史生成性思维引入哲学世界观和方法论，引入唯物主义，才打破了预成性或既定性思维方式，从而开辟了新的哲学道路，开启了哲学发展的新境域。

中国特色社会主义的成功发展，一方面，根源于我们对马克思主义世界观矢志不渝的坚持与遵循，特别是它始终立足于人民群众的实践活动，把历史生成性规律始终贯穿于社会历史发展的进程中；另一方面，中国特色社会主义的现实发展过程，归根到底就是改革开放以来中国社会主义现代化建设实践的发展过程，当代中国的历史性实践变迁，构成了中国特色社会主义发展的最大特色。中国特色社会主义不是抽象的、

---

① 《马克思恩格斯文集》第1卷，196页，北京，人民出版社，2009。

② 同上书，520页。

③ 同上书，295页。

头脑中的产物，也不是与人对立、分离的社会存在，而是改革开放以来全体中国人民不断实践的产物。事实上，根据马克思主义历史生成性规律，任何社会发展都是人的感性实践活动的产物，在这一点上，东方世界与西方世界并无二致。但中国发展的实践又有着不同于西方社会发展、不同于传统社会主义国家发展的独特性与民族性，由此，历史性生成规律又有着中国式的特点与表达。之所以明确区分中国发展实践与西方发展实践、传统社会主义发展实践的不同，主要在于目前国内外学术界还存在着某些人从本本主义、从西方标准或西方范式出发，来剪裁中国发展实践的问题，这严重损害了中国发展的内生性、独立性、自主性、主体性，以及中国实践的独特性与民族性。中国实践的与众不同，首先表现在对社会主义制度的坚守与遵循，对中国共产党集中统一领导的坚守与遵循。改革开放不是对原有社会主义制度的否定与改变，而是社会主义制度的自我完善与发展。因而，改革开放以来中国特色社会主义建设实践是在坚持社会主义制度的基础上的实践，而不是资本主义制度下的实践，这就与西方社会实践划清了界限。另一方面，社会主义制度的完善与发展表明，此时中国的发展实践已经不同于传统社会主义国家的发展实践，社会主义市场经济的确立及发展克服了计划经济体制的弊端。公有制为主体、多种所有制经济共同发展，改变了所谓纯而又纯的公有制的教条主义；按劳分配为主、多种分配方式并存的分配制度，最大限度地调动了社会积极性，等等。其次，中国发展实践的独特性与民族性，还源自中华优秀传统文化的熏染与影响。人的感性实践活动不是凭空产生的，而是首先在以往思想文化的影响下进行，中华传统文化对人们的思维方式、实践方式、生活方式、实践目标等产生了深远影响，有些已经深入骨髓，甚至变成基因代代遗传。中华文化不同于西方文化，身处其中的中国实践方式、实践手段、实践目标等，表现出不同于西方发展实践的民族性与独特性。

中国特色社会主义实践历经“结构转型—整体转型—整体转型升级”三个阶段的发展历程，内在蕴含着对历史生成性规律的遵循。正是随着中国社会主义现代化建设实践的深入发展，中国特色社会主义也实现着不断丰富与完善。也就是说，中国特色社会主义不是一个预成的、既定的社会形态，而是一个不断生成的、开放的现实发展过程。我们始终坚持中国发展实践的独特性与民族性，立足于中国改革开放以来的伟大实践，以历史生成性思维看待并指导中国特色社会主义发展。由于历史发展阶段的现实环境、实际国情、目标追求等不同，中国发展实践也表现出不同的转型现状与实践特点，随着不同历史发展阶段的更替与跃升，中国特色社会主义呈现出阶段性与过程性、有限性与无限性的统一，这正是立足实践基础上的历史生成性规律的本质内涵。

中国特色社会主义发展的现实逻辑，其核心要义在“现实”二字。马克思正是由于对资本主义社会现实问题的关切与研究，从而开辟了一条新的哲学发展道路。“现实”并非简单指看得见、摸得着的现象或表象，在马克思话语体系下，其实质指的是人的感性的实践活动。由此，现实逻辑即为基于实践发展的历史性进程，以及对某事物的过程性与必然性的认识。中国特色社会主义发展的现实逻辑，即立足改革开放以来的伟大实践，梳理总结改革开放 40 多年以来的实践发展历程，并注重从客观现实的发展过程中揭示现象背后的本质、偶然性背后的必然性。

首先，中国特色社会主义的形成与发展不是某个英雄人物或某位杰出人物头脑中的主观臆想，而是有着深厚的现实依据，这是我们概括总结中国特色社会主义现实发展进程与发展规律的前提与基础。社会主义初级阶段是中国特色社会主义发展的立论基础，中国特色社会主义发展实践必须依据国情、围绕国情、解决国情；中国问题是把握中国发展、开辟中国道路的首要元素，而不是“以西解中”“以西为本”；改革开放的过程即中国由传统社会向现代社会转型的过程，这是中国发展面临的最大问题，也是独特性之所在。

基于以上基本事实，特别是中国社会主义现代化转型与建设的事实，我们尝试划分中国特色社会主义发展的三个阶段，即“结构转型—

整体转型—整体转型升级”。改革开放初期，落后的生产力发展现状迫切需要改变中国传统的社会层级结构，寻求经济社会发展的新动力；随着改革开放实践逐步深入，生产力发展水平有了一定提高，但结构转型、领域分开、力量转移带来的利益博弈、思想分化、价值冲突、社会无序等历史事实逐渐显现，迫切需要社会发展实现整体转型，并注重转型过程中发展的整体性与平衡性；我国发展起来以后，新时代中国特色社会主义发展面临新的发展逻辑，要求实现整体转型升级，并致力于实现国家治理体系和治理能力现代化，构建良性社会秩序，实现中华民族伟大复兴。立足于中国社会主义现代化转型实践的发展，三个历史发展阶段既有其各自特点，又是相辅相成、有机统一的整体，其内在蕴含着中国特色社会主义发展的现实逻辑与发展规律。把握中国特色社会主义发展的内在规律，有利于揭示中国特色社会主义发展由何而生、因何而立、走向何方。生产力与生产关系的矛盾运动是推动人类历史发展的根本动力，中国特色社会主义发展始终遵循人类历史发展这一基本规律，但我们对这一规律的遵循不是教条主义、本本主义，而是立足于中国落后生产力发展现状，始终坚持把解放生产力、发展生产力作为党和国家的工作重心。

其次，中国特色社会主义发展历程内在蕴含着具体特殊性与一般性、重点性与整体性、阶段性与连续性的辩证统一，蕴含着要正确处理和驾驭中国特色社会主义建设和发展进程中必然遇到的一系列矛盾关系。这一总体性规律不仅始终将中国发展置于整体或总体的视野下，是中国发展不同于西方发展的优势所在，而且也是在历史生成过程中逐渐呈现出来的。

最后，中国特色社会主义不是预成的或既定的，而是立足于实践发展的不断生成的过程。中国特色社会主义之所以不断实现实践的跃升，不断丰富与完善，皆根源于对历史性生成规律的遵循与坚守。立足于中国现实、中国问题和中国实践，总结概括改革开放 40 多年以来中国特色社会主义发展的现实逻辑与发展规律，既是我们对马克思主义实践观的正确运用，更是我们实现中国社会主义现代化发展、建构中国式话语体系、贡献中国发展道路的有益探索。

除了以上我们所讲的中国特色社会主义发展的三条规律以外，还有一条规律，那就是：中国特色社会主义在其发展历程中，在横向静态上，是坚持其发展的动力、平衡和治理的有机统一，在纵向动态上，是在其“发动”阶段相对注重经济社会发展的动力机制，在其“助跑”阶段相对注重平衡机制，在其“起飞”和“飞行”阶段相对注重治理机制，其治理的目的，就是既保持经济社会发展的动力，也保持经济社会发展的平衡、和谐、稳定。

第六章　中国特色社会主义发展的价值逻辑

马克思主义哲学坚持历史尺度和价值尺度、尊重事实和价值评价相统一。它们是一个有机整体，也构成一种具有根本性的哲学方法论。在揭示了改革开放以来中国特色社会主义发展的历史逻辑、现实逻辑之后，在逻辑上，自然要进一步揭示改革开放以来中国特色社会主义发展的价值逻辑。

价值，是一个哲学范畴，它在本质上表达的是需求与供给之间的关系；价值观，它在本质上表达的是对需求与供给关系的一种根本看法，即对人的需求的满足关系的根本看法。与此相对应的是真理和真理观。真理是人作为主体对客体的本质的一种正确认识，真理观是对这种认识的一种根本看法。

一　作为价值关系的中国共产党与人民群众

价值，是哲学范畴，是一种关系概念，它在本质上表达的是主体对人的需求的一种具有肯定性的满足关系，在这种关系中，人是作为终极意义上的目的而存在的。

中国共产党人的价值追求，也是一种关系概念，它表达的是作为主体的中国共产党人对人民群众的需求的一种肯定性的满足关系。这里，中国共产党与人民群众就是一种价值关系，在这种关系中，人民群众也是作为终极目的而存在的，他们有价值需求，中国共产党人是作为价值追求的主体而存在的，中国共产党人如何满足人民群众的何种价值需要，则是核心问题。

唯物史观认为，人既是历史的剧作者，也是历史的剧中人，人民群众是历史的创造者。这里的“人”，既指人类，也指广大人民群众，还指每一个人。人是主体与目的的统一，人民群众也是主体和目的的统一。人民群众既是创造历史的主体，也是价值追求的主体。但在中国共产党与人民群众的关系中，人民群众是作为价值需求而存在的，中国共产党是作为价值追求的主体而存在的。然而，每一个人“追求着自己的目的”，换言之，每个人的价值追求并不完全一致。事实上，价值本质上具有适应“主体需要及其发展”的特征，① 每一主体的需要及其发展不同，价值追求自然也不尽相同。恩格斯曾用历史合力论阐释历史发展规律，指出：“最终的结果总是从许多单个的意志的相互冲突中产生出来的。”②这些单个的意志，由于他们的生活条件不同而各不相同，甚至相互冲突，因此，每一主体的价值追求不同，甚至主体间价值追求产生冲突是常态。但常态并不等同于价值追求毫无规律可言。恩格斯指出，这些单个的意志彼此互相交错，无形中形成了一个总的、整体的、不自觉起着作用的合力。每一个人的价值追求都深入其中并交错相织，也由此形成一个整体的价值追求规律。人和人民群众作为价值需求的主体，意味着历史的最高目标、最终目的都是“为了人”，人类一切活动的最高目标、最终目的也都是“为了人”；进而意味着，中国共产党人所追求的一

---

① 李德顺：《价值论：一种主体性的研究》，13 页，北京，中国人民大学出版社，1987。

② 《马克思恩格斯文集》第 10 卷，592 页，北京，人民出版社，2009。

切价值，其最高目标、最终目的，都是“为了人民群众”。

资本主义社会实际上也是为了“人”，但它所为的“人”是少数人，即资本家，与此同时，它把广大劳动工人、劳动人民作为资本增值的手段。马克思指出，劳动越贬值，资本就越增值；劳动创造的价值越多，资本就越增值；工人的劳动创造的价值越多，资本家获得的价值就越多，劳动工人就越受资本家的统治。[①] 这里，劳动和资本、劳动工人和资本家是一种对立关系。

马克思又明确谈到了共产党人与无产阶级、劳动人民的统一关系，强调共产党人就是代表无产阶级和劳动人民的根本利益的，它既是为了解放无产阶级、解放全人类，促进每个人自由而全面发展，又是为无产阶级、劳动人民立言的。一切为了劳动人民群众，是共产党人的最高价值追求、最高价值目标。坚持共产党人的这种价值追求，满足劳动人民群众的价值需求，是由共产党人的性质决定的。马克思在《共产党宣言》中，详细阐释了共产党人与无产者之间的关系：一方面，共产党人与无产者在本质上是一致的，即“他们没有任何同整个无产阶级的利益不同的利益”[②]，共产党人始终代表着整个无产阶级运动的利益，无产阶级运动是为绝大多数人谋利益的运动，因而共产党人始终代表着最广大人民群众的利益；另一方面，共产党人是无产者的先锋队，代表着无产者中最先进、最坚定的分子。正如有学者所指出，无产阶级群众自己所不能提供的，需要由无产阶级的先锋队共产党人来提供。[③] 因为共产党人无论在实践上还是理论上，都更加成熟、更加坚决：“在实践方面，共产党人是各国工人政党中最坚决的、始终起推动作用的部分；在理论方面，他们胜过其余无产阶级群众的地方在于他们了解无产阶级运动的条件、进程和一般结果。”[④]只有共产党人，才能为革命提供成熟完善的思

① 《马克思恩格斯选集》第1卷，3版，51—63页，北京，人民出版社，2012。

② 《马克思恩格斯文集》第2卷，44页，北京，人民出版社，2009。

③ 邓斌、苏伟：《〈共产党宣言〉的价值逻辑及其在当代中国的体现》，载《马克思主义研究》，2018(10)。

④ 《马克思恩格斯文集》第2卷，44页，北京，人民出版社，2009。

想条件与组织条件，才能促进无产者由“自发”状态发展到“自觉”状态。由此可见，共产党人在无产阶级革命中发挥着至关重要的价值引领作用。

发挥共产党人的价值引领作用，实际上就是把最高的价值追求和终极价值目标融合于共产党人的指导思想中，践行于共产党人的治国理政实践中。价值追求、指导思想、社会实践，三者本身就是融合为一的有机整体，共产党人的指导思想与实践活动要处处彰显其价值追求，而共产党人的价值追求只有转化为它的指导思想与社会实践，才能真正实现价值引领的作用。

中国共产党领导是中国特色社会主义最本质的特征，是中国特色社会主义制度最大的优势，人民对美好生活的向往就是中国共产党人的奋斗目标。只有理解人民，才能真正理解中国共产党；只有理解中国共产党，才能真正理解中国特色社会主义。由此，中国特色社会主义的价值追求以中国共产党的价值追求为核心内容，以人民群众的价值需求为最高目的。研究改革开放以来中国特色社会主义发展的价值逻辑，从本质来讲，就是要研究中国共产党在不同历史发展阶段的价值追求、价值目标的历史演进。就是说，中国特色社会主义的价值追求、价值目标应以中国共产党的价值追求、价值目标为核心内容和本质体现。因为中国共产党是无产阶级的先锋队，中国历史的发展选择了中国共产党，中国人民选择了中国共产党。自中国共产党成立以来，它的初心就是实现人民解放、人民幸福，因而始终心系人民群众，始终不忘为中国人民谋幸福、为中华民族谋复兴的初心与使命。中国共产党团结带领全国各族人民，战胜各种艰难险阻，取得了新民主主义革命的胜利，取得了社会主义革命和建设的伟大成就，赢得了改革开放的伟大成功，正在夺取中国特色社会主义的伟大胜利，它也使中国人民、中华民族实现了由站起来到富起来的历史性飞跃，并迎来由富起来到强起来的伟大飞跃。中国共产党在其发展过程中，也出现过一些失误，但它勇于批评与自我批评，勇于自我革命，勇于超越自身的局限，始终保持先进性，保持人民至上的价值品质。这是我们注重并选择以中国共产党的价值追求为核心内容和价值引领的根本所在。

中国特色社会主义发展在本质上，既是一种历史发展过程，也是一种现实实践基础上的历史生成性过程；既是一种理论创新过程，也是一种价值追求的演进过程。自中国特色社会主义形成以来，我们对中国特色社会主义的价值追求与信仰从未动摇，并伴随着改革开放和社会主义现代化建设的伟大成就而日益坚定。中国特色社会主义的价值追求，不同于西方资本主义社会的价值取向，也不同于以往社会主义国家的价值取向，而是立足于当代中国改革开放和社会主义现代化建设实践，立足于改革开放以来中国特色社会主义建设实践和发展历程，并遵循马克思主义价值原理建构起来的。中国特色社会主义遵循马克思主义唯物史观，矢志不渝地坚持人民至上的价值理念，来构建以“人民”为中心的价值追求体系。

二　中国特色社会主义价值追求的理论基础

第一节主要是讨论中国特色社会主义的价值关系问题，强调中国共产党是价值追求的主要主体，其最高目标、最终是为了满足人民群众的价值需求，二者是价值追求和价值需求的关系。下面，我们着重论述中国特色社会主义价值追求的理论基础问题，目的在于确立中国特色社会主义价值追求的基本遵循。

马克思主义价值观的核心，可以简要表述为：以共产主义作为最高价值追求；把每个人自由而全面发展作为终极价值目标；把人民群众既看作历史的创造者，也看作历史的目的，共产党人的根本价值追求，就是满足人民群众的价值需求。这些价值原则虽然各有侧重，但它们本质上是一致的，都始终以“人”或“人民”为中心。中国特色社会主义的基本价值追求并不仅限于这三条，但毋庸置疑，这三条是中国特色社会主义价值追求的理论基础和基本遵循。

(一)最高价值追求：共产主义

中国特色社会主义在本质上具有社会主义性质，它是马克思主义关于共产主义基本原理与中国实际相结合的产物。因此，坚持和发展中国特色社会主义，从根本上、本质上就要求始终不渝地坚定对共产主义的信仰。

共产主义是马克思主义的最高价值追求。马克思究其一生，都在为实现共产主义、完成共产主义事业而奔走呼号。事实上，对共产主义的价值追求并非马克思所提出，早在16世纪，空想社会主义就已经有了共产主义理论的雏形，18世纪的社会主义理论家从思辨的角度对共产主义原则进行了描写。但只有到了马克思，他在发现和揭示人类历史发展一般规律的基础上，不仅指明了未来共产主义社会的发展趋向，而且找到了实现共产主义的路径与方法，成功地将科学主义由空想变为科学。马克思指出："哲学家们只是用不同的方式**解释**世界，问题在于**改变**世界。"①在马克思看来，必须改变现存的资本主义世界，而不是对资本主义世界修修补补。实现共产主义，是马克思一生的最高价值追求。

马克思对共产主义的执着追求，是建立在对资本主义强烈批判的基础之上。马克思在《共产党宣言》中，从历史维度肯定了资产阶级在历史中的革命性作用，但在《1844年经济学哲学手稿》《共产党宣言》中，又从价值维度对资本主义社会进行了更强烈、更彻底的批判与否定。马克思立足当时资本主义社会发展的境况，全面揭示了资本家对工人的残酷剥削以及资本逐利的本性。他指出："工人变成了机器的单纯的附属品……受各个经营工厂的资产者本人的奴役"②，"资本来到世间，从头到脚，每个毛孔都滴着血和肮脏的东西"③。在《1844年经济学哲学手稿》中，马克思更是从劳动异化及人的异化事实说起，指出了人与产品、

① 《马克思恩格斯文集》第1卷，502页，北京，人民出版社，2009。

② 《马克思恩格斯文集》第2卷，38页，北京，人民出版社，2009。

③ 《马克思恩格斯文集》第5卷，871页，北京，人民出版社，2009。

人与劳动、人与人、人与类的四种异化形式，深刻揭示了资本主义的非人道本性。不仅如此，私有制、资本的逐利性严重阻碍了生产力的进一步发展，经济危机的周期性爆发，社会化大生产与生产资料私人占有之间的内在矛盾，也决定了资本主义制度的剥削性、非人道性与不合理性。它已经不适合于人类发展、每个人自由而全面发展与社会生产力进一步发展的需要，也无法“再支配自己用法术呼唤出来的魔鬼了”①，唯一的解决办法，就是推翻资本主义社会，建立共产主义。以往理论家对资本主义的批判只局限于道义上的指责和情感的宣泄。虽然他们也饱含着高尚的价值评判，但缺乏穿透力，因为它缺乏对人类历史发展一般规律的研究和揭示。马克思对资本主义社会的批判与否定，是最科学、最深刻、最彻底的，他毫不掩饰对资本主义社会的憎恶，称其为“可鄙、可恨和可恶”②；他始终站在无产阶级的价值立场上，为推翻资产阶级，建立共产主义，寻找切实可行的路径与方法。

马克思对共产主义的执着追求是基于人类历史发展规律的内在要求。在马克思看来，推翻资本主义，实现共产主义，是人类历史发展的必然趋势。这一人类历史发展的必然趋势，并非由对资本主义的价值批判而人为引发，而是内在于人类历史发展的一般规律。资本主义生产关系曾极大地促进社会生产力的发展，但随着物质财富的不断积累与社会生产力的进一步发展，生产资料私人占有的本性却没有发生变化，反而愈演愈烈，最终资本主义的生产关系成为生产力进一步发展的桎梏。这就使资本主义制度逐渐走向了反面，共产主义取代资本主义就成为人类历史发展的必然趋势。正是在这个意义上，我们认为，马克思对共产主义的最高价值追求并非出于个人对资本主义社会的情感好恶，而是人类历史发展规律的内在要求。

中国特色社会主义以马克思主义为指导，同样必须始终不渝地坚持共产主义最高价值追求。这种对共产主义的最高价值追求远远不同于资

---

① 《马克思恩格斯文集》第2卷，37页，北京，人民出版社，2009。

② 同上书，38页。

本主义社会的价值追求。当代中国社会发展状况虽已不是马克思所生活的那个时代所能比拟，但却始终未完全超出马克思主义的理论框架所解决的时代性、根本性问题。共产主义是要“废除全部现存的占有方式，建立能够取得社会生产力的占有方式，即公有制”①。“公有”与“私有”相对，共产主义对社会占有生产资料的这一公有制特征的界定，与资本主义私有制截然相反。“资产阶级私有制是建立在阶级对立上面、建立在一些人对另一些人的剥削上面的产品生产和占有的最后而又最完备的表现。”②资本家占有一切资源、成果与权力，而广大工人阶级除了可以出卖自己的劳动力外，却一无所有，即便如此，他们也只够维持自己的肉体生存。私有制本质上是资产阶级剥削劳动人民的根源，它为资产阶级带去的是“福音”，而为广大无产阶级带去的却只有贫穷。正因如此，共产主义要消灭剥削、消灭压迫、消灭阶级对立，总之一句话，消灭私有制。私有制与公有制相对应。公有制不是少数人对多数人的剥削，而是为绝大多数人谋利益的制度表达；公有制尊重工人劳动和劳动工人，把积累起来的劳动看作提高、扩大、丰富工人生活的一种手段，而不是逐利的工具；公有制打破以资本为中心的私人占有关系，倡导建立以每个人自由全面发展为原则的社会形式，等等。中国特色社会主义以共产主义为最高价值追求，力求建立以公有制为主体的制度基础，它同样反对剥削、反对压迫、反对私人占有，它站在最广大劳动人民群众的立场上，为实现共同富裕不懈努力。但中国特色社会主义的公有制，并非以往传统社会主义国家建立的那种抽象的、教条的公有制，而是根据中国社会主义初级阶段的实际，建立了以公有制为基础、多种所有制经济共同发展的基本经济制度。这不仅是对马克思的共产主义价值追求的遵循，同时也是中国特色社会主义价值追求的创新之处。

---

① 邓斌、苏伟：《〈共产党宣言〉的价值逻辑及其在当代中国的体现》，载《马克思主义研究》，2018(10)。

② 《马克思恩格斯文集》第2卷，45页，北京，人民出版社，2009。

(二)终极价值目标：人的自由而全面发展

在马克思看来，对共产主义的最高价值追求与实现人自由而全面发展的终极价值目标在本质上是一致的。马克思、恩格斯在《共产党宣言》中明确指出："代替那存在着阶级和阶级对立的资产阶级旧社会的，将是这样一个联合体，在那里，每个人的自由发展是一切人的自由发展的条件。"①"每个人的自由发展"，是共产主义的终极价值目标。只有每个人都实现了自由而全面的发展，每个人的需要、能力、关系、个性都得到了充分发展，人与人之间没有剥削、没有压迫、没有对立，共产主义这一"联合体"才能实现。恩格斯晚年在总结概括未来理想社会的本质特征时，就使用了马克思的这段名言，并认为除此之外"再也找不出合适的了"②。由此可见，无论是马克思还是恩格斯，都始终坚信，人的自由而全面发展的价值目标对共产主义而言是至高无上的。正如有学者指出，促进人的自由全面发展，"是马克思主义的'最高命题'或'根本价值'"③。

马克思对人的自由而全面发展这一终极价值目标的追求，来自他对"现实的个人"的关切。马克思的唯物史观与剩余价值学说都是以"现实的个人"，以及他们的活动和物质生活条件为逻辑出发点的。"现实的个人"是处在一定时代条件下进行物质生产活动的个人，他们有血有肉有情感。然而事实上，在资本主义视阈下，作为劳动者的"现实的个人"却只沦为资本的奴隶，他们没有独立性和个性，他们除了能够出卖自己的劳动力之外一无所有，劳动所得也只够维持自身肉体存在的需要；他们通过辛勤劳作生产了产品，但却不能拥有劳动成果，反而被劳动成果所统治；自由自觉的活动本是人的类特性，但人们为了生存却仅仅表现为生活的手段；人与人之间撕开了温情脉脉的面纱，变成了赤裸裸的金

---

① 《马克思恩格斯文集》第2卷，53页，北京，人民出版社，2009。

② 《马克思恩格斯文集》第10卷，666页，北京，人民出版社，2009。

③ 马耀鹏：《制度与路径：社会主义经济制度变迁的历史与现实制度》，235页，北京，人民出版社，2010。

钱、利益关系。“人”不再为“人”，丧失了“人”的尊严、自由、本性等，全然被资本所统治。马克思在《1844年经济学哲学手稿》中，详细阐释了人的这一异化现象，并指出资本主义私有制是导致人的异化现象的罪魁祸首，因此，要想真正解放“现实的个人”、真正实现人的自由而全面发展，必须扬弃私有制。马克思指出：“共产主义是对私有财产即人的自我异化的积极的扬弃，因而是通过人并且为了人而对人的本质的真正占有。”①从这个意义上说，共产主义是人的自由而全面发展的同义语表达。马克思不仅从理论上揭示“现实的个人”的异化现象，论证资本主义私有制是罪恶的根源，而且从“现实的个人”的实践活动中，找到了实现人的自由而全面发展的路径与方法。在马克思看来，共产主义的实现不是虚无缥缈的口号，而是一个长期努力奋斗、不断实践探索的现实过程，它需要有两个必不可少的条件：一是生产力的极大发展，二是人们交往的普遍性。无论是生产力发展还是普遍性交往，这都与“现实的个人”的实践活动密切相关。“历史不过是追求着自己目的的人的活动而已。”②

在马克思看来，人的自由而全面发展这一价值目标不会在迄今为止的任何一种社会制度下完全实现，更不可能在资本主义社会形态中完全实现。③ 马克思从人的发展视角，划分了人类社会发展的三个阶段或三种形态，即“人的依赖关系”“以物的依赖性为基础的人的独立性”“自由个性”。④ 在人类社会发展的早期，生产力水平比较低，人们的活动被局限于狭小的范围和孤立的地点上，出于生存安全的需要，人们大都建立以血缘、宗族等为联系纽带的群落或部落，个人从属于集体，依赖于集体，这是最初的社会形式。随着生产力水平的发展，特别是资本主义时代，生产力水平有了巨大提高，世界市场的开辟，使人们突破地域、

---

① 《马克思恩格斯文集》第1卷，185页，北京，人民出版社，2009。

② 同上书，295页。

③ 朱荣英：《马克思人的全面发展理论的逻辑理路及其价值旨归——兼论促进人的全面发展是中国特色社会主义的最高命题》，载《河南大学学报(社会科学版)》，2018(2)。

④ 《马克思恩格斯文集》第8卷，52页，北京，人民出版社，2009。

血缘等界限，建立了日益广泛的联系，物质资料也日益丰富。这一方面使人们摆脱了“人为人役”的阶段，人的独立性彰显；另一方面却又使人们陷入“人为物役”的阶段，人的独立性建立在对物的依赖的基础之上。马克思指出，未来共产主义阶段，个人将完全摆脱被物奴役，社会占有全部生产力并使其成为人们的共同财富，从而真正实现人的自由全面发展。马克思提出的人类社会发展三阶段或三形态理论，最终目标指向是人的自由而全面发展。这一发展的历史性向我们表明，终极价值目标的实现是一个长期的历史发展过程，资本主义社会并不能完全实现这一目标。

当前初级阶段的社会主义还没有达到真正实现每个人自由而全面发展的程度，实现每个人的自由而全面发展还有很长的路要走。列宁曾指出，社会主义是“从资本主义中生长出来的新社会制度的低级发展阶段即初级发展阶段，而不是高级发展阶段”①。而中国特色社会主义又是处在社会主义的初级阶段。邓小平富有远见地指出，我国处于并将长期处于社会主义初级阶段。因此，当前社会主义初级发展阶段，人的自由而全面发展一方面只是作为终极价值目标而被提出，并没有得到彻底解决；另一方面，我们已经迈入了自觉遵循这一价值目标，且逐步进入了从片面到全面、从不自由到自由的过渡阶段。人的自由而全面发展的终极价值目标，是社会主义不同于资本主义的根本价值所在，是中国特色社会主义发展的价值导向。

三　中国特色社会主义发展的价值追求及其历史演进

这里讲的是要紧紧围绕中国共产党与人民群众的价值关系，来揭示改革开放以来中国特色社会主义发展的价值逻辑。

---

① 《列宁全集》第 38 卷，350 页，北京，人民出版社，2017。

中国特色社会主义是一个开放的体系，它的价值追求同样具有开放性、历史性。无论是对共产主义的最高价值追求、对人自由而全面发展的终极价值目标，还是人民群众价值主体地位的彰显，其实现都不是朝夕可成、一蹴而就的，而是需要历经一个长期的历史发展过程。因此，研究改革开放以来中国特色社会主义发展的价值逻辑，就必须注重研究改革开放以来，在不同历史发展阶段或历史时期，中国特色社会主义价值追求的历史演变过程。价值追求是主体对价值观、价值目标等的执着向往与遵守，以及力图趋向价值观、价值目标的自觉行动。也就是说，价值追求不仅是对价值理念的执着、忠诚，也内在蕴含着实现价值的方式、方法。基于此，中国特色社会主义价值追求的历史演进，不仅要阐释改革开放以来不同历史时期对价值内涵的理解与评价，而且要注重分析不同发展阶段坚守与实现中国特色社会主义价值追求的路径与方法。

中国特色社会主义的价值追求在本质上是一致的，都始终坚持以“人民”为中心，中国特色社会主义发展的价值追求之历史演进，也是建立在以“人民”为中心的价值体系之上。但在不同历史发展阶段或历史时期，价值观内涵、价值评价标准、实现价值的方式方法等，确实各有侧重、各具特色。中国特色社会主义的价值追求，在不同的历史发展阶段或历史时期，呈现出不同的历史内涵、历史特点和时代特征。或者说，改革开放以来，中国特色社会主义在不同发展阶段有不同的价值追求，因而就形成了不同的价值评价标准。这是各自历史发展阶段社会存在不同，决定了价值追求、价值观念、价值评价等不同。马克思指出：“不是人们的意识决定人们的存在，相反，是人们的社会存在决定人们的意识。”①不仅如此，各自历史发展阶段上的价值观、价值评价标准等，也具有相对独立性，其形成、成熟后也打上了现实基础、历史特点、时代特征的烙印。

在改革开放之初，全社会物资短缺，社会生产力不发达，人民物质

---

① 《马克思恩格斯文集》第2卷，591页，北京，人民出版社，2009。

生活水平也不高。也就是说，此时，人和物的关系相对突出。由此，我们强调以经济建设为中心，把大力解放和发展社会生产力作为首要根本任务，把提高人民群众的物质生活水平作为我国主要的奋斗目标。因而，中国共产党人把大力发展生产力、实现人民物质富裕作为价值追求。到人民群众的温饱、小康问题逐渐解决后，粗放式的发展方式之弊端也日益显现，人与自然、人的发展与经济社会发展、人与人之间的矛盾日益加剧。这一时期，中国共产党人的价值追求逐渐从单纯注重物质生产、经济发展与人民物质富裕，走向注重科学发展基础上的以人为本，核心是使全体人民共享发展成果。

党的十八大以来，中国特色社会主义进入了新时代，我国发展步入新的历史方位，在新时代或新的历史方位，人和物的关系、经济社会发展和人的发展的关系、人和人的关系问题依然突出。然而，在我国发展起来以后使大国成为强国的历史进程中，中国共产党的历史使命是实现中华民族伟大复兴，初心是为中国人民谋幸福。实现中华民族伟大复兴，既要紧紧依靠广大人民群众的努力奋斗、凝聚广大人民群众的共识和力量，因为我国发展起来以后遇到的矛盾、问题、难题、挑战、风险会更多更复杂，我们党必须紧紧依靠广大人民群众去应对，也要把实现人民群众的幸福作为目的，这样才能激发广大人民群众的积极性。历史越是不断往前推进，就越要铭记“初心”，这可为推进发展注入强大动力支持。实现强起来，人民群众要强起来。大国成为强国，相应要求大党成为强党；强党，就需要广大人民群众支持。所以，在我国发展起来以后使大国成为强国的进程中，党和人民的关系日趋紧密，党只有依靠人民、为了人民、坚持人民至上，才能真正带领广大人民群众实现中华民族伟大复兴，使国家真正强起来。由此，以人民为中心，使人民过上美好幸福生活，就成为新时代中国共产党人的价值追求。综上所述，中国特色社会主义发展的价值逻辑可简要表述为：从为人民物质富裕，大力发展生产力，到以人为本，使人民共享发展成果，再到以人民为中心，使人民过上美好幸福生活。

(一)为人民物质富裕——大力发展生产力

为人民物质富裕，有其历史根据。改革开放之初，人民缺吃少穿。党的十一届三中全会提出以经济建设为中心，大力解放和发展生产力，把提高人民群众物质生活水平作为奋斗目标。提高人民群众物质生活水平，实际上是关注人，特别是关注人民群众的物质生活。这是为人民富裕的基本价值追求。改革开放之前一段时期，人们的思想观念受到较大束缚，生产关系也束缚生产力的发展。在“以阶级斗争为纲”这一路线和口号的指引下，人们都专注于“割资本主义尾巴”，不能也不敢追求财富，人民群众的物质文化生活被淹没在对社会主义纯而又纯的教条式的追求中。改革开放以后，党内掀起了关于“真理标准”的大讨论，思想解放运动使人们的思维方式与财富观都发生了翻天覆地的变化，追求富裕、发展经济、先富带动后富等，成为全党全社会的一种价值共识。①从忽视人到开始关注人，从“以阶级斗争为纲”到以经济建设为中心，从贫穷落后到逐步追求富裕，中国特色社会主义的价值追求发生了质的变化。这一变化后的价值追求，即为人民物质富裕，是适应改革开放初期实际发展需要而形成的阶段性价值追求，由此开启了中国特色社会主义的价值追求之路。

为人民物质富裕，有其哲学基础。改革开放初期，我们坚持为人民物质富裕，符合历史发展规律与人的需求，是合规律性与合目的性的统一。在马克思看来，价值取向是以人为主体，离开了主体人的需要、目的，任何事物也就失去了其存在的价值与意义。主体人的需要、目的，决定了人的价值取向的内容。人的需要不是一成不变的，而是在不断提高与跃升，是一个历史发展过程。马克思指出人类生存的第一个前提就是“需要吃喝住穿以及其他一些东西”②。“吃喝住穿以及其他一些东西”构成了人的最基本需要，只有最先满足这些需要，人才能真正生存下

① 韩庆祥、方兰欣：《改革开放以来中国特色社会主义的发展逻辑》，载《中国特色社会主义研究》，2018(3)。

② 《马克思恩格斯文集》第1卷，531页，北京，人民出版社，2009。

来。而已经得到满足的第一个需要本身又会引起新的需要，新的需要不断取代旧的需要，人的目的性追求也在不断发展。在极端贫困的情况下，人的生存需要得不到满足，人们之间就会开始争夺生存必需品的斗争，在这种情况下，全部陈腐污浊的东西都要死灰复燃。人的这一需求发展规律，不是主观抽象的产物，从根本上讲，是由生产力发展水平决定的。主体的真正需要、目的必须符合当时社会生产力发展的实际，人们只能提出在一定社会历史条件下的需要。因此，主体的价值追求是合目的性与合规律性的统一。一方面，价值追求来自人的生存和发展需要；另一方面，人们只能根据当时社会生产力发展的实际、依据人们在一定历史条件下的认识能力提出价值目标。以人民物质富裕为本的价值追求，是建立在改革开放初期人的生存和发展需要基础之上的，是在人们对衣食住行及其他一些东西的迫切需求的基础上提出的，也是以当时生产力发展水平为基础的。它不是中国特色社会主义发展价值追求的全部，而是开端。在马克思看来，关注人，本质上就要关注人的自由而全面发展，而人民物质富裕只是人的自由全面而发展的物质基础和前提，这是中国特色社会主义为实现人自由而全面发展的终极价值目标而做出的初步价值选择。为人民物质富裕这一价值追求，归根结底是由改革开放初期落后的社会生产力发展水平决定的。邓小平同志多次指出，我们的生产力发展水平比较低，远远不能满足人民和国家的需要。改革开放初期的这一发展现状直接决定了，中国特色社会主义初期发展的价值追求，必须坚持为人民物质富裕，提高人民群众的物质生活水平，以大力促进生产力发展作为价值实现方式。这是历史的必然，也是中国共产党人的必然选择。

为人民物质富裕，是以社会主义本质为根据的。在改革开放初期，把实现人民富裕作为基本价值追求，是由社会主义的本质决定的。什么是社会主义？新中国成立后，我们虽然初步建立了社会主义基本制度，但对在中国如何建设社会主义却缺乏经验。由于对社会主义的教条式理解，在社会主义建设过程中，我们发生了多次失误甚至错误。改革开放掀起的思想解放运动意义之重大，在于它打破了人们思想中的教条主义的条条框框的束缚，否定了人们认知中的封建迷信，超越了地域中的局限束缚，使人们开始站在现实的、发展的、开放的角度看待问题。邓小平同志面对当时中国社会的发展现状，逐步探索“什么是社会主义、怎么建设社会主义”的时代课题。他指出：“经济长期处于停滞状态总不能叫社会主义，人民生活长期停止在很低的水平总不能叫社会主义。”[①]社会主义不是贫穷落后的代名词，社会主义优越于资本主义的地方就在于能够实现更多人的富裕。社会主义的特点不是穷，而是富。[②] 实现人民物质富裕，是实实在在的内容，是看得见、摸得着的实惠，而不是以往只注重社会主义形式上的纯而又纯，而忽视内容上的真正价值。实现物质富裕是实现广大人民群众的富裕，而不是实现少数人的富裕，这便体现了社会主义为人民大众的价值立场。邓小平同志指出，社会主义的本质，是最终要达到共同富裕。共同富裕这一价值目标的实现，是建立在解放和发展生产力、消灭剥削、消除两极分化基础之上的。在邓小平同志看来，贫穷不是社会主义，社会主义要消灭贫穷。不发展生产力，就不能提高人民生活水平，不提高人民生活水平，就不能消灭贫穷，就不能实现人民物质富裕。“社会主义的首要任务是发展生产力，逐步提高人民的物质和文化生活水平。”[③]邓小平同志不仅提出了社会主义的本质内容，提出了社会主义的价值目标，而且也提出了实现价值的方式、方法，即实现共同富裕是社会主义的本质特征与价值目标，而解放和发展生产力则是实现共同富裕这一价值目标的根本方式。因此，邓小平的社会主义本质论，从价值维度来看，不仅是对“什么是社会主义、怎样建设社会主义”的一种全新回答，更是对中国特色社会主义发展的价值追求的自主觉醒。对社会主义本质的追求，实质上就是对人民物质富裕的追求，对解放和发展生产力的追求。社会主义就是要把大力解放和发展

---

① 邓小平：《邓小平文选》第 2 卷，312 页，北京，人民出版社，1994。
② 邓小平：《邓小平文选》第 3 卷，265 页，北京，人民出版社，1993。
③ 同上书，116 页。

生产力作为首要任务，把提高人民物质富裕作为根本价值追求。

为人民物质富裕，有其社会主要矛盾的根据。社会主要矛盾，实际上表达和体现的是人民群众的需要状况，是一个社会的整体发展水平，是社会发展状况与人的需要发展状况及其二者之间关系状况。改革开放之初，我国社会的主要矛盾是人民日益增长的物质文化需要同落后的社会生产之间的矛盾。这一社会主要矛盾意味着：由于受当时社会生产力发展水平即落后的社会生产的制约，人民的需要层次只能限于“物质文化需要”，而且当时人民群众的需求状况总体上也只能定位在“物质文化需要”上。用大众化的语言，这种“物质文化需要”主要还是“物质需要”，这种“物质需要”，就是实现人民物质富裕。

(二)以人为本——使全体人民共享发展成果

以人为本，使全体人民共享发展成果，有其历史根据。在社会物质资料极其匮乏的时期，大力发展生产力，提高人民物质生活水平，追求人民物质富裕，是历史和人民的必然选择，是中国共产党人的必然追求。随着物质生产力水平和人民物质生活水平的提高，以及物质文化资料的不断丰富，如果仍然一味地追求人民物质财富的大幅增长，执着于对大自然的无节制的开发，而忽视人民群众更高层次的需求，忽视人本身的发展，那么社会发展将会遭受巨大挫折甚至倒退。“如果说当社会生产力水平比较低下或社会物质基础还不是很牢固的时候，谈论人的全面发展还是一种空谈的话，那么，当社会生产力有了较大提高、社会物质基础有所具备之后，如果忽视人的全面发展，就是对社会主义的扭曲和背叛。”①中国特色社会主义发展进入20世纪90年代，改革开放取得了一系列重大成就，社会物质财富不断积累，人民温饱问题总体上得到解决。但与此同时，一些新的问题也暴露出来了：在人与自然的关系上，片面追求GDP的经济增长方式，导致了环境污染、资源浪费、生

① 韩庆祥、亢安毅：《马克思开辟的道路：人的全面发展研究》，246页，北京，人民出版社，2005。

态失衡等，自然环境遭到了一定程度上的破坏；在人与社会的关系上，人的发展服从于经济社会的发展，甚至一定意义上，以牺牲人本身的发展为代价来换取经济社会的发展；在人与人的关系上，收入差距拉大了，贫富悬殊也出现了，一些人在充分享受发展成果，而另一些人则享受不到发展成果。总之，人与自然、人与社会、人与人之间的关系出现紧张的局面。马克思指出，社会存在决定社会意识，经济基础决定上层建筑。改革开放初期对人民物质富裕的价值追求，此时已经远远不能满足人民和社会发展的需要。因此，这一阶段中国特色社会主义的发展，立足于新世纪中国发展的新情况，提出全面建设小康社会的目标，实施可持续发展战略，坚持树立以人为本的科学发展观，建设社会主义和谐社会等。这些新理念新战略，虽然内容和形式有所不同，但在本质上是一致的，都是在人与自然、人与社会、人与人的关系中，始终坚持以人为本的价值取向，坚持人本身的价值地位。换言之，中国特色社会主义发展的价值追求也紧跟时代发展和社会进步的步伐，由追求人民物质富裕走向追求以人为本。如果说为人民物质富裕主要着眼于人和物的肯定性价值关系的话，即物质财富是服务于人的生存的，那么，以人为本则主要针对的是人和物的否定性价值关系，即人做了物的奴隶，或人被物役。二者都是在人和物的关系中立论的，但性质却有所不同。

以人为本，使全体人民共享发展成果，有其哲学基础。如上所述，为人民物质富裕主要着眼于人和物的肯定性价值关系的话，那么，以人为本，则主要针对的是人和物的否定性价值关系，它是针对人和物的关系、人和社会的关系、人和人的关系中所存在的“物本”取向而提出来的，它是在发展观上给人本身的发展以核心地位。以人为本的价值观，也是在人与物的关系中提出来的，但它是相对于以物为本或针对以物为本的价值观而言的。在中国特色社会主义发展初期，虽然我们也始终关注人，始终坚持追求人民物质富裕，但在实现这一价值的方式、方法上比较片面单一。在大力促进生产力发展的过程中，人们只专注于生产力中“物的因素”的充分发挥和发展，片面追求 GDP 的高速增长，而忽视了生产力中的“人的因素”，甚至损害了人民群众的其他需要和利益，或者常常以牺牲人的发展为代价一味换取经济增长和物质财富的增长。其实，影响生产力发展的因素大致可划分为两大类，即“物的因素”与“人的因素”。“物的因素”包括劳动资料、劳动对象、科学技术、组织管理等因素，“人的因素”包括人的需要、人的能力、人的关系、人的创造个性。表面看来，生产力的解放与发展直接取决于“物的因素”，价值衡量标准也多以物的指标为主要参考；然而事实上，“人的因素”与“物的因素”一样，在生产力要素中发挥着十分重要的作用，而且随着社会进步、科技发展，“人的因素”作用的发挥越来越明显、越来越重要，“物的因素”作用的发挥也越来越需要通过提高“人的因素”来保证。这是因为，生产力作为一种改造自然的能力，首先是人的能力体系的组成部分，是主体能力的表现形式。① 改革开放初期，贫穷落后的社会现状迫切要求我们解放和发展生产力，但当时人们对生产力中“物的因素”与“人的因素”的内涵与关系认识并不全面准确，结果导致社会发展出现了“见物不见人”的倾向，把“物”单纯等同于生产力本身，对生产力的追求、对人的富裕的追求，变成了对“物”的追求。因此，人们过分开采自然、浪费资源，片面追求 GDP 的增长速度，而忽视了人的作用，忽视人的发展。以人为本的价值追求超越了以物为本的窘境，也使人的主体能力与作用逐渐凸显出来。我们逐渐认识到，作为活动的主体——人，才是生产力中最具决定性的力量。要想推进科学发展，坚持以人为本，必须将生产力中“物的因素”与“人的因素”有机统一起来。“物的因素”要求我们必须符合社会历史发展的规律，而“人的因素”作用的发挥要求我们尊重并彰显人的主体性地位与价值，符合人性需要和人的发展规律。一句话，要坚持合规律性与合目的性的统一。20 世纪 90 年代以来，中国特色社会主义发展的价值追求，就是在这样的价值指引下展开的。江泽民提出“三个代表”重要思想，强调要代表中国最广大人民的根本利益；强调全

① 韩庆祥、亢安毅：《马克思开辟的道路：人的全面发展研究》，24 页，北京，人民出版社，2005。

面建设小康社会，促进人民生活更加殷实；提出可持续发展战略，将经济发展与资源、环境相协调；提出不断促进人的全面发展。胡锦涛更是旗帜鲜明地提出科学发展观，把以人为本作为科学发展观的核心。这一切，都是坚持以人为本的价值追求的生动体现，为实现“物的因素”与“人的因素”的有机统一做出了重要贡献。

以人为本的价值追求不是对为人民物质富裕的否定，而是对它的继承与发展。首先，从实践背景来看，二者虽然是中国特色社会主义在不同发展时期的价值追求，但都是各自实践发展的内在要求和必然趋势，其价值追求自然具有历史传承性。对人民物质富裕的价值追求立足于中国特色社会主义发展初期，而对以人为本的价值追求产生于20世纪90年代中国特色社会主义推进发展时期，但后者是建立在发展初期取得的成就基础之上的——没有人民物质富裕的基础，何谈以人为本。由此，两个不同发展时期的价值追求也并非各自分离，而是具有内在的延续性。其次，从各自内涵来看，以人为本内涵更加丰富，它不仅包含着继续实现人民物质富裕的价值追求，而且还包含着对人本身发展的尊重，对人的主体地位、价值地位的自觉，对全体人民共享发展成果的强调等，还内在蕴含着实现价值的方法要更加科学，要更好地处理人与自然、人与社会、人与人的关系。最后，从实现价值的方式、方法上来看，以人为本的价值追求要求推进科学发展，在一定程度上，这要比为了追求人民物质富裕而片面追求物质财富的积累与经济发展更加科学、更加全面。因此，以人为本是对为人民物质富裕的一种与时俱进的历史进步。

（三）以人民为中心——使人民过上美好幸福生活

以人民为中心，是历史发展的必然要求，具有历史根据。党的十八大以来，中国特色社会主义进入新时代，这是我国发展新的历史方位。新时代就是我国发展起来以后使大国成为强国的时代，是实现中华民族伟大复兴的时代，是实现强起来的时代。在新时代，实现中华民族伟大复兴的价值取向是实现人民幸福。大国成为强国，要求大党成为强党，强国必须有强大的人民来支撑，强党必须有强大的人民来支持。党的地位和作用越重要，在本质上，人民的地位和作用就越重要。

具体来说，以人民为中心，是新时代中国特色社会主义发展的价值追求，具有非常深刻的历史背景和时代特征。党的十八大以来，我们党团结带领全国各族人民不懈奋斗，推动中国特色社会主义进入新时代，取得了举世瞩目的成就：生产力发展水平得到巨大提高，推动我国经济实力、科技实力、国防实力等不断增强，进入世界前列；党和国家面貌、人民面貌发生了翻天覆地的变化；国际地位实现了前所未有的提升，中华民族迎来了从站起来、富起来到强起来的伟大飞跃。这一历史性成就为中国特色社会主义发展的价值追求的跃升，提供了坚实的物质基础和时代背景。正是在这个意义上，党的十九大报告指出：这个新时代，就是全国各族人民团结奋斗、不断创造美好生活、逐步实现全体人民共同富裕的时代。①

以人民为中心，是习近平新时代中国特色社会主义思想的精髓和灵魂，具有文本依据。习近平同志指出，民族复兴的本质内涵是国家富强、民族振兴、人民幸福，在这个意义上，实现中华民族伟大复兴的中国梦，归根到底是中国人民的梦，是实现人民幸福的梦。显然，人民幸福，是实现民族复兴的核心本质和价值取向。习近平同志在党的十九大报告中强调：中国共产党人的初心，就是为中国人民谋幸福。从习近平总书记系列重要讲话中可以看出，以人民为中心是贯穿整个讲话中的精髓和灵魂。在习近平总书记系列重要讲话中，讲得最多的是人民，关键时候讲得最多的还是人民。2012 年 11 月 15 日，刚刚就任我们党的总书记的习近平面对中外记者发表演讲，主题就是“人民对美好生活的向往，就是我们的奋斗目标”。《习近平谈治国理政》第一卷的开篇之作讲的主题是人民，收尾之作讲的主题也是人民，强调要把人民作为我们力量的源泉。俄罗斯记者采访习近平主席时问：你的执政理念是什么？习近平

---

① 习近平：《决胜全面建成小康社会 夺取新时代中国特色社会主义伟大胜利——在中国共产党第十九次全国代表大会上的报告》，9、21 页，北京，人民出版社，2017。

主席明确回答："为人民服务，担当起该担当的责任。"习近平同志还特别强调：为政之要，在于为民。习近平同志在党的十八届五中全会上首次提出，要"坚持以人民为中心"的发展思想。党的十九大报告又明确指出："坚持以人民为中心。人民是历史的创造者，是决定党和国家前途命运的根本力量。"①显然，坚持以人民为中心，是习近平治国理政的本质要求、价值立场和责任担当。

以人民为中心，是解决好新的社会主要矛盾的内在本质要求。中国特色社会主义进入新时代，我国的发展步入新的历史方位，社会主要矛盾转化为人民日益增长的美好生活需要和不平衡不充分的发展之间的矛盾。这一主要矛盾本身要求中国共产党人要通过解决发展不平衡不充分的问题，来满足人民日益增长的美好生活需要。这里，满足人民日益增长的美好生活需要，已被确定为中国共产党治国理政的奋斗目标和价值追求。中国特色社会主义进入新时代，生产力水平有了显著提高，人民的温饱、全面小康问题得到了稳定解决，广大人民群众对物质富裕的追求正在实现。同时，新时代人民群众的主体意识不断增强，人们对美好生活的向往与日俱增，不仅包括对物质文化的需要，还有对民主、法治、公平、正义、安全、环境的需求。然而，我国生产力水平虽总体上有显著提高，但发展的不平衡不充分问题也日益凸显，成为影响人民美好生活需要的主要因素。因此，人民日益增长的美好生活需要与发展的不平衡不充分之间的矛盾上升为社会主要矛盾。② 社会主要矛盾对事物的发展起决定性作用，在复杂事物中处于支配地位。主要矛盾内在蕴含着主要发展目标，主要目标决定了当前阶段的主要任务。主要目标、主要任务，在一定程度上正是中国共产党人的核心价值遵循。我国社会主要矛盾的转化事关新时代中国特色社会主义发展全局。要更好地解决这一社会主要矛盾，中国共产党人必须坚持以人民为中心的价值

---

① 习近平：《决胜全面建成小康社会 夺取新时代中国特色社会主义伟大胜利——在中国共产党第十九次全国代表大会上的报告》，9、21页，北京，人民出版社，2017。

② 《中国共产党第十九次全国代表大会文件汇编》，9页，北京，人民出版社，2017。

追求，把以人民为中心的核心价值贯穿于创新发展、协调发展、绿色发展、开放发展、共享发展的全过程、全领域，在继续推动经济社会发展的同时，着力解决发展不平衡不充分的问题，在继续满足人民群众物质文化需要的同时，为更好地满足人民日益增长的美好生活需要而奋斗。习近平同志指出，人民对美好生活的向往，就是我们的奋斗目标。这充分体现了新时代中国特色社会主义发展以人民为中心的价值追求与根本立场。

以人民为中心的价值追求与以人为本，既有一脉相承之处，又有区别。以人民为中心是以人为本的政治表达。进入 20 世纪 90 年代，我们在不断追求物质财富积累的基础上，更加注重正确处理人与自然、人与社会、人与人之间的关系，强调在这些关系中坚持以人为本，树立全面、协调、可持续的发展观，强调把以人为本作为价值追求。这里，以人为本依然是在人与物的关系中提出来的，针对的是以物为本或物对人的奴役。党的十八大以来，中国特色社会主义进入新时代，我国发展步入新的历史方位。在新时代和新的历史方位，正确处理人与物、人与社会、人与人的关系依然重要。然而，使大国成为强国即实现强起来更加重要！打铁必须自身硬。强国必须强党，就是说强党建设日趋重要。要把中国共产党建设得更加坚强有力，把中国共产党建设成世界上最强大的政党，必须赢得人民群众的广泛认同和支持，因为人民是中国共产党执政的最大底气，人民是中国共产党执政最大的源泉，民心是最大的政治，而且为政之要，在于为民。正是在人(中国共产党人)和人(人民群众)的关系中，中国共产党把以人民为中心作为中国特色社会主义发展的价值追求和价值取向。这里，以人民为中心，是在人与人的关系中提出来的，针对的是以官为本或一些党员干部脱离人民群众的不良作风。从坚持以人为本到坚持以人民为中心，是中国特色社会主义价值追求的一大变化，这一变化显然适应了中国特色社会主义进入新时代的需要。在某种意义上，以人民为中心与以人为本是一致的。“人民”首先应当是作为主体的“人”而存在的，“人民”在本质上就是现实的“人”，是在中国共产党治国理政中的“现实的人”。“人”是“人民”得以存在的前提和基础。马克思指出：“全部人类历史的第一个前提无疑是有生命的个人的存在。”①主体“人”的存在是“人民”得以塑造的基础。因此，以人民为中心的价值追求与以人为本并无不同，其内在同样蕴含着对主体“人”的价值肯定。然而，另一方面，以人民为中心比以人为本更为具体、更为进步、更具有政治性，它是以人为本在人与人的政治关系中的具体表达，内在蕴含着人民性的鲜明品格。在马克思看来，人民群众是历史的创造者，他们不仅是物质财富和精神财富的创造者，还是社会变革的决定性力量。马克思在《神圣家族》中曾明确指出：“历史活动是群众的活动，随着历史活动的深入，必将是群众队伍的扩大。”②可以说，马克思主义自产生之时起，就旗帜鲜明地表明了自己的人民性立场，始终代表着广大人民群众的根本利益，以实现人民解放作为毕生的追求。习近平同志在纪念马克思诞辰200周年大会的讲话中强调：“人民性是马克思主义最鲜明的品格”，“学习马克思，就要学习和实践马克思关于坚守人民立场的思想”③。以人民为中心的价值追求要求新时代中国特色社会主义发展必须始终坚守人民性的根本立场。从这一方面来看，以人民为中心比以人为本多了一份对广大人民群众的现实关切及政治追求。正如有学者指出：“‘人民性’表征了社会成员的基本面，从这一基本面出发思考社会发展问题，才会保持有正确的方向。”④

需要说明的是：从横向思维来看，在三个不同历史时期，中国特色社会主义发展的价值追求、价值目标、价值取向及价值实现方式，确实各有侧重，各具特色，它们都是各自历史发展时期的必然产物；从纵向思维来看，三个不同历史发展时期的价值追求、价值目标、价值取向及

---

① 《马克思恩格斯文集》第1卷，519页，北京，人民出版社，2009。

② 同上书，287页。

③ 习近平：《在纪念马克思诞辰200周年大会上的讲话》，载《光明日报》，2018-05-04。

④ 邹广文：《始终恪守以人民为中心的发展理念》，载《高校马克思主义理论研究》，2018(2)。

价值实现方式并非相互分离，而是有着内在统一性。从追求人民物质富裕，到坚持以人为本，再到坚持以人民为中心的价值遵循，即中国特色社会主义发展的价值追求的历史演进，始终围绕着“人”这一价值主体，围绕着依靠人、为了人、发展人、实现人的核心价值。因此，中国特色社会主义发展的价值逻辑，不仅向我们详细展现了不同历史发展时期里中国特色社会主义价值追求、价值目标、价值取向的差异与变化，而且也概括总结出在其变化过程中价值追求在本质上的一致性。中国特色社会主义价值追求的同与不同、变与不变，使中国特色社会主义发展的价值逻辑演进更加丰富多样和生动具体。

四　中国特色社会主义发展的价值逻辑及其重要启示

有学者指出：“关于价值逻辑，我们可以这样来把握它的特征……它力图从逻辑的角度说明不同价值体系的差异与变化，力图揭示人类价值思维中的最一般的规则和原理。”①通过对不同价值体系发展变化的比较分析，总结概括出人类价值思维中最一般的规则与原理，这是价值逻辑研究的应有之义。

中国特色社会主义发展的价值追求的演进历程，向我们详细阐释了三个不同历史发展时期价值追求、价值目标、价值取向的内容，以及价值实现方式的发展变化。总结分析这一历时性演进过程，其中蕴含着人类价值追求的普遍原理，也带给了我们诸多价值启示。从马克思社会发展理论视角提炼这些价值启示，对于中国特色社会主义发展具有重要的价值引领与理论指导作用。从本质上说，无论是改革开放初期追求以人民物质富裕为本的价值目标，20 世纪 90 年代以来坚持以人为本的价值遵循，还是新时代以人民为中心的价值追求，实际上突出的都是“人”这

① 周农建、余跃进：《价值理论的演变与价值逻辑的提出》，载《求索》，1995(5)。

一主体，是在社会发展过程中协调处理人与物、人与人、人与精神的关系所生成的价值表达。我们如何认识人与物、人与人、人与精神的关系，决定了我们社会发展的价值追求内容如何。我们对物、精神、人的认识达到什么程度，社会发展的价值追求就达到什么程度，实现价值的方法路径就会达到什么程度。之所以从正确认识人与物、人与人、人与精神的关系视角探讨人类价值追求的一般规则和原理，源自对“价值”内涵的理解。在马克思看来，要想深刻理解“价值”概念，就必须深入主客体之间的辩证关系中，而非只执着于客体自身的属性及功能，或以单一主体的需要来规定价值。由于在主客体关系中，主体的实践性活动构成了主客体统一的基础，客体内在蕴含着主体的对象性活动，因而这一辩证关系实际上也是一个主体性范畴。正如李德顺教授在《价值论：一种主体性的研究》中所述，“价值”概括和表征着“主体性的内容和尺度”①。完全以主体视角规定“价值”违背了主客体辩证关系的本质，但主体的基础性作用却不容忽视。

因此，基于人的价值需求和主体的价值追求之间的价值关系及其发展，正确对待人与物(蕴含人与社会的关系)，以及人与人、人与精神的关系，是人类价值思维的一般原理所在，也是其给予我们最大的价值上的启示。

(一)正确处理人与物的关系

从人与物的关系视角审视价值，源自价值一词深厚的经济学基础。马克思指出，对价值(英文为 value，法文为 valeur，德文为 wert)一词的使用，“最初无非是表示物对于人的使用价值，表示物的对人有用或使人愉快等等的属性”②。因此，从词源学上来说，价值概念确实来自物对于人的效用，物对于人具有价值，因而物成为人的财富。但价值概念具有深厚的经济学“出身”，并不代表价值的本质内涵就是经济学上物对

---

① 李德顺：《价值论：一种主体性的研究》，106 页，北京，中国人民大学出版社，1987。

② 《马克思恩格斯全集》第 35 卷，277 页，北京，人民出版社，2013。

人的效用性，“来源”并不代表“应当”。相反，如果人们把价值仅仅理解为物对于人的效用、效益或效应关系，这只能表明我们对价值的认识还处于表层。改革开放初期，我国物质资料匮乏，社会生产力水平较低，人民温饱问题还没有得到解决。物质资料匮乏，使得人们把发展经济、促进生产、积累财富，当作人民生存与社会发展的基本价值追求，这既是由当时落后的生产力发展水平决定的，也与我们对价值本质的认识还处在初级阶段有关。人们最初对价值的认识多停留于经济学层面，因而往往追求人的身外之物，把物当作财富。这成为改革开放初期价值追求的鲜明特征。从物对于人的效用性视角审视价值的本质，有流于表面之弊端，但价值概念内在蕴含的客体能够满足主体需要的效用关系是不容忽视的。正因如此，改革开放初期，中国特色社会主义发展追求人民物质富裕，注重发展社会生产力，不仅是人民和社会发展的内在需求，也是价值追求本身的内在要求。

对物质财富的热切追求，在一定历史发展阶段发挥了重要作用。但在物质财富已经积累到一定程度的基础上，如果依然以追求物质富裕为本，把追求物质富裕作为终极价值目标，那就是不明智、不正确的。价值包括效用价值，效用价值是物(财富)对于人的需要的满足或肯定。但物对于人的效用之所以成为价值世界的一部分，并不在于物本身，而在于物的背后体现着人的本质力量。马克思指出：“工业的历史和工业的已经生成的对象性的存在，是一本打开了的关于人的本质力量的书。”①因此，人，才是物的生产主体，才是追求物质财富、物质富裕的最终目的。然而事实上，人们最初对人与物关系的处理并非如此。如果人们把追求物质财富、物质富裕当作唯一目的，会使人们在社会发展过程中逐渐迷失自我，被物所累，被物所役。马克思在《1844 年经济学哲学手稿》中提出的人与劳动产品(物)异化的现象，就说明了这一点：“工人创造的商品越多，他就越变成廉价的商品，物的世界的增值同人的世界的贬值

---

① 《马克思恩格斯文集》第 1 卷，192 页，北京，人民出版社，2009。

成正比。”[①]在《政治经济学批判(1857—1858年手稿)》中，马克思划分了人类历史发展的三个阶段，其中第二个阶段是“以物的依赖性为基础的人的独立性”。这一阶段，人虽然摆脱了血缘、地缘、族缘的束缚而获得自由，却又陷入人被物所奴役的境地，人与人的关系变成了赤裸裸的物和物的关系，物成为统治一切的“至上先神”。尽管物的发展也离不开人，而且在某种程度上取决于人，但在以物为主导的发展模式中，人只具有工具理性，人成为实现物的条件和手段。显然，人与物的关系在实际生活中被头足倒置了。人，本应是生产物、使用物的主体，并通过物以实现自身目的，然而在现实生活中，物却并不为人所掌握，反而成为掌握一切、支配人的力量。这一头足倒置的现状在资本主义社会发展阶段尤为明显。伴随着社会历史的发展进步，人与物之间的矛盾关系会逐渐缓和，直到人类社会发展到第三阶段，即真正实现人的自由个性，才能得到彻底解决。因此，人对物质财富的追求并非人的价值追求的全部，物只是发挥了实现人、发展人的工具性作用，人为物役阶段只是人类社会发展的必然历史过程，这一过程必将随着人类社会的发展，而被新的历史过程所代替。

人与物之间矛盾关系的出现，人被物所奴役现象的产生，究其原因不在于物本身，而在于生产力发展水平，在于主体人的认识水平及其导致的不适当的社会实践方式。实践是沟通人与物关系的基础和桥梁，是决定人与物关系的根本力量。在马克思看来，自然界有“先在自然”与“人化自然”之分，人们通过实践活动与“先在自然”发生关系，深刻打上了人的烙印，从而使其逐渐演变成“人化自然”。“人化自然”，才是“人的现实的自然界”[②]，才真正具有人的价值。人们不断进行社会实践，不断改造着自然，创造着自然，人的这一对象性活动决定了我们必须从实践的角度、从主体的角度来认识世间万物。世间万物并非先天存在，

---

① 《马克思恩格斯文集》第1卷，156页，北京，人民出版社，2009。

② 同上书，193页。

也不是抽象的直观，而是主体人的实践活动的产物。正是马克思的这一实践观点，为哲学开辟了新的道路。他在《关于费尔巴哈的提纲》中指出：我们对"对象、现实、感性"，必须从主体方面去理解，"把它们当做感性的人的活动，当做实践去理解"，而不只是"从客体的或者直观的形式去理解"①。但人的实践活动并不是随心所欲、任意妄为的，而是必须尊重客观规律，在遵循自然和社会发展规律的基础上改造自然、创造万物、发展社会。在马克思看来，人是不同于动物的有意识的类存在物，是唯一能通过自己的实践活动来改造自然、创造万物的生命，但人作为感性的、肉体的存在，又是受制约、受限制的。人的这一受动性的内在特征规定了人实践活动的界限。另外，自然界与社会领域都有其自身独立发展的进程和规律，并且两者相互交织、相互促进，这种不依赖于人的外在独立性、规律性，会对人的实践活动产生影响，制约着人的实践活动的目的与方式。恩格斯在《自然辩证法》中也曾警示人类："我们不要过分陶醉于我们人类对自然界的胜利。对于每一次这样的胜利，自然界都对我们进行报复。"②如果我们忽视自然和社会发展规律而恣意妄为，忽视人类实践活动中的内在制约性，终究会受到自然和社会的反噬(惩罚)，人被自然和社会万物奴役的命运也在所难免。事实上，人的实践活动是合规律性与合目的性的有机统一。人类实践活动的展开，不是要摆脱规律，而是要认识规律、遵循规律，同时又要合乎并满足主体自身的需要。只有在尊重规律的基础上把握和驾驭规律，实现规律性与目的性相统一，才能真正实现人的自由，摆脱人被物役的命运。因此，正确处理人与物(人与社会)的关系，并非要求全然取消物的地位与作用，而是要求主体立足于合规律性与合目的性的实践活动，在认识规律、尊重规律的基础上，充分发挥物的作用，从而能够为人类实现自由全面发展贡献力量。

---

① 《马克思恩格斯文集》第1卷，499页，北京，人民出版社，2009。

② 《马克思恩格斯文集》第9卷，559—560页，北京，人民出版社，2009。

（二）科学对待人与人的关系

一方面，随着中国特色社会主义实践的深入发展，我们对社会主义建设规律的认识在不断深化，人们的主体意识也逐渐增强，人与物的矛盾对立有了很大改善。另一方面，人与物的关系进入一个新的层次，人与人之间的关系也日益凸显出来，成为影响社会发展的主要问题。由此，中国共产党人提出坚持以人为本和以人民为中心的价值追求。在中国特色社会主义进一步发展的进程中，中国共产党人提出坚持以人为本、坚持以人民为中心，这是价值追求的一大进步，这不仅适应当时社会发展的现实国情和时代特征，而且还表明，这一时期中国共产党人对价值本质的认识也有了新的突破。最初人们对价值的认识大都注重其经济学视角，认为价值是物对于人的需要满足的效用，体现为人与物的关系。但价值更深刻的内涵体现在哲学概念中。作为哲学概念的价值，不仅包含着效用价值，还包括人的"类"价值或人本价值。有的教授指出："价值作为一种'属人的'或'人为的''合目的性的'意义，体现着人类的崇高理想和永恒追求。……价值是一种终极本质的意味表征。"①由此可见，从哲学的高度凝练价值本质，价值所表达的是人的社会性、理想性、超越性，体现的是人与人之间的关系。

人是价值主体，不仅表现在人是价值追求的主动发出者，更深层次的意蕴在于人又是价值追求的目标。康德在《判断力批判》中得出价值是人、"人就是创造的最后目的"②的命题，从而确立了人的价值主体地位。"人是目的"这一价值概念的哲学意义，对于防止人们陷溺于物欲横流，并衡量人的主体性，有着积极的作用。这在当时资本主义生产力巨大发展但人性堕落的时代，无疑是一股清流。但从学理上追问，人何以成为目的？为什么人是价值的本质？康德用"绝对精神"确立了"人是目的"的预设性，将这一问题置于玄而又玄的境地。只有马克思，才真正

---

① 万俊人：《真理与价值及其关系拓论》，载《人文杂志》，1992(6)。

② ［德］康德：《判断力批判》下卷，100页，北京，商务印书馆，1964。

找到了人的目的性、理想性、超越性的根源。“人是价值主体，意即人是价值世界生成的终极根据，人是本元的价值物。”①在马克思看来，人首先直接地是自然存在物，人是自然界的一部分。从这个角度看，人与鸟兽虫鱼并无不同。但另一方面，人又不仅仅是自然存在物，更重要的是，人是类存在物。马克思在《1844年经济学哲学手稿》中，详细阐释了人作为类存在物与动物的不同，即人可以把自己的生命活动作为自己思维和意识的对象。他说：“有意识的生命活动把人同动物的生命活动直接区别开来。”②正是人的这种“类特性”，即“有意识的生命活动”，使人超越于动物而具有了本体论地位，也使人成为唯一具有价值的生命形式。因而，人是价值的哲学本质，是就人超越于动物的自然属性、具有自由自觉性而言的。从这个角度看，价值是指人所独具的目的性、理想性、类特性、超越性。基于此，人与人的关系，不仅指两个价值追求主动发出者（主体）之间的交互关系，更是人之价值的哲学表达，不仅是人和人之间的物质利益关系，更是互为目的的关系。

马克思对人之价值的认识，首先源自人与动物的本质区别，但又不仅限于人与动物的关系，更重要的是从人与人的社会关系视角来认识人之价值。在马克思看来，仅仅了解“有意识的生命活动”是远远不够的，它只是揭示了人区别于动物的“一般本质”，而没有考虑到一定历史形态、社会形式等条件下人的本质体现。③ 马克思指出：“人的本质不是单个人所固有的抽象物，在其现实性上，它是一切社会关系的总和。”④因此，他在揭示人的“一般本质”的前提下，继续揭示了不同社会实践条件下造就的不同的社会的人。“一切社会关系的总和”，是指人们在现实社会实践中所形成的一切社会关系的总称。马克思关于人的本质的这一根本性命题，为我们认识人与人之间的关系，并从人与人的关系中理解

① 郁建兴：《关于马克思价值概念的商榷》，载《哲学研究》，1996(8)。

② 《马克思恩格斯文集》第1卷，162页，北京，人民出版社，2009。

③ 袁贵仁：《马克思主义人学理论研究》，83页，北京，北京师范大学出版社，2012。

④ 《马克思恩格斯文集》第1卷，505页，北京，人民出版社，2009。

和实现人之价值，提供了理论基础和方法论依据。“社会关系”是人与人关系的同义表达，从社会关系的视角认识人，则社会之外不存在人，人始终是社会关系的产物。“不管个人在主观上怎样超脱各种关系，他在社会意义上总是这些关系的产物。”①而从人与人的视角来理解社会，则社会不是由个人简单堆砌而成的混合体，而是“表示这些个人彼此发生的那些联系和关系的总和”②。因此，人与人之间的关系实际上表征着人的社会性本质，即人不仅是一种自然存在物，更是一种社会存在物。人的这一社会性决定了，人只有在社会中才有存在的价值，才能发展自己、实现自己。另外，人的社会性表明，在不同的社会历史条件下，“社会关系的总和”是不同的。正是这种历时性的不同，体现了人与人关系的现实性、具体性、历史性特征，也决定了人之价值的实现是一个现实的、具体的、历史的过程。

（三）注重人与精神的关系

在马克思看来，人是一个整体，是在人与自然、社会和自己本身三种关系中所表现出来的自然属性、社会属性、精神属性的有机统一。人不仅是自然界的一部分，是社会化产物，而且人是有意识的类存在物，他能把自己的生命活动本身看作自己意志和意识的对象。人的这一精神属性表明，人是能思维、有意识、有精神的动物。综观马克思主义理论，他是反对把人只当作某种精神存在的，对黑格尔“绝对精神”的批判和费尔巴哈宗教本质的否定，都充分说明这一点。但与此同时，马克思认为，人的确是有着精神需要、精神能力，以及精神生活的存在物。这一观点，与马克思对“现实的个人”的认识密切相关。马克思指出，“现实的个人”不是抽象的、片面的、理论中的个人，而是现实的、具体的、活动着的个人，“现实的个人”具有自由自觉性、主体能动性等特征，这都表明“现实的个人”是有意识、有理性、有思维、有精神的、真实的、

① 《马克思恩格斯文集》第 5 卷，10 页，北京，人民出版社，2009。

② 《马克思恩格斯全集》第 30 卷，2 版，221 页，北京，人民出版社，1995。

活的存在物。人与动物的不同，其中一个重要方面，就在于人有一个有别于外部客观世界的内部主观世界，这一内部主观世界包含人的知、情、意等特殊心理结构，由此产生了人的精神需要、精神能力和精神生活。这也是人的实践活动具有主观能动性的重要精神基础。

中国共产党人在中国特色社会主义发展进程中坚持以人为本、以人民为中心的价值追求，相应要求我们不仅要关注人的自然物质需求、人的社会化发展需求，还要满足人的精神生活的需求。然而，最初，我们对以人为本的价值追求的理解并不全面，只执着于追求人民物质富裕、人民享受发展成果，而忽视了人的精神世界的发展。中国特色社会主义进入新时代，我国社会主要矛盾发生了历史性转化，人民对美好生活的向往逐渐深入人心，不仅人民群众有了更丰富、更广泛、更高追求的精神需求，而且党和国家也把人民对美好生活的向往作为新时代的奋斗目标。人类对其精神世界的追求之跃升，是符合人类历史发展规律的。在生产力发展水平极低的情况下，物质需求是人类生存与发展的第一需求。随着生产力的发展、社会交往的普遍化、人的主体意识的逐渐增强，人的需求也更加多元多样，也由物质领域逐渐延伸到社会领域，进而深入精神领域。马斯洛也曾提出人的五大需要层次理论，与马克思的需求理论在某种程度上具有异曲同工之妙。马斯洛将人类需要分为五个层级，分别是生理需要、安全需要、社交需要、尊重需要和自我实现需要。五种需要依次逐级提高，自我实现需要是最高层次的需要，它所指的主要就是个人的理想抱负、精神意志、自由自觉、创造个性等。在一定意义上，这一需要实质上就是人的精神世界发展的同义表达。

“精神”这个概念与人的认识活动密切相关，它不仅包括人的理性思维，而且包括人的情感、激情、意志等非理性因素。人的精神活动首先是一种认识活动，人的认识离不开理性思维，理性在人的精神活动中具有主导地位。感觉是认识的起点，但不是认识的全部，人的感觉具有直接现实性，这种直接性是以片面性为前提的，它并不能真正把握事物的本质和规律。马克思指出，“除了眼睛，我们不仅还有其他的感官，而且有我们的思维活动”①“抽象力”②。理性思维可以帮助我们克服这种局限，透过现象获得规律性的认识。我们对这些必然规律的认识越多越深刻，表明我们的理性思维能力越强大，精神活动也就越丰富越自由。人的精神、思维一旦形成，就具有了相对独立性，对实践活动也具有强大的反作用。马克思指出，人类实践活动直接取决于“在多么大的程度上受到一般智力的控制并按照这种智力得到改造”③。由此，理性思维在人们精神世界中的作用可见一斑。情感、激情、意志等属于人的非理性因素，马克思反对把非理性因素当作支配人行为的唯一的或起决定性作用的因素，但他并不否认人的精神世界中存在着情感、激情、意志等诸类精神活动，这类精神活动在一定程度上对人的行为也会产生巨大影响。马克思指出：“激情、热情是人强烈追求自己的对象的本质力量。”④恩格斯也曾指出：“在社会历史领域内进行活动的，是具有意识的、经过思虑或凭激情行动的、追求某种目的的人。”⑤由此可见，情感、激情、热情等非理性因素会使人表现出极大的主观能动性、积极性、创造性，从而凝聚成一种巨大的精神力量。这种精神力量，不仅是维持活动持续进行的巨大力量，而且在一定程度上是决定活动成败的力量。当今我们所讲的要具有永不懈怠的精神状态和一往无前的奋斗姿态，实际上讲的就是人的精神和精神世界及其重大作用的问题。

人的理性思维与知、情、意等非理性内容，作为人的精神世界必不可少的因素，并不是主观自生的，而是对人的社会生活的反映。人的精

---

① 《马克思恩格斯全集》第20卷，583页，北京，人民出版社，1971。

② 马克思在《资本论》第1卷第1版序言中曾指出，“分析经济形式，既不能用显微镜，也不能用化学试剂。二者都必须用抽象力来代替”。这里“抽象力”实际上就是一种理性思维能力。参见马克思、恩格斯：《马克思恩格斯文集》第5卷，8页，北京，人民出版社，2009。

③ 《马克思恩格斯文集》第8卷，198页，北京，人民出版社，2009。

④ 《马克思恩格斯文集》第1卷，211页，北京，人民出版社，2009。

⑤ 《马克思恩格斯文集》第4卷，302页，北京，人民出版社，2009。

神世界的需要，也不是随心所欲的，而是遵循人类历史发展规律的精神体现。“意识在任何时候都只能是被意识到了的存在，而人们的存在就是他们的现实生活过程。”①具体来说，人的精神世界并非是虚无缥缈的彼岸世界，也并非是全然抽象的思辨产物，而是人的社会生活的真实体现，既来源于生活，又高于生活。从产生根源上来说，精神世界的产生与需要都源自人的社会实践活动，是人的社会实践活动在现实世界之上又创造的一个精神世界。从包含内容上来说，人的精神世界所体现的内容，都是关于人与自然界、人与社会、人与人、人与自身肉体组织的关系，而这些关系内容“都是人们的现实关系和生活，人们的生产，人们的交往，人们的政治组织等的有意识的表现”②。

中国共产党人在中国特色社会主义发展进程中的价值追求始终围绕“人”这一价值主体，无论是追求人民物质富裕、以人为本，还是以人民为中心，其实质所表达的都是人们在如何正确处理人与物(人和社会)、人与人、人与精神的关系基础上成就人、发展人、实现人。“价值”不仅表达的是客体满足主体需要的效用价值，即从人与物的关系中追溯价值的经济学根源，更重要的是人即价值，价值即人，即从哲学的角度界定价值的本质内涵。中国特色社会主义发展始终坚持对人的价值追求，这启示我们必须科学认识人，正确对待人，注重强调人。“人”是世间最简单也是最复杂的动物，他不仅是一种自然存在物，还是社会存在物、精神存在物，不仅具有自然属性，还具有社会属性、精神属性。这既是我们正确处理人与物(人与社会)、人与人、人与精神之间关系的基础，也是我们认识人之价值的根本切入点。

我们对人之价值的认识不是一蹴而就的，而是历经了一个长期生成发展的过程，从经济学意义到哲学意义，从手段到目的，从物到人，从肉体需要到精神需要，这不仅是社会发展的必然趋势，也是人自身发展

---

① 《马克思恩格斯文集》第1卷，525页，北京，人民出版社，2009。

② 袁贵仁：《马克思主义人学理论研究》，69页，北京，北京师范大学出版社，2012。

的必然趋势与最高目的。正确认识人与物(人与社会)、人与人、人与精神之间的关系，以及这一关系的发展历程，对我们始终确立人的主体地位，实现人的自由全面发展价值目标，促进中国特色社会主义发展，具有重大的理论和现实意义。

第七章 中国特色社会主义发展的理论逻辑

时代是思想之母，实践是理论之源。一方面，理论逻辑的研究不是孤立存在，而是深深根植于中国特色社会主义发展的伟大实践，实践发展的需要不断推动理论创新。另一方面，理论又是实践的先导，指引实践发展的方向。理论一经从实践中提升出来，就具有相对独立性与指导性，为实践的进一步发展提供思维方式、致思取向和路径选择。理论与实践的交相融合启示我们，研究中国特色社会主义发展的理论逻辑，离不开对中国特色社会主义发展的历史逻辑、现实逻辑、价值逻辑的研究，离不开对中国实践发展的阐释，它是在对中国特色社会主义发展的历史逻辑、现实逻辑、价值逻辑揭示的基础上进一步揭示出来的。也就是说，只有在揭示中国特色社会主义发展的历史逻辑、现实逻辑、价值逻辑的基础上，才能进一步揭示出中国特色社会主义发展的理论逻辑。马克思指出："理论在一个国家实现的程度，总是取决于理论满足这个国家的需要的程度。"①中国特色社会主义进入了新时代，

① 《马克思恩格斯文集》第1卷，12页，北京，人民出版社，2009。

中国特色社会主义实践发展也取得了举世瞩目的历史性成就，但我们在思想理论方面的总结与建构，并没有产生像实践成果那样的国际影响。换言之，当代中国特色社会主义理论的学理研究远远落后于实践创新与发展的需要。理论研究的滞后性，一方面严重阻碍了中国特色社会主义理论的创新发展；另一方面也使我国在国际社会面临着有理不会说、有口难辩的窘境，不利于塑造中国形象、传播中国理论，遑论争取国际话语权、提升国家文化软实力了。因此，着重从理论维度梳理概括中国特色社会主义发展的理论逻辑，深刻揭示中国特色社会主义理论发展的必然趋向，从学理探索的视角建构中国理论，刻不容缓、时不我待、责无旁贷。这不仅关乎当代中国马克思主义、21 世纪马克思主义理论的创新发展，更是建构中国理论、推动中国理论走向世界、为世界发展贡献中国理论的需要。

与中国特色社会主义发展的历史逻辑、现实逻辑和价值逻辑一样，中国特色社会主义发展的理论逻辑，并不仅限于中国特色社会主义理论体系自身的发展逻辑，而是把中国特色社会主义看作道路、制度、理论和文化的有机整体，共同统一于中国特色社会主义伟大实践中的理论逻辑。这一理论逻辑，以科学社会主义理论为出发点，致力于探讨科学社会主义理论的中国化历程与规律。正如有学者指出的："中国特色社会主义的理论逻辑就是科学社会主义基本原则中国化、时代化的理论逻辑。"①因此，揭示中国特色社会主义发展的理论逻辑，重在阐释科学社会主义是如何与中国实际相结合进而推进马克思主义中国化的历史进程，重在阐释如何推动中国特色社会主义理论实现从无到有、从初步形成到创新发展、从开创奠基到体系构建再到集成提升的历史性转变进程。

---

① 李昆明、王一琦：《中国特色社会主义的理论逻辑与历史逻辑》，载《思想理论教育》，2013(23)。

一　中国特色社会主义的理论溯源

中国特色社会主义理论并不是无源之水、无本之木，而是有着深厚的历史渊源。“中国特色”社会主义理论，本质上属于社会主义性质的理论，其最早的历史渊源可以追溯到16世纪空想社会主义的兴起。直至19世纪，马克思将空想社会主义变为科学，真正开启了科学社会主义大门，第一次将社会主义理论建立在科学基础之上。20世纪初，列宁把马克思科学社会主义理论同俄国具体实际相结合，领导俄国无产阶级取得十月革命胜利，第一次将理论变为实践。毛泽东受十月革命影响，选择马克思列宁主义，并将其与中国革命、建设实际相结合，成功将科学社会主义由单一模式发展为多国模式，将其实践变成现实，将中国能不能建设、发展社会主义的理论课题转变为中国如何建设、发展社会主义的理论课题。加强对科学社会主义理论发展的历史回溯，揭示中国特色社会主义理论的思想源头，有助于我们更清晰地认识中国特色社会主义理论由何而来、因何而立、走向何方。

(一)马克思创立的科学社会主义理论体系：使社会主义由空想成为科学

社会主义理论并非马克思原创。早在16世纪，空想社会主义就曾对未来社会主义制度进行过详细描写，如托马斯·莫尔的《乌托邦》、康帕内拉的《太阳城》。19世纪初期，空想社会主义发展到高潮，圣西门、傅立叶、欧文作为三大空想社会主义者，阐释了对共产主义的认识。恩格斯在《社会主义从空想到科学的发展》一文中详细论述了他们的社会主义思想。圣西门揭露了法国大革命第三等级中的特权等级，提出无财产者无能力，革命应由科学和工业(实际上是资产者)来领导和统治。傅立叶则看到现存资本主义社会制度的虚伪与黑暗，无情地揭露与批判了资产阶级世界在物质和道德上的贫困。欧文遵循社会主义原则开办了新拉纳克大棉纺厂，进行共产主义试验，提出阻碍社会改革的三大障碍是私有制、宗教和婚姻形式。虽然他们对社会主义理论的阐释各有侧重，但都无情鞭挞了资本主义社会弊端，憧憬建立未来“理性和永恒正义的王国”①。然而事实证明，这种“理性和永恒正义的王国”只能是一种空想，在当时的历史条件下根本无法实现。空想社会主义之所以为空想，主要在于其提出的理想目标没有建立在现实的基础之上，其提出的实现理想目标的手段、方式也不切合实际。这是因为：一方面，空想社会主义者们并不代表广大无产阶级的利益，他们对现存统治寄希望于渐变改革而非彻底革命，虽然他们表达出对无产阶级的同情，但并未真正认识到无产阶级的革命力量；另一方面，当时资本主义大工业生产不成熟，资本主义弊端与危机未充分展现，空想社会主义者们只是站在人道主义立场对资本主义进行所谓理性批判，并未找到现实批判的路径和实现理论的道路。马克思指出：“不成熟的理论，是同不成熟的资本主义生产状况、不成熟的阶级状况相适应的。”②解决这一社会问题的根本路径隐藏在资本主义经济发展过程中，隐藏在无产阶级革命中，而不是依靠发明一套完善的、普遍的社会制度就能实现社会主义。

空想社会主义为马克思创立科学社会主义提供了理论来源与经验借鉴。马克思积极吸收空想社会主义的合理因素，克服其纯粹空想的根本性缺陷，立足唯物史观与剩余价值理论，揭示了资本主义产生、发展、出现危机、灭亡的历史必然性，发现了人类历史发展的一般规律；在此基础上，他又提出对未来共产主义的美好构想，找到了真正实现共产主义的正确道路。基于此，马克思第一次把社会主义由空想变为科学，使

---

① 空想社会主义者的“理性和永恒正义的王国”是在纯粹思维中产生的、一套新的完善的社会制度。在他们看来，这一社会主义制度是绝对真理、理性和正义的表现，不依赖于时间、空间和人类的历史发展而变化。只要它被发现，它就能用自己的力量征服世界。参见马克思、恩格斯：《马克思恩格斯文集》第 3 卷，526—527 页，北京，人民出版社，2009。

② 《马克思恩格斯文集》第 3 卷，528 页，北京，人民出版社，2009。

其真正建立在现实基础之上，摆脱了“理性王国”的束缚。这是科学社会主义与空想社会主义的根本区别，也是科学社会主义对空想社会主义的根本超越。

马克思是如何摆脱“理性王国”的？科学社会主义理论的“科学”之处体现在哪里？科学社会主义超越空想社会主义的根本方法论原则是什么？马克思指出：“共产主义对我们来说不是应当确立的状况，不是现实应当与之相适应的理想。我们所称为共产主义的是那种消灭现存状况的现实的运动。这个运动的条件是由现有的前提产生的。”①“现有的前提”不是思维而是现实，不是教条而是运动，这是科学社会主义理论之所为“科学”的关键所在。马克思所生活的时代是资本主义大工业迅速发展的时代，他并没有像空想社会主义者那样，基于资本主义的不道德、无人性而对其全盘否定，而是积极肯定了资本主义的历史进步性。但随着资本主义的充分发展，资本主义生产方式的内在矛盾也愈加鲜明地暴露出来，即社会化大生产与生产资料私人占有之间的矛盾。这一内在矛盾导致经济危机的周期性爆发，严重阻碍了生产力的进一步发展。资产阶级也曾尝试运用各种方式进行改革，但这只是延长了经济危机爆发的时间而已，并未从根本上解决其内在矛盾和危机。事实上，在资本主义框架下，这一矛盾不可能真正得到解决，这也正是资本主义必然走向灭亡的根本依据。生产的社会化和生产资料私人占有之间的矛盾，更突出地表现在资产阶级与无产阶级之间的对立。一方面是生产资料完全掌握在资本家手中，另一方面却是生产这些资料的生产者除自己劳动力之外一无所有。资本主义越发展，资产阶级与无产阶级的矛盾越尖锐，无产阶级越贫穷，队伍越壮大，其革命意志越坚定、越彻底。马克思并非仅仅出于对无产阶级人道主义同情而痛斥资产阶级，空喊解放无产阶级的口号，而是在全面分析资本主义产生、发展、出现危机与灭亡的必然性之基础上，在揭示人类历史发展一般规律的基础上，真正找到了变革资

---

① 《马克思恩格斯文集》第1卷，539页，北京，人民出版社，2009。

本主义的现实道路，即通过无产阶级革命，首先使无产阶级上升为统治阶级，然后“利用这个权力把脱离资产阶级掌握的社会化生产资料变为公共财产”①，从而使生产资料摆脱资本属性。当社会占有生产资料，且生产力得到极大发展时，国家将自行消亡，无产阶级也不复存在，人终于成为自身主人、成为自由的人，历史从此进入共产主义。晚年，马克思根据资本主义的新发展和工人运动的新经验，特别是当他把研究关注点转移到俄国、印度、中国等东方国家的发展道路上时，他便对走向共产主义的现实道路提出了很多创见，丰富完善了他的科学社会主义理论。马克思指出，要时刻根据自身历史环境和变化的实际情况来理解与选择发展道路，而不是抽象地、教条地理解变革资本主义的现实路径。

我们应该如何理解和把握科学社会主义？这是我们面临的重要课题。对科学社会主义的正确认识，直接决定了我们对它的准确定位及其运用。马克思早在批判空想社会主义时就指出，把社会主义制度作为绝对真理是一种纯粹的幻想。科学社会主义的最大科学之处，就在于它立足现实，立足历史，注重历史生成，一切从具体的、现实的、历史的、生成的环境出发。换言之，它不是已经确立的、应该与之适应的理想体系，而是立足现实和实践不断生成的过程。特别是马克思在晚年通过对东方社会发展道路的研究与探索，更加明确指出，一定要关注不同国家所处的不同历史环境。理论只有切中实际，才能最大程度地发挥理论的指导作用，推动社会实践发展，而理论脱离实际，不仅是理论的悲哀，更是实践发展的悲哀。

因此，立足现实，从所处历史环境与具体实际出发，理论联系实际，注重历史生成，找到实现理想目标的正确道路，是我们正确理解和把握科学社会主义的金钥匙。

---

① 《马克思恩格斯文集》第 3 卷，566 页，北京，人民出版社，2009。

(二)列宁对科学社会主义理论的成功运用：使科学社会主义由理论成为现实

列宁是真正的马克思主义者。他深刻理解和把握了科学社会主义的理论精髓，没有把马克思主义奉为圭臬，没有从本本主义出发，而是把科学社会主义基本原则同俄国具体实际相结合，注重“生活公式”。他深刻分析了19世纪末20世纪初资本主义进入帝国主义阶段的国际背景，揭示了俄国处在帝国主义链条中最薄弱一环的国际窘境，认为俄国已经成为当时国内外矛盾的焦点。在这样的历史条件下，列宁审时度势，等待革命主客观条件成熟，不失时机地领导布尔什维克党和俄国人民夺取了十月革命胜利，从而第一次将科学社会主义由理论变成实践。科学社会主义理论变为实践，不仅是对理论的检验与发展，更是对社会现实的变革与推进。列宁领导的十月革命的胜利向我们强有力地证明，经济文化落后的国家也能率先走上社会主义发展道路。

列宁关于经济文化落后国家可以走上社会主义道路的论断，有着深刻的立论基础与方法论依据。马克思向我们指明了人类历史发展的一般规律，即生产力与生产关系、经济基础与上层建筑之间的矛盾运动规律。生产力决定生产关系，经济基础决定上层建筑，依循这一基本原理，经济文化落后国家不可能直接走上社会主义发展道路。从人类社会发展的五种形态演进角度来分析，俄国处于封建社会时期，似乎也不可能逾越资本主义发展时期而直接进入社会主义。然而，列宁认为并非如此。列宁没有深陷马克思之个别论断的旋涡，也没有把马克思的某些具体结论奉为圭臬，而是真正把握了科学社会主义的理论精髓。在他看来，科学社会主义理论具有普遍性，但这一普遍性并不是抽象、教条的普遍性，而是包含着特殊的普遍性，是立足于现实的普遍性，是理论联系实际的普遍性。基于此，列宁提出“一国或多国首先胜利理论”，认为人类历史发展的一般规律并不排斥一些国家和民族在特殊发展阶段上的具体发展形势，反而是以此为前提的。“一国或多国首先胜利理论”是列宁遵循科学社会主义理论的普遍性与特殊性的辩证统一，立足俄国社会现实国情且理论联系实际做出的科学论断。列宁在《论欧洲联邦口号》一文中，详细分析了各国经济与政治发展的不平衡性，由此得出结论："社会主义可能首先在少数甚至在单独一个资本主义国家内获得胜利。"①列宁不同意把"世界联邦"作为一个独立口号，以免给人们造成曲解，认为社会主义必须由各国一起完成，而不可能在一个国家内首先获得胜利。列宁指出，各国资本主义发展的不平衡性，以及由此而产生的无产阶级力量的不平衡性，或许能够带来一国或多国首先进行无产阶级专政并走向社会主义发展道路的可能性。在《无产阶级革命的军事纲领》一文中，列宁更明确指出，在资本主义商品经济发展背景下，资本主义发展的不平衡性不可避免，因此，"社会主义不能在所有国家内同时获得胜利。它将首先在一个或者几个国家内获得胜利"②。不仅如此，在一国取得胜利的社会主义并不能绝对排除战争，相反却预示着战争的发生。这是因为社会主义在一国或多国取得胜利时，其余国家在一段时间内依然处于资本主义时期，社会主义与资本主义的共时性存在，不可避免地就会引起意识形态方面的摩擦与冲突。另外，各国资产阶级恐慌无产阶级革命，都力图打压社会主义国家以及各种无产阶级行动，由此，战争不可避免。但这种战争，从"我们"③方面来说，是正当的和正义的战争。在列宁看来，世界各国经济发展严重不平衡，俄国处于资本主义发展链条中最薄弱的环节，处处受到帝国主义的镇压和打击，国内人民生活苦不堪言。在"一国或多国首先胜利"理论指导下，列宁不断集聚革命力量，最终带领布尔什维克党和俄国人民取得了十月革命胜利。十月革命胜利意义重大，它将科学社会主义由理论真正变成实践，真正以实际行动证明了经济文化落后的国家也能走上社

---

① 《列宁选集》第 2 卷，554 页，北京，人民出版社，2012。

② 同上书，722 页。

③ 这里的"我们"指的是已经胜利了的社会主义。恩格斯在 1882 年 9 月 12 日给考茨基的信件中，明确表明已经胜利了的社会主义有进行"自卫战争"的可能性，已经胜利了的无产阶级可以进行自卫以反对其他各国资产阶级的打压。参见《列宁选集》第 2 卷，3 版修订版，722 页，北京，人民出版社，2012。

会主义发展道路的论断。

列宁不仅在理论认知上坚持科学社会主义理论普遍性与特殊性的统一，提出“一国或多国首先胜利”理论，而且在带领苏联人民走向社会主义道路的实践探索中，也始终坚持科学社会主义理论与实际相结合，一切以苏联历史环境与现实国情为出发点，在不同历史发展阶段，提出不同的国家政策。十月革命胜利初期，苏联社会经常受到帝国主义武装干涉，战争频繁爆发。为了集中国内一切人力、物力与财力粉碎外来侵略，列宁实施战时共产主义政策。战时共产主义政策包括国内贸易国有化、全部工业国有化、余粮征集制、食物配给制、劳动义务制等。事实证明，这一系列政策实施切合当时苏联国情，在短时间内迅速聚集了人力、物力与财力，为赢得战争胜利提供了坚实的物质基础与政治保障。但战争胜利后，苏联进入和平发展期，社会百废待兴，人民需要发展，战时共产主义政策作为战争时期的应急方案日益显示出僵化滞后的一面，越来越不适应和平时期发展的需要。列宁立足苏联实际国情与发展需要，坚守科学社会主义理论品质，提出实施新经济政策，逐步向社会主义过渡。列宁深刻认识到，苏联走向社会主义道路是一个长期、曲折的过程，虽然苏联已经确立社会主义制度，但社会生产力发展水平落后，人民生活苦不堪言，广大群众积极性不高。在这样的现实背景下，苏联的首要任务是发展经济，改变国家和人民贫穷落后的窘境。新经济政策适应苏联社会和人民发展需要，以征收粮食税代替余粮征集制，并允许外资企业进入，部分恢复私营经济等。新经济政策的实施，有效解决了国内经济困难，提高了生产力发展水平和人民生活水平，从而为向社会主义过渡奠定了坚实的物质基础。历史和实践证明，新经济政策的选择是正确的，它不仅遵循了马克思主义有关生产力发展的基本原理，而且将科学社会主义理论与苏联特殊时代背景、现实国情、具体实际相结合，初步尝试走出了一条小农经济占优势的落后俄国向社会主义过渡的正确道路。

然而，随着1924年列宁逝世，斯大林成为最高领导人，新经济政策没能继续得到贯彻实施，反而被慢慢废除，取而代之的是高度集中的政治经济体制。20世纪二三十年代，斯大林实施高度集中的计划经济体制，在一定历史时期内稳固了社会主义政权，促进了苏联经济发展，也为夺取世界反法西斯战争胜利做出了巨大贡献。但随着社会化大生产的发展，苏联高度集中的计划经济体制弊端日益显现，个人崇拜、长官意志逐渐取代民主集中制，片面发展重工业导致关乎人民日常生活的农业和轻工业长期落后，高度集中的计划经济体制严重挫伤人们生产的积极性、主动性、创造性等。这一切严重超出了苏联社会和人民的承受范围，严重脱离了苏联实际情况。苏联急于求成地跨入社会主义，最终反而导致社会主义停滞不前、甚至后退。20世纪80年代，面对国内政治经济困境，苏联曾几度进行改革调整，但由于教条化地理解马克思主义，使改革举措偏离了社会主义方向，超越了苏联社会实际，导致经济疲软，民生问题难以解决，从而丧失了民心，最终导致苏联解体。苏联解体的原因是复杂多样的，但“苏联模式”脱离社会发展实际，片面、抽象、教条地理解科学社会主义、马克思主义，不注重发展社会生产力、提高人民生活水平，无疑是导致失败的重要原因。苏联社会主义国家的兴起、发展、衰弱与消亡，为我们留下了一笔宝贵的精神财富，马克思所创立的科学社会主义不是教条，而是方法，是必须立足各国历史环境和现实国情的理论联系实际的方法。

(三)毛泽东对科学社会主义理论的正确认识与应用：使科学社会主义理论和实践由西方走向东方

十月革命一声炮响，给中国送来了马克思列宁主义。中国共产党对科学社会主义理论的认识历经了一个长期发展过程。早期中国共产党领导革命的指导思想，主要受到共产国际及以王明为首的教条主义的影响，机械、僵化、不知变通，无视中国革命的实际情况，最终导致第五次反“围剿”的失败，红军被迫踏上长征之路。而毛泽东对中国革命的认识截然不同，他始终坚持以中国客观实际情况为出发点，强烈反对本本主义、教条主义等主观主义。毛泽东在《反对本本主义》一文中指出：“我们说马克思主义是对的，决不是因为马克思这个人是什么‘先哲’，而是因为他的理论，在我们的实践中，在我们的斗争中，证明了是对的。”[①]在毛泽东看来，我们需要学习马克思主义的“本本”，但不是照搬照抄、奉为圭臬的学习，而是必须同我国实际情况结合起来的学习，脱离中国实际的“本本”没有任何价值，甚至是有害的。

毛泽东在《实践论》《矛盾论》中，以哲学视角揭示了教条主义与狭隘经验主义的弊端，彰显出实事求是既立足中国实践、从客观实际出发的理性光辉，也正确处理了理论和实践、一般和特殊的辩证关系。首先，实践是认识的来源。人们只有深入实践过程，才能得到真理性认识，而不能在脑袋里凭空想象或者从书本上照抄照搬。其次，实践是推动认识发展的动力。人们通过实践获得感性认识，又通过实践使感性认识上升到理性认识，从而获得真知。毛泽东既不赞同以王明为首的教条主义的唯理论，也不同意脱离科学社会主义指导的狭隘经验论，而是始终坚持将科学社会主义基本原则与中国客观实际相结合的实践论、始终坚持一般和特殊相结合的矛盾论，这是毛泽东对科学社会主义理论的创新发展。最后，实践是认识发展的最终目的和归宿。正确认识科学社会主义理论不仅仅是为了简单增加知识储备，而是用理论指导实践，为中国革命提供科学有效的方法论指导。马克思指出：“哲学家们只是用不同的方式解释世界，问题在于改变世界。”[②]毛泽东是真正的马克思主义者，他准确把握了科学社会主义理论的实践品质，从实践中来又回实践中去。

毛泽东不仅深刻认识到科学社会主义的理论精髓，而且充分运用科学社会主义基本原则及其方法论分析中国革命的独特性，从而找到了中国革命的正确道路，带领广大人民群众取得了新民主主义革命的胜利。他运用马克思主义矛盾分析法，详细剖析了中国当时的阶级现状，找到了革命真正的“朋友”和“敌人”。[③] 毛泽东指出，中国社会的无产阶级和

---

① 毛泽东：《毛泽东选集》第1卷，111页，北京，人民出版社，1991。

② 《马克思恩格斯文集》第1卷，502页，北京，人民出版社，2009。

③ 毛泽东在《中国社会各阶级的分析》开篇就提到，正确分清“朋友”与“敌人”是革命的首要问题。参见毛泽东：《毛泽东选集》第1卷，2版，3页，北京，人民出版社，1991。

资产阶级发展都不成熟，难以达到马克思所说的进行无产阶级革命的阶段，中国革命的阶级现状是农民、工人阶级占绝大多数，小资产阶级左右摇摆不定，帝国主义、买办阶级、大地主阶级是革命的主要对象。毛泽东同志对社会阶级的正确划分，是对科学社会主义理论的成功运用，为中国革命成功奠定了坚实的阶级基础。在中国革命路线的选择中，毛泽东同志同样遵循科学社会主义理论，从中国现实国情出发，找到了一条农村包围城市、武装夺取政权的革命道路。以毛泽东同志为首的中国共产党领导中国革命，没有照抄照搬苏联十月革命，没有以"无产阶级"来革"资产阶级"的命，没有走城市武装暴动的道路，而是在遵循科学社会主义理论的基础上，基于中国革命的特点，确立了农村包围城市、武装夺取政权的中国革命道路。毛泽东同志领导新民主主义革命的胜利，开创了科学社会主义由一国到多国、由西方到东方、由城市到乡村的发展模式，实现了对科学社会主义理论的丰富与发展。

新中国成立开辟了中国历史的新纪元。中华民族和中国人民结束了一百多年屈辱的历史，从此真正站起来了。它向世界昭示，坚持以科学社会主义理论为指导，立足中国实际的发展道路是正确的。理论联系实际是我们党在革命年代积累的宝贵精神财富。今天，仍需要我们继续坚持并运用于社会主义建设过程中。然而实际上，我们对社会主义建设的探索也经历了一个长期的、曲折的过程。社会主义制度的初步建立表明，经济文化落后的国家可以走上社会主义发展道路，但对于如何走，马克思、恩格斯与列宁都没有给出详细具体的理论指导和方法论路径。新中国成立初期，我们曾经搬用"苏联模式"，但"苏联模式"弊端日益显现，显然并不适合中国社会主义建设实际。毛泽东同志富有远见地提出要"以苏为鉴"，独立自主地探索在中国建设社会主义的道路，并在中共八大上提出了很多对社会主义建设的正确认识。这表明我们党已经具备了科学把握社会主义理论精髓、立足中国实际进行社会主义建设的理论自觉。但在实践探索过程中，由于忽视中国落后生产力发展水平的现实，片面抽象理解科学社会主义理论，急于求成地跑步进入共产主义，结果出现了“文化大革命”等这样的失误。毛泽东同志虽然没有完全找到中国社会主义建设的正确道路，但社会主义制度的建立和初步取得的工业化成果，为后来社会主义发展奠定了坚实的制度基础与物质保障。最为重要的是，我们更清晰地认识到，建设社会主义不可能有适合所有国家发展的统一模式或唯一模式，科学社会主义理论只有与中国具体实际结合，才能彰显出“科学”的时代价值，割裂科学社会主义理论与中国具体实际的关系，脱离中国落后的生产力发展现状，片面教条地理解科学社会主义，必将导致社会主义运动的失败。这一理论基础与方法论原则，成为中国特色社会主义理论形成发展的内在动力与行动指南。

二　中国特色社会主义发展的理论逻辑

中国特色社会主义理论是科学社会主义基本原则在中国的历史传承与时代体现，它既坚持了科学社会主义的基本原则，又根据中国历史条件、实际国情和时代特征赋予其中国特色；既破除了对科学社会主义理论教条化、抽象化、片面化的理解，又抵制了脱离中国实际、偏离社会主义方向的错误主张。中国特色社会主义理论发展并不是一蹴而就的，而是经历了一个不断生成、不断完善的过程。依据改革开放以来不同发展阶段的不同时代课题与时代特征，中国特色社会主义理论形成了不同时期的理论创新成果，即邓小平理论、“三个代表”重要思想、科学发展观和习近平新时代中国特色社会主义思想。这些理论成果不仅与马克思列宁主义、毛泽东思想一脉相承，更为重要的是，它们不断实现着对自身的超越，不断引领着时代主题的变换。从实现人民物质富裕到追求国家富强民族振兴人民幸福，中国特色社会主义理论迎来了由“富起来”理论到“强起来”理论的伟大飞跃。在理论跃升的过程中，中国特色社会主义理论实现了从无到有、从不成熟到逐步成熟、从开创奠基到体系构建再到集成提升，从“摸着石头过河”到注重“顶层设计”，从理论辩护、理论阐释到理论引领的历史性跨越。这是中国特色社会主义理论的生成逻辑的体现。

(一)邓小平理论——致力于实现富起来的理论

以毛泽东同志为核心的党的第一代中央领导集体遵循科学社会主义基本原则与中国革命实践相结合，取得新民主主义革命的胜利，建立了新中国，使中华民族、中国人民真正站了起来。我们把致力于推翻“三座大山”、实现民族独立和人民解放、建立新中国的毛泽东思想，称为实现“站起来”的理论。

站起来的成功实践表明，经济文化落后的中国可以走上社会主义发展道路。这既是对科学社会主义基本原则的继承和发展，又是对走向社会主义、共产主义多样化道路的有益探索。然而，对于经济文化落后的中国如何建成社会主义，毛泽东思想并未做出完整、详细和具体的阐述。

这一重大时代课题，落在了以邓小平同志为核心的党的第二代中央领导集体身上。20 世纪 70 年代末，处在中国历史的转折点上，邓小平同志必须回答“什么是社会主义、怎样建设社会主义”这一时代之问。对这一问题的回答，实质上就是探索经济文化落后的中国在已经建立起来的社会主义基本制度的基础上，到底如何建成社会主义，如何实现由站起来到富起来的伟大飞跃。

“理论在一个国家实现的程度，总是取决于理论满足这个国家的需要的程度。”①邓小平理论的形成与发展，有着深厚的国情依据、时代特征和立论基础。从世界维度看，20 世纪七八十年代，西方国家发展迅速。亚洲“四小龙”的发展也走在中国前面。从国内维度看，社会主义建设不容乐观。“文化大革命”混乱刚结束不久，人民生活水平也很低。在中国发展的历史转折点上，邓小平同志审时度势，首先从解放思想出发，针对当时党内存在的“两个凡是”错误思想，提出要“解放思想，实

---

① 《马克思恩格斯文集》第 1 卷，12 页，北京，人民出版社，2009。

事求是，团结一致向前看”。这就破除了人们思想上的禁锢，统一了全党认识，坚定了中国改革开放的坚强决心。党的十一届三中全会，邓小平同志明确提出重新恢复和确立解放思想、实事求是的思想路线，把工作重心转移到经济建设上来，实行改革开放。由此，中国开启了从“以阶级斗争为纲”到以经济建设为中心，从僵化半僵化、封闭半封闭到全面改革开放，从计划经济到社会主义市场经济的历史性转变。历史和实践证明，邓小平同志提出的这一历史性转变切合中国发展实际，邓小平理论是指导中国人民在改革开放中开创中国特色社会主义并实现社会主义现代化的正确理论。这一理论，引领着中国实现由站起来到富起来的伟大历史性飞跃，是致力于实现富起来的理论。

第一，邓小平理论基于解放思想、实事求是的思想路线，把社会主义初级阶段看作中国的基本国情和最大实际。社会主义初级阶段意味着生产力不发达，还是一个“不够格”的社会主义。要使社会主义真正成为“够格”的社会主义，必须首先解放和发展社会生产力。解放和发展社会生产力，其核心目的之一，就是提高人民物质文化生活水平，为实现富起来奠定雄厚的物质基础。

第二，邓小平理论把社会主义初级阶段的首要任务确定为解放和发展社会生产力，把社会主义的本质的核心内容之一，也确定为解放生产力、发展生产力。解放生产力、发展生产力的根本目的，既在于实现全体中国人民共同富裕，也在于提高中国人民的物质文化生活水平。这是实现富起来的核心内容。

第三，邓小平理论把建立社会主义市场经济体制作为我国经济体制改革的大方向。其直接目的，就是提高经济效率、生产效率，积累社会物质财富，解放和发展社会生产力，把“蛋糕”做大，为实现共同富裕提供经济基础。

第四，邓小平理论为判断改革开放的成败得失提出了“三个有利于”标准，即“是否有利于发展社会主义社会的生产力，是否有利于增强社会主义国家的综合国力，是否有利于提高人民的生活水平”。这“三个有利于”的精神实质，就是从历史尺度讲，要看是否有利于发展社会生产力和增强综合国力；从价值尺度讲，要看是否有利于提高人民的生活水平。这两个方面从根本上都指向实现富起来。

第五，邓小平理论从中国实际出发，回答了在中国“什么是社会主义、如何建设社会主义”这一时代课题。马克思、恩格斯当年所构想的社会主义是：在社会生产力高度发达的基础上，通过生产关系的革命来消灭私有制，进而解放无产阶级、解放全人类，最终促进每个人的自由而全面发展。其中一个基础和前提，就是社会生产力高度发达。而在中国要建设社会主义，恰恰是社会生产力不发达。这就有一个搞清楚“什么是社会主义、如何建设社会主义”的根本性问题和时代课题。邓小平同志深刻认识到，在中国，在思想上必须解放思想、实事求是，在实践上必须通过实行改革开放和社会主义现代化，来解放和发展社会生产力。改革开放和现代化建设，既不能走封闭僵化的老路，也不能走改旗易帜的邪路。“苏联模式”是含有一定合理因素，但存在不少弊端，我们不能照搬照抄；新中国成立初期，我国进行了社会主义改造和社会主义建设的探索，取得了一些重大成就，然而却又犯了“文化大革命”的错误，我们也不能重蹈覆辙；西方资本主义国家对我国实行意识形态渗透十分严重，我们更不能搞“拿来主义”。因此，邓小平同志指出，我们要自力更生、艰苦奋斗，“建设有中国特色的社会主义”。“有中国特色的社会主义”本质上属于社会主义性质，是对科学社会主义的继承、发扬，这是决定社会主义之所以为社会主义的内在规定性。与此同时，邓小平同志也深刻认识到，马克思主义不是一成不变、封闭僵化的教条，而是一个不断生成、不断发展的开放性、创新性的理论，随着时代、实践与科学的深入发展，马克思主义也不断实现着对自身的超越。我们不能对科学社会主义做教条式的理解，而应把握其理论精髓，注重分析其形成与运用的时代背景、历史环境、实际情况等。中国社会发展现状显然不同于马克思当年所处的“欧洲社会”“西方社会”。邓小平理论第一次比较全面深入地分析了中国社会发展所处的历史阶段、现实国情、内外条件等，始终立足于中国改革开放伟大实践，围绕社会主义初级阶段中国落后的社会生产力这一最大现实问题，提出以经济建设为中心、大力解放和发展生产力的根本举措。正是在这样的理论指导下，邓小平理论科学回答了“什么是社会主义、怎样建设社会主义”的根本性问题，揭示了社会主义的本质是解放生产力，发展生产力，消灭剥削，消除两极分化，最终达到共同富裕，[①] 从而把解放和生产力发展与社会主义本质有机结合起来，与实现共同富裕结合起来，开辟了中国特色社会主义道路，开启了改革开放的富裕之路。

由上述“思想路线论”“初级阶段论”“根本任务论”“市场经济论”“判断标准论”“时代课题论”这些邓小平理论的核心要义，完全可以得出结论：邓小平理论是实现富起来的理论。实现富起来，是邓小平理论真正的实践旨归。

（二）“三个代表”重要思想和科学发展观——实现富起来理论的深化发展

邓小平理论充分发挥了“解放思想、实事求是”思想路线的重大历史作用，转变了人们的思想观念，把党和国家的工作重心转移到经济建设上来，推动经济落后的中国真正走上了社会主义发展的正确道路。邓小平理论初步回答了“什么是社会主义、怎样建设社会主义”的时代之问，为中国特色社会主义确立了以发展为核心的目标指向。

邓小平理论虽然实现了由站起来的理论到富起来的理论的历史转折，但总体来说，那时的中国特色社会主义理论还不够成熟。首先，这一状况主要源于中国特色社会主义实践发展得还不充分。自东欧剧变以来，社会主义国家应该如何建设、如何发展，并没有成功的经验可以借鉴，中国特色社会主义虽然明确“以苏为鉴”，不走老路与邪路，但具体如何走中国特色社会主义道路，只能一边走一边探索。实践发展的不充分、道路轮廓的不清晰、面临困难的多样化等，决定了中国特色社会主

---

① 邓小平：《邓小平文选》第3卷，373页，北京，人民出版社，1993。

义理论还不是十分成熟和完善。其次，改革开放以后一段时间，由于受历史遗留问题的影响，我们在思想上仍相对趋于保守，理论上条条框框的束缚也比较多，致使我们对中国特色社会主义理论的研究得不到广泛重视，理论总结与提升也远远不够，滞后于实践发展的需要，落后于时代发展所要求的水平，理论对实践的指导作用也没有充分发挥出来。最后，改革开放以降，中国特色社会主义理论受到的国际社会的质疑、责难甚至攻击从未间断。特别是西方资本主义国家，出于意识形态斗争的需要，炮制出各种唱衰中国的论调，“中国崩溃论”“中国威胁论”“历史终结论”等甚嚣尘上、从未停止。他们不明白中国特色社会主义是什么，更不懂它不同于传统社会主义的“中国特色”到底意味着什么，因而只是简单粗暴地将中国特色社会主义看作类似于“苏联模式”的洪水猛兽。在这样的国际背景下，中国特色社会主义理论不可避免地陷入与各种质疑之声做斗争的旋涡中，并努力为自身进行理论辩护。由于改革开放初期，中国特色社会主义实践发展不够充分，理论发展不够成熟，因而为自身进行理论辩护也相对处于被动的态势。

中国特色社会主义理论发展虽历经艰辛，但其未来前景却是光明的。这主要得益于中国特色社会主义理论并不是一个已经完成了的、固定化的理论形态，而是一个开放的、不断生成发展的理论。中国特色社会主义理论的不成熟只是暂时的，相对被动的理论辩护态势也是暂时的。随着中国特色社会主义实践的发展，中国特色社会主义理论也会不断丰富和完善。在成功实现由站起来到富起来的历史转折后，中国进入了走向实现富起来的黄金期。在此基础上，以江泽民同志为核心的党的第三代中央领导集体和以胡锦涛同志为总书记的党中央，继续坚持和发展中国特色社会主义，紧紧抓住发展生产力这一“牛鼻子”，继续回答并践行“什么是社会主义、怎样建设社会主义”这一时代课题。不仅如此，更为重要的是，我们党根据时代变化与实践发展的新要求，进一步提出“建设什么样的党、怎样建设党”与“实现什么样的发展、怎样发展”的重大时代课题，由此形成了“三个代表”重要思想和科学发展观，为中国进一步实现“富起来”做出了卓越贡献。

“三个代表”重要思想是推动中国特色社会主义进一步实现富起来的正确指导思想，是实现富起来理论的政治表达。“三个代表”重要思想对发展的认识有其历史必然性和时代背景。20 世纪 90 年代以来，我国发展的国际环境不大乐观，苏联解体、东欧剧变的余波愈演愈烈，世界上最大的社会主义国家解体了，苏联共产党也轰然倒塌，中国作为为数不多的社会主义国家自然成为众矢之的。社会主义国家的发展出现曲折，社会主义处于低潮，首要的原因，是没有解决好发展问题，即没有解决好社会生产力的发展问题，人民生活水平没有得到根本改善和提高。在这样严峻的情境下，中国要想长久生存与发展，就必须“以苏为鉴”，积极吸取苏共失败的经验教训，必须首先加强中国共产党自身的建设，必须把发展看作党执政兴国的第一要务，尽快使中国富起来，提高人民的生活水平。从国内维度来看，随着改革开放深入推进，特别是社会主义市场经济的确立，由于在“放开、放活”的进程中法治、德治等治理没有完全跟上，致使一部分党员干部精神懈怠、能力不足、脱离群众、消极腐败，结果影响着中国的发展。基于此，以江泽民同志为核心的党的第三代中央领导集体提出“三个代表”重要思想，即中国共产党要始终代表中国先进生产力的发展要求、代表中国先进文化的前进方向、代表中国最广大人民的根本利益。这既是加强中国共产党自身建设的需要，也是中国特色社会主义健康发展的需要。特别是以党的先进性建设和执政能力建设筑牢中国社会发展基石，实现经济发展与政治建设融合、经济体制改革与党的建设融合，更有利于更高效、更稳健地走向富裕之路。因为“三个代表”重要思想重在把发展作为党执政兴国的第一要务，由此，中国共产党首先必须代表先进生产力的发展要求，把党的建设与生产力发展、人民生活水平提高紧密结合起来，从党的先进性与领导力视角，为国家富强、人民富裕提供政治保障和目标指引。

科学发展观也是推动中国特色社会主义进一步实现富起来的正确指导思想，是实现富起来理论的科学表达。科学发展观的提出，同样有其历史发展的必然性。一方面，随着中国特色社会主义实践发展走向深入，以往只注重追求高速度、粗放式经济增长发展方式越来越显现出弊端，环境污染、资源浪费、生态破坏等问题也日益严重。这不仅造成社会发展的不平衡、不协调、不可持续，而且会葬送改革发展成果，严重影响人们的生活质量。另一方面，改革开放促进了生产力发展，使人们的物质生活水平有了提高。马克思主义的需求层次理论告诉我们："已经得到满足的第一个需要本身、满足需要的活动和已经获得的为满足需要而用的工具又引起新的需要。"①人们在解决温饱问题的需要以后，又会产生新的、更高层次的需求，希望生态美丽、社会和谐、生活宁静，希望在美丽的环境当中过着富足的生活。发展的不平衡、不协调、不可持续与人民群众的新需求之间的矛盾，对社会实践发展提出了更高要求。以胡锦涛同志为总书记的党中央力求转变高污染、高消耗、高投入的发展理念，提出了科学发展观，强调第一要义是发展，核心是以人为本，基本要求是全面协调可持续，根本方法是统筹兼顾。科学发展观以全面建设小康社会为目标，使发展更科学、更有质量。它是从发展方式的科学性视角强调提高发展质量，缩小发展差距，走向共同富裕，尤其强调要使全体人民共享发展成果，提高人民的生活质量。

"三个代表"重要思想与科学发展观在进一步促进发展的切入点和具体路径方面虽然不同，但都专注于实现富起来的发展目标却始终如一，坚持以经济建设为中心和提高人民生活水平始终如一，以促进生产力发展推动社会进步、使人民走向共同富裕始终如一。与邓小平理论开创中国特色社会主义之时做比较，经过多年的改革开放，此时，中国特色社会主义理论不断走向成熟。特别是改革开放取得了一系列可喜成就，社会生产力水平有了巨大提高，人民生活水平由"温饱"也走向了"总体小康"，中国不仅成功实现了由站起来到富起来的历史转折，而且真正走上了人民富裕之路，致力于实现富起来的目标愿景越来越明确、越来越

① 《马克思恩格斯文集》第1卷，531页，北京，人民出版社，2009。

清晰，也越来越变成现实。尤其是在追求“共同富裕”方面，有了更高的实践自觉与理论自觉。在这个意义上，笔者认为，这一时期中国特色社会主义理论是致力于使中华民族和中国人民富起来的理论。这一理论促进中国在实现富起来方面走向了成功，由此引起了国内外各界人士的广泛关注。这或许能够为那些既希望加快发展而又想保持自身独立性的国家和民族提供新的发展启示，也会由过去我们所相对注重的“理论辩护”转向相对注重“理论阐释”，即对中国奇迹、中国道路、中国理论、中国方案、中国经验做出理论上的阐述。由“理论辩护”到“理论阐释”，表明中国特色社会主义理论进入到自觉自省阶段。一方面，对国际社会来说，世界发展需要我们阐释好中国理论；另一方面，对中国发展来说，我们有了主动对外阐释中国理论的实力支撑与理论自觉。以往只能“摸着石头过河”，“摸的石头”多了，由此，总结提升的发展经验就会越来越清晰。这里特别需要我们保持清醒的是，此时，虽然对中国特色社会主义的理论阐释能力、理论提升能力有了显著提升，但总体来说，与西方理论的影响力、主导力相比还显得不够，与国家、社会、人民发展的需求相比还存在一定差距。我们必须清醒地认识到，我国依然处于社会主义初级阶段，我国依然是世界上最大的发展中国家，因而，我们依然要矢志不渝地坚持以经济建设为中心，依然要专注于实现国家富强和与人民富裕。

当然，“三个代表”重要思想和科学发展观是中国特色社会主义理论在不同发展时期的不同理论表达。“三个代表”重要思想着重把“解决生产力发展、人民生活水平提高与党的建设结合起来”来谈发展和“富起来”，而科学发展观则着重把“经济发展、人民共享发展成果与科学发展方式结合起来”来谈发展和“富起来”。

（三）习近平新时代中国特色社会主义思想——致力于实现强起来的强国理论

自开启改革开放至党的十八大召开之前，我国总体上处于“欠发展”历史方位。在这一历史方位，中国特色社会主义主要致力于解决使中华民族、中国人民富起来的问题。邓小平理论提出以经济建设为中心、把大力解放和发展社会生产力作为首要根本任务，成功地实现由站起来到富起来的历史转折；“三个代表”重要思想和科学发展观，分别从不同角度对促进经济社会发展、走向共同富裕进行了有益探索和实践，使“富起来理论”不断深化发展。党的十八大以来，中国特色社会主义进入新时代，这是我国发展新的历史方位。在新时代，我们党创立了习近平新时代中国特色社会主义思想。这一思想实质上是关于我国发展起来以后使大国成为强国即实现强起来的强国理论，由此它开启了新时代中国实践发展的新征程。

实现强起来有其历史或时代的逻辑。这就是中国特色社会主义进入了新时代，它要肩负起新时代的历史使命。时代是思想之母。恩格斯说：“每一个时代的理论思维，包括我们这个时代的理论思维，都是一种历史的产物，它在不同的时代具有完全不同的形式，同时具有完全不同的内容。”①正如人们自己创造自己的物质成果一样，人们也创造自己的思想成果，但他们并不是随心所欲地创造，他们只能在所处的时代中创造。习近平新时代中国特色社会主义思想是“自己时代精神的精华”，是在当代中国的历史性实践中生成的，它具有典型的内生性特质和鲜明的时代色彩。邓小平同志指出，我国“发展起来以后的问题不比不发展时少”。习近平同志更加明确地强调：“当前，全党面临的一个重要课题，就是如何正确认识和妥善处理我国发展起来后不断出现的新情况新问题。现在，我们遇到的问题中，有些是老问题，或者是我们长期努力解决但还没有解决好的问题，或者是有新的表现形式的老问题，但大量是新出现的问题。”②就是说，从整体发展水平上看，从 1978 年我国改革开放起，社会主义初级阶段大致可分为两个时期：“欠发展”历史方位和“发展起来以后”历史方位。改革开放初期，我国总体上处于“欠发展”历史方位；自从我国成为世界第二大经济体以后，尤其是党的十八大以来

---

① 《马克思恩格斯文集》第 9 卷，436 页，北京，人民出版社，2009。

② 习近平：《习近平谈治国理政》，401 页，北京，外文出版社，2014。

中国特色社会主义进入了新时代，我国在总体上就步入了“发展起来”的历史方位。美籍华裔学者熊玠强调说，“如何解决发展起来以后带来的新问题”这一“邓公之问”的答卷，如今交到了以习近平同志为核心的党中央手中①。从历史发展逻辑来讲，我国发展起来以后，正处于夺取中国特色社会主义伟大胜利的时代，处于决胜全面建成小康社会进而全面建成社会主义现代化强国的时代，处于奋力实现中华民族伟大复兴中国梦的时代，处于全国各族人民不断创造美好生活、逐步实现全体人民共同富裕的时代，处于我国日益走近世界舞台中央、不断为人类做出更大贡献的时代。蕴含于其中的本质，就是从生产力到生产关系、从经济基础到上层建筑所推进的整体转型升级。在这一新时代，最根本的是要肩负起实现中华民族伟大复兴的历史使命。习近平新时代中国特色社会主义思想，鲜明体现了中国特色社会主义进入新时代的时代逻辑及其本质特征，它在本质上就是一种实现中华民族伟大复兴即实现强起来的理论。

实现强起来具有明确的理论逻辑。中国特色社会主义进入新时代，在逻辑上自然应确立实现强起来的基本目标。党的十九大报告所讲的“五个是”，实质上就是从五个方面所确立的实现强起来的基本目标，即理论逻辑。

第一，这是继续夺取中国特色社会主义伟大胜利的时代。这里主题讲的是“中国特色社会主义”，目标是“夺取伟大胜利”。我们多次强调，习近平同志关于中国社会主义实践的“前半程和后半程”的论述特别值得关注。他强调指出，中国社会主义实践前半程的主要历史任务，是建立社会主义基本制度，并在此基础上进行改革；后半程的主要历史任务，就是完善和发展中国特色社会主义制度，推进国家治理体系和治理能力现代化。他说，前半程已经走过了，现在主要是开启并完成后半程的历

---

① 熊玠：《“四个全面”：中国的大战略布局——〈习近平时代〉选载》，载《学习时报》，2016-04-25。

史任务。① 要继续夺取中国特色社会主义伟大胜利，就必须完成中国社会主义实践“后半程”的历史任务。

第二，这是决胜全面建成小康社会、进而全面建成社会主义现代化强国的时代。这里，主题讲的是“国家”，目标就是“全面建成社会主义现代化强国”。党的十三大和十五大，我们党提出了实现“温饱”“小康”和社会主义“基本现代化”的“三步走”战略。党的十九大报告强调中国特色社会主义进入了新时代，由此提出了新时代全面建设社会主义现代化国家分“两步走”的战略安排，即在决胜全面建成小康社会的基础上基本实现社会主义现代化，再进一步把我国建成富强民主文明和谐美丽的社会主义现代化强国。

第三，这是全国各族人民团结奋斗、不断创造美好生活、逐步实现全体人民共同富裕的时代。这里，主题讲的是“人民”，目标就是努力“使全体人民共同富裕、过上美好生活”。逐步实现全体人民共同富裕，是继解放和发展社会生产力之后，从历史逻辑上提出的一个重要奋斗目标。解放和发展社会生产力—逐步实现全体人民共同富裕—促进人的全面发展，是 1978 年以后我国在奋斗目标上的一种发展逻辑。

第四，这是全国各族人民勠力同心、奋力实现中华民族伟大复兴的中国梦的时代。这里，主题讲的是“中华民族”，目标就是“实现中华民族复兴”的中国梦。实现中华民族伟大复兴的中国梦，是中国特色社会主义的总任务之一。实现中华民族伟大复兴中国梦的过程，是一个历史悠久的文明古国逐步升华的过程，是经济全球化时代中国与其他国家共同发展进步的过程。实现中华民族伟大复兴，是近代以来所有中华儿女最伟大的梦想。今天，我们比历史上任何时候更加接近实现中华民族伟大复兴中国梦这一目标，而且我们也完全有信心、有能力实现这一目标。

---

① 《习近平关于社会主义政治建设论述摘编》，7 页，北京，中央文献出版社，2017。

第五，这是不断为人类做出更大贡献的时代。这个主题讲的是“中国在世界上的地位”，目标就是使中国在世界上强大起来并为人类做出更大贡献。古代中国的好几个朝代，在当时的世界上处于较为领先的地位。近代以降，中国处于被宰割、挨打的境地。之后，整个世界的总体格局，就是以美国为代表的西方世界构建起来的。这种世界格局体现的是“西方中心论”，在其中，中国处于不利、被动的地位。自从改革开放以来，尤其是党的十八大以来，中国以世界担当的精神，积极参与全球治理，积极推动构建新型国际关系，积极推动构建人类命运共同体。其实质，就是通过积极参与全球治理，以完善不合理的世界格局，进而实现和平发展、合作共赢。中国特色社会主义进入新时代，其目标，就是不断为人类做出更大的贡献。

实现强起来具有切实的实践逻辑。强起来的实践逻辑，需要在习近平新时代中国特色社会主义思想指导下，从指导思想、基本方略、战略安排、具体行动和奋斗姿态五个方面来理解。在实践上，如果说邓小平理论、“三个代表”重要思想、科学发展观主要是在“欠发展”的历史方位使中国人民富起来的理论，那么，习近平新时代中国特色社会主义思想，则主要是在我国发展起来以后使大国成为强国的历史方位中，为实现中华民族伟大复兴提供行动指南的理论，用大众化的语言表达，就是强国理论。正因为如此，邓小平同志强调发展才是硬道理，习近平同志强调新时代中国共产党的历史使命，就是实现中华民族伟大复兴，强调中华民族迎来了从站起来、富起来到强起来的伟大飞跃。

首先，“十个明确”是实现强起来的指导思想。党的二十大报告中所提到的“十个明确”，是分别从主题目标、价值取向、总体方略、根本路径、法治保障、国防保障、国际环境、政治保证等来讲的。“十个明确”具有内在逻辑：一是根本主题，即坚持和发展中国特色社会主义。这是习近平新时代中国特色社会主义思想的逻辑起点，是大国成为强国即实现强起来的根本主题，是围绕实现强起来这一主线，来讲坚持和发展中国特色社会主义理论的。二是民族复兴，即实现社会主义现代化、实现中华民族伟大复兴。这是使大国成为强国即实现强起来的奋斗目标，也是在新时代坚持和发展中国特色社会主义的根本主线。三是人民中心，即着力解决人民日益增长的美好生活需要和不平衡不充分的发展之间的矛盾，不断促进人的全面发展。这是习近平新时代中国特色社会主义思想的价值取向，是实现强起来要解决好的主要矛盾根本问题、工作重点，是为实现大国成为强国提供价值引领。四是发展理念。这是大国成为强国即实现强起来的根本之道。五是实施“两大布局”，即统筹推进“五位一体”总体布局、协调推进“四个全面”战略布局，坚定“四个自信”。这是大国成为强国即实现强起来的总体方略。六是战略安排，即在全面建成小康社会的基础上，分两步走，在21世纪中叶建成富强民主文明和谐美丽的社会主义现代化强国。这是大国成为强国即实现强起来的战略安排。七是强军战略，即建设一支听党指挥、能打胜仗、作风优良的世界一流的人民军队。这是大国成为强国即实现强起来的军事和国防保障。八是大国外交，即积极推动构建新型国际关系，积极推动构建人类命运共同体等。这是为大国成为强国即实现强起来提供良好的国际环境。九是深化改革，即完善和发展中国特色社会主义制度，推进国家治理体系和治理能力现代化，其中包括建设社会主义法治国家。这是大国成为强国即实现强起来的强大动力。十是领导力量，即按照新时代党的建设总要求，既强调党的全面领导，也注重全面从严治党，把党建设得更加坚强有力。这是大国成为强国的政治保证。这十个方面是对“八个明确”的具体分解和深入分析。

其次，“十四个坚持”是实现强起来的基本方略。“十四个坚持”的实质，就是为实现强起来提供基本方略，其中蕴含的大逻辑，就是使大国成为强国即实现强起来。“十四个坚持”是为实现强起来提供基本方略而确定的。如坚持新发展理念，坚持党对人民军队的绝对领导，坚持“一国两制”和推进祖国统一，坚持推动构建人类命运共同体。不仅如此，“十四个坚持”也是为解决人民日益增长的美好生活需要和不平衡不充分的发展之间的矛盾而提出来的。如坚持以人民为中心，坚持新发展理念，坚持人民当家作主，坚持全面依法治国，坚持在发展中保障和改善民生，坚持人与自然和谐共生，坚持总体国家安全观。这一社会主要矛盾，本质上是大国成为强国即实现强起来进程中必须着力解决的社会主要矛盾，只有真正解决这一矛盾，才能真正使大国成为强国、实现强起来。另外，“第一个坚持”和“第十四个坚持”，分别讲的是“党领导一切”和“全面从严治党”，其实质就是为了实现强起来，就必须注重“强党”建设。强国必须强党，实现强起来必须以“强大政党”来保障，也必须由“强大政党”来领导。

正是由于上述历史或时代的逻辑、理论的逻辑和实践的逻辑，我们可以说，习近平新时代中国特色社会主义思想实质上就是实现“强起来”的理论。对这一理论加以简要提炼，概括起来它有十大要义，这十大要义都要围绕实现强起来而从逻辑上展开：(1)历史方位论，这是实现强起来的历史方位。(2)民族复兴论，这是实现强起来的历史使命。(3)人民中心论，这是实现强起来的价值取向。(4)发展理念论，即创新、协调、绿色、开放、共享五大新发展理念，这是实现强起来的根本之道。五大新发展理念，是在我国发展起来以后，在大国成为强国的新的历史方位中才能提出来，而在党的十八大以前的欠发展历史方位中不能完整地提出来。大国成为强国的根本路径、根本支点和评价标准，都聚焦于五大新发展理念。(5)“两大布局”论，这是实现强起来的总体方略①。(6)战略安排论，这是对实现强起来做战略安排。党的十九大报告的第四个部分，以党的十九大召开为历史起点，对今后的33年做出了战略安排，可以概括为“一个决胜期，两步走战略”。一个决胜期，就是决胜全面建成小康社会，从2018年到2020年，要坚决打好打赢“防范风险、精准脱贫、污染防治”三大攻坚战。然后，确定了“两步走”的战略安排：第一步，从2020年到2035年，再奋斗15年，基本实现社会主义现代化；第二步，从2035年到21世纪中叶，再奋斗15年，把我国建成富

① “两大布局”，即统筹推进“五位一体”总体布局、协调推进“四个全面”战略布局。

强民主文明和谐美丽的社会主义现代化强国，进而实现中华民族伟大复兴。这“两步走”，实质上就是实现强起来的战略安排。(7)强军战略论，这是实现强起来的军事保障。强国必须强军，富国必须强兵。(8)命运共同体论，这是实现强起来所要营造的国际环境。(9)深化改革论，这是实现强起来的强大动力。习近平同志说："改革开放是决定当代中国命运的关键一招"，"改革开放是当代中国发展进步的必由之路，是实现中国梦的必由之路。"(10)强大政党论，这是实现强起来的领导力量。强国必须首先强党。习近平同志关于党的建设的重要论述，其实质就是把中国共产党由大党建设成强党，简称“强党建设”。这体现在习近平同志所讲的：要毫不动摇把党建设得更加坚强有力，“中国共产党是世界上最大的政党。大就要有大的样子”①。

三　中国特色社会主义理论逻辑蕴含的哲学智慧

改革开放40多年以来，中国在理论方面所取得的重大成就，不仅体现在中国特色社会主义发展的理论逻辑中，还体现在对中国特色社会主义发展的理论逻辑的哲学总结、提升和概括上。探讨中国特色社会主义发展的理论逻辑，不仅要关注中国特色社会主义的理论主题、理论内涵、理论形态等所发生的历史性演进，也要进一步从中提升出中国特色社会主义发展的理论逻辑所蕴含的哲学智慧。正如有学者指出：“一个理论只有在哲学层面上实现了自觉自信，我们才能说它在真理性上实现了成熟，达到了科学理论的高度，也才能够引导实践沿着正确的道路前进。”②注重从哲学高度对中国特色社会主义发展的理论逻辑进行提炼与概括，不仅是理论自身发展成熟的需要，也是进一步提升理论引领力、

① 习近平：《习近平谈治国理政》第3卷，67页，北京，外文出版社，2020。
② 崔唯航：《让哲学自信凝聚起变革时代的前行力量》，载《人民论坛》，2017(24)。

增强理论自信的需要。从马克思“历史回溯法”[①]视角进行分析，改革开放40多年以来，中国特色社会主义理论之所以能够实现从无到有的突破，实现从开创奠基到体系构建再到集成提升、从幼稚走向成熟、从被动辩护走向主动引领，不断焕发出勃勃生机，正是由于中国特色社会主义发展的理论逻辑中所蕴含的哲学智慧。

一是坚持“实事求是—人民中心—知行合一”相统一。从中国特色社会主义发展的理论逻辑可以看出，它注重从实际出发，坚持历史维度和价值维度的统一。在中国特色社会主义和社会主义现代化建设问题上，它不走改旗易帜的邪路，也不走封闭僵化的老路，而是坚定不移走中国特色社会主义道路。这是坚持实事求是，从客观实际出发认识中国国情，把马克思主义基本原理与中国具体实际相结合必然得出的结论。这条道路由于不走西方以资本为主导的“邪路”，而是坚持走中国特色社会主义道路，坚持走中国共产党领航的路，坚持走以逐步实现全体人民共同富裕、不断促进人的全面发展为目标的道路，所以，它坚持以人民为中心。这条道路首先是“把准脉”，真正了解中国的历史、文化、传统、国情，了解中国所要解决的根本问题，把握世界现代化发展潮流，这可谓“知”。其次要“开好方”，即选择一条立足中国国情、解决中国问题、促进中国成功的正确道路，这可谓“行”。不仅如此，在多元、变化、复杂的当代中国，要选择一条正确的道路，必须坚持实事求是和人民中心。实事求是是中国特色社会主义发展的理论逻辑的精髓和灵魂，人民中心是中国特色社会主义发展的理论逻辑的根本立场和价值取向。前者侧重历史维度，后者侧重价值维度。道路选择正确了，就要付诸实践行动，坚定不移走下去。只有坚持实事求是和人民中心的有机统一，才能达到对事物真正的“知”，而“知”的目的在于“行”。所以，选

---

① 在马克思看来，对一个事物形成和发展的“科学分析”，总是从这一事物发展成型的结果开始的。正是在“事后”对历史回溯的思索中，才能够理解事物演化的来龙去脉，把握事物发展的内在必然性。参见顾海良：《中国特色社会主义的历史逻辑和理论逻辑探索》，载《教学与研究》，2013(10)。

择一条正确的中国特色社会主义和社会主义现代化道路，是坚持知行合一的结果。

二是坚持“定位—定标—定法”相统一。这是中国特色社会主义发展的理论逻辑中最为核心的内容。中国特色社会主义发展的理论逻辑注重历史思维，遵循历史发展的逻辑。遵循历史逻辑，中国特色社会主义理论首先要明确“定位”，弄清楚“我在哪里”或“从何出发”，就是确定我国发展的历史方位，确定好历史坐标及其坐标点，否则，“走路”就不知道从何出发，就会迷失方向；历史方位确定之后，就要进一步“定标”，确定特定历史方位中的奋斗目标，否则，就不知道“走向何方”；目标确定之后，在逻辑上就要进一步选择实现目标的路径和方法，这叫作“定法”。从邓小平到习近平，都善于运用这种历史逻辑来解决与中国特色社会主义发展的理论逻辑有关的重大问题。邓小平同志把中国社会主义建设确定为处在初级阶段(定位)；在这一阶段的首要根本任务是解放和发展社会生产力，实现富起来(定标)；为解放和发展社会生产力，实现富起来，需要运用社会主义市场经济体制，发展科学技术(定法)。习近平同志把中国特色社会主义发展确定为进入了“新时代”，我国发展处于新的历史方位(定位)；在这一新时代或历史方位，历史使命是实现中华民族伟大复兴，实现强起来(定标)；要实现中华民族伟大复兴，实现强起来，在理论上必须以习近平新时代中国特色社会主义思想为行动指南，在实践上要实施“两步走”战略，开启全面建设社会主义现代化强国的实践新征程(定法)。

三是坚持“主要矛盾—根本问题—工作重点”相统一。从中国特色社会主义发展的理论逻辑可以看出，它具有问题意识，注重运用辩证思维解决影响中国特色社会主义和社会主义现代化发展命运的根本问题。这体现在注重抓住社会主要矛盾，从中揭示所要解决的根本问题，进而确立工作重点。社会主要矛盾是判断社会整体状况的主要依据之一，是判断国情的主要依据之一，是我们党制定路线方针政策的主要依据之一，是治国理政的基本遵循。中国特色社会主义理论要有助于解决社会主要矛盾。社会主要矛盾蕴含着中国特色社会主义理论所要解决的根本问题，解决这一根本问题就成为中国特色社会主义理论在实践上要做好的工作重点。中国特色社会主义最本质的特征是坚持中国共产党领导，中国共产党较为注重抓住一个社会的社会主要矛盾，进一步从中发现问题、分析问题、解决问题，把解决问题作为工作重点；中国特色社会主义理论立足历史方位，其实质就是要抓住一定历史方位中的社会主要矛盾、所要解决的根本问题、所要实现的奋斗目标；中国特色社会主义理论注重确定战略目标，而战略目标确定的基本依据之一，就是社会主要矛盾和所要解决的根本问题。习近平同志既注重把握新时代我国的社会主要矛盾，即人民日益增长的美好生活需要和不平衡不充分的发展之间的矛盾，又注重从中确定治国理政所要解决的根本问题(解决发展不平衡不充分的问题)，并把解决这一根本问题作为治国理政的工作重点。习近平同志强调："要有强烈的问题意识，以重大问题为导向，抓住关键问题进一步研究思考，着力推动解决我国发展面临的一系列突出矛盾和问题。我们中国共产党人干革命、搞建设、抓改革，从来都是为了解决中国的现实问题。"①

四是坚持"与时俱进—融合发展—自主创新"相统一。从中国特色社会主义发展的理论逻辑可以看出，它坚持与时代同步伐，与时俱进，注重创新思维，在融合各种发展要素中推进自主创新。中国特色社会主义、中国社会主义现代化建设的一个基本事实和基本特征，就是在其建设的历史进程中必然面对一系列矛盾双方，如社会主义和市场经济、公有制和非公有制、效率和公平、劳动和资本、又快发展和又好发展、经济全球化和独立自主、跨越式发展和循序渐进，等等。用《习近平新时代中国特色社会主义思想学习纲要》中的话来讲就是：西方现代化发展的基本特征是"串联"，即像"自然历史过程"一样依次递进，而中国式现代化建设的基本特征是"并联"，即各个历史阶段、各种时空中的发展要

① 习近平：《习近平谈治国理政》，74页，北京，外文出版社，2014。

素聚集一起，同时推进，这可谓“时空压缩”①。中国特色社会主义理论必须反映这种具有“时空压缩”特征的事实和存在。中国特色社会主义理论坚持中国共产党领导，中国共产党的思想路线是解放思想、实事求是，从客观实际出发，把认识国情、与时俱进作为治国理政的出发点和基本依据。尤其是中国共产党在确定实现社会主义现代化、实现中华民族伟大复兴之总任务和总方略时，必须且总是把各个时段、各种特质的发展要素融合统一起来。比如我们强调必须把坚持马克思主义基本原理同推进马克思主义中国化结合起来，把坚持四项基本原则同坚持改革开放结合起来，把尊重人民首创精神同加强和改善党的领导结合起来，把坚持社会主义基本制度同发展市场经济结合起来，把推动经济基础变革同推动上层建筑改革结合起来，把发展社会生产力同提高全民族文明素质结合起来，把提高效率同促进社会公平结合起来，把坚持独立自主同参与经济全球化结合起来，把促进改革发展同保持社会稳定结合起来，把推进中国特色社会主义伟大事业同推进党的建设新的伟大工程结合起来，以及把效率和公平结合起来，把高速发展和高质发展结合起来，把物的发展和人的发展结合起来，把发展动力和发展平衡结合起来，等等。在这些结合进程中，中国共产党人经过艰辛探索，积累了宝贵经验，避免了“左右”摇摆，充分体现了中国共产党人的伟大创造或自主创新。

五是坚持“总框架—路线图—牛鼻子”相统一。从中国特色社会主义发展的理论逻辑可以看出，它既注重确立实现社会主义现代化、实现中华民族伟大复兴的总框架，这就是统筹推进“五位一体”总体布局，又注重确定实现社会主义现代化、实现中华民族伟大复兴的路线图，即新发展理念，还注重抓住实现社会主义现代化、实现中华民族伟大复兴的“牛鼻子”，即协调推进“四个全面”战略布局。“五位一体”总体布局、

① 中共中央宣传部：《习近平新时代中国特色社会主义思想学习纲要》，60页，北京，学习出版社，人民出版社，2019。

“四个全面”战略布局与新发展理念蕴含着系统思维，总体布局和战略布局之间的关系又体现了全面和重点的辩证关系。

六是坚持“动力机制—平衡机制—治理机制”相统一。社会基本矛盾适合不适合，主要看这三个方面能否达到有机统一。适合，社会发展既有动力，也达至平衡，遇到问题也能得到有效治理。如果社会发展既缺乏动力，也失去平衡，遇到问题得不到有效治理，说明社会基本矛盾具有不适合的方面。“动力—平衡—治理”是任何社会历史发展过程中普遍存在的三种根本因素或三种根本机制，理解和把握这三种根本因素和机制，是解决问题、做好工作的一种重要方法论。从中国特色社会主义发展的理论逻辑可以看出，它蕴含着三种根本机制。中国特色社会主义理论首先坚持中国共产党领导。中国共产党不仅注重使中国经济社会发展具有动力和活力，也注重使中国经济社会发展达到平衡、和谐，还注重通过对自身治理、国家治理、政府治理、社会治理等，来解决动能不足、发展失衡的问题。中国特色社会主义理论立足历史方位。立足历史方位蕴含着要与时俱进地解决好经济社会发展的动力、平衡、治理三大根本问题。在我国改革开放之初，邓小平理论主要致力于解决我国经济社会发展动力不足的问题，相对注重动力机制；胡锦涛提出的科学发展观，在继续注重经济社会发展动力的同时，更加致力于解决我国经济社会发展进程中的不平衡、不和谐、不稳定问题，进而构建社会主义和谐社会，因而相对注重平衡机制。

党的十八大以后，为进一步解决好我国经济社会发展的创新动力和活力并促进公平正义、增进人民福祉，习近平新时代中国特色社会主义思想强调进一步全面深化改革，其总目标之一，就是推进国家治理体系和治理能力现代化，这在本质上是致力于解决好我国经济社会发展中的治理问题，相对注重治理机制。中国特色社会主义理论坚持以解放和发展社会生产力、逐步实现全体人民共同富裕、不断促进人的全面发展，来实现社会主义现代化、实现中华民族伟大复兴。这一战略目标之深层，主要是从我国经济社会发展的动力、平衡、治理三个根本要素着眼的。解放和发展社会生产力，要求注重解决好经济社会发展的动力问题；逐步实现全体人民共同富裕，要求注重解决好经济社会发展的平衡问题；推进人的全面发展，包括推进人的需要、人的能力、人的关系、人的个性的全面发展，而人的能力和人的个性的全面发展，要求一个国家、一个社会建立健全良好的动力机制，人的需要、人的关系的全面发展，要求一个国家、一个社会建立健全良好的平衡机制。当一个国家、一个社会的动力机制和平衡机制出了问题，就必须加强治理机制建设，提升国家治理效能。中国特色社会主义理论中的总体方略包含新发展理念，新发展理论中的创新发展侧重于发展动力，协调发展、共享发展侧重于发展平衡。

七是坚持“党的领导力量—人民主体力量—市场配置力量”相统一。这实际上强调的是推动经济社会历史发展的合力论，体现着唯物史观的动力论。从中国特色社会主义发展的理论逻辑可以看出，它注重整合党的领导力量、人民主体力量、市场配置力量。党的领导力量，主要体现在它运用“举国体制”，动员和组织一切资源和力量解难题、办大事、加速度，这能极大解放和发展社会生产力。人民主体力量，不仅体现在人民群众以其辛勤劳动为当代中国经济社会发展做出了贡献，而且体现在他们是城市、农村及各行各业的具体建设者。习近平同志强调：“改革开放在认识和实践上的每一次突破和发展，改革开放中每一个新生事物的产生和发展，改革开放每一个方面经验的创造和积累，无不来自亿万人民的实践和智慧。”①“坚持人民主体地位，充分调动人民积极性，始终是我们党立于不败之地的强大根基。”②市场配置力量，能把从事经济活动的劳动者的积极性调动起来，为社会创造财富。正因如此，习近平同志强调，中国共产党领导是中国特色社会主义的最本质特征，是中国特色社会主义制度的最大优势；要正确处理政府与市场的关系、政府与社会的关系；要坚持以人民为中心的发展思想。

---

① 习近平：《习近平谈治国理政》，68页，北京，外文出版社，2014。

② 同上书，27页。

八是坚持改造客观世界的社会革命和改造主观世界的自我革命相统一。从中国特色社会主义发展的理论逻辑可以看出，它既强调通过推进社会革命以改造客观世界，也强调通过勇于自我革命来改造人们的主观世界。习近平新时代中国特色社会主义思想更是如此。习近平同志强调："打铁必须自身硬"，"要把新时代坚持和发展中国特色社会主义这场伟大社会革命进行好，我们党必须勇于进行自我革命，把党建设得更加坚强有力。"①这一重要论断，是在揭示中国共产党的本质和历史发展规律的基础上提出的。这就提出了准确把握社会革命和自我革命的辩证关系问题。新时代要肩负新使命、解决新矛盾、破解新难题、化解新风险、迎接新挑战，迫切需要开启新的社会革命。由此，习近平同志强调"打铁必须自身硬"，开启了一场新的"自我革命"：(1)在背景上，以应对"四大考验"推进自我革命。当今，党面临着执政考验、改革开放考验、市场经济考验、外部环境考验。习近平同志强调，要"发挥彻底的自我革命精神"，要勇于自我革命，积极应对这四大考验。(2)在主体上，以培养造就"四个铁一般"(铁一般信仰、铁一般信念、铁一般纪律、铁一般担当)的干部队伍推进自我革命。(3)在客体上，以破解党自身存在的"四种危险"进行自我革命，即积极解决"精神懈怠、能力不足、脱离群众、消极腐败"问题。(4)在方式上，以统揽推进"四个伟大"实践推进自我革命。只有确保领导干部政治过硬、信念过硬、精神过硬、能力过硬、作风过硬、责任过硬，才能真正进行伟大斗争，建设伟大工程，推进伟大事业，实现伟大梦想。(5)在目标上，以达到"四自"目标推进自我革命。这就是不断提高党的"自我净化、自我完善、自我革新、自我提高"的能力。

总之，中国特色社会主义理论不是无源之水、无本之木，而是有着深厚的科学社会主义理论渊源。马克思创立科学社会主义理论，把社会主义由空想变为科学；列宁领导十月革命胜利，将科学社会主义由理论

---

① 习近平：《在全国组织工作会议上的讲话》，8页，北京，人民出版社，2018。

变成实践；毛泽东在马克思主义理论指导下，完成新民主主义革命和社会主义革命，把科学社会主义理论与实践由一国扩展到多国。中国特色社会主义理论在此基础上，始终坚持科学社会主义基本原则，并将其与中国改革开放实际相结合，在不同历史发展时期、历史方位孕育出不同的理论形态。从理论成果体系看，中国特色社会主义理论发展的逻辑总体上可表现为：邓小平理论开创了中国特色社会主义，并为中国特色社会主义奠基；“三个代表”重要思想和科学发展观深化发展了中国特色社会主义，逐步构建起中国特色社会主义理论体系；习近平新时代中国特色社会主义思想是对中国特色社会主义理论的集大成，并在新时代给予新的提升，且正在实现创新性飞跃。从理论发展的历史使命看，中国特色社会主义理论始终基于中国落后生产力水平的现实国情，致力于实现富起来、强起来。邓小平理论把党和国家的工作重心转移到经济建设上来，大力解放和发展社会生产力，提高人民物质生活水平，解决了“温饱”问题，实现了由站起来到富起来的伟大历史转折。“三个代表”重要思想和科学发展观分别强调发展是党执政兴国的第一要务、第一要义是发展，强调使全体中国人民共享发展成果，解决了“总体小康”问题，并向全面建成小康社会迈进，进一步推进中国和中国人民富起来。习近平新时代中国特色社会主义思想立足于新时代的新历史方位，着眼于解决我国发展起来以后使大国成为强国即实现强起来的问题，迎来了由富起来到强起来的伟大飞跃。中国特色社会主义理论之所以取得如此巨大的历史性成就，不断焕发出生机活力，根源于它准确理解并深刻把握了自身发展的内在逻辑，彰显了这一理论逻辑所蕴含的哲学智慧，并坚持基本原理与历史生成相统一，坚持符合规律性与发挥主体性相统一，坚持理论的普遍性与实际的特殊性相统一。

第八章　中国特色社会主义发展的世界逻辑

中国特色社会主义的发展并不是孤立的，而是处在世界历史发展的时代进程中，是世界历史发展的重要组成部分。中国特色社会主义发展的这一空间定位，决定了我们研究中国特色社会主义的发展逻辑，必须注重“世界”维度，着重分析中国发展与世界发展的关系，探讨中国特色社会主义从无到有、由弱到强的发展历程所产生的世界性意义，以及从综合国力和国际地位视角揭示中国特色社会主义的发展规律。把中国特色社会主义发展放置于世界发展的大格局、大体系中，既能更清晰地凸显中国特色社会主义发展的内生性、独立性、自主性、独特性、民族性和主体性，又能更深刻地认识中国发展与世界发展的关联性、统一性。

从“世界”维度研究中国特色社会主义的发展逻辑，有着深刻的马克思主义理论渊源。马克思、恩格斯在《德意志意识形态》中指出：“必须站在德国以外的立场上来考察一下这些喧嚣吵嚷。”[①]在马克思看来，“站在德国以外的立场上

① 《马克思恩格斯文集》第1卷，513页，北京，人民出版社，2009。

来考察”，才能克服地域的局限性，以更加长远宽阔的眼光来正确认识和评价事物。“站在德国以外的立场”是马克思世界历史理论的立场和视野。它启示我们，要敢于超越自我局限，敢于跨越地域，要立足世界空间，拥有世界眼光。尤其是在当今民族历史日趋成为世界历史的趋向中，更应展示中国特色社会主义发展的世界逻辑。只有这样，才能真正认识各国发展的历史和世界发展的历史。正是在这样的背景下，要想全面认识中国特色社会主义的发展逻辑，就需要理解和把握马克思的世界历史理论，并在马克思世界历史理论的框架下，深入研究中国特色社会主义发展的“世界化”进程与世界性影响。我们揭示中国特色社会主义发展的世界逻辑，其核心要义在于，以马克思世界历史理论为指导，从中国与世界的关系维度，分析中国特色社会主义从无到有、从弱到强、从中国到世界的发展进程与世界贡献。

一　中国特色社会主义发展的世界基础

自鸦片战争以来，中国被迫打开国门，从此进入民族国家世界图景中，与世界各国建立了“联系”，只是这一“联系”最初是以中国的内忧外患为代价的。新中国成立后，我国摆脱了半殖民地半封建社会的命运，中华民族从此站起来了，从根本上扭转了落后挨打的局面，特别是社会主义基本制度的初步确立，对世界格局产生了重要影响。

改革开放开创了中国特色社会主义伟大事业，我国积极主动打开国门，不仅吸收借鉴国际社会发展的一切优秀成果，而且坚定推动中国特色社会主义和社会主义现代化建设走向世界，从此中国发展与世界发展的关系日益紧密。时至今日，中国特色社会主义进入新时代，中国不仅日益走向世界，而且日益走向世界舞台中央，世界的发展越来越需要中国，中国的发展也越来越融入世界。中国特色社会主义已经跨越地域和民族历史的局限走入世界历史，在世界社会主义发展史上，甚至在人类社会发展史上发挥着重要作用。中国特色社会主义从开创奠基到体系建构再到进入新时代的集成提升，始终没有离开国际社会这一大环境、大体系，甚至在一定意义上说，是世界成就了中国，是世界塑造了中国特色社会主义。

(一)重要时代背景：和平与发展成为时代主题

当年把和平与发展确定为时代主题，为中国特色社会主义提供了良好的国际环境。

马克思主义基本理论告诉我们，任何事物都是时代发展的产物。所处的时代背景、时代环境不同，事物的展现方式和发展结果也就不同。即使是极为相似的事物，“发生在不同的历史环境中就引起了完全不同的结果”①。恩格斯也明确指出：“每一个时代的理论思维，包括我们这个时代的理论思维，都是一种历史的产物，它在不同的时代具有完全不同的形式，同时具有完全不同的内容。”②事实上，不仅理论思维，包括所有事物在内，都是时代孕育的产物。这一基本原理深深地根植于马克思在《政治经济学批判序言》中所总结的：社会存在决定社会意识，经济基础决定上层建筑。因此，所处的社会历史阶段不同，社会发展的环境和基础就不同，也决定了时代发展的主题和任务不同。马克思所处的时代，是资本主义迅速发展的时代。资本主义社会所普遍存在的人剥削人、人压迫人的非人道性质和本质，以及内在固有的社会矛盾所引发的经济危机，引起马克思的高度关注，这使马克思毕生都在为无产阶级奔走呼号，为解放无产阶级、解放全人类，进而实现共产主义，不断促进人的自由全面发展而奋斗。资本主义开辟了世界市场，加强了各国之间、地域之间的联系，但与此同时，也引发了它们之间的冲突与战争。20世纪四五十年代之前的很长一段历史时期，世界都深陷战争泥潭，各国之间在利益、民族、宗教问题上的冲突不断。持续不断的战争导致世界发展严重倒退，许多国家的人民颠沛流离，每一个国家和人民也都

① 《马克思恩格斯文集》第3卷，466页，北京，人民出版社，2009。
② 《马克思恩格斯文集》第9卷，436页，北京，人民出版社，2009。

为此付出了沉痛代价。正是在这样的时代背景下，第二次世界大战后，世界和平成为各国人民的殷切希望，和平与发展成为时代的主题。

改革开放初期，邓小平同志审时度势，统筹国内国际两个大局，在分析世界形势发展变化的基础上，做出了“和平”与“发展”成为时代发展主题的科学判断。正是在这样的国际环境下，我国抓住时代发展的机遇，把工作重点由“以阶级斗争为纲”转到以经济建设为中心上来，积极实行改革开放，开创了中国特色社会主义。中国改革开放不断深化，时至今日，中国特色社会主义进入了新时代。虽然当今世界正遇百年未有之变局，但追求和平与发展的时代主题依然没有变，并发挥着重要作用。因此，从这个角度来说，和平与发展的时代主题，不仅为中国特色社会主义形成与发展创造了有利的国际环境，而且成为新时代推动中国特色社会主义发展的重要动力。

(二)国际经验教训：世界各国发展道路的多样性选择

世界各国发展模式的成败得失启示我们，必须自主选择适合本国国情的发展道路，这为开创中国特色社会主义提供了宝贵的国际经验。

发展，首要就是发展道路问题。发展道路多样化，是马克思东方社会理论关注的重点问题。马克思在晚年，将研究视角和主题转向东方社会、原始社会。他阅读了大量关于俄国农村公社及其土地所有制、欧洲各民族特别是斯拉夫民族史前社会状况的著作，从而对人类社会历史发展有了更深刻的认识。马克思从俄国农村公社的特征入手，论述了农村公社的双重特征及其可能的两种历史命运：或者是它所包括的私有制因素战胜集体因素，或者是后者战胜前者，而无论是哪种结局，两者都是有可能发生的，对于其中任何一种，它们都有着完全不同的历史环境。简言之，农村公社历史命运的选择“取决于它所处的历史环境”①。在马克思看来，社会发展道路的选择不是随心所欲，也不是始终唯一，而是由它所处的历史环境决定；所处的历史环境不同，社会发展的道路就不

① 《马克思恩格斯文集》第3卷，574页，北京，人民出版社，2009。

同。马克思在肯定世界历史具有统一性的同时，并不排除各国历史环境的差异性，正是由于社会和历史条件的差异，世界各国才会有发展道路的独特性与多样性。① 不仅如此，马克思还围绕俄国农村公社的性质、特点及所处历史条件，具体阐释了俄国发展道路具有跨越资本主义“卡夫丁峡谷”的可能性。马克思明确反对将西欧发展模式不加分析地随意套用在俄国社会发展上。他指出，西欧资本主义起源的历史概述不是一般发展道路的理论表达，俄国社会发展必须从它所处的历史环境出发，而俄国当时最大的历史环境是：一方面，俄国依然在全国范围内保留着较好的农业公社形式；另一方面，俄国发展并不是孤立的，它与西方资本主义社会发展同时存在。正因如此，马克思在给维·伊·查苏利奇的复信中曾明确指出，如果俄国能够把资本主义制度所创造的一切积极成果充分运用于农村公社中，那么俄国就可以不通过资本主义制度的“卡夫丁峡谷”。② 马克思对俄国社会发展跨越资本主义“卡夫丁峡谷”的论述并不是一个绝对性、确定性的结论，而是一个具有条件性的结论。但马克思向我们提供了社会发展道路多样性的选择性空间，而至于如何选择、如何发展、如何跨越，马克思并没有给出具体详细的阐释和结论。

列宁继承马克思的上述思想，也在晚年明确指出：各个民族都将走向社会主义，但“走法”是不一样的。③ 也就说，走向社会主义的道路是多样的，不是唯一的。

马克思和列宁关于社会发展道路多样性选择的论述，为世界各国发展道路的选择与发展提供了理论指导和方法论依据。特别是 20 世纪七八十年代以来，和平与发展成为时代的主题，世界各国都在积极主动寻求发展之路，有的学习西方资本主义社会发展模式，有的遵循社会主义发展模式，有的依然闭关锁国、固步自封，有的在保持独立自主的基础

---

① 顾海良：《马克思与世界》，193 页，北京，中国人民大学出版社，2018。

② 《马克思恩格斯文集》第 3 卷，463—467 页，北京，人民出版社，2009；《马克思恩格斯选集》第 3 卷，820—840 页，北京，人民出版社，2012。

③ 《列宁专题文集　论社会主义》，398 页，北京，人民出版社，2009。

上对外开放。第二次世界大战以后，绝大多数国家都处于百废待兴的发展阶段，寻求发展道路的历程是艰难的。在这一过程中，有的取得了成功，有的走向了失败；有的前期发展迅速，后期却陷入发展困境而不能自拔，有的前期投入多成果少，但发展后劲较大；有的只在乎发展而忽略了独立，沦为其他国家的附庸，有的在坚持独立的基础上注重发展等。

综观马克思、列宁的社会发展道路多样性理论及世界各国之发展百态、成败得失，给予我们诸多的启示，为中国特色社会主义发展道路的选择提供了经验借鉴。一是坚持道路选择与历史条件、实际国情相统一。社会发展道路的选择不是人们头脑中的主观臆想，而是它所处的历史环境的产物。正确、适宜的发展道路一定是与社会历史发展阶段相适应，与自身实际国情相契合的。我们不能教条地认识人类社会发展道路，而是应该将其放置于历史环境中具体考量，社会发展道路的多样性选择，就是建立在它所处的历史环境和实际国情基础上的。因此，解决不同时代、不同国家的社会发展问题，只能是选择适应时代和自身国情的特殊道路，当然不能忽视历史和现实的“一般发展道路”。① 二是坚持国家发展与独立自主相统一。在经济全球化语境下，世界是一个开放的体系，各国之间的联系日益紧密，任何国家的发展都是世界发展的重要组成部分，都应该积极吸收借鉴一切国家发展的成功经验。但吸收借鉴并不等同于照抄照搬、人云亦云，每个国家在选择各自发展道路的过程中，需要关注的最大问题就是保持自身的独立性，而不是沦为发达国家的附庸。在坚持独立自主的前提下，不排斥吸收发达国家中的优秀成果，吸收借鉴国际社会的一切有益成分为我所用，也正是这一独立自主性，使得社会发展道路呈现出多样性特征。三是坚持民族特色与世界历史相统一。强调各国发展都选择适合自身国情的发展道路，这就会使发展道路体现民族特色。但民族特色并不等同于特立独行，而是在世界历

① 《马克思恩格斯文集》第3卷，466页，北京，人民出版社，2009。

史发展普遍规律性的基础上，彰显出发展道路的独特性与民族性。中国特色社会主义道路既有国际视野，这体现在它极力追赶世界现代化发展潮流，融入世界历史，但“特色”二字又体现出中华民族走向社会主义现代化建设的独特性。一定意义上，我们可以说，越是民族的，就越是世界的。做好中国特色社会主义这篇大文章，必将会更加彰显其世界意义。

(三)世界历史生成：生产力高度发展与世界普遍交往

生产力的高度发展与世界各国交往普遍化，必然推动着中国发展与世界发展的关系日益紧密，这就为中国特色社会主义不断走向世界及其世界历史提供了现实推动力。

马克思的世界历史理论不是从来就有的现成理论，也不是马克思头脑中的主观抽象，而是由于时代发展、时代主题的变化，对“历史走向世界历史”这一事实的理论升华。正如有的学者指出，马克思主义“绝不是什么先知先觉者布下的某种‘福音’，也绝不是什么千古不变的‘教义’，而是对资本主义时代课题的科学解答”①。时代主题的变化，迫切要求对一些深层次的理论和实践问题做出新的回答。在马克思看来，“历史走向世界历史”是一个基本事实。这一基本事实是建立在生产力巨大发展和世界普遍交往基础之上的，而“不是‘自我意识’、世界精神或者某个形而上学幽灵的某种纯粹的抽象行动”②。马克思对世界历史的阐释与黑格尔截然不同，他的世界历史理论不是天国的“绝对精神”，不是头脑的主观臆想，而是现实的客观实际和历史发展趋势，是看得见且感受得到的历史发展过程。这一历史发展过程，就是资本主义大工业发展开辟世界市场的过程。“大工业建立了由美洲的发现所准备好的世界市场。世界市场使商业、航海业和陆路交通得到了巨大的发展。”③世界市场的开辟，缓解了资本主义经济危机，促进了生产力的世界性扩展，

---

① 顾海良：《马克思与世界》，2页，北京，中国人民大学出版社，2018。

② 《马克思恩格斯文集》第1卷，541页，北京，人民出版社，2009。

③ 《马克思恩格斯文集》第2卷，32页，北京，人民出版社，2009。

而且逐渐打破了各民族自给自足与闭关自守的状态，世界各国之间的联系日益密切。其结果，就是由民族历史走向世界历史，每一个民族发展的历史都会成为世界历史的组成部分，世界历史也会对所谓民族历史产生广泛而深刻的影响，而且世界各国之间也相互交融。

但马克思对世界历史的阐释并不仅限于描述这样一个历史事实，关键在于通过这一历史事实，来深刻揭示“历史走向世界历史”的根本动力。马克思指出，这一根本动力，就是物质生产力的发展和交往的普遍扩大。马克思对世界历史的分析，旨在寻求人类解放的可能性及现实条件，在于探索共产主义实现的历史必然性及方法路径。在《德意志意识形态》中马克思、恩格斯指出，共产主义的实现需要两个条件：一是生产力的极大发展，二是与此相联的世界交往的普遍化。① 生产力发展水平的提高为推动世界历史发展提供了坚实的物质基础和利益需求，而交往的普遍化使各个人成为世界历史性的存在，使生产力也具有了世界普遍性特征，加速了历史走向世界历史的进程。

马克思的世界历史理论，不仅是对资本主义开辟世界市场进而扩大世界交往这一历史趋势的理论升华，也不仅在当时就产生了重大影响，而且对于今天的经济全球化时代来说，也依然发挥着重要作用，它为促进世界历史发展提供了坚实的理论指导和价值引领。历史走向世界历史的根本动力表明，世界历史的发展是人类社会发展的必然趋势。伴随着生产力的高度发展，各国之间的联系必然会日益密切。马克思世界历史理论形成的历史性、时代性特征，要求我们必须站在自身之外的立场上，必须以世界历史的视野来分析社会发展的过去、现在和未来。只有这样，才能真正把握时代的脉搏，真正做出正确的选择。如果我们一味闭关自守、掩耳盗铃，忽视世界历史发展的大趋势，势必会落后于时代发展的步伐。

中国特色社会主义的形成与发展有着深厚的时代背景与世界环境。马克思世界历史理论告诉我们，必须站在全球的广阔空间，以世界眼光

---

① 《马克思恩格斯选集》第 1 卷，3 版，154—156、166—172、202—203 页，北京，人民出版社，2012。

和战略思维来认识、发展、评价中国特色社会主义。20世纪七八十年代，我国准确把握和平与发展的世界历史大势，顺应时代发展潮流，积极主动实行改革开放，开创了中国特色社会主义。社会生产力发展与世界交往的普遍化，是推动中国走向世界、融入世界的根本动力。中国与世界的关系日益紧密，世界发展越来越需要中国的责任担当，中国发展也越来越具有包容性、开放性。中国特色社会主义在世界人民追求和平与发展的国际背景下，致力于促进生产力发展与国际交流合作，积极借鉴世界各国发展的经验教训，坚持独立自主，体现中国特色。这是我们探讨中国特色社会主义发展的三大世界基础。换言之，在经济全球化视阈下，中国特色社会主义发展并不是孤立的，它是世界历史发展的重要内容，又是世界各国相互联系交往的重要组成部分。改革开放推动中国积极主动走出国门，走向世界，吸收借鉴国际社会一切优秀成果，密切了与世界各国之间的联系。随着生产力发展水平的不断提高和世界各国交往程度普遍化，中国发展与世界发展的关系更是日益密切。中国的发展越来越融入世界，世界的发展也越来越需要中国。

今天，中国特色社会主义进入新时代，中华民族迎来了从“站起来”“富起来”到“强起来”的伟大飞跃，我国生产力发展水平有了质的提升，在与世界各国的交往过程中日趋凸显出在一些领域的积极主动的引领作用。

生产力发展与世界普遍交往，是推动中国特色社会主义发展的现实力量，也是推动中国特色社会主义走向世界且融入世界历史的现实力量。但现实力量的背后也存在一定的潜在风险，并成为影响中国发展与世界发展关系的重要因素。对此，我们必须重视。随着生产力发展与世界交往的普遍化，中国与世界日益发展为人类命运共同体。这一命运共同体不仅体现在共荣共生，还表现在风险共担。一方面，人类文明已经发展到了历史较高水平，物质生产力水平得到了较大提高，世界交往的普遍性、关联性也前所未有，世界各国人民前途命运越来越紧密结合在一起。中国作为最大的发展中国家，经济实力、科技实力、国防实力等综合国力在世界发展中发挥着重要的作用，国际地位显著增强，中国发展与世界发展的关系也更加紧密，共生共荣。但另一方面，生产力的快速发展也带来了一些潜在风险，交往的普遍化扩大了风险的程度与领域。比如不合理的生产方式对自然环境的破坏，大气污染、全球气候变暖、病毒传播等问题已经跨越国家和民族的界限，成为世界性疑难问题；互联网技术建立的“地球村”，对国家安全、个人隐私信息保护等提出了很大挑战；恐怖主义、贸易摩擦、文化冲突等国际化问题日益凸显，影响波及人群越来越广泛。英国作家查尔斯·狄更斯曾在他的长篇历史小说《双城记》中讲道：“这是一个最好的时代，也是一个最坏的时代。”当今人类社会发展虽不能完全套用狄更斯笔下的繁荣与败坏，但也十分清晰地表明，我们正处在一个挑战与机遇并存的时代，一个社会日益发展、风险日益增多的时代。世界发展呈现出鲜明的二重性特征。①特别是当前我们所面对的问题，数量之多、程度之深、地域之广、规模之大前所未有，问题的解决已经远远超越国家和地域的界限，越来越需要世界各国人民共同承担、共同解决。

总之，中国特色社会主义之所以取得一系列举世瞩目的成就，其中关键一点，就是顺应了时代发展潮流，把握了和平与发展的时代主题，在世界历史发展的总体框架下，找到了一条适合自身国情的发展道路。

二　中国特色社会主义发展的“世界化”进程

我们不仅要分析研究科学社会主义的“中国化”，也要研究中国特色社会主义发展的“世界化”。如果说改革开放之初，我们相对注重分析研究科学社会主义的“中国化”，那么，在今天，我们在继续注重分析研究科学社会主义中国化的同时，也要注重分析研究中国特色社会主义发展的“世界化”。这里所讲的中国特色社会主义发展的“世界化”，是指中国

① 石云霞：《中国道路的世界逻辑——学习习近平人类命运共同体思想的思考》，载《思想理论教育》，2018(4)。

特色社会主义，是在作为时代主题的和平与发展这一世界背景下产生的；在其形成和发展进程中，它以“中国方式”来破解世界现代化发展的问题；其发展进程也不断融入世界历史的发展进程；其理论成果也具有世界影响和世界意义。

自改革开放开创了中国特色社会主义，到今天中国特色社会主义进入新时代，40多年中国特色社会主义的发展历程，既成就斐然，又命途多舛。跳出中国特色社会主义发展的地域，站在中国以外的世界发展的空间中，以更加宽广的世界眼光，立足中国与世界的关系，来观察中国特色社会主义40多年发展历程，更能让我们真切地感受到中国发展与世界发展的交互交融，以及中国发展走向世界的光辉历程。

概括来讲，中国特色社会主义发展的世界化进程及其世界逻辑，在总体上可概括为：从基于本国基本国情、最大实际的“追跑”与理论辩护阶段，到形成“北京共识”且主体自觉的“并跑”或“竞跑”与理论阐释阶段，再到为解决人类问题贡献中国智慧的“领跑”与理论引领阶段。这三个阶段既各具特点，又一脉相承，与时俱进。全面准确深入地把握三个历史发展阶段的演进历程，对于坚持和发展新时代中国特色社会主义，推进中国与世界持续融合、健康发展，提升中国特色社会主义的世界影响力，具有十分重要的意义。

(一)基于国情实际的“追赶”与理论辩护阶段

邓小平同志通过对当时国内外发展态势的考察与比较，在心目中牢牢形成一种“景象”“图景”：中国与西方发达国家以及其他一些国家之间的发展落差越来越大，再不加快发展，就有被“开除球籍”的危险；中国必须追赶世界现代化潮流，加快发展。我们把这种“景象”概括为“追赶”，并为此做理论辩护。

从社会主义初级阶段看“追赶”与理论辩护。邓小平同志第一次比较详细地阐释了社会主义初级阶段理论。他指出：“中国社会主义是处在一个什么阶段，就是处在初级阶段，是初级阶段的社会主义。社会主义本身是共产主义的初级阶段，而我们中国又处在社会主义的初级阶段，就是不发达的阶段。一切都要从这个实际出发，根据这个实际来制订规划。”①邓小平同志提出社会主义初级阶段理论，有着深厚的马克思主义渊源。马克思生活在资本主义发展的时代，社会主义建设还不具有直接现实性。但他在科学分析资本主义社会发展规律的基础上，指明了资本主义必然灭亡、共产主义必然胜利的未来前景。马克思提出共产主义发展要历经两个阶段，即共产主义社会第一阶段、共产主义社会高级阶段。列宁将共产主义社会第一阶段称为“社会主义”，并根据俄国落后生产力发展现状，提出了“初级形式”的社会主义。党的十三大报告通篇就以社会主义初级阶段为立论基础。基本国情决定首要任务。不发达阶段，就是指我国社会生产力不发达的阶段。不发达阶段这个实际，是当时制定一切规划的理论基础和根据。这实际上告诉我们：我国处在不发达阶段，因而制定一切规划的根本着眼点，就在于要尽快解决落后的社会生产或生产力不发达这一事关中国发展命运的“命运性”问题。在这一问题上急不得，也慢不得，发展太慢不是社会主义，就会遭到国内外一些人的质疑。

从社会主要矛盾看“追赶”与理论辩护。社会主义初级阶段与落后的社会生产力发展现状，决定了我国改革开放初期的社会主要矛盾，是人民日益增长的物质文化需要同落后的社会生产之间的矛盾。在这一社会主要矛盾中，落后的社会生产是矛盾的主要方面。要解决这一社会主要矛盾，就必须解决落后的社会生产这一根本问题，为此，就必须集中精力、全力以赴以经济建设为中心，聚精会神搞建设、一心一意谋发展，即加快发展，把解决落后社会生产并发展经济作为工作重点。在聚精会神搞建设、一心一意谋发展问题上，急不得，也慢不得，慢了就会被“开除球籍”。这实际上也意味着要“追赶”。这里，“主要矛盾—根本问题—工作重点”就具有内在的逻辑。

从社会主义本质看“追赶”与理论辩护。邓小平同志所讲的社会主义

① 邓小平：《邓小平文选》第3卷，252页，北京，人民出版社，1993。

本质，具有两个鲜明特征：从纵向上，它体现社会主义发展的统一性、原则性、普遍性，即从生产力和生产关系、物与人的统一来理解社会主义本质；从横向上，彰显出中国特色社会主义的现实性、独特性、民族性。从横向来看具有中国特色的社会主义本质，首要的就是解放生产力、发展生产力。把解放生产力、发展生产力置于具有中国特色的社会主义本质之首位，就意味着要尽快解决生产力发展的问题。这一问题不解决，中国的社会主义就是“不够格”的社会主义，这样的社会主义就会使人民群众失去信心，对中国共产党失去信任，对共产主义失去信念，对马克思主义失去信仰。

从历史来看，我国社会主义革命和建设时期虽然取得了一些成绩，为社会主义现代化建设奠定了一定的制度和物质基础，但与西方发达国家相比，却远远落后于世界现代化潮流和世界发展的步伐。20 世纪七八十年代，我们刚刚打开国门，开放的程度比较低，对世界发展的认识比较浅，与世界各国之间的交流也比较少，与西方发达国家以及其他国家的发展差距也比较大。所有这一切都意味着，我国社会主义及其发展都处在初级阶段，所有的一切都还不成熟。因此，改革开放初期，我国在走向世界的过程中一直在“追赶”。“追赶”阶段，重点在一个“追”字。追着谁？追什么？怎么追？这是这一阶段我们需要认真对待的重要问题。实际上，“追赶”的过程，就是向西方发达国家学习的过程，主要是学习西方发达国家搞现代化建设的经验。第二次世界大战以后，世界各国的发展水平极不平衡，发达与落后并存。根据各国发展水平，国际上大致划分了发达国家与发展中国家。马克思在论述落后的俄国选择社会发展道路时曾指出，俄国传统的“农村公社”与发达的欧洲资本主义同时存在，如果俄国可以占有资本主义制度所创造的一切积极成果，那么，它将有可能不通过资本主义制度的“卡夫丁峡谷”。由此可见，当发达与不发达同时存在时，不发达国家有自主选择社会发展道路的可能性，它完全可以吸收借鉴发达国家的一切优秀成果，并不需要走与资本主义社会同样的发展道路。[1] 中国是世界上最大的发展中国家，在走向现代化的道路上，有自主选择发展道路的自由和权利。但从生产力发展水平上看，我国远远落后于西方发达程度。因此，在向世界开放的过程中，只能首先“追赶”在西方发达国家的身后，学习借鉴它们发展的经验。落后的社会生产力发展水平进而“被开除球籍的危险”，是中国“追赶”在西方发达国家身后的根本原因。另一方面，我国“追赶”在西方发达国家身后，还根源于西方发达国家掌控着国际社会的主动权、话语权，西方霸权主义的地位很强盛，当时发展中国家只能接受并遵从发达国家所制定的现代化标准。面对国内外严峻形势，改革开放初期，我们只能处于并在不短的时间里一直处于“追赶”阶段。可以说，基于现实国情的“追赶”阶段，也是我国正确认识自我，养精蓄锐，向西方学习借鉴的阶段。

从邓小平讲话文本看“追赶”与理论辩护。当时中国发展的实际情况及其所有的“追赶”情境，在邓小平讲话的文本中得到了鲜明的体现。这可以归纳以下几点。

(1)强调只争朝夕。就是强调时不我待的紧迫感、抓住时机发展自己的责任感，其实质就是追赶，既要解决好我国自身的发展问题，又要赶上世界现代化潮流，最终使中国人民过上美好幸福生活。中国搞现代化，就是为了赶上时代潮流，追赶世界现代化发展步伐。1978 年改革开放以后，我们党开辟了中国特色社会主义道路，并提出了“三步走”战略。这里的“三步走”战略，实质也是要赶上时代发展潮流。为加快实现社会主义现代化的步伐，我们强调对外开放，吸收人类社会创造的一切文明成果，尤其是要正确对待资本主义社会所创造的现代文明成果。实际上，我国所开启并不断推进的改革开放，就是要追赶世界潮流，追赶世界现代化发展步伐。

(2)注重发展速度。邓小平同志强调：“抓住时机，发展自己，关键

① 顾海良：《马克思与世界》，193 页，北京，中国人民大学出版社，2018。

是发展经济。现在，周边一些国家和地区经济发展比我们快，如果我们不发展或发展得太慢，老百姓一比较就有问题了。所以，能发展就不要阻挡，有条件的地方要尽可能搞快点，只要是讲效益，讲质量，搞外向型经济，就没有什么可以担心的。低速度就等于停步，甚至等于后退。要抓住机会，现在就是好机会。我就担心丧失机会。不抓呀，看到的机会就丢掉了，时间一晃就过去了。”①“对于我们这样发展中的大国来说，经济要发展得快一点，不可能总是那么平平静静、稳稳当当。要注意经济稳定、协调地发展，但稳定和协调也是相对的，不是绝对的。发展才是硬道理。这个问题要搞清楚。如果分析不当，造成误解，就会变得谨小慎微，不敢解放思想，不敢放开手脚，结果是丧失时机，犹如逆水行舟，不进则退。”②“看起来我们的发展，总是要在某一个阶段，抓住时机，加速搞几年，发现问题及时加以治理，尔后继续前进。”③这些论述强调的都是经济加速发展。邓小平指出：“从国际经验来看，一些国家在发展过程中，都曾经有过高速发展时期，或若干高速发展阶段。日本、韩国、东南亚一些国家和地区，就是如此。现在，我们国内条件具备，国际环境有利，再加上发挥社会主义制度能够集中力量办大事的优势，在今后的现代化建设过程中，出现若干个发展速度比较快、效益比较好的阶段，是必要的，也是能够办到的，我们就是要有这个雄心壮志。”④

(3)抓紧上个台阶。邓小平同志指出：“我国的经济发展，总要力争隔几年上一个台阶。当然，不是鼓励不切实际的高速度，还是要扎扎实实，讲求效益，稳步协调地发展。比如广东，要上几个台阶，力争用20年的时间赶上亚洲‘四小龙’。比如江苏等发展比较好的地区，就应该比

① 邓小平：《邓小平文选》第3卷，375页，北京，人民出版社，1993。
② 同上书，377页。
③ 同上。
④ 同上。

全国平均速度快。又比如上海，目前完全有条件搞得更快一点。”①从我们自己这些年的经验来看，经济发展隔几年上一个台阶，是能够办得到的。

(4)重点发展经济。邓小平同志指出：“经济发展得快一点，必须依靠科技和教育。”②

(5)抓紧解决问题。邓小平同志指出：“改革开放胆子要大一些，敢于试验，不能像小脚女人一样。看准了的，就大胆地试、大胆地闯。”“对的就坚持，不对的赶快改，新问题出来抓紧解决。”③

(6)不争论抢时间。邓小平同志指出：“不搞争论，是我的一个发明。不争论，是为了争取时间干。一争论就复杂了，把时间都争掉了，什么也干不成。不争论，大胆地试，大胆地闯。”④

(二)主体自觉且形成“北京共识”的“并跑”与理论阐释阶段

进入20世纪90年代，中国特色社会主义事业不断发展壮大，改革开放也取得了许多显著成就，而且中国“追赶”西方、融入世界的速度也越来越快，脚步越来越大，以往学习借鉴西方经验时的消极被动、谨小慎微的“学徒”心理，也逐渐转变为积极主动、自信进取的态势，人们的主体意识不断觉醒。在大踏步推进中国特色社会主义和社会主义现代化建设并追赶西方发达国家的过程中，中国的发展成就令世界震惊，我国在一些领域也开始与世界发展处于同步地位，实现了由“追赶”向“并跑”或“竞跑”阶段迈进。“追赶”阶段的发展，着重点在一个“追”字，“追”字生动形象地彰显出全国各族人民积极、主动、热情地投身于社会主义现代化建设之中，也更加自主自觉地推进中国特色社会主义事业的发展。在“追赶”阶段，我国主要致力于向西方发达国家学习，即吸收借鉴它们在现代化建设方面的经验。然而，在当时生产力水平极其低下、社会百

---

① 邓小平：《邓小平文选》第3卷，375—376页，北京，人民出版社，1993。
② 同上书，377页。
③ 同上书，372页。
④ 同上书，374页。

业待兴的条件下，人们迫切需要改变现状并尽快发展经济，因此在向西方学习借鉴时，往往“照葫芦画瓢”。然而，真正的学习借鉴并不等于照抄照搬，必须有分析有批判，那些适合我们自己的可以为我所用，那些不适合我们自己的必须果断去除，那些潜存着风险的必须加以警惕。如果我们无视中国发展与西方发展的差别，不分青红皂白地全盘接受，尽管初期发展会取得显著成绩，但发展的自主性逐渐丢失，最终会沦为西方国家的附庸。突破这一困境的关键之处，就在于全体社会成员都要弘扬主体意识，解放思想，实事求是，用自己的头脑独立自主地思考问题、分析问题，既要大胆吸收借鉴，又要敢于批判超越。正是人们主体意识的不断觉醒，具有了主体自觉，推动中国特色社会主义、中国社会主义现代化发展进入“并跑”或“竞跑”阶段，理论界也注重对这种“并跑”或“竞跑”进行理论阐释。

这种“并跑”或“竞跑”与理论阐释，首先体现在主体意识的觉醒和增强，具有主体自觉。主体意识是指主体(包括个体、群体、社会)对自己所处地位、作用和价值的认识。它本质上是一种自觉的、自主的、独立的意识，表现为主体(包括个体、群体、社会)自由自觉支配自己的权利，用独立的人格、头脑进行独立思考的能力，以及对现实选择的能动性发挥和创造力等。① 马克思在《1844年经济学哲学手稿》论述人与动物的本质区别时曾明确提出，人不同于动物的地方在于，“人则使自己的生命活动本身变成自己意志的和自己意识的对象”②。人是有意识的存在物，正因如此，人认识到自己的生命活动，认识到自己的本质是目的，而不是仅仅为了维持生存的手段。把生命活动作为人意识的对象，内在蕴含着人处于主体地位，发挥着主导作用，人的这一意识活动就是主体意识的表达。有了主体意识，人在处理与自身的关系时，才能意识到自身的特性、状态、内部活动，确保自己行为的自觉性，达到自我激

① 丁绍华：《哲学的主体化与主体意识的觉醒》，载《安庆师范学院学报》(社会科学版)，1989(1)。

② 《马克思恩格斯文集》第1卷，162页，北京，人民出版社，2009。

励、自我超越，做自己的主人；在处理与外界的关系上，才能意识到自身的主导地位与积极性、主动性、创造性，从而激发起奋起直追的雄心壮志。缺乏主体意识的人，虽然也可以从事认识和实践活动，但由于没意识到自身的主导地位与创造性价值等，往往是盲目的、自发的。

20 世纪 90 年代以后，中国走向世界的发展进程进入到“并跑”或“竞跑”阶段。展开来说，进入 20 世纪 90 年代以后，中国特色社会主义深入发展极大地推动了主体意识普遍化发展。主体意识不是一个一成不变的东西，而是处在不断觉醒、不断发展提升的过程中。“并跑”或“竞跑”阶段主体意识的觉醒有着深厚的社会经济根源。改革开放之前，我国经济建设长期受到自给自足的自然经济和高度集中的计划经济体制的影响，人们的生产积极性、主动性不高。即使在改革开放初期，生产依然停留在粗放型发展阶段，人们的思想观念还相对保守，因此，相当长的一段时间，我国发展的主体意识不足甚至欠缺，更不用说主动追赶世界了。党的十四大之后，随着改革开放的不断深入，社会主义市场经济体制的确立并不断深化发展，为唤醒、培植主体意识提供了客观基础和现实条件，进而为主体意识作用的充分发挥提供了可靠保障。其具体表现在，经济结构深化重组，所有制结构多样，从而使利益主体多元并存，打破了单一化所有制结构，调动了各个利益主体的积极性、主动性和创造性；社会主义市场经济体制引进了优胜劣汰的竞争机制，实行以按劳分配为主体、多种分配方式并存的制度，遵循公平公正原则，打破平均主义大锅饭，增加了人们的忧患意识和进取意识，这是主体意识逐渐觉醒的一大动力。总而言之，在这一阶段，我们对社会主义现代化建设的规律认识更加深刻，对中国特色社会主义发展定位更加清晰，对中国走向世界加大对外开放力度更加自信坚定，对向西方学习及融入世界发展态势更加主动积极，这一切都与主体意识觉醒密切相关。然而另一方面，我们也应清楚地看到，主体意识在对社会主义现代化建设产生积极效应的同时，也有负效应。一些人把主体意识当作个人至上、随心所欲的合理化根据，践踏公德、亵渎法律、投机倒把、享乐拜金。这些问题的出现，在某种意义上就是主体意识负效应的直接产物。因此，在呼唤主体意识觉醒的同时，要更加强调升华主体意识，提升主体意识，规约主体意识，摒除那些低层次的、狭隘的、急功近利的主体意识，倡导发扬高层次的、全面的、积极健康的主体意识。① 只有这样，才能确保中国在走向世界的“并跑”或“竞跑”阶段行稳致远。

这种“并跑”或“竞跑”与理论阐释，其次体现在客观上我国在一些领域取得了可以与西方比肩的举世瞩目的成就，具有“中国速度”。改革开放以来，中国的经济增长速度一直居于世界前列，从此“中国速度”及其取得的成就引起了世界各国的广泛关注。诸如国内生产总值跨入世界前列，2001年加入世界贸易组织，2007年发射“嫦娥一号”，2008年举办北京奥运会，2009年互联网用户居世界首位，2010年中国成为世界第二大经济体，等等。这一系列成就表明，我国的经济实力、科技实力、国防实力等综合国力都有了显著提高，中国发展与世界发展之间的关系也日益紧密。但另一方面，我们也必须清醒地看到，这些发展总体上仍然是数量扩张型发展，我们所取得的创新成果，与发达国家相比，与人民的期待相比，从数量和质量上看都还有相当不小的差距。在整个世界体系中，我们许多地方达到“并跑”，但“并跑”质量有待提高，还远远达不到“领跑”。② 因此，中国发展走向世界仍然任重道远，在追赶中实现赶超不是一件容易的事情，由“追跑”到“并跑”，再到“领跑”更是需要一个长期发展的过程，不可能一蹴而就，也不可能一帆风顺。我们既不能妄自菲薄，也不能狂妄自大，而是要立足时代潮流，着眼于社会实践，积极主动地参与国际交流，在开放包容中发展自己，成就自己。

这种“并跑”或“竞跑”与理论阐释，最后体现在形成了“北京共识”，具有对话基础。中国特色社会主义不仅推动了中国社会的快速发展与中华民族的伟大复兴，也正在对当代世界产生广泛而深刻的影响。这意味着中国特色社会主义在发展过程中取得很大成就以后，我国现代化进入

---

① 吴蓁蓁：《主体意识的觉醒与社会主义市场经济的关系》，载《福建学刊》，1995(3)。

② 张志刚：《努力实现从“跟跑者”到“领跑者”的转变》，载《中国科技奖励》，2014(7)。

了和西方“并跑”或“竞跑”阶段。在这个时候，国内外就提出两个概念，一个叫“华盛顿共识”，一个叫“北京共识”。如前所述，“华盛顿共识”表达的是西方模式，“北京共识”表达的是中国道路。这两个概念的提出，意味着体现中国道路的“北京共识”可以与“华盛顿共识”进行平等对话，“北京共识”与“华盛顿共识”在“并跑”或“竞跑”。“中国模式”“北京共识”的提出本身就表明，中国特色社会主义已经引起整个世界的关注。世界上越来越多的人认为，建立在“北京共识”基础上的中国经验、中国方案具有世界意义，对于发展中国家如何寻求经济增长和改善人民生活具有重要参考价值。“并跑”或“竞跑”阶段在理论上，主要体现为“理论阐释”，即由理论辩护走向理论阐释，阐释中国道路、阐释中国理论、阐释中国制度、阐释中国文化，讲好中国故事、传播中国声音。不仅如此，我们还强调不仅要做得好、干得好，还要讲得好、说得出、传出去。

(三)为解决人类问题贡献中国智慧的“领跑”与理论引领阶段

党的十八大以来，中国特色社会主义进入了新时代，新时代是我国发展新的历史方位。新时代意味着中华民族迎来了从站起来、富起来到强起来的伟大飞跃，意味着中国特色社会主义、中国社会主义现代化走向世界的步伐更加坚定、更加自信。特别是2008年国际金融危机后，西方国家的发展动能不足，而中国特色社会主义发展、中国社会主义现代化建设的强劲势头却未消减。党的十八大以来的这几年，我国的经济实力、科技实力、国防实力、综合国力进入世界前列，我国国际地位得到了前所未有的提升，国家和人民的面貌发生了翻天覆地的变化，中华民族以崭新昂扬的姿态屹立于世界东方。我国不仅在一些方面与发达国家并驾齐驱，而且在一些领域已经达到了国际领先水平，逐渐从“并跑”向“领跑”阶段迈进。简言之，新时代中国特色社会主义的强有力发展，奠定了我国在不少领域“领跑”的雄厚基础，使我国具有一定的“领跑”能力。在这一阶段，世界性事务越来越需要中国的参与、中国的声音、中国的引领，解决经济全球化视阈下和平与发展两大主题，也越来越需要中国智慧和中国方案。

这种“领跑”与理论引领，首先体现在为发展中国家走向现代化提供了新的路径。发展问题、现代化问题是人类永恒的话题，世界各国特别是广大发展中国家都在积极寻求实现现代化的发展道路，希望尽快摆脱落后贫困，实现国家富强。第二次世界大战以降，国际上曾一度出现“苏联模式”和以西方为代表的资本主义发展模式即西方模式。但随着苏联解体、东欧剧变，“苏联模式”也随之湮没在历史的尘埃中，鲜有国家学习效仿，而以“市场化”“自由化”“私有化”为代表的西方模式，在资本主义社会大发展大繁荣的基础上迎来了一片喝彩声。很多发展中国家迫切需要改变现状、促进发展，都满怀希望地推行西方模式，建立自由市场，实行民主政治，直接利用发达国家先进科学技术等。这些国家在发展初期确实取得了成效，但由于人口和资源红利的逐渐消失，也由于受西方发达资本主义经济危机的强烈波及，发展中国家的“后发劣势”越来越显现出来。他们非但没有真正实现自由、民主、富强的目标，反而陷入了经济停滞不前甚至倒退、政治无序混乱、两极分化严重的泥潭。如拉美国家频繁发生经济危机、社会矛盾加剧，东欧国家的“休克疗法”也一度使社会陷入衰退，经济复苏的希望十分渺茫。

正是在这样的国际背景下，中国发展异军突起，它既没有走苏联传统的所谓社会主义发展道路(“苏联模式”)，也没有搬用西方发达资本主义国家的发展模式(西方模式)，而是坚持独立自主，艰苦奋斗，走上了一条立足中国国情、解决中国问题、促进中国成功的中国特色社会主义现代化发展道路。20 世纪七八十年代，中国改革开放开创了实现社会主义现代化的中国特色社会主义道路。自此，西方国家就从来没有停止过对中国道路的质疑、排挤，甚至打压，“中国威胁论”“中国霸权论”“中国崩溃论”等论调甚嚣尘上、愈演愈烈。时至今日，中国特色社会主义走过 40 多年的历程，我国取得了举世瞩目的成就，中华民族、中国人民迎来了从站起来、富起来到强起来的伟大飞跃，中国的综合国力、国际地位等都取得了巨大进步，中国以崭新的面貌屹立于世界民族之林，得到了世界各国的关注与认可。特别是2008年国际金融危机以后，西方资本主义国家自身发展乏力，经济步入持续低迷期，而此时的中国积极承担大国责任，为缓解国际金融危机做出了突出贡献。中国道路的成功为广大发展中国家走向现代化提供了新的路径，带去了新的希望。它们看到坚持不懈地依靠自身力量，走属于自己的道路，既可以摆脱贫穷落后的现状，又可以摆脱沦为附庸的窘境，也能发展成为强国。因此，它们越来越多地关注研究中国发展，重视中国发展道路。英国学者阿塔尔·侯赛因指出，中国发展模式是历史上从来没有过的模式，它在保持中国数千年的社会、文化传统的前提下，实现了经济快速市场化、全球化。① 纳米比亚总统波汉巴也明确指出，非洲国家在现阶段，尤其要把目光投向中国，因为中国的经验更具参考价值。②

其实，中国道路既不神秘，也不复杂，它实际上就是中国在实现现代化过程中走出了一条中国特色社会主义道路。这条道路，既没有像依附理论那样闭关锁国，完全与世界脱钩，也没有像新自由主义和“华盛顿共识”那样，采取全盘西化和激进的发展模式，而是实行一条深入世界发展浪潮，又成长于资本主义体系之外，从根本上摆脱对西方路径依赖的现代化道路。③ 它的核心要义是：立足中国自身现实国情，根据改革开放的需要和所能承受的限度，在保证国家和社会稳定的前提下，艰苦奋斗、大胆尝试、渐进突破，④ 加快经济发展。“立足自身国情”，是中国道路的关键。每个国家面临的国际环境、时代特征、现实国情等各不相同，这决定了每个国家都应有属于自己的独特发展道路，如果盲目效仿、照抄照搬只能适得其反。迄今为止人类社会发展的历史进程表明，没有哪个国家的发展方案能放之四海而皆准，西方模式强势推行带来的负效应就很好地说明了这一点。中国道路之所以对第三世界国家，

---

① 赵曜：《“中国模式”影响深远》，载《人民论坛》，2008(24)。

② 陶文昭：《中国模式的非洲效应》，载《国际问题研究》，2009(1)。

③ 韩庆祥、黄相怀：《中国道路能为世界贡献什么》，13页，北京，中国人民大学出版社，2017。

④ 孙忠良：《后危机时代中国模式的世界意义》，载《科学社会主义》，2012(1)。

甚至对人类社会发展影响深远，关键在于它内在蕴含着立足自身国情的原则性、现实性与灵活性，而不是其他，在于它是在中国共产党集中领导下，坚持全国一盘棋，调动各方积极性，集中力量办大事，实现跨越式发展，在于它既坚持原则性，又具有开放性、包容性和创新性。基于此，广大发展中国家在学习借鉴中国道路时，应注重把握中国方案的内在精髓，而不是外在形式。值得欣慰的是，国际上对中国道路的理解也大都秉持了这一理念。中非通讯社文章指出，中国模式的最大特点是自身的多元化色彩和从未被外来干涉打断而形成的独特传统，这给了中国发展的扎实根基和永恒动力。①

这种“领跑”与理论引领，其次体现在为那些既希望加快发展而又希望保持独立性的国家和民族提供了全新选择。在我国发展起来以后使大国成为强国新的历史方位，其历史任务和奋斗目标是实现强起来，其历史使命是实现中华民族伟大复兴。这在人类社会发展史上，是一种具有世界意义的最伟大历史性事件：如前所述，这是世界上人口最多的国家要实现强起来；这是曾经有过辉煌尔后出现衰落并遭遇诸多苦难，再之后在中国共产党领导下的国家，仅仅通过 30 多年，就站在了实现强起来新的历史起点上；这是在社会主义阵营中但仍然处于社会主义初级阶段并处在“时空压缩”境遇下的国家，要用坚持走中国道路的方式实现强起来；这是在发展中国家的行列中具有超大型体量的国家要率先实现强起来；这是在遭遇西方某些发达国家围堵打压的情境下要努力实现强起来；这是既希望加快发展又希望保持自身独立性的国家要率先实现强起来；这是既要解决好本国存在的大量问题又要为解决人类问题贡献中国智慧的国家要实现强起来；这是坚定不移地坚持以马克思主义为指导、坚持中国共产党领导、坚持走社会主义道路的国家要实现强起来；更为重要的，这是原先相对落后的国家跨越了“卡夫丁峡谷”进而要实现强起来。这些人类社会发展史上的种种“奇迹”充分表明：中国共产党是世界

---

① 《“中国模式”再被热议》，载《环球时报》，2009-10-19。

上一个较为强大的政党；马克思主义、科学社会主义具有真理性、道义性和人类性；中国特色社会主义具有道路优势、理论优势、制度优势和文化优势；中国克服了自身种种“不利因素”而在实现强起来，且能为人类发展做出更大贡献。

中国特色社会主义发展道路既实现了我国快速发展而且还要实现强起来，又保持了中国自身的独立性，真正为广大发展中国家做出了积极示范。第三世界国家占世界人口的绝大多数，第三世界的发展对人类整体发展影响深远。中国作为世界上最大的发展中国家，中国特色社会主义发展道路既保持了中国自身独立性又实现了快速发展，为广大发展中国家拓展了走向现代化的途径。世界上一些国家要实现加快发展同时又要保持自身的独立性，就可以从中国特色社会主义道路中寻求启示、获得智慧。当然，对于中国道路所贡献的中国智慧和中国方案，我们不必刻意回避，而应积极、主动、热情地传播中国声音，展现中国实力；但另一方面，我们也不能狂妄自大，盲目输出中国道路，不强迫任何国家接受中国经验、中国方案，我们欢迎世界各国搭载中国发展的顺风车，也愿意与世界各国一道加强交流联系。中国社科院 2011 年发布的《世界社会主义黄皮书》指出，中国拒绝外来干预，也不会对外输出自己的发展模式①。这是我国对自身发展的自信担当，也是对世界发展的庄严承诺。

这种“领跑”与理论引领，再次体现在能为解决人类问题贡献中国智慧和中国方案。构建人类命运共同体，是习近平同志关于国际战略思想和外交政策的精髓、核心，也是习近平同志站在实现“强起来”新的历史起点上，为解决人类发展问题贡献的“中国理论”。2008 年国际金融危机以来，西方一些国家出现了诸多困局。自资本主义在西欧兴起以来，一部世界近代史，就是一部资本主导逻辑驱动下的资本主义全球扩张史。历史地看，资本创造了近代工业文明，推进了世界现代化的发展进程。然而，资本的本性是通过运动实现增值和利润最大化，资本的运动是无

---

① 孙忠良：《后危机时代中国模式的世界意义》，载《科学社会主义》，2012(1)。

休止的，哪里能够实现增值和利润最大化，它就会在哪里出场，这就是我们所谓“资本扩张”。资本主导的逻辑以在全世界范围内追逐和攫取剩余价值为目的，当西方从其主导的世界体系中过度攫取并挥霍超额利润，使得全球市场出现社会需要严重不足时，当某个阶段市场空间被攫取殆尽时，当资本扩张受到阻碍时，资本主义就必然出现困境。2008年国际金融危机以来，以美国为代表的西方一些国家频频发生的困境，就是在这种逻辑下出现的。这种困境，在经济领域体现为实体经济不振，在政治领域体现为政府调节无力，在社会领域体现为贫富差距拉大，在意识形态领域体现为以“对抗”“利己”“扩张”为核心内容的意识形态虚伪性的暴露。西方困境，归根结底是以资本为主导的逻辑所导致的，是基因型、制度性困境。

其次是国家之间的博弈日趋激烈。西方一些国家越是陷入困境，各国之间的博弈、交锋就越激烈。尤其是随着主导世界力量的转移和世界格局的变化，大国之间的博弈、交锋会更加激烈。力量转移和世界格局变化的核心，是赢得引领世界的权力和话语权，这必然引起国家之间的博弈。世界面临的不确定性因素日趋上升。博弈、交锋越激烈，世界面临的不确定性因素就越会上升。习近平同志指出：“今天，我们也生活在一个矛盾的世界之中。一方面，物质财富不断积累，科技进步日新月异，人类文明发展到历史最高水平。另一方面，地区冲突频繁发生，恐怖主义、难民潮等全球性挑战此起彼伏，贫困、失业、收入差距拉大，世界面临的不确定性上升。”对此，许多人感到困惑，世界到底怎么了？人类面临的挑战层出不穷。不确定性意味着困难和风险日趋增多，进而意味着人类面临的挑战更加严峻。习近平同志指出：“人类也正处在一个挑战层出不穷、风险日益增多的时代。”①当今世界经济增长乏力，金融危机阴云不散，发展鸿沟日益突出，兵戎相见时有发生，冷战思维和强权政治阴魂不散，恐怖主义、难民危机、气候变化等非传统安全威胁

① 习近平：《习近平谈治国理政》第2卷，538页，北京，外文出版社，2017。

持续蔓延，这些都是对人类的严峻挑战。当今世界还面临没有得到有效解决的三大突出矛盾。正如习近平同志所指出的，一是全球增长动能不足，难以支撑世界经济持续稳定增长。传统增长引擎对经济的拉动作用减弱，新的经济增长点尚未形成，世界经济仍未开辟出一条新路。二是全球经济治理滞后，难以适应世界经济新变化。三是全球发展失衡，难以满足人们对美好生活的期待。第四次工业革命将产生极其广泛而深远的影响，包括会加剧不平等，特别是有可能扩大资本回报和劳动力回报的差距。全球最富有的1%人口拥有的财富量超过其余99%人口财富的总和，仍有7亿多人口生活在极端贫困之中。这是一些国家社会动荡的重要原因。这意味着影响世界发展的动力、平衡、治理三大根本机制出了问题。

西方文明的根本弊端使它难以解决世界难题和矛盾，“西方中心论”、自由主义、资本主导的逻辑终要走向破产，人类呼唤新理论和新文明。这就为构建人类命运共同体出场提供了世界性场景。习近平同志的人类命运共同体思想，就是为解决世界难题和矛盾而出场的。

习近平同志运用科学的世界观和方法论分析看待当今世界发展大势，提出了构建人类命运共同体思想，其哲学基础就是习近平同志所讲的全人类共同价值和世界历史思想，其形成也具有内在的逻辑。一是强调“世界多样”，即世界是多样性的统一。这是认识和把握习近平同志人类命运共同体思想的前提。习近平同志指出：“人类文明多样性是世界的基本特征，也是人类进步的源泉。世界上有200多个国家和地区、2 500多个民族、多种宗教。不同历史和国情，不同民族和习俗，孕育了不同文明，使世界更加丰富多彩。文明没有高下、优劣之分，只有特色、地域之别。文明差异不应该成为世界冲突的根源，而应该成为人类文明进步的动力。”①二是注重“国家平等”，即国家之间的主权平等、机会平等、规则平等。强调共同体，要注重“国家平等”思维，把具有多样

① 习近平：《习近平谈治国理政》第2卷，543—544页，北京，外文出版社，2017。

性的各个国家都看作拥有主权平等、机会平等、规则平等的主体，彼此平等对话。习近平同志指出："主权平等，是数百年来国与国规范彼此关系最重要的准则，也是联合国及所有机构、组织共同遵循的首要原则。主权平等，真谛在于国家不分大小、强弱、贫富，主权和尊严必须得到尊重，内政不容干涉，都有权自主选择社会制度和发展道路。在联合国、世界贸易组织、世界卫生组织、世界知识产权组织、世界气象组织、国际电信联盟、万国邮政联盟、国际移民组织、国际劳工组织等机构，各国平等参与决策，构成了完善全球治理的重要力量。新形势下，我们要坚持主权平等，推动各国权利平等、机会平等、规则平等。"①三是主张"文明互鉴"，即互相学习各个文明体中的长处。它反对文明冲突论，主张各个文明体之间要平等对话、协商交流、互学互鉴，因为文明因互鉴而繁荣。所以，习近平同志强调文明要互学互鉴。四是注重"包容发展"，即尊重各个国家自主选择的既符合本国国情，同时又有益于世界发展、人类发展的发展道路，强调世界发展道路的多样性而非唯一性。五是强调"互利普惠"，即各个国家在实际、实践效果上的共同获得感，各个国家之间的互利互惠。

习近平同志积极推动构建人类命运共同体思想具有以下核心要义。

一是坚持共识，建设价值共同体。价值关乎共识，没有共识，难以形成共同体。构建人类命运共同体须在价值观上达至共识。习近平同志站在全人类价值共识的制高点上，提出了全人类的共同价值。他指出："和平、发展、公平、正义、民主、自由，是全人类的共同价值，也是联合国的崇高目标。目标远未完成，我们仍须努力。"②

二是坚持共建，建设行动共同体。在形成共识的基础上需要共建。构建人类命运共同体，不是哪一个国家的事，最终需要各国共同付诸实践行动，共同为构建人类命运共同体而努力。

三是坚持共进，建设发展共同体。在共建的基础上需要进一步促进

---

① 习近平：《习近平谈治国理政》第 2 卷，539 页，北京，外文出版社，2017。

② 同上书，522 页。

发展。发展是第一要务适用于各国。习近平同志指出，各国要坚持创新发展，抓住新一轮科技革命和产业变革的历史机遇，转变经济发展方式，实施创新驱动，进一步释放社会创造力；① 坚持协调发展，加强宏观政策协调，兼顾当前和长远；② 坚持公平发展，让发展机会更加均等；③ 坚持开放发展，维护世界贸易组织规则，支持自由、开放、透明、包容、非歧视性的多边贸易体制，构建开放型世界经济，反对保护主义；④ 坚持和平发展，为发展营造良好环境；⑤ 坚持共同发展，即互利共赢、包容互惠、同舟共济、共生共进，在实现自身发展的同时更多惠及其他国家和人民。⑥

习近平同志这一重要论述一语中的。中国就是如此。中国的发展，关键在于中国走出了一条适合中国国情的发展道路，这是一条在开放中谋求共同发展的道路。中国的发展是世界的机遇，中国经济快速增长为全球经济稳定和增长提供了持续强大的推动。如中国同一大批国家的联动发展，使全球经济发展更加平衡；中国减贫事业的巨大成就，使全球经济增长更加包容；中国改革开放持续推进，为开放型世界经济发展提供了重要动力；中国人民为各国人民取得的发展成就点赞，不会犯“红眼病”，不会抱怨他人从中国发展中得到了巨大机遇和丰厚回报；中国人民张开双臂欢迎各国人民搭乘中国发展的“快车”“便车”。⑦

四是坚持共治，建设安全共同体。要发展，也要安全，二者相辅相成。习近平同志指出：“世上没有绝对安全的世外桃源，一国的安全不能建立在别国的动荡之上，他国的威胁也可能成为本国的挑战。邻居出了问题，不能光想着扎好自家篱笆，而应该去帮一把。‘单则易折，众

---

① 习近平：《习近平谈治国理政》第 2 卷，271—277 页，北京，外文出版社，2017。
② 习近平：《习近平谈治国理政》，326 页，北京，外文出版社，2014。
③ 同上书，349—350 页。
④ 同上书，350 页。
⑤ 习近平：《习近平谈治国理政》第 2 卷，508 页，北京，外文出版社，2017。
⑥ 同上书，483 页。
⑦ 同上书，484 页。

则难摧。'各方应该树立共同、综合、合作、可持续的安全观。"①达至世界安全，建设一个持久和平的世界是关键。国家和，则世界安；国家斗，则世界乱。他还指出："从公元前的伯罗奔尼撒战争到两次世界大战，再到延续40余年的冷战，教训惨痛而深刻。'前事不忘，后事之师。'我们的先辈建立了联合国，为世界赢得70余年相对和平。我们要完善机制和手段，更好化解纷争和矛盾、消弭战乱和冲突。""国家之间要构建对话不对抗、结伴不结盟的伙伴关系。大国要尊重彼此核心利益和重大关切，管控矛盾分歧，努力构建不冲突不对抗、相互尊重、合作共赢的新型关系。只要坚持沟通、真诚相处，'修昔底德陷阱'就可以避免。大国对小国要平等相待，不搞唯我独尊、强买强卖的霸道。任何国家都不能随意发动战争，不能破坏国际法治，不能打开潘多拉的盒子。核武器是悬在人类头上的'达摩克利斯之剑'，应该全面禁止并最终彻底销毁，实现无核世界。要秉持和平、主权、普惠、共治原则，把深海、极地、外空、互联网等领域打造成各方合作的新疆域，而不是相互博弈的竞技场。"②要坚持多边主义，"多边主义是维护和平、促进发展的有效路径"③。

五是坚持共享，建设利益合作共同体。共识、共建、共进、共治的基础、根本是利益。利益最基础、最根本。命运共同体首先是一个利益共同体。各国之间具有共同利益，要实现利益上的共享共惠。习近平同志指出，人类已经成为你中有我、我中有你的命运共同体，国家之间的利益高度融合，彼此相互依存。每个国家都有发展权利，同时都应该在更广阔的层面考虑自身利益，不能以损害其他国家利益为代价。我们要坚定不移发展开放型世界经济，在开放中分享机会和利益、实现互利共赢。不仅如此，各国相互联系、相互依存的程度空前加深，人类生活在同一个地球村里，生活在历史和现实交汇的同一个

---

① 习近平：《习近平谈治国理政》第2卷，541—542页，北京，外文出版社，2017。

② 同上书，541页。

③ 同上书，547页。

时空里，利益交融、安危与共，日益成为一荣俱荣、一损俱损的命运共同体。因此，各国要树立命运共同体意识，真正在竞争中合作，在合作中共赢。①

习近平同志关于构建人类命运共同体的思想，以西方困局、世界博弈、不确定性和挑战性为基本背景，以辩证思维、共同体理念、民主平等为思想方法，以国家富强、民族振兴、人民幸福为根本立场，以世界多样性统一为哲学前提，以包容普惠、合作共赢、和平发展为核心理念，以建设价值共同体、行动共同体、发展共同体、安全共同体、合作共同体、利益共同体为核心内容，构成一个较为严密的体系。它站在人类真理和道义的制高点上，是新自由主义和保护主义的解毒剂，是化解世界矛盾和冲突、管控国家之间分歧的"定海神针"，是引导经济全球化走向、构建人类命运共同体的中国方案，是积极开展中国特色大国外交必须贯彻落实的核心思想，它为解决人类发展问题贡献了中国智慧和"中国理论"。

最后，这种"领跑"与理论引领，体现在逐渐强起来的中国能为人类发展做出更大贡献，即从跟随经济全球化趋势转向逐渐引领经济全球化发展。在西方国家发展持续低迷、逆世界发展趋势有所抬头之时，我国自觉承担起大国责任，扛起了捍卫经济全球化发展的大旗。中国实施了一系列国际化举措，亚投行、"一带一路"、G20杭州峰会等引领世界发展趋势，贡献中国方案，与世界各国共享发展成果；中国活跃于各大国际性组织，通过联合国、WTO、上海合作组织、金砖国家等积极主动参与国际性事务，自觉担当国际责任，贡献中国智慧、中国力量；习近平同志在多个国际性演讲中提出新的发展理念，如在达沃斯论坛、APEC峰会等多次提出并倡导构建人类命运共同体，传播中国文化、中国价值，加强与世界各国的沟通交流、互融共生。

当然，我们也应该清醒地认识到，第一，要头脑清醒观"领跑"。

---

① 习近平：《习近平谈治国理政》第2卷，476—487、506—516、521—526页，北京，外文出版社，2017。

“领跑”意味着领跑者在各方面、各领域都已经位居世界发展前沿。然而，目前中国的发展显然还远远达不到在各方面、各领域、全方位的引领程度，我国还存在着发展不充分不平衡的问题，因而我国还只是处于“领跑”的初级阶段，未来还需要我们更加继续努力，任重而道远。正因如此，“领跑”阶段并不是独立存在着的，它以“领”为主，同时也存在着“追赶”“并跑”现象，但与“追赶”“并跑”阶段的发展相比，“领跑”发展的难度更大、风险更大、责任也更大。中国即便进入引领世界发展潮流的轨道，但想要拥有全球性话语权还需要较长时间。我们必须时刻关注对引领未来发展方向的阶段性判断，必须时刻警惕故意捧杀我国所存在的潜在风险，必须时刻谨记以开放的思维来观世界，必须时刻牢记不要狂妄自大。第二，要运用辩证思维观“领跑”。横向看，中国特色社会主义走向世界发展的三个阶段各具特色，各有侧重，分别代表着各自阶段中国与世界、中国与西方国家之间的关系状况；纵向看，“追赶”“并跑”“领跑”阶段的发展又一脉相承、与时俱进，它们环环相扣，不能任意逾越，而且这三个阶段并没有严格的界限，“追赶”阶段中也有“并跑”现象的存在，“领跑”阶段也不排斥与“追赶”“并跑”并存。它们共同表达着中国对内改革发展、对外开放迈向世界的艰难历程。全面准确地把握中国特色社会主义发展的世界逻辑，对于总结中国发展的成功经验，揭示中国特色社会主义发展的世界性贡献，具有十分重要的价值。

三　中国特色社会主义发展的世界意义

几十年前，先辈就希望中国对世界做出贡献。梁漱溟就问道：“中国以什么贡献世界?”1956 年，毛泽东就指出：进入 21 世纪，中国的面目要大变，中国应当对人类有较大的贡献。英国历史学家汤因比也曾有类似的发问。几十年后，承继马克思主义对道路问题的一以贯之的持续探索，在马克思主义中国化的历史进程中，中国共产党人把马克思主义与中国具体实际相结合，终于找到了一条能实现社会主义现代化、实现中华民族伟大复兴的中国特色社会主义道路。这条道路能为当今世界的发展做出“中国贡献”。

20世纪七八十年代，国际上走上改革开放之路的国家不在少数，并不止中国一个。但时至今日，纵观世界各国发展历程和发展成果可以看出，中国的改革开放取得了显著成就。站在世界角度回顾中国40多年改革开放史，即从封闭保守到主动走向世界，从“追跑”西方发达国家，积极追赶世界发展趋势，再到今天发挥国际舞台上的某种“引领”作用，中国越来越走近世界舞台中央。历史和实践证明，中国发展的这一世界历程值得肯定，中国特色社会主义发展不仅是中国自身的发展，更是中国走向世界的发展，是中国特色社会主义世界化的发展；中国特色社会主义的发展历程不仅是中国自身实现社会主义现代化的过程，更是世界走向现代化道路的重要组成部分。正因如此，中国特色社会主义发展产生的重大影响力，已经超出了中国自身的局限性，而带有世界性价值，这也是中国特色社会主义发展逻辑的重要的研究内容。具体来说，中国特色社会主义发展的世界贡献具有世界历史意义，主要体现在三个方面，一是宣告了“西方中心论”的破产，二是正在影响和改变着世界，三是为世界构建正在形成的中华新文明。

(一)宣告“西方中心论”的破产

中国特色社会主义发展的成功表明，中国特色社会主义道路对于广大发展中国家来说，更多地体现为对中国经验的学习借鉴。这些发展中国家与中国所处的历史背景、时代特征较为相似，都曾遭受过残酷的殖民掠夺，都在追求国家和民族的独立发展。共同的历史遭遇、发展困境，使它们在国家发展与转型的过程中有着共同的主题与任务。条件的相似性决定理论的适用性。中国发展取得的成功对于处在相同发展阶段的发展中、转型中国家来说，必然要比发达国家创造的理论更具参考价值和借鉴意义。[1] 然而，中国特色社会主义道路对于西方发达资本主义国家而言，则更多地表现为发展模式的冲突与竞争。在许多西方人眼中，中国特色社会主义道路的成功，是对西方发展模式、西方价值观的强烈挑战。前白宫经济咨询委员会克里斯汀·福布斯曾指认中国是西方最大的恐惧；美国学者斯蒂芬·哈尔珀指出，中国让西方越来越小；[2] 美国学者孟慕捷预言，如果中国模式成功了，那美国所代表的理念和价值就面临着破产和失败。[3] 西方学者的这一系列论述，都把西方与中国置于对立、冲突的两面，始终未离开"西方中心论"的话语体系。然而事实上并非如此。如果我们跳出"西方中心论"视阈，站在西方以外的立场上，以世界历史的眼光来研判中国特色社会主义道路所取得的成就，中国特色社会主义道路实质上是丰富了世界各国走向现代化发展的路径。任何国家都有选择适合自己发展道路的权利，它们都是世界发展的重要组成部分，西方发展模式并非唯一的走向现代化之路。总之，西方国家不是世界的中心，"西方中心论"不攻自破。

"西方中心论"不是西方国家简单抛售的口号，它之所以横行于世、盛行一时，确实有其深厚的历史根源与现实基础。深入挖掘"西方中心论"产生的缘由，对于从根本上否定"西方中心论"，认识中国特色社会主义发展对"西方中心论"的超越，具有十分重要的意义。"西方中心论"由来已久，最初是以欧洲中心主义的形式存在的。欧洲中心主义，源自15世纪的航海与地理大发现，随后依次经由文艺复兴、启蒙运动、工业革命等发展，使西欧国家逐渐摆脱封建社会的束缚，较早地进入到资本主义社会发展时期。这不仅是欧洲强势崛起的根源，也是欧洲中心主义形成的历史条件。伴随着世界市场的开辟，欧洲国家开始了殖民扩张与掠夺，由此真正改写了东西方社会发展的历史，并导致东西方发展差

① 玛雅：《道路自信：中国为什么能》，36页，北京，中信出版社，2014。

② 孙忠良：《后危机时代中国模式的世界意义》，载《科学社会主义》，2012(1)。

③ MANN J. *A Shinning Model of Wealth Without Liberty*. Washington Post. 2007-05-20。

距越来越大，冲突越来越尖锐。正是在这个意义上，欧洲中心主义逐渐拓展为“西方中心论”。“西方中心论”起初是建立在以英、法、德以及其他可能的欧洲地域为中心的欧洲中心论，但随着资本主义不断扩张与帝国主义时期的到来，“西方中心论”视角逐渐转向北美地区，形成了以欧、美、日等为中心的论调。

无论是欧洲中心主义还是“西方中心论”，本质上是一致的，马克思对其始终持批判态度。他指出：“当我们把目光从资产阶级文明的故乡转向殖民地的时候，资产阶级文明的极端伪善和它的野蛮本性就赤裸裸地呈现在我们面前。”①马克思对西方世界进行殖民统治的批判不遗余力而且非常深刻，指出它们以自我为中心，建立原料产地、商品倾销市场、贩卖奴隶等，显然是有着以西方中心自居的狂妄自大，这也是导致世界不公平的重要原因所在。马克思晚年将研究重点转向了东方社会，将俄国、印度、中国等发展路径与西方世界发展问题共同置于世界历史背景之下。他站在世界历史的高度，有条件地指出：东方国家如果要想获得自身发展的独立性或主体性，可以不走资本主义道路，不用“受那些铁面无情的规律的支配”②。特别是马克思在论述俄国社会发展对道路的选择时指出：“它有可能不通过资本主义制度的卡夫丁峡谷，而占有资本主义制度所创造的一切积极的成果。”③这为人类社会走出一条非西方社会的发展道路，为批判和超越西方中心论，提供了合理性因素和可行性依据。历史和实践证明，马克思笔下的俄国尽管想走但最终并没有走上这样一条非西方的、独特的发展道路，反而是中国在历经与西方列强的斗争中，在实现民族独立、人民解放并建立社会主义基本制度的前提下，立足中国现实国情，实行改革开放政策，“占有资本主义制度所创造的一切积极的成果”，走出了一条中国特色社会主义道路。这条道路本身就是马克思批判和超越西方中心论的历史成果。西方发达国家

① 《马克思恩格斯文集》第2卷，690页，北京，人民出版社，2009。
② 《马克思恩格斯文集》第4卷，463页，北京，人民出版社，2009。
③ 《马克思恩格斯文集》第3卷，578页，北京，人民出版社，2009。

由于其深厚的历史发展积淀，确实在经济、政治、文化、科技等各个领域长期处于世界领先水平，也为世界发展做出了突出贡献，这为“西方中心论”提供了历史背景与现实基础。但这并不能成为西方发达国家可以任意欺凌、奴役其他发展中国家的缘由。“一花独放不是春，百花齐放春满园。”世界各国都有选择适合自己发展道路的权利，在这一点上各国是平等的，只有这样，世界发展才能丰富多彩。

中国发展宣告了“西方中心论”的破产，但这并不表示中国要取而代之，宣扬“中国中心论”。恰恰相反，我们始终反对“国强必霸”的逻辑，始终坚持走和平发展道路。自改革开放开辟中国特色社会主义道路以来，唱衰中国的论调就从未停止过，“中国威胁论”“中国崩溃论”“中国霸权论”“历史终结论”等层出不穷，愈演愈烈。然而这一切，都只是西方国家一厢情愿的恶意毁谤，并非事实。2015 年 9 月，习近平同志在纪念抗日战争暨世界反法西斯战争胜利 70 周年大会上，向全世界宣告：“中国将始终坚持走和平发展道路。中华民族历来爱好和平，无论发展到哪一步，中国都永远不称霸、永远不搞扩张，永远不会把自身曾经经历过的悲惨遭遇强加给其他民族。”①同年 10 月，习近平主席在伦敦金融城市政厅的讲话中又明确指出：“中国坚持走和平发展道路，不接受‘国强必霸’的逻辑。任何人、任何事、任何理由都不能动摇中国走和平发展道路的决心和意志。”②中国曾是历史上的经济大国，但自鸦片战争以来却陷入被动挨打的境地，逐渐丧失了与世界同进步的历史机遇。从鸦片战争、中日甲午战争到八国联军侵华，从辛亥革命到五四运动，从大革命、土地革命、抗日战争到解放战争，从新民主主义革命、社会主义革命到改革开放，中华民族历经磨难。时至今日，在中国特色社会主义道路的引领下，终于迎来了从站起来、富起来到强起来的伟大飞跃。饱

---

① 习近平：《习近平在纪念中国人民抗日战争暨世界反法西斯战争胜利 70 周年系列活动上的讲话》，5 页，北京，人民出版社，2015。

② 习近平：《共倡开放包容 共促和平发展：在伦敦金融城市长晚宴上的演讲》，8 页，北京，人民出版社，2015。

受战争之苦的中国更珍惜这来之不易的和平，期盼有更好的发展环境，即使中国发展取得了巨大成就，我们依然不忘历史苦难，这一段历史经历强化了中华民族固有的和平基因。坚持走和平发展道路，永不称霸，这是对中国历史的尊重，对中国发展的负责，也是对世界发展的承诺。

概言之，改革开放以来，中国发展速度惊人，逐步缩小了与西方发达国家的差距，而且对世界历史发展的影响越来越大，正在出现“百年未有之大变局”。这表明：现代化的方向无法绕开，但道路可以选择；中国道路是在中国的历史性实践中逻辑地生成的，是具有完全自主知识产权的“中国智造”；它作为一种全新的现代化路径，打破了西方对于现代化道路解释权的垄断，把世界现代化道路从单选题变成了多选题；它终结了“西方中心论”“历史终结论”的神话，就连提出“历史终结论”的福山，在伊拉克战争结束之后，也对自己提出的“历史终结论”表现出收缩之势，甚至承认“历史终结论”具有历史局限。

(二)正在影响和改变着世界

如果说1978年时的中国实行改革开放和现代化建设，是世界在影响和改变着中国，把中国纳入了世界现代化的潮流，而且这种“影响”“改变”“纳入”带有“倒逼”特征的话，那么，进入新时代以来，中国特色社会主义却在一定意义上逐渐在影响和改变着世界，而且这种影响和改变对中国共产党人来讲，具有“历史担当”“世界担当”的特点。

中国特色社会主义进入新时代，中国特色社会主义确确实实在逐渐影响和改变世界。这主要体现在：

第一，中国特色社会主义使科学社会主义在21世纪的中国焕发出强大生机活力，在世界上空高高举起了中国特色社会主义伟大旗帜，从而使世界社会主义发挥其强大的世界影响力。在科学社会主义理论指导下，列宁领导的十月革命产生了积极的历史影响，产生了世界上第一个社会主义国家；从中国共产党诞生到新中国成立，科学社会主义理论也发挥了十分重要的积极的历史影响。然而，在后列宁时代，在中国改革开放以后一段时期，尤其是在东欧剧变、苏联解体之际，科学社会主义却处于世界历史中的“低潮”。那时，关于科学社会主义、世界社会主义、中国特色社会主义的各种“怀疑论”“过时论”“失败论”“推翻论”“颠覆论”泛起。然而，在中国共产党领导下，中国各族人民聚精会神搞建设、一心一意谋发展，让一切创造财富源泉涌流，让一切创新能力迸发，一张蓝图绘到底，从而使中国特色社会主义取得了巨大成功，创造了世所罕见的经济快速发展奇迹和社会长期稳定奇迹这一“中国奇迹”。这就把科学社会主义、世界社会主义、中国特色社会主义由过去所谓“低潮”转向了“高潮”，由过去的“追赶”转向了今天的某种“领跑”。这充分表明：只有科学社会主义才能救中国，只有科学社会主义与中国具体实际相结合才能创立中国特色社会主义，只有中国特色社会主义才能发展中国，才能使科学社会主义在21世纪中国焕发出强大生机活力，才能使世界社会主义发挥其强大的世界影响力，从而使全世界重新认识马克思、重新认识马克思主义。

第二，中国特色社会主义使整个世界开始重新认识和理解中国和中国共产党。曾几何时，中国一度不被世界看好。鸦片战争以后，中国处于被宰割被侮辱的境地，“东亚病夫”的中国形象挥之不去；新中国成立后，在1966年至1976年搞了十年“文化大革命”，导致中国一直处在动荡之中，摘不下贫穷落后的帽子，“折腾”“贫穷”“专制”的中国形象烙在一些外国人脑海里。1978年我国改革开放以后，我国在经济上快速发展的同时，也一定程度上出现了干部腐败、道德沦丧、生态破坏等不良现象，尽管这是局部的，但“腐败严重”“污染环境”“文明落后”“素质低下”的中国形象又被大肆渲染。党的十八大以后，中国共产党不仅勇于进行自我革命，真正解决自身所存在的“精神懈怠、能力不足、脱离群众、消极腐败”等问题；而且积极推进社会革命，全面深化改革，有效化解矛盾、破解难题、应对挑战、抵御风险，贯彻落实新发展理念，积极推进“两大布局”(总体布局和战略布局)，实施高质量发展，创新国家治理，努力打好“防范风险、精准脱贫、污染防治”三大攻坚战；还积极参与全球治理，建设“一带一路”，构建人类命运共同体，把“和平发展、合作共赢、和而不同、美美与共、协和万邦、兼济天下、世界大同”的文明理念贡献给世界。结果是：一个强大而又文明的中国国家形象逐渐在全世界树立起来了；中国共产党具有强大的领导力的形象也确立起来了，这让世界重新认识中国，重新认识中国共产党。这种重新认识，会不同程度上改变世界上一些人对中国、对中国人、对中国共产党、对中国特色社会主义的看法。

第三，中国特色社会主义为发展中国家实现本国现代化找到了希望和出路。在“西方中心论”与西方霸权的影响下，第二次世界大战以后，一些非西方的发展中国家大多效仿“西方模式”，结果不但没有取得成功，反而陷入不能自拔的境地。尤其是“拉美现象”所描述的拉美国家，更是遭受西方模式带来的伤痛。这些国家陷入迷茫和痛苦之中，一时迷失了方向和目标。自 1978 年实行改革开放和社会主义现代化建设以后，中国共产党人找到了一条实现社会主义现代化的正确道路——中国特色社会主义道路。这条道路立足中国国情、解决中国问题、创造中国奇迹、促进中国成功，是中国共产党和中国人民独立、自主选择的中国道路，它具有内生性、独立性、自主性、主体性。它给发展中国家走向现代化提供最大的启示就是：不是“自古华山只有一条路”，而是“条条大路通罗马”，各个国家应根据自己国家的历史、文化、传统、国情、条件和基础，自主选择适合自己国情、能够解决本国问题的自主发展道路。这就使世界上一些发展中国家实现本国现代化找到了希望和出路。

总之，1978 年以来，中国共产党根据中国的历史、文化、传统、国情，自主选择发展道路，并坚定不移地走自己的路，既解决了中国“欠发展”的问题，又改变了长期以来西方现代化模式占主导地位并垄断话语权的格局，打破了“全球化就是西方化、西方化就是现代化、现代化就是市场化”的思维定式和“美丽神话”；不仅使中国人民富起来了，而且使中华民族、中国人民迎来从富起来到强起来的伟大飞跃。由此，中国道路给发展中国家的最大启示就是：世界上没有放之四海而皆准的发展模式，各个国家走向现代化的“走法”不是唯一的；发展中国家要走向现代化，不能再走西方的路，而应根据本国的历史、文化、传统、国情，自主选择发展道路，并坚定不移地走自己的路，注重本国发展道路的内生性、独立性、自主性和主体性。只有这样，本国才能获得生存发展的主动权、主导权。

第四，中国特色社会主义使西方发达国家在反思之后，会在一定程度上调整自己的某些战略和策略。美籍日裔学者福山所提出的“历史终结论”，曾在世界上产生广泛影响。这一理论的要义就是：西方是世界的中心，西方位于世界历史的制高点，西方的历史就是世界的历史，西方文明就是世界的文明，西方标准就是世界的标准，西方世界以外的其他国家没有自己的历史，西方世界的今天就是他国的明天，非西方世界只有走西方道路才有出路。中国特色社会主义道路的成功，颠覆了福山的“历史终结论”。它告诉世人：历史并未终结，不走西方的道路，走适合本国国情、解决本国问题的道路同样会走向成功；如果不顾本国国情，一味照搬西方模式，只能是自食苦果。不仅如此，在当今世界，西方模式的弊端逐渐显现，它具有难以克服因自身的基因所导致的矛盾、难题和危机。在这种情境下，福山逐渐调整了自己原有的看法，且在不同程度上或一定意义上修改了自己所提出的“历史终结论”。

第五，作为习近平新时代中国特色社会主义思想之内容的构建人类命运共同体理念，为解决人类问题贡献了中国智慧和中国方案。面对2008年国际金融危机以后出现的世界难题，曾经盛行一时的“西方理论”难以拿出行之有效的招数，解决不了世界难题。因为“西方理论”的要义及其实质是强调“单赢论”“赢者通吃论”，而不是“共赢论”“合作论”“兼济天下论”“世界大同论”。这种理论导致整个世界进入了“死胡同”，没有出路。要言之，走西方的路，世界再也没有出路。能有效破解世界难题的，就是习近平同志提出的构建人类命运共同体理念。因为这一理念的核心要义及其思想精髓，就是强调并注重“和平发展、合作共赢、和而不同、美美与共、协和万邦、兼济天下、世界大同”，它是一种“共赢观”“天下观”“大同观”。这种观念及其实践行动，是化解世界矛盾、破解世界难题、化解世界危机的“定海神针”，是使世界走出困境的一剂良方。正因如此，联合国把习近平主席提出的构建人类命运共同体理念写入了相关文件，并向全世界推广。

(三)为世界发展构建正在形成中华民族现代文明

在世界文明谱系中，能与西方文明“相提并论”的，无疑是以中华民族为代表的东方文明，亦称中华文明。中华文明是一种典型的农业文明和内陆文明，起源于夏商周三代之前，成型于秦汉，兴盛于隋唐，高峰于宋明，其博大精深的文明成果为人类发展做出了重要贡献。对于西方国家来说，无论是地理大发现、文艺复兴，还是走出中世纪进入近代社会，中华文明都起到了十分重要的作用。然而，由于清朝后期统治者的封闭僵化保守，中华文明在西方工业文明和海洋文明的冲击下，迅疾走向衰落。在近代历史上，中华民族盛极而衰，中华文明也因此背负骂名，曾经成为中华民族沉重的“包袱”。“西方中心论”“全盘西化论”因此甚嚣尘上，至今仍有一定市场。

党的十八大以来，习近平同志站在我国发展起来以后使大国成为强国这一新的历史方位和新的历史起点上，在世界正遇百年未有之大变局的场景中，在国内提出实现中华民族伟大复兴的中国梦，在国际上提出积极构建人类命运共同体，中华文明正发生着凤凰涅槃式的变化。

中国特色社会主义不仅从物质生产的角度促进了世界经济发展，为广大发展中国家提供了一种不同于西方模式的发展道路；同时，它还从文明的角度提供了一种正在形成的中华民族现代文明。它打破了西方文明一元论，促进了人类文明多样化发展。中国提供的正在形成的中华民族现代文明，不是对中国传统文化的简单复活，也不是对西方现代性文明的复制再现，而是中华文明、中国理念的新时代表达，是现代性的中国版本，属于人类文明新形态。邓小平同志指出：“我们搞的现代化，是中国式的现代化。我们建设的社会主义，是有中国特色的社会主义。”①正在形成的中华民族现代文明之“新”，正是对“中国特色”“中国式”的生动

---

① 邓小平：《邓小平文选》第 3 卷，29 页，北京，人民出版社，1993。

表达，它以社会主义为底色，以中华优秀传统文化为依托，以中国实践及其成功为基础，以人类文明有益成果为借鉴。

诚然，中国特色社会主义发展本身，就是实现社会主义现代化建设的路径选择，故而，正在形成的中华民族现代文明也不可能偏离社会主义轨道，更不会绕开人类文明的世界体系。世界社会主义五百年历史发展的深厚积淀，中国社会主义制度的建立及完善，从根本上决定了中华民族现代文明具有不同于西方文明的独特之处。而在经济全球化视阈下，无论中华文明还是西方文明，都是人类文明的重要组成部分，中国发展应该积极吸收借鉴人类文明一切有益成果。我们以中华五千年优秀传统文化为依托，在深入研判中国发展的时代特征与现实国情的前提下，吸收西方文明有益成分纳入中国自己的发展道路中。毛泽东同志形象地称这一学习方法为“以中国做中心，把屁股坐在中国身上”①。也正是在这个意义上，中国在融入世界竞争、学习西方文明时，能够始终保持自身的独立性，始终掌握现代性文明发展的主动权。

中国特色社会主义塑造的正在形成的中华民族现代文明，是对西方现代性文明的批判与超越，是对人类文明多样化发展的丰富与完善。西方现代性文明作为资本主义工业文明的开路先锋，在世界历史发展过程中确实发挥过重要作用，应当肯定。但它的巨大成功与深远意义，并不代表它可以成为现代性文明的唯一版本，而且西方现代化发展在取得一系列成就的同时，也不可避免地遭受到了“现代性之殇”。② 生存环境恶化、冲突竞争加剧、精神世界匮乏、道德信仰失落、利己主义膨胀、人生意义丧失等，这一切都是西方现代性文明带来的现代性危机。现代性危机的存在是我们重写、完善现代性文明的依据，也使我们找到了超越西方现代性文明的趋势和方向。特别是西方现代性文明坚持“文明一元论”“西方中心论”“西方价值普适化”等，更是加重了现代性危机的广度和深度。中国奇迹、中国成功，不仅是中国经济发展的腾飞，实际上也

① 毛泽东：《毛泽东文集》第2卷，407页，北京，人民出版社，1993。

② 余乃忠：《亚稳态症候：现代性向后现代性变频之殇》，载《江汉论坛》，2010(6)。

代表着一种正在形成的中华民族现代文明的再创辉煌。这种正在形成的中华民族现代文明，既来自中华优秀传统文化中和合共生、求同存异、海纳百川等思想理念，也来自中西文明优势互补、融合互鉴的发展实践，还来自中国特色社会主义实践及其经验。它的核心要义是世界多样、国家平等、文明互鉴、包容发展、互利普惠、命运共同、世界大同，这不仅是破译"中国道路""中国发展"的文化密码，也为人类文明发展的历史翻开了崭新的一页。

首先，尊重世界文明多元多样，是正在形成的中华民族现代文明的基础和前提。马克思主义唯物史观强调人类文明社会发展统一性的同时，也注重每个民族发展道路的选择性与差异性。经济基础决定上层建筑，各民族国家发展基础不同，决定了发展道路的选择各不相同。不同民族国家发展都必须围绕本国所处历史环境、时代特征、社会状况等因素，来为世界文明做出贡献。这就会塑造出多元多样的文明形态。无论西方文明，还是中华文明，都是各国基于各自历史、文化、传统、国情、现实、实践发展而来的文化形态，同属于世界文明发展的重要组成部分。中华文明不同于"西方文明一元论"，而是在坚持世界文明共同体的基础上，尊重世界文明多样性规律，提出"和而不同""求同存异"的文化发展理念，这是正在形成的中华民族现代文明的贡献所在。

其次，注重世界多样、国家平等、文明互鉴、包容发展、互利普惠、世界大同，是正在形成的中华民族现代文明的本质内涵。其中的国家平等、包容发展、互利普惠、世界大同更为关键。在西方主导的世界体系下，世界呈现出"中心—边缘"的结构形态，中心国家是志同道合的"我们"(美、英、法、德、日等发达资本主义国家)，边缘国家是处于依附地位或被孤立存在的"你们""他们"(大都是第三世界国家)。① 这样的世界体系，显然是建立在各国地位不平等的基础之上，这严重导致了世界发展的不平衡性，也加重了人类文明发展的冲突。中国发展道路打破了

① 陈曙光：《中国时代与中国话语》，载《马克思主义研究》，2017(10)。

“中心—边缘”的世界结构，摒弃了西方文明排他、独断、霸权的思维方式，把世界各国都纳入平等发展、互利普惠的国际框架中，注重加强各国之间在经济、文化方面的交流互鉴、包容共生，这是正在形成的中华民族现代文明遵循的基本原则。

再次，倡导和平发展、合作共赢，是正在形成的民族的精神实质。中国道路超越西方发展模式的先进性，就在于它是一条和平发展、合作共赢的道路，它的发端不是暴力战争，它的轨迹不是殖民扩张，它的宗旨不是霸权主义。中国一度向国际社会宣誓始终不渝地走和平发展道路。改革开放 40 多年发展史表明：我国确实是在脚踏实地地在走和平发展道路，我国没有对其他任何国家指手画脚、搬弄是非，也没有恣意推销自己的发展道路、意识形态，更没有怂恿、强迫他国邯郸学步、亦步亦趋。这一切，都是中国和平发展的真实见证。中国对和平发展的坚定决心和价值遵循，一是源自社会主义的本质要求，这是社会主义本质决定的。二是根源于中国历史文化的基因。它是中华优秀传统文化中“和合理念”“协和万邦”“兼济天下”“世界大同”“美美与共”的延伸。三是由中国国情决定的。中国的基本国情，就是长期处于社会主义初级阶段。我们要集中力量大力发展中国的社会生产力，就必然需要一个和平发展的国际环境。四是中国的国家本性决定的。从中国历史来看，中国的国家本性就是一句话：追求“世界大同”。五是对中国历史的反思得出的必然结论。对中国历史上遭遇深重灾难事实的反思，必然得出结论：“争取并维护和平的国际环境，以和平的手段来发展自己，并以自己的发展来维护当今世界的和平，就自然成为和平发展道路的内在逻辑。”①

最后，在实践行动上，正在形成的民族致力于构建人类命运共同体，践行共识、共建、共享、共治理念。和平、发展、公平、正义、自由等是全人类的共同价值，我们应摒弃民族、地域的界限，站在人类文明的高度阐释并遵循这些共同价值，在价值观上达成共识。在形成共识

① 韩庆祥、黄相怀：《中国道路能为世界贡献什么》，203 页，北京，中国人民大学出版社，2017。

的基础上，世界各国应加强合作交流，在开放中谋求共同发展，加强政策沟通、设施联通、贸易畅通、资金融通、民心相通。当今世界发展已然是一个你中有我、我中有你的有机整体，各国相互依存，利益高度融合，因此在共识共建的基础上，世界各国也应共享发展成果、互惠共赢。共同体命运不仅指的是一荣俱荣，关键还在于一损俱损。在全球性语境下，一国的危机困难已超越国家、地域的限制而带有了全球性特征，金融危机、全球气候变暖、恐怖主义等问题的解决，早已不是某个国家的力量所及，而是需要世界各国共同治理、共同负责。共识、共建、共享、共治，是构建人类命运共同体的核心要义，也是中国特色社会主义发展超越西方文明，并贡献于人类文明的中国智慧。

综上所述，在“地域历史”时代所形成的文明，本质上都是“地域文明”或“民族文明”，并不是具有真正意义上的世界文明。尽管某些国家号称西方文明是普世文明，但若具有历史判断力、实践辨别力和理论思维力，便会发现：西方文明本质上就是“地域文明”。把地域文明说成是普世文明，不仅混淆了一般和个别的辩证关系，未认识到“任何一般都是个别的(一部分，或一方面，或本质)。任何一般只是大致地包括一切个别事物。任何个别都不能完全地包括在一般之中。”①因而犯了一个前提性错误；而且历史和实践也证明，用西方的“鞋”套别国的“脚”，往往都以失败而告终。马克思、恩格斯在《德意志意识形态》中指出：统治阶级“为了达到自己的目的不得不把自己的利益说成是社会全体成员的共同利益，就是说，这在观念上的表达就是：赋予自己的思想以普遍性的形式，把它们描绘成唯一合乎理性的、有普遍意义的思想”②。当资本运作逻辑导致世界市场和世界交往不断扩大的时候，就逐渐会使“地域历史”走向“世界历史”。世界历史的出现，逻辑上也必然使“地域性文明”走向“世界文明”。当今世界，一些国家逆世界历史趋势而动，仍然固守本国、本地区的“地域性文明”而排斥其他文明，制造“文明冲突

① 《列宁全集》第55卷，307页，北京，人民出版社，2017。

② 《马克思恩格斯选集》第1卷，180页，北京，人民出版社，2012。

论”。而当今中国自觉主动地反映世界历史发展趋势，在传承中华传统文明相对注重和谐、和合、和而不同、世界大同的基础上，与时俱进地体现时代精神和人类意识，克服自身文明中的不足，与其他文明互学互鉴，逐渐创造出以“和平发展、合作共赢、共创共建、各美其美、美美与共、世界大同”为核心理念的正在形成的中华民族现代文明。

中国特色社会主义发展的世界性贡献很多，意义深远，远不是以上三个方面所能涵盖。但无论中国特色社会主义具有什么样的世界性影响，都是立足世界视角，以世界性眼光研判中国发展的成果。

第九章　中国特色社会主义发展的经验总结

在揭示改革开放以来中国特色社会主义发展的逻辑之后，按照思考和研究的逻辑，就需要以改革开放以来中国特色社会主义发展的逻辑为基础，进一步从中提炼概括出中国特色社会主义发展的重要经验。

中国改革开放的伟大意义，一定意义上不亚于意大利的“文艺复兴”，它可被称为中国的“民族复兴”。我们党是靠总结经验吃饭的，也是靠总结经验发展的。今天到了该全面深入总结改革开放以来中国特色社会主义发展之根本经验的时候了。经验值得总结，经验值得珍惜。可以从多角度、多层面进行总结，但从全局、根本上进行总结，需要从哲学层面上进行。从哲学层面来看，在改革开放中，注重坚持正确的“路线”，注重系列矛盾双方的“结合”，注重统揽推进“四个伟大”，注重“三种根本机制”的统一，注重“从重点突破到全面协调再到打牢支点”，注重“社会革命和自我革命辩证统一”，是中国特色社会主义发展的基本经验。这六个方面，也是对改革开放以来我们党领导人民进行改革开放和社会主义现代化建设所取得的伟大成就和基本经验的哲学梳理。

一　注重坚持正确的“路线”

这里所讲的正确的“路线”，主要是指我们党确立的思想路线、基本路线、组织路线和群众路线。

“路线”决定能否达到目标，目标确定之后，“路线”也是决定因素。所以，我们党在中国特色社会主义建设和发展进程中，始终注重确定正确的“路线”。

首先是“思想路线”。我国改革开放之初，先是从确立党的正确的“思想路线”开始的。“思想路线”，从哲学上涉及的主要是唯物论和认识论，“思想路线”从哲学上讲就是“认识路线，即从什么出发来看问题、看事物、做决策”。哲学史上有两种基本的认识路线：一是从主观出发看问题、看事物、做决策，从本本出发、从教条出发、从观念出发、从主观出发等，都是这种认识路线的具体体现；二是从客观出发看问题、看事物、做决策。从客观实际出发、从实践活动出发等，是这种认识路线的具体表现。马克思主义哲学主张从客观出发的认识路线，主张实事求是，强调从客观实际出发。

1978年改革开放之前，“两个凡是”的教条主义具有较大影响，成为我国改革开放的思想障碍。不破除“两个凡是”，就无法开启改革开放的步伐。所以，1978年5月，全国掀起了关于“真理标准”问题的大讨论。其成果，从“破”的方面讲，就是破除了“两个凡是”；从“立”的方面来讲，就是恢复和确立了解放思想、实事求是的党的思想路线。确立这一思想路线的积极意义，既在于冲破思想障碍和体制障碍，开启改革开放的步伐，又在于重新恢复和确立党的思想路线，使我们从客观实际出发重新认识中国国情，并对中国国情做出科学的判断，即中国的社会主义依然处在初级阶段。

改革开放与解放思想、实事求是相互作用、相互推进。解放思想、实事求是使中国共产党人开启了改革开放步伐，并开创了中国特色社会主义，而改革开放与中国特色社会主义建设又进一步推动了解放思想、实事求是。解放思想是为了做到实事求是，进而从各种陈旧落后的和错误的思想观念束缚中解放出来，使我们的认识以及制定的路线方针政策措施符合客观实际发展的要求。1978 年以来，我国每一次深化改革开放，都要靠解放思想、实事求是来推动，而每一次深化改革开放，也进一步推动了解放思想、实事求是。改革开放以来，我们党在改革开放进程中促进广大党员干部解放思想、实事求是，自觉把思想认识从那些不合时宜的观念、做法和体制的束缚中解放出来，从对马克思主义的错误的和教条式的理解中解放出来，从主观主义和形而上学的桎梏中解放出来，始终保持勇于革新、永不懈怠、一往无前的精神状态，为改革开放的顺利推进提供了重要思想保证。可以说，没有解放思想、实事求是思想路线的确立，既难以启动改革开放步伐，也难以进一步推进和深化改革开放。正是在党的解放思想、实事求是思想路线的助推下，我们党带领人民锐意推进改革开放，使我国成功实现了从计划经济体制到社会主义市场经济体制、从封闭半封闭到全方位对外开放的伟大历史转变，推动中国特色社会主义伟大事业取得举世瞩目的伟大成就。

其次是“基本路线”，即“一个中心、两个基本点”的党的基本路线。这一基本路线，是在我国改革开放初期确立起来的，是我国改革开放与中国特色社会主义建设沿着正确的政治方向前行并达至奋斗目标的基本遵循。“基本路线”，从哲学上涉及的主要是辩证法问题，即怎样来看问题、看事物、做决策。提出党的基本路线具有鲜明的针对性，也具有很强的政治性。

当时中国的社会主义依然处在初级阶段，中国特色社会主义建设所要解决的社会主要矛盾，是人民日益增长的物质文化需要同落后社会生产之间的矛盾，其中所要解决的根本问题，是“落后的社会生产”。因而，改革开放与中国特色社会主义建设的首要根本任务，是解放和发展社会生产力。正因如此，邓小平同志带领我们党实现工作重点大转移，即由过去“以阶级斗争为纲”转向“以经济建设为中心”。“一个中心”就是这样提出来的。要“以经济建设为中心”，就必须实行改革开放，因为“改革”是要打破束缚生产力发展的体制机制障碍，“开放”是要向发达国家的先进科学技术和管理经验学习。对外开放的目的，就是吸收人类社会创造的一切文明成果，尤其是要正确对待资本主义社会所创造的现代文明成果，从而赶上时代发展的步伐。邓小平同志多次强调，我们要实现社会主义现代化，就要善于学习，大量取得国际上的帮助，要引进国际上的先进技术、先进装备，作为我们发展的起点；我们要有计划、有选择地引进发达国家的先进技术和其他有益的东西，包括引进外资、先进技术和管理经验，要积极吸收借鉴人类社会创造的一切文明成果，并且长期做下去。这样做，只会有利于社会主义发展，有利于提高人民生活水平，有利于我们的社会主义国家和社会主义制度，这就提出了坚持改革开放。

在改革开放进程中，一定要把握好航向，把握好正确政治方向、政治立场和政治原则。否则，就会使“以经济建设为中心”和改革开放犯颠覆性的错误。这样，我们党又提出了“坚持四项基本原则”。胡锦涛同志强调：“离开经济建设这个中心，社会主义社会的一切发展和进步就会失去物质基础；离开四项基本原则和改革开放，经济建设就会迷失方向和丧失动力。”①

历史和实践证明，党的基本路线是国家的生命线和人民的幸福线，是我们党的总的政治路线，是兴国、立国、强国的重大法宝，因而是管政治方向的，要长期坚持。改革开放以来，我们既毫不动摇地坚持发展是硬道理的战略思想，牢牢抓住经济建设这个中心，不断解放和发展社会生产力，不断夯实我国社会主义制度的物质基础，又毫不动摇地坚持改革开放、坚持四项基本原则。我们党毫不动摇地坚持党的基本路线，既以四项基本原则，保证以经济建设为中心和改革开放具有正确的政治方向，又通过改革开放，赋予四项基本原则以新的时代内涵，从而使改

① 《十七大以来重要文献选编》上，798页，北京，中央文献出版社，2009。

革开放经受住国内外各种风险和挑战的考验。

再次是“组织路线”。组织路线确定之后，干部就是决定性因素。因为这涉及贯彻落实“路线”的执行力问题。从哲学上讲，就是“人”的问题。关键少数是关键。领导干部在贯彻落实改革开放的路线方针政策中发挥着关键性作用。所以，思想路线和基本路线还需要通过组织路线来保证。党的组织路线涉及“如何识人”“如何选人”“如何用人”“如何培养人”“如何管人”的问题。组织路线简称用人路线。组织路线是随着改革开放与中国特色社会主义建设实践发展而进行确定的，它要反映改革开放实践与中国特色社会主义建设和发展的新要求。当年，为大力推进我国改革开放和中国特色社会主义建设，邓小平同志提出“四化”的用人路线，即革命化、年轻化、知识化、专业化。党的十八大以后，中国特色社会主义进入新时代，新时代中国共产党的历史使命是实现中华民族伟大复兴。改革开放是决定能否实现中华民族伟大复兴的关键一招。与改革开放、中国特色社会主义实践发展新要求和实现中华民族伟大复兴历史使命相适应，习近平同志提出“忠诚、担当、干净”的用人原则和“信念坚定、为民服务、勤政务实、敢于担当、清正廉洁”的“好干部”用人标准。

最后是“群众路线”，即一切依靠群众、一切为了群众，从群众中来、到群众中去。这是从哲学上讲的，哲学基础是群众史观。党的路线方针政策确定之后，不仅要靠领导干部抓贯彻落实，还要凝聚最广大人民群众的力量和智慧，不仅要注重“关键少数”，还要注重“绝大多数”，离开广大人民群众的支持，将一事无成。对于改革开放与中国特色社会主义建设，邓小平同志特别强调要注重人民群众的根本利益。他不仅把能否提高人民群众的物质文化生活水平看作评价改革开放成败得失的一个根本标准，而且把满足人民日益增长的物质文化需要当作改革开放的一个目标。苏联解体有很多因素，其中一个因素，就是不顾人民死活，没有把老百姓的生活解决好。人民需要改革开放，改革开放首先要解决好人民群众的民生问题，解决人民的富裕问题，进而赢得民心。我们是社会主义国家，人民是国家的主人，是改革开放的实践主体，是决定我国改革开放前途命运的根本力量。改革开放以来，我们党始终坚持一切为了群众、一切依靠群众，从群众中来、到群众中去的群众路线，坚持尊重历史发展规律与尊重人民主体地位相统一，把人民拥护不拥护、赞成不赞成、高兴不高兴、答应不答应作为制定改革开放政策的出发点和落脚点。历史来看，改革开放在认识和实践上的每一次突破和发展，无不来自亿万人民群众的实践和智慧。今天看来，经过几十多年的改革开放，比较容易改的都已经改了，剩下来的大都是难啃的硬骨头，这就使推进改革开放的难度越来越大。历史和实践证明，越是面对错综复杂的局面，越要坚持群众路线，为深化改革夯实坚实的群众基础。如果缺少群众基础，没有人民支持和参与，我们就没有底气，任何改革都不可能取得成功。唯有充分尊重人民意愿，凝聚人民共识，人民才会积极支持改革、踊跃投身改革；唯有让改革成果惠及全体人民，整个社会的创造活力才会竞相迸发，深化改革才能获得最广泛最可靠的群众基础。

思想路线的实质，是解决制定我国改革开放与中国特色社会主义建设的路线方针政策的出发点问题，亦即认识路线问题；基本路线的实质，是解决我国改革开放与中国特色社会主义建设的总的政治方向与政治路线方针政策问题；组织路线的实质，是解决我国改革开放与中国特色社会主义建设进程中为了顺利贯彻落实党的路线方针政策而如何选人用人问题；群众路线的实质，既是解决如何组织、动员、凝聚群众的力量问题，又是解决我国改革开放与中国特色社会主义建设过程中如何依靠人民、如何为了人民的问题。

注重确立并坚持正确的“路线”，是我国改革开放与中国特色社会主义建设的第一条基本经验。

二　注重系列矛盾双方的“结合”

这里所讲的“结合”，主要是党的十七大报告在总结我国改革开放 30

年的经验所讲的“十个结合”。这是党中央运用哲学上的辩证思维或矛盾分析，深刻总结我国改革开放30年的实践发展历程而得出的结论，揭示的是我国改革开放与中国特色社会主义建设进程中所遇到的“基本事实”和“本质特征”。这“十个结合”，在今天看来，依然是我国改革开放与中国特色社会主义建设的十分重要的经验。

胡锦涛同志曾经指出：在30年的创造性实践中，我们经过艰辛探索，积累了宝贵经验。概括起来说，就是党的十七大阐明的“十个结合”。这十个结合是：一是把坚持马克思主义基本原理同推进马克思主义中国化结合起来；二是把坚持四项基本原则同坚持改革开放结合起来；三是把尊重人民首创精神同加强和改善党的领导结合起来；四是把坚持社会主义基本制度同发展市场经济结合起来；五是把推动经济基础变革同推动上层建筑改革结合起来；六是把发展社会生产力同提高全民族文明素质结合起来；七是把提高效率同促进社会公平结合起来；八是把坚持独立自主同参与经济全球化结合起来；九是把促进改革发展同保持社会稳定结合起来；十是把推进中国特色社会主义伟大事业同推进党的建设新的伟大工程结合起来。① 在这“十个结合”中，把坚持四项基本原则同坚持改革开放结合起来、把尊重人民首创精神同加强和改善党的领导结合起来、把推进中国特色社会主义伟大事业同推进党的建设新的伟大工程结合起来，我们在前面的阐述中已在不同程度上有所涉及，这里着重阐述其中的“七个结合”。

中国特色社会主义建设，要把坚持马克思主义基本原理同推进马克思主义中国化结合起来。马克思当年面临的问题，当今中国在一定意义上也遇到了，如经济发展和人的发展的关系、物和人的关系、资本和劳动的关系，以及现代化和现代性问题，等等。马克思分析问题的方法论对当今我们分析中国问题依然具有启示意义，如唯物史观的结构分析和

① 胡锦涛：《高举中国特色社会主义伟大旗帜 为夺取全面建设小康社会新胜利而奋斗——在中国共产党第十七次全国代表大会上的报告》，10—11页，北京，人民出版社，2007。

过程分析、本质论分析和生成论的分析，还有辩证法的矛盾分析，等等。因此，马克思主义对解决当代中国问题依然具有指导意义，马克思仍然是我们同时代的人。然而，马克思主义必须与中国具体实际相结合。因为当今我们所处的时空和所面临的条件毕竟与马克思当年不完全一样了。我们既要坚持马克思主义基本原理，又要使其同中国的具体实际相结合，进而推进马克思主义中国化；既要不忘马克思主义的初心，也要继续前进，与时俱进地发展马克思主义。只有这种发展着的马克思主义才能对当代中国发展更好发挥指导实践的作用。改革开放以来，中国共产党人自觉注重把坚持马克思主义基本原理同推进马克思主义中国化结合起来，解放思想、实事求是、与时俱进，以实践基础上的理论创新为改革开放提供理论指导。改革开放以来，我国改革开放取得伟大成功，关键是我们既坚持马克思主义基本原理，又根据当代中国实践和时代发展新要求不断推进马克思主义中国化，形成和发展了包括邓小平理论、“三个代表”重要思想、科学发展观、习近平新时代中国特色社会主义思想等重大战略思想在内的中国特色社会主义理论体系，赋予当代中国马克思主义以勃勃生机。

中国特色社会主义建设，要把坚持社会主义基本制度同发展市场经济结合起来。历史和实践表明，要建成社会主义，首先要解决生产力问题或经济效率问题；规范的市场经济能在经济领域解决资源配置的有效性和经济效率问题，因为它是根据从事经济活动的人的能力和贡献进行分配，能激发从事经济活动的人的积极性、主动性、创造性；然而，但在当今中国，市场经济必须同社会主义制度相结合，因为人们之间在能力、贡献上是有差异的，根据人的能力和贡献进行分配，会逐渐拉开人们之间收入的差距，差距过大超过临界点，会导致社会不稳定，而社会主义制度的核心理念，就是公平正义，这体现着社会主义制度的优越性。社会主义制度和市场经济通过效率和公平的统一、公平和正义的统一、活力和和谐的统一而结合起来了。坚持社会主义制度同发展市场经济相结合，就是既注重发挥各自优势，又注重二者互补的积极作用。改革开放以来，我们既努力发挥社会主义制度的优越性，又注重市场配置资源的有效性，使全社会充满改革发展的创造活力；我们既在广泛而深刻的经济改革中坚持社会主义制度，驾驭并限制市场经济的负作用，又创造性地在社会主义条件下发展市场经济，让市场在资源配置中发挥决定性作用，从而使经济活动遵循价值规律的要求，不断解放和发展社会生产力，增强综合国力，提高人民生活水平，更好实现经济建设这个中心任务。建立和完善社会主义市场经济体制，是我们党对马克思主义和社会主义的历史性贡献，① 也是我国国家制度和国家治理体系的一个显著优势。②

中国特色社会主义建设，要把推动经济基础变革同推动上层建筑改革结合起来。唯物史观的基本原理，首要是社会基本矛盾原理。这一基本原理的核心，就是生产关系要与生产力发展相适应，上层建筑要与经济基础发展相适应。适应了，就会推动经济社会发展；不适应了，就会阻碍经济社会发展。完全不适应，要进行革命；部分不适应，要进行改革。1978 年我国启动的改革开放，就是要解决生产关系与生产力、上层建筑与经济基础“部分不适应”的问题，推动经济基础变革同推动上层建筑改革相结合。改革开放以来，我们既积极推进经济体制改革，建立社会主义市场经济体制，又积极推进政治体制改革，发展社会主义民主政治，建设社会主义法治国家，保证人民当家作主，不断推动我国社会主义上层建筑与经济基础相适应，从而使社会主义民主政治展现出更加旺盛的生命力。③

中国特色社会主义建设，要把发展社会主义生产力同提高全民族文明素质结合起来。发展生产力主要是解决“物”的问题，以满足人民日益增长的物质需要，提高人民群众物质生活水平；提高全民族文明素质主

---

① 胡锦涛：《胡锦涛文选》第 3 卷，161 页，北京，人民出版社，2016。

② 《中国共产党第十九届中央委员会第四次全体会议文件汇编》，19—21 页，北京，人民出版社，2019。

③ 胡锦涛：《胡锦涛文选》第 3 卷，162 页，北京，人民出版社，2016。

要是解决“人”的问题，以丰富人的精神世界，增强人的精神力量，促进每个人的全面发展。从哲学上讲，物和人是社会发展最基本的元素，是社会发展的基础，这两个方面的状况决定着社会发展的基本状况。中国特色社会主义是全面发展、全面进步的事业，是物质文明和精神文明相辅相成、协调发展的事业。物质贫乏不是社会主义，精神空虚也不是社会主义。人的素质是历史的产物，又给历史以巨大影响。任何时候都不能以牺牲精神文明为代价换取经济的一时发展。改革开放以来，我们推动物质文明和精神文明协调发展，既重视物的发展即社会生产力的发展，又重视人的发展即全民族文明素质的提高，坚持物质文明和精神文明两手抓，实行依法治国和以德治国相结合，着力培育有理想、有道德、有文化、有纪律的公民，着力提高全民族的思想道德素质和科学文化素质，着力把社会主义核心价值体系建设作为主线，贯穿到国民教育和精神文明建设全过程，着力坚持不懈地用马克思主义中国化最新成果武装全党、教育人民，用中国特色社会主义共同理想凝聚力量，用以爱国主义为核心的民族精神和以改革创新为核心的时代精神鼓舞斗志，用社会主义荣辱观引领风尚，巩固全党全国各族人民团结奋斗的共同思想基础，从而为改革开放和社会主义现代化建设提供强大精神动力和智力支持。

中国特色社会主义建设，要把提高效率同促进社会公平结合起来。效率涉及的是经济发展的动力，公平涉及的是社会发展的和谐。一个既具有动力又达至和谐的社会，才是一个既有发展活力又有良性秩序的社会，才是一个健全健康的社会。正如胡锦涛同志所说的：实现社会公平正义是中国特色社会主义的内在要求，处理好效率和公平的关系是中国特色社会主义的一个重大课题。讲求效率才能增添活力，注重公平才能促进和谐，坚持效率和公平有机结合才能更好体现社会主义的本质。改革开放以来，从实践上，我们既注重使全体人民共创发展成果，又注重使全体社会成员共享发展成果。换言之，我们注重实现在经济发展的基础上由广大人民共享改革发展成果，推动社会主义和谐社会建设。从历史来看，我们既高度重视通过提高效率来增强社会活力、促进经济发展，又高度重视在经济发展的基础上，通过实现社会公平来促进社会和谐。这体现在我们坚持以人为本，以解决人民最关心最直接最现实的利益问题为重点，着力发展社会事业，着力完善收入分配制度，保障和改善民生，走共同富裕道路，努力形成全体人民各尽其能、各得其所而又和谐相处的局面，为改革开放和社会主义现代化建设营造良好社会环境。①

中国特色社会主义建设，要把坚持独立自主同参与经济全球化结合起来。参与经济全球化，目的是要自觉主动赶上世界与时代发展趋势和潮流，积极吸收人类文明一切有益成果，以加快中国发展；坚持独立自主，意图在于不忘本来，在发展进程中自觉保持中国自身的独立性。其实质，就是要统筹好国内国际两个大局，为促进人类和平与发展的崇高事业做出贡献。当代中国的前途命运已日益紧密地同世界的前途命运联系在一起。中国的发展离不开世界，世界的发展也需要中国。在当今世界，任何国家关起门来搞建设都是不能成功的。我们全面分析判断世界多极化趋势增强、经济全球化深入发展的外部环境，全面把握当今世界发展变化带来的机遇和挑战，既坚持独立自主，把独立自主、自力更生作为自己发展的根本基点，任何时候都要坚持中国人民自己选择的社会制度和发展道路，坚持中国的事情按照中国的情况来办、依靠中国人民自己的力量来办，坚决反对外部势力干涉我国内部事务，又勇于参与经济全球化。改革开放以来，我们既高度珍惜并坚定不移地维护中国人民经过长期奋斗得来的独立自主权利，又坚持对外开放的基本国策，始终站在国际大局与国内大局相互联系的高度审视中国和世界的发展问题，思考和制定中国的发展战略，为我国发展争取良好国际环境，也为世界和平与发展做出重要贡献。②

中国特色社会主义建设，要把促进改革发展同保持社会稳定结合起

---

① 胡锦涛：《胡锦涛文选》第 3 卷，165 页，北京，人民出版社，2016。

② 同上书，166 页。

来。改革发展稳定的统一，是我国改革开放进程中的总问题。改革、发展、稳定各有其功能：发展，主要涉及经济社会发展中的动力；稳定，主要涉及经济社会发展的平衡、和谐；改革，涉及经济社会发展的治理。这三种因素是任何对象和事物中都普遍存在的三种根本因素。胡锦涛同志指出：实现改革发展稳定的统一，是关系我国改革开放和社会主义现代化建设全局的重要指导方针。推动改革开放和社会主义现代化不断前进，必须自觉调整和改革生产关系与生产力、上层建筑与经济基础不相适应的方面和环节，这就必须进行改革，不断提高改革决策的科学性、增强改革措施的协调性，推进经济体制、政治体制、文化体制、社会体制以及其他各方面体制改革相协调，使改革获得广泛而深厚的群众基础。同时，我们也深刻认识到发展是硬道理，稳定是硬任务，没有发展、没有稳定，什么事情也办不成，已经取得的成果也会丧失。既要发展又要稳定，通过全面深化改革来推进国家治理体系和治理能力现代化是关键。胡锦涛同志又指出：我们要坚持改革力度、发展速度和社会可承受程度的统一。改革开放以来，我们既大力推进改革发展，又正确处理改革发展稳定关系，坚持改革是动力、发展是目的、稳定是前提，把不断改善人民生活作为处理改革发展稳定关系的重要结合点，在社会稳定中推进改革发展，通过改革发展促进社会稳定，在当今世界发生广泛而深刻的变化、当代中国发生广泛而深刻的变革的大环境下，始终保持社会大局稳定。①

除上述外，注重马克思主义基本原理同中华优秀传统文化相结合，注重处理政府和市场、活力和秩序、发展和安全的关系，也是一条重要经验。

注重中国特色社会主义建设进程一系列矛盾双方的“结合”，构成我国改革开放、中国特色社会主义建设的第二条基本经验。

---

① 胡锦涛：《胡锦涛文选》第3卷，167页，北京，人民出版社，2016。

三　注重统揽推进“四个伟大”

这里讲的“四个伟大”，就是进行伟大斗争、建设伟大工程、推进伟大事业、实现伟大梦想。

“四个伟大”是实现战略目标的根本路径。在改革开放和中国特色社会主义建设进程中，尤其是党的十八大以来，我们党自觉注重统揽推进“四个伟大”实践。把“四个伟大”整合在一起，作为一个有机整体，就是一个哲学问题。

2016年5月17日，习近平同志《在哲学社会科学工作座谈会上的讲话》强调，要对我国改革开放和社会主义现代化建设实践进行系统总结。① 我的理解，其中包括对中国特色社会主义建设实践进行总结。如何总结？“四个伟大”为我们提供了一个具有哲学高度的总体性方法论。

首先，从整体来讲，统揽推进“四个伟大”实践，是我国改革开放和中国特色社会主义建设实践经验的根本总结。

从实践上讲，“四个伟大”实践在我国改革开放、中国特色社会主义建设和社会主义现代化建设实践中具有根本性地位和作用。改革开放以来，我们党召开的每一次党代会都有一个鲜明主题，即中国特色社会主义；都要向党内外、国内外宣示举什么旗、走什么路、以什么样的精神状态、担负什么样的历史使命、实现什么样的奋斗目标。旗帜和道路，实质上讲的就是推进中国特色社会主义“伟大事业”；以什么样的精神状态，实质上讲的是以不同方式进行且具有不同意义的“伟大斗争”；担负什么样的历史使命和实现什么样的奋斗目标，不同程度上且以不同方式与实现“伟大梦想”密切相关；推进党的建设新的“伟大工程”，实质上就是上述三大宣示的根本保证。它由“伟大事业”缘起，由“伟大梦想”引

① 习近平：《习近平谈治国理政》第2卷，338—347页，北京，外文出版社，2017。

领，由“伟大斗争”支撑，由“伟大工程”提供根本保障。这样，我国改革开放和社会主义现代化建设实践中的“四个伟大”之系统整体性，就逻辑地形成了。

从理论来说，改革开放以来，每次党代会对我国改革开放、中国特色社会主义建设和社会主义现代化建设实践经验的理论总结，不同程度上都体现着“四个伟大”的总体思路。改革开放以来召开的每一次党代会，都要总结我国改革开放、中国特色社会主义建设和社会主义现代化建设实践的经验。其中贯穿的一条红线，可聚焦到“四个伟大”上来。例如，作为“伟大事业”的坚持和发展中国特色社会主义，我们强调这是我国改革开放和社会主义现代化建设取得巨大成就的根本原因；作为“伟大梦想”的实现中华民族伟大复兴，我们认为它能够凝聚共识和力量，激发广大人民群众的积极性主动性创造性；与“伟大斗争”密切相关的良好精神状态和奋斗姿态，我们指出这是战胜各种困难、风险的重要法宝；作为新的“伟大工程”的加强和改善党的领导，我们认为办好中国的事情，关键在党；等等。

从改革开放的内在逻辑看，改革开放以来，尤其是党的十八大以来，党中央在总结我国改革开放经验的基础上，把统揽推进“四个伟大”实践作为治国理政的总体战略框架。改革开放开创了中国特色社会主义这一新的“伟大事业”；中国特色社会主义建设的伟大目标，是实现中华民族伟大复兴，它是实现中华民族伟大复兴的必由之路，改革开放是决定能否实现中华民族伟大复兴这一“伟大梦想”的关键一招；要实现中华民族伟大复兴，就需要应对改革开放进程中所遇到的各种困难、风险和挑战，就必须进行具有许多新的历史特点的“伟大斗争”；要进行好具有许多新的历史特点的“伟大斗争”，就必须建设好新的“伟大工程”。党的十八大以来，以习近平同志为核心的党中央运用系统思维，在治国理政及全面深化改革实践中，把“四个伟大”构成一个逻辑严密的系统：习近平同志牢牢把握中国特色社会主义这一根本主题，继续书写中国特色社会主义新篇章，推动中国特色社会主义进入新时代；站在我国发展新的历史方位上，习近平同志把实现中华民族伟大复兴作为新时代中国共产党的历史使命；为推进“伟大事业”，实现“伟大梦想”，习近平同志反复强调要进行好“伟大斗争”；为指导和领导好这一“伟大斗争”，习近平同志特别强调要加强和改善党的建设这一新的“伟大工程”。

其次，分开来讲，“四个伟大”当中的每一个“伟大”，都构成我国改革开放的根本经验。

一是作为“伟大事业”的中国特色社会主义，是我国改革开放以来每次党代会都确立的主题，它回答改革开放“举什么旗、走什么路”的根本问题，具有举旗定向作用。习近平同志强调：中国特色社会主义是改革开放以来党的全部理论和实践的主题。“改革开放以来”“全部”“理论”“实践”“主题”这五个关键词，明确显示了在改革开放中，在党中央治国理政的总体框架中，中国特色社会主义伟大事业具有举足轻重的地位，体现了党中央治国理政及改革开放在“伟大事业”问题上所具有的充满自信的战略定力。

二是与“伟大梦想”紧密相关的党的奋斗目标，是我国改革开放以来每次党代会都要特别明确强调和确立的，它回答改革开放“担负什么样的历史使命、实现什么样的奋斗目标”的根本问题，具有目标引领作用。如“‘两个一百年’奋斗目标”“中国特色社会主义的总任务”“实现中华民族伟大复兴”等，这些奋斗目标把实现社会主义现代化和中华民族伟大复兴置于重要地位。尤其是党的十八大以来，以习近平同志为核心的党中央把实现中华民族伟大复兴作为治国理政的目标追求和根本主线。党的十八大以来，我们党的所有理论和实践，都紧紧围绕着实现这个崇高奋斗目标精进展开。

三是作为与“伟大斗争”紧密相连的精神状态，是我国改革开放以来每次党代会都要鲜明强调的，它回答改革开放“以什么样的精神状态”的根本问题，具有滋养斗志作用。尤其是党的十八大以来，以习近平同志为核心的党中央针对一些党员干部的“精神懈怠”，更强调精神状态问题。这一精神状态的一个本质内涵，就是“伟大斗争”，习近平同志从战略高度，把它概括提炼为“积极进行具有许多新的历史特点的伟大斗争”。

四是作为新的“伟大工程”的推进党的建设，是我国改革开放以来每次党代会都要彻底强调的，它回答为改革开放“提供什么样的领导力量”的根本问题，具有政治保证作用。中国共产党是改革开放与中国特色社会主义伟大事业的领导力量和领导主体，是进行好具有许多新的历史特点的伟大斗争的领导力量和领导主体，是实现中华民族伟大复兴的根本政治保障。尤其是党的十八大以来，习近平治国理政以及推进全面深化改革，更是从全面从严治党切入和突破的。历史和实践证明，坚持改革开放，最根本、最核心的，就是在改革开放中始终加强和改善党的领导。离开这一条，改革开放就会偏离正确的政治方向，最终是要破产或失败的。

伟大梦想，使我国改革开放、中国特色社会主义建设具有明确的奋斗目标；伟大斗争，为改革开放、中国特色社会主义建设注入强大的精神动力；伟大事业，使改革开放、中国特色社会主义建设沿着正确的道路前行；伟大工程，使改革开放、中国特色社会主义建设具有政治保证。

注重统揽推进“四个伟大”实践，构成我国改革开放、中国特色社会主义建设的第三条基本经验。

四　注重“三种根本机制”的统一

社会基本矛盾适合不适合，主要看动力、平衡、治理这三个方面能否达到有机统一。适合了，经济社会发展既有动力，也达至平衡，遇到问题也能得到有效治理。如果经济社会发展既缺乏动力，也失去平衡，遇到问题得不到有效治理，说明社会基本矛盾具有不适合的方面。“动力—平衡—治理”，是任何社会历史发展过程中普遍存在的三种根本因素或三种根本机制，理解和把握这三种根本因素和机制，是中国特色社会主义解决问题、做好工作的一种重要方法论。

中国特色社会主义道路蕴含这三种根本机制。中国特色社会主义道路首先坚持中国共产党领导。中国共产党不仅注重使中国经济社会发展具有动力和活力，也注重使中国经济社会发展达到平衡、和谐，还注重通过对自身治理、国家治理、政府治理、社会治理等，来解决动能不足、发展失衡的问题。中国特色社会主义道路立足历史方位。立足历史方位蕴含着要与时俱进地解决好经济社会发展的动力、平衡、治理三大根本问题。在我国改革开放之初，邓小平同志所引领的改革开放和社会主义现代化建设主要致力于解决我国经济社会发展动力不足的问题，相对注重动力机制；党的十六大以后，以胡锦涛为总书记的党中央在继续注重经济社会发展动力的同时，更加致力于解决我国经济社会发展进程中的不平衡、不和谐、不稳定问题，进而构建社会主义和谐社会，因而相对注重平衡机制；党的十八大以后，为进一步解决好我国经济社会发展的创新动力和活力且促进公平正义、增进人民福祉，以习近平同志为核心的党中央进一步全面深化改革，其总目标之一，就是推进国家治理体系和治理能力现代化，这在本质上是致力于解决好我国经济社会发展中的治理问题，相对注重治理机制。中国特色社会主义道路坚持以解放和发展社会生产力、逐步实现全体人民共同富裕、不断促进人的全面发展，来实现社会主义现代化、实现中华民族伟大复兴。这一战略目标之深层，主要是从我国经济社会发展的动力、平衡、治理三个根本要素着眼的。解放和发展社会生产力，内在要求注重解决好经济社会发展的动力问题；逐步实现全体人民共同富裕，要求注重解决好经济社会发展的平衡问题；推进人的全面发展，包括推进人的需要、人的能力、人的关系、人的个性的全面发展，而人的能力和人的个性的全面发展，要求一个国家、一个社会建立健全良好的动力机制，人的需要、人的关系的全面发展，要求一个国家、一个社会建立健全良好的平衡机制。如果一个国家、一个社会的动力机制和平衡机制出了问题，就必须加强治理机制建设，提升国家、社会的治理能力。中国特色社会主义道路中的总体方略，包含新发展理念，新发展理论中的创新发展侧重于发展动力，协调发展、共享发展侧重于发展平衡。

正是由于中国特色社会主义建设和发展坚持这三种根本机制，既解决了中国经济社会发展的动力问题，也解决了中国经济社会发展的平衡问题，还解决了中国经济社会发展进程中的治理问题，从而才取得了巨大历史性成就。

注重“动力、平衡、治理”三种根本机制的统一，构成我国改革开放、中国特色社会主义建设的第四条基本经验。

五　注重“从重点突破到全面协调再到打牢支点”

改革开放以来，中国特色社会主义建设和发展分别经历了开创、奠基、集成三个历史时期，这三个历史时期也分别相对注重经济社会发展的动力机制、平衡机制和治理机制。当然，这三种机制在不同历史时期也是统一的，不过侧重点有所不同而已。与此相应，中国特色社会主义建设和发展也经历了从重点突破到全面协调再到打牢支点的历史轨迹。

在改革开放之初，即在中国特色社会主义开创时期，我国经济社会发展相对注重动力机制。与此相应，我国在发展战略、策略和方式上，也相对注重“重点突破”非均衡的发展战略和发展方式。因为那个时候，我国发展基础薄弱，经济社会发展条件比较差，物力财力人力都有限。在这种情境下，为了调动一些人的积极性，为经济社会发展注入动力，我国就相应强调并注重实行重点突破非均衡的发展战略和方式，如邓小平同志所讲的“让一部分地区、一部分人先富起来”，让“先富带后富”，在实践上设立经济特区等。

在改革开放深入推进时期，当我国的“蛋糕”相对做大以后，出现了收入差距拉大、分配不公的情况，这会引起经济社会发展不平衡不和谐不稳定，进而出现社会矛盾。在这种情况下，我国经济社会发展相对注重解决好平衡机制的问题。与此相应，我国在发展战略、策略和方式上，也相对注重“全面协调”的发展要求、发展战略和发展方式。因为不解决好经济社会发展的平衡机制问题，不注重“全面协调”，正在奔跑的“自行车”就会倒下，也就前进不了了。胡锦涛同志提出的科学发展观所讲的基本要求是“全面协调可持续”，这里实际上强调并注重的就是“全面协调可持续”的发展要求和发展方式。习近平同志更强调“强弱项、补短板”，注重发展中的协调发展。

在改革开放进入新时代、进入新的历史方位，中国特色社会主义建设在继续注重重点突破、全面协调的同时，更加注重为我国发展起来以后使大国成为强国即实现强起来“打牢支点”。基础不牢、地动山摇。经济社会发展是否具有动力，是否能达到平衡和谐稳定，关键在于是否具有并能否打牢经济社会发展的根本支点。就是说，这种根本支点既影响经济社会发展的动力，也影响着经济社会发展的平衡，还影响着我国发展起来以后能否使大国成为强国，即实现强起来。在这种情况下，习近平同志提出了五大“新发展理念”，即创新发展、协调发展、绿色发展、开放发展、共享发展。这五大“新发展理念”既是大国成为强国的根本路径，也是大国成为强国的评价标准，自然也就构成大国成为强国的五大“根本支点”。

注重“从重点突破到全面协调再到打牢支点”，是一个国家、一个地区发展的铁律，也是中国特色社会主义建设和发展进程中积累起来的第五条基本经验。

六　注重“社会革命和自我革命辩证统一”

习近平同志在学习贯彻党的十九大精神研讨班开班式上的重要讲话

中，用伟大社会革命来概括我们党领导全国人民进行的97年实践斗争历史，把勇于自我革命总结为我们党最鲜明的品格，强调我们党必须以党的自我革命来推动党领导人民进行的伟大社会革命，要把新时代坚持和发展中国特色社会主义这场伟大社会革命进行好，我们党必须勇于进行自我革命。这一重要论断，是在揭示中国特色社会主义建设和发展之根本经验的基础上提出来的，是对中国特色社会主义建设和发展经验的丰富和发展，其核心，是要全面准确理解、把握和处理好社会革命和革命的辩证关系。

正确理解和把握客观世界和主观世界的辩证关系，是准确把握社会革命和自我革命辩证关系的哲学基础。批判性和革命性是马克思主义哲学的本质属性。在批判旧世界中建立新世界，“哲学家们只是用不同的方式**解释**世界，问题在于**改变**世界”①。马克思的这些重要阐述，鲜明道出了马克思主义哲学的本质属性。批判旧世界和改变世界的根本方式，就是革命。马克思主义的哲学基础，是“作为推动原则和创造原则的否定性”的辩证法，而“辩证法对每一种既成的形式都是从不断的运动中，因而也是从它的暂时性方面去理解；辩证法不崇拜任何东西，按其本质来说，它是批判的和革命的”②。显然，批判性和革命性，是马克思主义与以往一切旧哲学的本质区别。马克思主义哲学关于客观世界和主观世界的辩证关系、客体和主体的辩证关系，是全面准确深入理解和把握社会革命和自我革命的辩证关系的哲学基础。马克思主义哲学认为：整个世界可以划分为客观世界和主观世界。人类活动在本质上就是改造客观世界和主观世界的活动。改造客观世界的根本手段和方式，是进行社会革命；改造主观世界的根本手段和方式，是进行自我革命。改造客观世界和改造主观世界是直接相关、紧密相连的，二者具有辩证关系：人及其活动是改造客观世界和主观世界的主体，客观世界和主观世界是人及其活动改造的客体；人及其活动在改造客观世界的同时，也在

① 《马克思恩格斯文集》第1卷，502页，北京，人民出版社，2009。
② 《马克思恩格斯文集》第5卷，22页，北京，人民出版社，2009。

改造着主观世界；改造客观世界带动着改造主观世界，改造主观世界必然影响着改造客观世界；改造客观世界靠革命的实践活动，改造主观世界靠理论武装。中国共产党99年的奋斗历程，就是一部不断推动伟大社会革命、同时进行自我革命的历史。伟大社会革命和勇于自我革命之所以能够发动、展开并持续进行，是由社会基本矛盾以及各个历史时期的社会主要矛盾所决定的。

中国共产党在其成立、发展、壮大进程中所必然遇到的宏大目标和曲折道路之间的辩证关系，是全面准确深入理解和把握社会革命和自我革命辩证关系的本源事实。自从中国共产党的成立那天起，它就义无反顾地肩负起实现社会主义现代化、实现中华民族伟大复兴的历史重任。这一历史重任既宏伟又远大，可谓目标宏大。然而，在实现这一宏大目标的进程中，中国共产党人必将历经困苦、磨难、艰险和挑战，就是说实现宏大目标的道路是十分曲折的，它是在踏着"尖刀"前进。因为中国共产党人在一开始所拥有的资源、条件是十分有限的，力量也是十分薄弱的；随着中国共产党人的不断成长发展壮大，它所肩负的历史重任也与时俱进地递增。

在这种情况下，中国共产党人要完成其宏大的战略目标，就必须不断推进社会革命，同时还要勇于进行自我革命，即要不断进行具有许多新的历史特点的伟大斗争。中国共产党要实现宏大目标，必须不断进行社会革命和自我革命。中国共产党的革命性来自两个方面：内在本质和宏大目标。从内在本质来看，中国共产党就是以"革命"的本质登上中国历史舞台的；从宏大目标来看，中国共产党诞生之初，面临着进行民族独立和人民解放双重目标，要实现这种目标，就必须以革命的方式消灭旧制度；新中国成立后，我们要建立社会主义社会，确保人民当家作主，为此，就必须进行社会主义改造；当代中国的改革开放是一次新的社会革命，为了解放生产力，发展生产力，消灭剥削，消除两极分化，最终达到共同富裕，就必须对不适应生产力发展要求的生产关系、不适应经济基础的上层建筑进行变革。

中国共产党要克服前进道路上的艰难险阻，也必须不断进行社会革命和自我革命。我们党之所以在其发展历程中不断进行社会革命并勇于自我革命，也是为了不断攻克艰难险阻从而使自身适应攻坚克难的需要。我们党在带领人民跨越一个个历史节点的社会革命进程中，总是自觉主动把一系列重大挑战、重大风险、重大阻力、重大矛盾作为推动社会进步和提升自我的“磨刀石”“大熔炉”。社会革命、自我革命总是在道路更为曲折之处同时发力的。每当在排除各种干扰、大刀阔斧破除利益障碍之时，我们党总是积极推进社会革命，同时勇于自我革命。比如当今在中国特色社会主义建设的新时代，党面临着执政考验、改革开放考验、市场经济考验、外部环境考验，面临着精神懈怠危险、能力不足危险、脱离群众危险、消极腐败危险。由此，习近平同志特别强调，要“发挥彻底的自我革命精神”，要勇于自我革命，积极推进社会革命。

中国特色社会主义建设和发展进程中的一条基本经验，就是推进社会革命要勇于自我革命，以自我革命来推进社会革命。

(1)自我革命反映社会革命。对自我革命的认识，往往以社会革命为基础。当今我们正在进行的自我革命，核心内容是围绕政治意识、理想信念、精神状态、能力水平、党的作风、纯洁先进、初心使命等方面展开的，目的是解决我们党“自身硬”的问题。之所以如此，是由于当今中国共产党人打的“铁”相当坚硬，而我们一些党员干部自身却不“硬”，在政治意识、理想信念、精神状态、能力水平、党的作风、纯洁先进、初心使命等方面存在不少问题。

(2)二者相互渗透、相互影响。在推进社会革命过程中要勇于自我革命，在勇于自我革命进程中也要积极推进社会革命。推进社会革命的程度必然影响到勇于自我革命的程度，勇于自我革命的程度也必然影响到推进社会革命的程度。自中国共产党成立以来，社会革命和自我革命就一直相伴而行。社会革命为党的自我革命提供根据和动能，党的自我革命必须紧紧围绕社会革命来展开。自中国共产党成立以来，与所推动的社会革命相适应，我们党在不同历史时期都积极进行自我革命。社会革命必须以党的自我革命为先决条件。党的自我革命不是单独进行的，而是服务于党领导的伟大社会革命。党的自我革命是社会革命的推进器，党通过自我革命所生成和铸就的革命意识、革命思想、革命力量、领导力量、胸襟眼光、思维方式等，能为推动社会革命注入强大动力，为社会革命提供政治保证和科学指引。党的自我革命达到的历史高度决定伟大社会革命的实践深度。习近平同志强调："在新时代，我们党必须以党的自我革命来推动党领导人民进行的伟大社会革命。"①

(3)二者的关系在不同历史时期具有不同的历史形态。概括来说，就是从革命时期以社会革命为主的互动，到建设、改革时期以自我革命为主的互动。在不同历史时期，社会革命和自我革命都具有互动关系。自1921年中国共产党成立以来至今，总体上进行了几次较大的社会革命：新民主主义革命时期推翻"三座大山"，实现民族独立和人民解放；新中国成立到党的十一届三中全会召开的社会主义改造和建设独立的比较完整的工业体系和国民经济体系时期；改革开放新时期革除体制机制弊端，开启改革开放和社会主义现代化建设新实践；中国特色社会主义新时代，推进全面深化改革，推进国家治理现代化，新的社会主要矛盾、新的历史使命、伟大飞跃，是第四次社会革命提出的根据。与之相应，我们党也进行了几次较大的自我革命：1941—1945年的延安整风运动；反对走资本主义道路；改革开放新时期的拨乱反正、真理标准问题讨论和恢复确立党的思想路线；中国特色社会主义进入新时代，习近平同志强调"打铁必须自身硬"。这两种革命是互相推进的。

在不同历史时期，社会革命和自我革命的辩证关系具有不同历史形态。在新民主主义革命时期，社会革命和自我革命辩证关系的历史形态，是以社会革命为主的互动。在这一时期，我们党主要是"革社会的

---

① 习近平：《习近平谈治国理政》第3卷，71页，北京，外文出版社，2020。

命”，首要是为了推翻“三座大山”，因为夺取政权，它主要是以改造旧社会来带动自我革命。在社会主义建设和改革时期，社会革命和自我革命辩证关系的历史形态，则是以自我革命为主的互动。因为在这一时期，主要是巩固政权、长期执政，为此，就应着力“革我们自身的命”，即在政治信念、精神状态、能力水平、党的作风、纯洁先进、初心使命等方面，消除不适应推进社会革命的因素，以自我革命推进社会革命。尤其是新时代蕴含新问题，呈现新矛盾和新挑战，需要我们开启新的社会革命和自我革命。党的十八大提出不断提高党的“自我净化、自我完善、自我革新、自我提高”的能力。党的十九大以后，为全方位地推进经济、政治、文化、社会、生态、军事、科技等领域的社会革命。以习近平同志为核心的党中央特别在党的建设方面，强调“打铁必须自身硬”，开启了一场新的自我革命。

总体来讲，新时代的自我革命具有丰富的经验：其一，在背景上，以应对好“四大考验”来推进自我革命。当今，党面临着执政考验、改革开放考验、市场经济考验、外部环境考验，由此，习近平同志特别强调，要“发挥彻底的自我革命精神”，要勇于自我革命，积极应对好这四大考验。其二，在主体上，以培养造就“四个铁一般”(铁一般信仰、铁一般信念、铁一般纪律、铁一般担当)的干部队伍来推进自我革命。其三，在客体上，以破解我们党自身存在的“四种危险”进行自我革命，即积极解决“精神懈怠、能力不足、脱离群众、消极腐败”问题，使我们党硬在政治、硬在信念、硬在精神、硬在能力、硬在作风、硬在纯洁。其四，在方式上，以统揽推进“四个伟大”实践推进自我革命。只有确保领导干部政治过硬、信念过硬、精神过硬、能力过硬、作风过硬、责任过硬，才能真正进行伟大斗争，推进伟大事业，实行伟大梦想，进而才能真正把我们党自身建设好，才能把今天我们党所面临的坚硬的“铁”给打好。其五，在目标上，以达到“四自”目标推进自我革命。这就是不断提高党的“自我净化、自我完善、自我革新、自我提高”的能力。

注重“社会革命和自我革命辩证统一”，是中国特色社会主义建设和发展进程中积累的第六条基本经验。

以上六个方面，就是对改革开放以来我们党领导人民进行改革开放、中国特色社会主义建设和社会主义现代化建设所取得的伟大成就和根本经验的哲学梳理。

第十章　中国特色社会主义道路的本源意义与道路自信

从改革开放以来中国特色社会主义发展的大逻辑中提炼概括出中国特色社会主义建设和发展的基本经验，可以为分析研究中国特色社会主义道路的本源意义与坚定道路自信提供坚实的历史基础、现实基础、价值基础、理论基础和世界基础。接下来，就顺理成章地分析研究中国特色社会主义的本源意义与坚定道路自信的问题。

一　对“道路”的探寻是贯穿马克思主义发展史的一条根本主线

理论界对中国道路问题较为关注，时常把中国道路看作是一个具有根本性的政治问题。我们首先应当把中国道路看作一个重大的政治问题。然而我们也应看到，当今人们多把中国道路看作是一个政治问题而非学术问题，还没有从学理上加以深入理解和阐释，致使中国道路成为熟知并非真知、知其然而不知其所以然一类的问题。如何把中国道路也看作是一个学术问题，进而把中国道路由政治话语也转化为学术话语？如何从学理上理解和把握中国道路及其意义？我们翻阅大量相关文献，发现迄今为止，学术界还未真正解决好这些问题，因而还没有从学理上对中国道路给出一个精准、精炼、彻底、合乎逻辑且令人信服的圆满阐释，更没有认识到中国道路所具有的本源意义。笔者认为，一旦把中国道路也看作一个学术问题，进而从学理上加以深入探讨，不仅有助于从外延上拓宽“中国道路”问题研究的学术空间，而且有助于从根本上深刻认识到中国道路所具有的本源意义。

马克思主义发展史，到底是一种什么样的发展史？其答案有很多种。然而，还没有哪一部著述，把马克思主义发展史从根本上明确看作是对“道路”问题探寻的历史。

我们来看看马克思主义发展史从根本上到底是什么样的发展史吧。

空想社会主义之所以是空想，主要体现在两个方面：一是它对未来理想目标的设想没有建立在现实的基础之上；二是它关于未来理想目标的实现，较为注重人的理性、改良、道德教育、宣传舆论、天才人物的作用，没有真正找到切实可行的科学道路。于是，实现社会主义理想目标的道路问题，就成为需要后人继续深入探寻的一个根本问题。

马克思、恩格斯把社会主义由空想变为科学，创立了科学社会主义。科学社会主义对空想社会主义的变革，主要体现在道路问题上。一是马克思、恩格斯把对未来理想社会之理想目标的设想建立在现实的基础上，[①] 这一现实，就是对社会基本矛盾的理解，就是对资本主义社会发展规律和人类历史发展一般规律的把握；二是更为重要的，马克思、恩格斯找到了一条实现社会主义理想目标的根本路径，这就是《共产党宣言》所确立的：全世界无产者联合起来，通过无产阶级革命，消灭私有制，消灭剥削，进而解放无产阶级，解放全人类，促进每个人自由而

① 《马克思恩格斯选集》第3卷，3版，789—817页，北京，人民出版社，2012。

全面发展。在马克思、恩格斯那里，科学社会主义就是关于无产阶级解放条件的学说，其核心就是致力于探寻实现社会主义、共产主义的道路。①

马克思晚年集中思考和研究的是东方社会跨越“卡夫丁峡谷”问题，其实质就是关于东方社会的发展道路问题。1867年，《资本论》第1卷出版后，俄国学者正在思考俄国废除奴隶制后向何处去的道路问题。他们对《资本论》中所提出的由封建生产方式向资本主义生产方式转变的历史必然性，对俄国农村公社的命运尤其是俄国社会的发展道路等问题，展开了激烈争论。1881年年初，俄国革命民主主义者查苏利奇致信马克思，希望马克思能说明对俄国农村公社的发展道路和发展命运的看法。马克思针对他们提出的问题，也着重对东方社会发展“道路”问题进行思考，并做了回应。②

列宁把科学社会主义由理论付诸实践。列宁领导的十月革命，就是科学社会主义在俄国的具体实践。列宁在晚年，从实践到理论所探寻的根本主题，就是小农经济占优势的俄国向社会主义过渡的“道路”问题。列宁指出：当时俄国小农经济占优势。要使小农经济向社会主义过渡，必须利用国家资本主义。由此列宁指出：“一切民族都将走向社会主义，这是不可避免的，但是一切民族的走法却不会完全一样，在民主的这种或那种形式上，在无产阶级专政的这种或那种形态上，在社会生活各方面的社会主义改造的速度上，每个民族都会有自己的特点。”③这里所谓“走法”，实质上就是道路问题。

自1921年中国共产党登上中国历史舞台以后，马克思主义的发展就具体体现为马克思主义基本原理与中国具体实际相结合及其发展历程，亦即马克思主义在中国的历史发展。十月革命一声炮响，给中国送来了马克思列宁主义。马克思主义在中国的历史发展进程，首先表

---

① 《马克思恩格斯选集》第3卷，3版，789—817页，北京，人民出版社，2012。

② 同上书，820—832页。

③ 《列宁专题文集　论社会主义》，398页，北京，人民出版社，2009。

现为马克思主义基本原理与中国革命具体实际相结合，这是在新民主主义革命时期实现的。这一次结合的核心问题，就是关于中国革命的道路问题。当年毛泽东和王明的争论，实质上就是关于中国革命走什么样的道路这一问题的争论。2014 年 4 月 1 日，习近平主席在比利时布鲁日欧洲学院演讲时，回顾了当时中国是如何选择社会主义道路的："1911 年，孙中山先生领导的辛亥革命，推翻了统治中国几千年的君主专制制度。旧的制度推翻了，中国向何处去？中国人苦苦寻找适合中国国情的道路。君主立宪制、复辟帝制、议会制、多党制、总统制都想过了、试过了，结果都行不通。最后，中国选择了社会主义道路。"①

1956 年年初，在中国社会主义基本制度将要确立这一历史时刻，毛泽东把在新中国如何建设社会主义的道路问题提到重要议事日程，成为以毛泽东同志为代表的中国共产党人所面对的最为紧迫的根本问题，这实际上也是马克思主义基本原理与中国社会主义建设具体实际相结合的问题。毛泽东同志强调指出："应该把马列主义的基本原理同中国社会主义革命和建设的具体实际结合起来，探索在我们国家里建设社会主义的道路了。"②这意味着：毛泽东同志特别强调要把马克思主义基本原理同中国社会主义建设的具体实际结合起来；这一结合的核心问题，就是应该独立思考中国自己的社会主义建设道路问题；在这一问题上，我们党既反省、反思一定历史时段对苏联模式的照搬，又表明我们党在精神上具有一定的独立性和主动性。于是我们党强调要破除迷信，反对本本主义、教条主义。这次结合，毛泽东同志明确将其称为"第二次"结合。毛泽东同志强调：汲取苏共二十大的经验教训，"最重要的是要独立思考，把马列主义的基本原理同中国革命和建设的具体实际相结合"。

---

① 习近平：《出席第三届核安全峰会并访问欧洲四国和联合国教科文组织总部、欧盟总部时的演讲》，43 页，北京，人民出版社，2014。

② 中共中央文献研究室：《毛泽东年谱(1949—1976)》第 2 卷，550 页，北京，中央文献出版社，2013。

对此，毛泽东同志深有体会地说，“民主革命时期，我们吃了大亏之后才成功地实现了这种结合，取得了新民主主义革命的胜利。现在是社会主义革命和建设时期，我们要进行第二次结合，找出在中国怎样建设社会主义的道路”，即“现在更要努力找到中国建设社会主义的具体道路”①。第二次结合的主要理论成果，根据顾海良教授的研究，一是社会主义社会基本矛盾理论；二是统筹兼顾、注重综合平衡理论；三是以农业为基础、工业为主导、农轻重协调发展理论。在我看来，其中最为核心的，是社会主义社会基本矛盾理论。因为对社会主义社会基本矛盾及其性质的理解，是关系社会主义“如何搞法”的一个重大问题。这个问题，实质上就是社会主义建设的道路问题。

1978 年我国开启改革开放和社会主义现代化建设新时期以后，马克思主义在中国的发展就体现为马克思主义基本原理与新时期中国改革开放的具体实际相结合，这次结合的实质、核心，就是对实现社会主义现代化的道路问题的探究。根据历次党代会的主题，我们完全可以明确地把这条道路确定为中国特色社会主义道路。这既众所周知，也已成定论，不必赘述。

党的十八大的召开，是马克思主义在中国发展的一个新的里程碑。新就新在，这是一个“中国特色社会主义新时代”，是“我国发展新的历史方位”，这是实现“强起来”的新时代，是我国由大国向强国实现伟大飞跃的新的历史方位。在这一新时代或新的历史方位，马克思主义的发展就具体体现为马克思主义基本原理与我国新时代中国特色社会主义实践相结合，与大国成为强国即实现“强起来”的历史实践相结合。这次结合具有里程碑意义，其结合之实质、核心，就是要进一步深入探究实现“强起来”的具体道路问题。党的十九大报告第四部分及其之后的内容，主要就是对全面建成社会主义现代化强国、实现中华民族伟大复兴之具体道路的阐述。

---

① 中共中央文献研究室：《毛泽东年谱(1949—1976)》第 2 卷，557 页，北京，中央文献出版社，2013。

由上可以看出，马克思主义发展史，从根本上就是对“道路”问题探寻的历史。

二　运用“五定”总体框架揭示中国道路的核心要义及其生成机制

既然对道路的探寻是贯穿马克思主义发展史的一条根本主线，那么，从学理来讲，中国道路的生成机制是什么？究竟什么是中国道路的核心要义？或者说如何从学理上揭示中国道路的核心要义及其生成机制？中国道路，就广义而言，主要包括中国革命的道路、中国社会主义建设的道路、社会主义现代化建设的道路与和平发展道路；就狭义而言，主要是指当代中国致力于实现社会主义现代化、实现中华民族伟大复兴的中国特色社会主义道路。这里，本书按照一个完整的逻辑框架，从五个维度，试求对中国道路尤其是狭义上的中国特色社会主义道路之核心要义及其生成机制做出学理上的揭示。

一是定性：坚持中国共产党领导。

揭示中国道路，首先要对中国道路进行“定性”，这主要回答“谁来领航”“往哪领航”的问题。“性质”决定着方向，方向决定着道路，方向问题，是中国道路的首要问题。

中国道路在性质上不是走资本主义的邪路，它超越以资本为主导的逻辑；中国道路也不走封闭僵化的老路，它反对道路一旦确定就静止不动、固化定型，跟不上时代发展的步伐。中国共产党领导是中国特色社会主义最本质的特征，中国共产党领导是中国特色社会主义制度最大的优势。此外，是中国共产党探寻并开创了中国道路。显然，坚持中国共产党领导，是中国道路最本质的特征，它体现着中国道路的根本性质。

中国共产党登上中国历史的舞台，最为首要的，就是真正开始探寻中国革命的道路问题。1956 年，中国共产党开始主动探究在中国建设社会主义的道路问题；尤其是 1978 年我国开启改革开放以后，最为首要的，就是中国共产党人真正开始探寻并开创了中国特色社会主义道路。找到了正确的道路，就使中国发生了翻天覆地的变化。历史的逻辑确实如此：没有中国共产党，就没有新民主主义革命的胜利；没有中国共产党，就没有新中国；没有中国共产党，就没有改革开放。中国共产党正是在探寻中国道路并创造历史成就的过程中呈现出领导力的，也是在运用总体方略实现战略目标的历史进程中实现其领导力的。因此，只有读懂中国共产党，才能理解中国道路；只有理解中国道路，才有助于理解中国共产党。在中国道路中，之所以必须坚持中国共产党领导，是因为中国共产党不仅是中国道路的真正探寻者、开创者与领航者，而且其指导思想具有引领力，奋斗目标具有感召力，组织资源具有动员力，实现蓝图具有恒定力，自我革命具有净化力(其中蕴含的积极推进社会革命和勇于自我革命，是最核心的，是最值得我们关注和研究的)。在中国道路的核心要义中，坚持中国共产党领导具有总体性地位与核心性作用。

这一维度讲的是中国道路的本质逻辑。

二是定位：立足历史方位。

揭示中国道路，在搞清楚“谁来领航”“往哪领航”之后，逻辑上就接着必须进一步为中国道路进行定位，即搞清楚“我在哪里”(“我在何处”)。这实际上是关于中国道路的历史坐标问题。这里所讲的历史坐标，实质上就是中国道路所处的历史方位。确定历史方位至关重要，因为只有首先搞清楚“我在哪里”(“我在何处”)，才能进一步搞清楚“走向何方”。这从实质上讲的是中国道路的总依据、立足点问题。

历史方位既然是历史坐标，它就确定着中国道路所处的历史阶段。在不同历史阶段，中国道路会有不同“走法”，同一条根本相同的道路也会有具体不同的“走法”。中国道路是中国共产党在不同历史阶段解决不同的社会主要矛盾和根本问题的进程中开创出来的。在 1978 年改革开放初期，即在我国“欠发展”的历史方位，我们党主要是解决人民日益增长的物质文化需要同落后社会生产之间的矛盾，由此所要解决的根本问题或首要根本任务，就是解放和发展社会生产力，解决的方法是发展科学技术，利用市场机制等；党的十八大以后，中国特色社会主义进入了新时代，我国发展进入了“发展起来以后”新的历史方位。此时，我们党与时俱进地把人民日益增长的美好生活需要和不平衡不充分的发展之间的矛盾作为社会主要矛盾，由此把逐步实现全体人民共同富裕、不断促进人的全面发展作为全面建成社会主义现代化强国、实现中华民族伟大复兴的根本支柱，作为新时代新的历史使命和奋斗目标；把贯彻落实新发展理念、实施“两大布局”(统筹推进“五位一体”总体布局、协调推进“四个全面”战略布局)作为总体方略。显然，中国道路既具有相对稳定性，也具有开放性和未完成性，具有与时俱进的品格，它不是封闭保守僵化的，而是开放创新发展的，是向世界开放的。

立足历史方位的中国道路具有三大实践功能。一是保持清醒头脑，不冒进、不保守。明确历史方位，就知道“我在何处”。“人类始终只提出自己能够解决的任务，因为只要仔细考察就可以发现，任务本身，只有在解决它的物质条件已经存在或者至少是在生成过程中的时候，才会产生。”①我们只能根据自己所处的历史方位来确定奋斗目标。这样，就既不会冒进，也不会保守。二是坚持与时俱进，不停滞、不封闭。随着历史进步和实践发展，我们要与时俱进地确定奋斗目标，并全力以赴地实现这一奋斗目标，中国道路也随之得以拓展。比如，随着民族历史日趋成为世界历史，中国道路的世界维度会日益展现。只有这样，才会不停滞、不封闭。三是明确工作重点，不迷失、不折腾。明确工作重点，就可以紧紧围绕工作重点做好工作，并以抓重点带好面上的工作。这样，既不迷失方向，也可避免瞎折腾。中国共产党人历来都十分重视历史方位问题，并以此来与时俱进地拓展中国道路，推进中国发展。

① 《马克思恩格斯选集》第2卷，3页，北京，人民出版社，2012。

这一维度讲的是中国道路的历史逻辑。

三是定标：把解放和发展生产力、逐步实现全体人民共同富裕和促进人的全面发展，作为实现社会主义现代化、实现中华民族伟大复兴的三大根本支柱。

揭示中国道路，在搞清楚“我在何处”之后，逻辑上就需要对中国道路进行“定标”，回答“走向何方”的问题。确定“我在何处”，就是为了明确“走向何方”。道路，自然包含道路所指向和达到的战略目标。战略目标，是中国道路的题中应有之义。没有战略目标的道路，不能称为道路。

确定战略目标，既要以实事求是地把握社会主要矛盾和所解决的根本问题为基础和前提，也要以对历史方位的定位为基础和前提；确定战略目标，与确定历史方位直接相关，这叫作“定位”决定“定标”。俗话说，“在什么山唱什么歌”。同理，在什么样的历史方位，就确定什么样的战略目标。就是说，我们所确定并实现的战略目标是历史的、与时俱进的。在“欠发展”的历史方位，邓小平同志首先判定我国的社会主义依然处在“初级阶段”，因而其首要根本任务和奋斗目标，就是“解放和发展生产力”。习近平同志宣布中国特色社会主义进入了新时代，我国发展进入了新的历史方位，即我国“发展起来以后”的历史方位。由此，他把逐步实现全体人民共同富裕，建设富强民主文明和谐美丽的社会主义现代化国家，实现中华民族伟大复兴，促进人的全面发展，作为新时代中国共产党的战略目标。这样的逻辑次序可归结为：“解放和发展生产力—逐步实现全体人民共同富裕—促进人的全面发展”。解放和发展生产力、逐步实现全体人民共同富裕和促进人的全面发展，从根本上影响着实现社会主义现代化、实现中华民族伟大复兴。所以，在中国道路中，解放和发展生产力、逐步实现全体人民共同富裕和促进人的全面发展，是实现社会主义现代化、实现中华民族伟大复兴的三大根本支柱。

中国道路中的战略目标，主要表达的是中国道路的目标追求和价值取向。解放和发展生产力、逐步实现全体人民共同富裕、促进人的全面发展，都是社会主义的目标追求和价值取向。这种战略目标超越了以资本为主导的逻辑，走出了一条把物的发展和人的发展统一起来的以人民为中心的全面现代化道路，这是中国道路的核心。因为现代化首先是解决“物”的问题，然后在逻辑上进一步解决“人”的问题；这种战略目标凝聚着中国共产党和中国人民的共同目标追求，凸显了社会主义和现代化的本质属性，从而使社会主义和现代化互相促进、相辅相成；它超越了西方有些国家“你输我赢”的“单赢观”，注重共同富裕和每个人的全面发展，更具有感召力和凝聚力；它所呈现出的现代化是全面发展的现代化，涉及经济、政治、文化、社会、生态等方方面面。它具有三大实践功能：其一是明确前进方向，激发人们的主动性、能动性；其二是明确奋斗目标，振奋人心、鼓舞斗志；其三是画出最大同心圆，具有凝心聚力作用。

这一维度讲的是中国道路的目标逻辑。

四是定法：把贯彻落实新发展理念并实施“两大布局”作为总体方略。

揭示中国道路，接下来的逻辑，就是对中国道路进行“定法”，回答“如何走法”的问题。所谓定法，就是确定实现战略目标的根本路径和方法，亦称总体方略。这是中国道路的一个核心内容。

战略目标确定之后，接着在逻辑上就要确定实现战略目标的总体方略。为实现战略目标，就必须进一步确定好实现战略目标的总体方略。为实现上述所讲的战略目标，习近平同志提出了贯彻落实“新发展理念”，推进“两大布局”，即统筹推进“五位一体”总体布局、协调推进“四个全面”战略布局。这实际上讲的就是实现战略目标的总体方略。在这一总体方略中，统筹推进“五位一体”总体布局是“总框架”，“新发展理念”是“路线图”，“四个全面”战略布局是“牛鼻子”。统筹推进“五位一体”总体布局，意味着中国道路在我国经济、政治、文化、社会和生态领域具有具体的体现。“新发展理念”在中国道路中具有十分重要的地位，它从“路线图”的高度，来讲如何使大国成为强国进而实现中华民族伟大复兴，它体现了中国特色和社会主义本质的有机统一，体现了经济社会发展和生态文明建设的有机统一，体现了国内发展和国际发展的有机统一，体现了中国视野和世界眼光的有机统一，是对我国发展起来以后的发展新格局进行的顶层设计和战略谋划。协调推进“四个全面”战略布局，意味着我们要紧紧扭住“四个全面”战略布局这个“牛鼻子”，来统筹推进“五位一体”总体布局，来贯彻落实新发展理念。

这一维度讲的是中国道路的实践逻辑。

五是定力：整合推动力量，使党的领导力量、人民主体力量和市场配置力量形成合力。

揭示中国道路，在逻辑上，还要进一步揭示中国道路所蕴含的推动力量，即蕴含的“定力”，回答“动力何来”的问题。所谓定力，就是揭示实现战略目标的推动力量。“路”是要走的，道路是走出来的；“走”，就需要力量来推动。没有力量推动，战略目标及总体方略都实现不了。推动力量是中国道路中不可或缺的一项重要内容。这种推动力量可概括为：积极整合党的领导力量、人民主体力量和市场配置力量并形成合力。其中，党的领导力量是根本，人民主体力量是目的，市场配置力量是手段。

把推动力量作为中国道路的核心要义之一，有其重要依据。

首先，具有历史依据。中国特色社会主义的开创，是从社会结构转型开始的。现代化的本质是“社会结构转型”，即由传统的社会结构转向现代的社会结构。当代中国通过开创中国特色社会主义以实现社会主义现代化的进程，本质上就是中国“社会结构转型”的进程。1978 年改革开放以后，我国开创了中国特色社会主义。1992 年，我国正式确立要建立社会主义市场经济体制。社会主义市场经济体制的出现，逐渐改变了我国传统的社会结构，使中国传统社会结构发生转型。这种转型，首要体现在市场配置的力量在生长。随着市场配置力量的生长，最直接的影响就是人民的主体力量也不断增长。因为市场配置力量的生长，会不断增强人民的利益、能力、自立意识，以及主体、独立、自主、平等、民主意识，进而会使人民的各种诉求不断觉醒和增强。目前，人民的能力、自立、自主、民主意识的增强，就是人民主体力量增强的具体体现。市场配置力量、人民主体力量的不断增强，相应要求政府转变传统职能，由管制型政府向在中国共产党领导下且仍具有主导作用的公共服务型、治理型政府转变。这样，整个中国的社会结构就会发生如下变化：逐渐形成以党的领导力量、市场配置力量和人民主体力量为核心要素而构成的新型社会结构。这种结构，构成中国特色社会主义道路中的本质力量结构。

其次，具有理论依据。进一步说，中国特色社会主义首先是社会主义，科学社会主义的基本原则不能丢，丢了就不是社会主义。科学社会主义的基本原则，就是坚持劳动人民立场，它把人民群众当作社会历史发展的主体，当作社会历史发展的动力，当作推动社会历史发展的力量源泉，当作社会历史发展的目的。由此，中国道路必须注重人民主体力量。这是中国特色社会主义之所以被称为社会主义的本质或根据。离开这一点，就不是社会主义，也谈不上中国特色社会主义道路。中国特色社会主义之为“中国特色”，从根本性来看，在经济上主要体现为市场经济。因为在科学社会主义的基本原则中，在马克思、恩格斯对社会主义的理解中，是找不到市场经济的。由于中国特殊的国情，由于中国要集中力量解放和发展生产力，也由于只有解放和发展生产力才能真正实现社会主义，所以，我们就利用了市场经济和市场机制，这就使中国的社会主义具有了“中国特色”。所以，注重市场配置力量，就成为“中国道路”之中国特色的一个核心要义。不仅如此，中国特色社会主义之为“中国特色”，从根本性上说，在政治上主要体现为“党的领导”。中国共产党领导，是中国特色社会主义的本质特征，是中国特色社会主义制度的最大优势。历史和实践表明，在 1978 年以来中国特色社会主义建设实践中，在正确决策的前提下，党和政府集中一切资源和力量解难题、办大事、加速度，大力解放和发展生产力，是中国特色社会主义之“中国特色”最鲜明的本质特征。实际上，中国特色社会主义体现在经济、政治和社会领域，就分别是建立社会主义市场经济体制、坚持中国共产党领导和充分发挥人民群众的主体力量。换一种表述，就是注重市场配置力量、党的领导力量和人民主体力量。

最后，具有实践依据。党政军民学、东西南北中，党是领导一切的。所以，在中国道路所蕴含的核心力量结构中，党的领导力量是首要的。人民是中国共产党执政的最大底气，人民是中国共产党最根本的依靠力量，人民对美好生活的向往就是我们党的奋斗目标，为中国人民谋幸福是中国共产党人的初心。民心是最大的政治，要把人民放在我们党心目中最高的位置。由此，只有读懂人民，才能真正读懂中国共产党。在中国道路所蕴含的核心力量结构中，人民主体力量是必不可少的。在党的基本路线中，坚持以经济建设为中心，就必须坚持改革开放，而改革之一的经济体制改革之大方向，是建立社会主义市场经济体制，其目的是让市场在资源配置中发挥决定性作用，更好发挥政府的作用。由此，市场配置力量在经济领域至关重要，应成为中国道路所蕴含的核心力量结构中的一个要素。因此，党的领导力量、人民主体力量和市场配置力量构成中国道路中的三种根本力量。中国道路不仅注重党的领导力量、人民主体力量和市场配置力量，而且注重整合这三种力量并形成合力。只有整合并形成合力，才能真正实现战略目标，也才能真正显示出中国道路的独特优势和重大作用。

要正确处理政党、人民和市场的关系，就需要从制度上给出合理的设计。从制度设计上，这种关系就是中国共产党要有效合理利用和驾驭资本，坚持以人民为中心。这样的制度设计和安排，比资本主义能够更快更好地解放和发展生产力，能够避免阶级分化和社会冲突，能够更好地促进公平正义和维护社会和谐。可见，从制度角度看，中国道路的核心，就是要构建一套既能让中国共产党驾驭市场经济、又能保证政治权力为人民谋幸福的制度体系，它构成中国道路的制度支撑。由此，从根本上说，中国道路的制度逻辑，就是构建政党、人民、市场三大核心要素之间的制度体系。

这一维度讲的是中国道路的制度逻辑。

综上所述，从学理上可以把中国道路的核心要义及其形成机制概括为：坚持中国共产党领导，立足历史方位，把解放和发展生产力、逐步实现全体人民共同富裕和促进人的全面发展，作为实现社会主义现代化、实现中华民族伟大复兴的三大根本支柱，自觉贯彻落实新发展理念，实施“两大布局”，整合党的领导力量、人民主体力量和市场配置力量并形成合力。这些核心要义具有严密的内在逻辑，构成一个有机整体。

三　中国道路具有本源意义

当我们详尽考察和分析马克思主义发展史、马克思主义中国化历史发展的逻辑、中国共产党历史发展的逻辑、新中国历史发展的逻辑、我国改革开放历史发展的逻辑、世界历史发展的逻辑，以及近代以来中国所面临的“向何处去”这一根本问题之后，就会发现：中国道路具有本源意义，它是解释上述发展逻辑和根本问题的一种“框架”、一把“钥匙”。庆祝中华人民共和国成立 70 周年，首先要从总体上解答好三个影响中国发展命运的根本性问题，这就是：马克思主义为什么行？中国特色社会主义为什么好？中国共产党为什么能？要解答好这三个根本性问题，理论必须彻底。理论只要彻底，就能说服人。所谓彻底，就是要抓住问题的根本；问题的根本，就是必须从中国道路中寻找问题的本源，寻找问题的真实答案。这里所讲的本源意义，是指“中国道路”是理解近代以来中国的总体性问题的根本、根底、根据和基础。

（一）马克思主义中国化历史发展的逻辑，核心是围绕中国道路这一主线展开的

马克思主义中国化历史发展的逻辑，本质上是马克思主义与中国具

体实际相结合的逻辑。它涉及马克思主义和中国具体实际两个根本方面。

马克思主义的发展史，从根本上就是对道路问题探寻的历史。前面已有论述，此处不再赘述。

近代以来中国的具体实际，也就是中国的根本问题，归根到底，就是对中国道路的探寻。近代以降，中国就处在迷茫彷徨当中，其主要原因就是没有找到一条救国之路。当时，各种各样、五花八门的“主义”在中国都尝试过，也都在解决一个根本问题：中国向何处去？因为旧的制度被推翻以后，“中国向何处去”的道路问题便成为第一号具有根本性的问题。当时许多仁人志士都在苦苦寻找适合中国国情的道路，但各种各样的方案都行不通。就是说，当时没有一个“主义”和“方案”能解决中国的道路问题。

十月革命一声炮响，给中国送来了马克思列宁主义。马克思主义传播到中国来，便开启了马克思主义中国化的历程，并逐渐在中国落地、扎根、开花、结果了。为什么？其中最根本的，就是马克思主义在与中国具体实际相结合的马克思主义中国化过程中，找到了能解决中国问题的正确的中国道路。

从政治角度讲，马克思主义基本原理与中国实际有两次结合，第一次是在新民主主义革命时期，成果是毛泽东思想；第二次是在改革开放新时期，成果是中国特色社会主义理论体系。如果从学术上讲，马克思主义基本原理与中国实际有三次结合。当然，这里是从学术探究角度讲的。

马克思主义中国化即马克思主义与中国具体实际的第一次结合，是在新民主主义时期进行的。这次结合的实质，是关于中国革命的道路问题。这一时期，中国共产党人最关注的，是采取什么样的革命道路才能实现民族独立、人民解放。当时在党内就中国革命的道路问题展开了激烈争论。争论的焦点是采取城市武装暴动的道路，还是采取农村包围城市的道路。历史、实践与中国共产党人最终选择了农村包围城市的革命道路，于是便实现了马克思主义中国化的第一次飞跃，其成果是毛泽东思想。

马克思主义中国化即马克思主义与中国具体实际的第二次结合，是在1956年社会主义改造完成以后的中国建设社会主义时期。这次结合，毛泽东同志明确将其概括为“第二次”结合，而且认为结合的核心，就是在中国建设社会主义的道路问题。这一时期，有一个在中国建设社会主义的道路之选择问题。到底是选择“苏联模式”，还是走“独立自主、自力更生”的道路？当时苏联是世界上第一个建立社会主义制度的国家，“向苏联学习”，在当时的中国占有一定市场，由此，“苏联模式”对当时中国的影响比较大。1956年2月苏共二十大召开，是苏联历史乃至国际共产主义运动历史上的一个重要转折点。会上主要批判了对斯大林的个人崇拜。中国方面认为，苏共二十大在破除斯大林的个人崇拜并揭露其错误的严重性方面具有积极意义，同时又认为赫鲁晓夫全盘否定斯大林的做法是不对的。因此，中共中央一方面采取辩证看待维护斯大林的立场，同时另一方面开始以苏为鉴，反对本本主义和教条主义，并自觉主动地探索适合中国情况的建设社会主义的独立的正确道路。

根据政治上最为权威的表述，应当说，毛泽东同志所讲的“第二次”结合，与1978年改革开放新时期我们党的政治文献所讲的“第二次”结合，既有区别，也有内在的逻辑联系。毛泽东同志所说的“第二次”结合，其实就是要探索在中国建设社会主义的具体道路，这条道路，就是具有中国特点的社会主义道路。这与改革开放新时期我们所讲的中国特色社会主义道路具有异曲同工之处，都是对在中国怎样建设社会主义的道路问题的探索。然而，毛泽东同志所讲的在中国建设社会主义的具体道路只是一种初步的思考和探索，还没有形成一种完整的实践形态和理论形态，是向我们党的政治文献所讲的真正意义上的“第二次”结合的过渡，因而还没有真正从总体上、根本上达到“理性自觉”。不过，前者为后者提供了启示，这就是在中国建设社会主义必须具有“中国特点”。因此，马克思主义与中国具体实际的真正意义上的“第二次”结合的历史节点，应是1978年我国开启的改革开放。这种意义上的结合，就是马克思主义中国化进程中把马克思主义与中国改革开放具体实际相结合，其成果就是在我国“欠发展”历史方位为实现富起来而形成的中国特色社会主义理论体系，主要包括邓小平理论、“三个代表”重要思想、科学发展观。这里的“第二次”结合及其形成的中国特色社会主义理论体系，其实质就是开创并发展、完善中国特色社会主义道路，它实现了马克思主义中国化的第二次飞跃。

马克思主义中国化即马克思主义与中国具体实际的第三次结合，是在中国特色社会主义进入新时代逐步进行的。这次结合的实质、核心，是关于实现强起来的道路问题。经过长期努力，中国特色社会主义进入了新时代，这是我国发展新的历史方位。在这一新时代或新的历史方位，马克思主义与新时代中国特色社会主义实践相结合，正在实现马克思主义中国化的第三次飞跃。虽然在政治文献上我们还没有做出这一结论，但这一结论在学理上却有其确凿理由和探究空间。从总体上讲，强调这是一次正在实现的新飞跃，就在于党的十九大报告所讲的，它在中华人民共和国发展史上，在中华民族发展史上，在世界社会主义发展史上，在人类社会发展史上，在中国共产党创新理论发展史上，具有重大意义。① 这里讲的在“发展史”上的重大意义，意味着“中国特色社会主义进入新时代”是具有里程碑意义且要载入史册的，而载入史册的，往往都是具有标志性、代表性的。中国特色社会主义进入新时代，在本质上就蕴含着要实现马克思主义中国化的一次新飞跃，这种新飞跃，是具有标志性和代表性的。具体来讲，强调这是一次新的飞跃，理由如下。

第一，历史方位及其解决的社会主要矛盾不同。社会主要矛盾，是对社会发展整体状况进行总体概括的一个核心概念。在我国“欠发展”的历史方位，坚持和发展中国特色社会主义，主要是解决人民日益增长的

---

① 习近平：《决胜全面建成小康社会 夺取新时代中国特色社会主义伟大胜利——在中国共产党第十九次全国代表大会上的报告》，10页，北京，人民出版社，2017。

物质文化需要同落后的社会生产之间的矛盾，而在我国“发展起来以后”的历史方位，则主要是解决人民日益增长的美好生活需要和不平衡不充分的发展之间的矛盾。前者意在解决我国“欠发展”的问题，即落后的社会生产问题，致力于把“蛋糕”做大；后者意在解决我国“发展起来以后”的问题，即发展不平衡不充分的问题，致力于推进全面协调充分发展，使人民过上美好生活，实现强起来。“发展起来以后”“美好生活需要”“不平衡不充分发展”，显然分别是比“不发展”“物质文化需要”“落后的社会生产”高一个层级的概念。第二次飞跃主要解决我国“欠发展”历史方位的社会主要矛盾，第三次飞跃则致力于解决我国“发展起来以后”历史方位的社会主要矛盾。

第二，历史使命(历史任务、奋斗目标)不同。第一次飞跃主要肩负着实现站起来的历史使命，第二次飞跃主要肩负着实现富起来的历史使命，而第三次飞跃则主要肩负着实现强起来的历史使命，因为我们迎来了从富起来到强起来的伟大飞跃。① 换言之，强起来就是对富起来的伟大飞跃。

第三，“道路”的历史内涵不同。第一次飞跃的核心是探寻新民主主义革命时期使中华民族(中国人民)站起来的革命道路问题，第二次飞跃的核心是探寻我国在“欠发展”的历史方位实现中华民族(中国人民)富起来的道路问题，而第三次飞跃的核心是探寻我国在“发展起来以后”的历史方位实现中华民族(中国人民)强起来的道路问题。

第四，主线不同。新时代中国特色社会主义与新时期(改革开放之初)中国特色社会主义既有联系，都坚持一个主题，即坚持和发展中国特色社会主义；也有不同，新时期中国特色社会主义主要是围绕如何实现富起来这一主线，来坚持和发展中国特色社会主义，而新时代中国特色社会主义则主要是围绕如何实现强起来或民族复兴这一主线，来坚持和发展中国特色社会主义。

---

① 习近平：《决胜全面建成小康社会 夺取新时代中国特色社会主义伟大胜利——在中国共产党第十九次全国代表大会上的报告》，10 页，北京，人民出版社，2017。

第五，现代化阶段不同。1956 年前后我国所讲的现代化，还处于现代化的“谋划”阶段，而且主要是对经济建设或产业布局方面的谋划；1978 年之初我国所建设的社会主义现代化，主要处于现代化“起飞”阶段；以 2012 年党的十八大召开为历史节点，我国社会主义现代化建设进入新时代，进入新的历史方位，这就是全面建成社会主义现代化强国的时代，可称之为“现代化强国”阶段。我们之所以讲要实现“第三次飞跃”，是由于实现社会主义现代化的阶段不同。

第六，中国特色社会主义在人们心中的地位不同。1978 年改革开放初期，人们较多的是从初级阶段、基本国情、生产力发展水平、社会主要矛盾等方面为中国特色社会主义进行辩护，论证其历史必然性和价值合理性，相对注重中国特色社会主义的“中国特色”；而在新时代，人们则基于“极不平凡”“解决难题”“办成大事”“历史性成就”“历史性变革”“迎来了从富起来到强起来的伟大飞跃”“伟大旗帜高高举起”“拓展发展中国家走向现代化的途径”“提供全新选择”“为解决人类问题贡献中国智慧和中国方案”“不断走近世界舞台中央并为人类作出更大贡献”等，更加坚定了对中国特色社会主义的自信，相对注重中国特色社会主义的“中国贡献”“世界意义”与“主体性”。

第七，中国在世界中的地位不同。在“欠发展”的历史方位，中国处在世界舞台边缘，如果再不发展，就有被“开除球籍”的危险，所以，改革开放初期，我们强调追赶现代化；在新时代或新的历史方位，正在实现强起来的中国不断为解决人类问题贡献中国智慧和中国方案。由此，我国积极参与全球治理，积极推动构建新型国际关系，积极推动构建人类命运共同体，在世界舞台上的影响力不断提升，逐渐改变了在国际话语权中“西强我弱”的不利局面。

通过上述考察分析，可以得出这样的结论：马克思主义既为人类历史发展指明了方向，也在马克思主义中国化历史发展的逻辑进程中，由于找到了不同历史时期的正确道路并促进中国走出成功，这就为回答“马克思主义为什么行”提供了正确答案。

(二)中国共产党历史发展的逻辑、新中国历史发展的逻辑，其本质、底色和中轴就是对正确的中国道路的追寻

对道路的探寻，不仅是马克思主义发展史的一条根本主线，也是贯穿于中国共产党历史发展逻辑、新中国历史发展逻辑的一条根本主线。只有读懂中国道路，才能为理解和把握中国共产党历史发展逻辑和新中国历史发展逻辑提供一把钥匙。

只有读懂中国道路，才能真正理解中国共产党历史发展的逻辑。自从中国共产党成立那天起，中国共产党人就开启了探寻中国发展道路的历史。中国共产党发展的历史，从根本上就是因对中国道路探寻而发展的历史。中国共产党的发展历史大致可以划分为新民主主义革命时期、新中国成立后的社会主义改造和 1956 年后对中国社会主义建设道路探索时期、改革开放新时期、中国特色社会主义新时代四个历史时期。贯穿这四个历史时期的一条主线，就是对中国道路的探索。在新民主主义革命时期，中国共产党探索的根本主题是关于中国革命的道路。在中国共产党领导下，最终找到了一条农村包围城市的新民主主义革命道路，其结果是中华民族站起来了。新中国成立尤其是 1956 年之后，毛泽东带领中国共产党人探索的核心主题，就是社会主义改造和社会主义建设的道路问题。改革开放新时期，中国共产党人探寻的根本主题，是实现社会主义现代化的道路问题。我们终于找到了这条道路，这就是中国特色社会主义道路。党的十八大以来，中国特色社会主义进入了新时代。在新时代，在坚持中国特色社会主义道路的基础上，中国共产党人继续探寻全面建成社会主义现代化强国、实现中华民族伟大复兴的中国特色社会主义道路之新的历史形式，依然是至关重要的。正如习近平同志所强调的："道路问题是关系党的事业兴衰成败第一位的问题，道路就是党的生命。""我们党在革命、建设、改革各个历史时期，坚持从我国国情出发，探索并形成了符合中国实际的新民主主义革命道路、社会主义改造和社会主义建设道路、中国特色社会主义道路，这种独立自主的探索精神，这种坚持走自己路的坚定决心，是我们党不断从挫折中觉醒、

不断从胜利走向胜利的真谛。鲁迅先生有句名言：其实地上本没有路，走的人多了，也便成了路。中国特色社会主义，是科学社会主义理论逻辑和中国社会发展历史逻辑的辩证统一，是根植于中国大地、反映中国人民意愿、适应中国和时代发展进步要求的科学社会主义，是全面建成小康社会、加快推进社会主义现代化、实现中华民族伟大复兴的必由之路。只要我们坚持独立自主走自己的路，毫不动摇坚持和发展中国特色社会主义，我们就一定能在中国共产党成立一百年时全面建成小康社会，就一定能在新中国成立一百年时建成富强民主文明和谐的社会主义现代化国家。”①

只有读懂中国道路，才能真正把握新中国历史发展的逻辑。这一逻辑，就是迎来了从站起来、富起来到强起来的伟大飞跃。1949 年中华人民共和国成立，标志着中华民族站起来了，从此要继续迎来实现富起来的伟大飞跃，这将会带来历史性变革，并寻求实现富起来的根本道路。由此，1978 年我国开启了改革开放和社会主义现代化建设新时期，把中国特色社会主义作为实现富起来的根本道路。从新时期到党的十八大召开中国特色社会主义进入了新时代，标志着中华民族富起来了，从此又要继续迎来从富起来到实现强起来的伟大飞跃，这也会带来历史性变革，并寻求实现强起来的根本道路。这一变革，就是党的十八届三中全会所讲的推进全面深化改革，也是党的十九大报告所讲的历史性变革。这种历史性变革主要体现在：在总体上，把贯彻落实新发展理念看作是关乎我国发展全局的一场深刻变革；在经济领域，推进供给侧结构性改革，实施高质量发展，使经济发展进入新常态；在政治领域，既坚持党对一切工作的领导，又推进全面从严治党，还致力于建设法治国家，从而使中国共产党成为最高政治力量；在文化领域，积极加强意识形态建设，明确反对向西方自由主义意识形态靠近的任何企图，注重用习近平新时代中国特色社会主义思想武装全党、教育人民；在社会领域，既积

① 习近平：《关于坚持和发展中国特色社会主义的几个问题》，载《求是》，2019(7)。

极促进公平正义、增进人民福祉，增强人民群众的获得感、幸福感、安全感，又推进社会治理创新；在科技创新领域，力争通过几十年的不懈努力，在许多关键领域获得技术领先地位，进而成为世界上强大的科技创新中心；在军事领域，积极推动中国军队最大规模的改革，强调全面从严治军，即政治建军、改革强军、科技兴军、依法治军；在外交政策和国际战略领域，积极参与全球治理，建设“一带一路”，构建人类命运共同体。这些历史性变革，会不断丰富新时代中国特色社会主义道路新的历史内涵。换言之，这些历史性变革背后的内在逻辑，就是新时代中国特色社会主义道路的进一步发展和完善。

中国共产党为人民谋幸福，在中国共产党领导下我们找到了实现中华民族从站起来、富起来到强起来的正确道路，并促进国家走向成功，这就为回答“中国共产党为什么能”提供了真实的答案。

(三)改革开放历史发展的逻辑，从根本上就是探究实现社会主义现代化之正确道路的逻辑

只有读懂中国道路，才能真正理解中国改革开放历史发展的逻辑。改革开放历史发展的逻辑，从根本上就是以中国特色社会主义道路实现社会主义现代化、实现中华民族伟大复兴的逻辑，这实际上也是改革开放历史发展的本真底色。1978 年改革开放之初，以邓小平同志为代表的中国共产党人主要致力于探寻实现社会主义现代化的中国道路，这条道路终于找到了，那就是中国特色社会主义道路。我们所讲的中国特色社会主义，首先讲的是中国特色社会主义道路，所以，坚定“四个自信”，把坚定道路自信置于首位。习近平同志指出：“改革开放之初，我们党发出了走自己的路、建设中国特色社会主义的伟大号召。”①邓小平的历史性贡献是多方面的，其中最伟大的贡献，就是他领导全党全国人民成功开创了中国特色社会主义道路。1982 年 9 月 1 日，在党的十二大

① 习近平：《决胜全面建成小康社会 夺取新时代中国特色社会主义伟大胜利——在中国共产党第十九次全国代表大会上的报告》，10 页，北京，人民出版社，2017。

开幕式上，邓小平同志明确指出："把马克思主义的普遍真理同我国的具体实际结合起来，走自己的道路，建设有中国特色的社会主义，这就是我们总结长期历史经验得出的基本结论。"①正如习近平同志指出的："中国发展的实践证明，当年邓小平同志指导我们党作出改革开放的决策是英明的、正确的，邓小平同志不愧为中国改革开放的总设计师，不愧为中国特色社会主义道路的开创者。"②实际上，道路问题是邓小平理论所解答的最根本的问题。如果认真深入思考就会发现，邓小平理论体系中的基本理论观点都是围绕选择、坚持、拓展中国特色社会主义道路而展开的。

江泽民同志把"建设一个什么样的党、怎样建设党"，看作探索中国特色社会主义道路的核心内容。他指出："中国的社会主义既不是苏联模式，也不是东欧模式，而是有中国特色的社会主义。走这条道路，是中国人民经过一百多年的奋斗与探索作出的历史性选择。"③

21 世纪以来，国内外形势发生了新的变化。如何紧紧抓住和利用好我国发展的重要战略机遇期，战胜一系列严峻挑战，奋力把中国特色社会主义事业推进到一个新的发展阶段，是对以胡锦涛同志为总书记的党中央领导集体之智慧和勇气的极大考验。在这种形势下，胡锦涛鲜明指出："毫不动摇走党和人民在长期实践中开辟出来的正确道路，不为任何风险所惧，不为任何干扰所惑。"④为解决"实现什么样的发展、怎样实现发展"而提出的科学发展观，其实质、核心是探索中国科学发展的道路，这是新时期探索实践中国特色社会主义道路的又一突破。

党的十八大以来，中国特色社会主义进入了新时代，我国发展进入新的历史方位。以习近平同志为核心的党中央紧紧围绕实现中华民族伟

---

① 邓小平：《邓小平文选》第 3 卷，3 页，北京，人民出版社，1993。

② 《习近平关于全面深化改革论述摘编》，2 页，北京，中央文献出版社，2014。

③ 《江泽民思想年编(1989—2008)》，69 页，北京，中央文献出版社，2010。

④ 《深入贯彻科学发展观 毫不动摇改革开放》，载《人民日报(海外版)》，2012-07-24。

大复兴来坚持和发展中国特色社会主义，并基于实现中华民族伟大复兴而精进推进中国特色社会主义，继续书写中国特色社会主义新篇章，由此也把道路问题看作第一位的问题。

正是这条中国特色社会主义道路，创造了中国奇迹。我们可以把我国改革开放以来取得的巨大成就称为“中国奇迹”。当今，中国奇迹已经成为一种世界性现象，当然，也应成为我国学术研究的一个重大课题。问题的关键在于，如何从学理上揭示中国奇迹发生的本源？或者“中国奇迹到底是如何发生的”。某些西方学者用“西方模式”解释中国奇迹，认为中国是因为实行了“国家资本主义”“权贵资本主义”等而创造中国奇迹的。中国学者应从学理上掌握解释中国奇迹的话语权。我们可从许多角度来解释中国奇迹发生的原因，笔者认为首要或根本的，是要从中国道路中去寻找中国奇迹发生的本源，或聚焦于中国道路这一本源，来解释中国奇迹到底是如何发生的。2016 年 11 月 11 日，习近平同志在纪念孙中山先生诞辰 150 周年大会上的重要讲话中又指出：“古今中外的历史都告诉我们，世界上没有一个民族能够亦步亦趋走别人的道路实现自己的发展振兴，也没有一种一成不变的道路可以引导所有民族实现发展振兴；一切成功发展振兴的民族，都是找到了适合自己实际的道路的民族。”①习近平同志在世界经济论坛 2017 年年会开幕式上的主旨演讲又强调：“经过 38 年改革开放，中国已经成为世界第二大经济体。道路决定命运。中国的发展，关键在于中国人民在中国共产党领导下，走出了一条适合中国国情的发展道路。”②这实际上就是说，要从中国道路中寻求创造中国奇迹的本源或真正答案。

第一，坚持中国共产党领导就能创造中国奇迹。

中国共产党能用指导思想引领各种社会意识，以统一人们思想，使之达至共识。一个社会往往存在着各种各样的社会意识。对这些社会意

---

① 习近平：《在纪念孙中山先生诞辰 150 周年大会上的讲话》，5 页，北京，人民出版社，2016。

② 习近平：《习近平谈治国理政》第 2 卷，482 页，北京，外文出版社，2017。

识不加以整合和引导，社会就是一盘散沙，既缺乏正确的方向，也易出现分化的局面。中国共产党自从登上中国历史舞台那天起，就把马克思主义基本原理与中国具体实际相结合，不断推进马克思主义中国化时代化大众化，不断推进理论创新，与时俱进地提出了一系列先进的指导思想，并用不断发展着的、先进的指导思想整合和引领各种社会意识，统一人们的思想，从而既使人们在思想上达成共识，也明确了前进方向。达至共识并具有明确方向，就会形成一种强大的精神力量，能使人们全力以赴朝着一个正确的方向前进，这必然促进中国走向成功。历史和实践表明：一个国家和社会的发展要取得巨大成就，必须有先进的思想做指导。

中国共产党能用奋斗目标凝聚党员干部，使其凝聚在党的周围，并构成一个有机整体。在一个社会中，每个人都具有自己的目标追求。一个政党内的每一位党员也具有自己的目标追求。中国共产党不断运用其确立的最高纲领和最低纲领，运用中国共产党人的价值观，运用其确立的奋斗目标，来凝聚并感召每一位党员干部，从而使每一位党员干部成为党组织中的一个有机体。这些有机体可以构成一个具有战斗力的整体，从而能激发党员干部的创新活力，使其具有无坚不摧的力量。这正是中国共产党攻坚克难的雄厚“资本”，是中国共产党战胜一切困难的重要法宝。

中国共产党在正确决策的前提下，能组织动员国家一切资源力量解难题、办大事、加速度。中国共产党是一个具有领导力、组织力、动员力的政党，是中国的最高政治领导力量，它可以运用自己的威望，运用各级党组织，运用“举国体制”，来解难题、办大事、加速度。中国共产党所具有的领导力、组织力、动员力，所具有的解难题、办大事的能力，是世界上其他一切政党所无法比拟的。正是这种领导力、组织力和动员力以及解难题、办大事的能力，使中国共产党干成了一个个举世瞩目且具有“奇迹性”的大事，解决了一个个难题，也加快了中国发展的速度。

中国共产党能一脉相承、与时俱进、开拓创新，努力把一张蓝图绘到底。善于战略谋划，是中国共产党治国理政的一条基本经验。战略谋划，一般包括三个核心环节，即“战略目标—总体方略—战略安排”。这种战略谋划具有自主性，已达到高度自觉。它凝聚着中国共产党和中国人民的共同追求，具有感召力和凝聚力，不仅使我们党解决了一个个难题，办成了一件件大事，而且使中国共产党十分注重行动，能一个目标接着一个目标来实现，即能使一张蓝图绘到底，这对创造“中国奇迹”发挥着十分重要的作用。

中国共产党能用严明纪律规范全体党员行为，以提升党员的格局和境界。中国共产党是一个有核心、有理论、有价值观、有组织、有制度的政党，也是一个有章可循、有纪可依的政党。这种政党不仅把每一个党员干部的行为纳入党章党纪的框架内，使其行为有规范有约束有秩序，而且能勇于自我革命，把较低的格局、境界提升为较高的格局、境界，从而使其具有先进性。这种先进性不仅有助于消除党内的不良倾向和作风，使中国共产党人自身硬，从而能把坚硬的“铁”打好，而且也有助于树立中国共产党的威望和权威，使人们团结在中国共产党的周围，跟着中国共产党走，在中国共产党领导下努力实现战略目标，从而取得巨大成就。

第二，立足历史方位且与时俱进就能创造中国奇迹。

确立历史方位并与时俱进，找准历史坐标，有助于对我国的发展阶段、本质特征、实践要求做出科学研判，进而能制定正确的路线方针政策，做出正确的事。一切成功，都源于科学研判和正确决策；一切失败，都与缺乏科学研判和决策失误有关。改革开放以来，我们党立足历史方位并与时俱进地根据实践发展新要求，从总体上能做出科学研判和正确决策，进而做正确的事。这可以使我们避免瞎折腾、走极端，进而取得重大成就。

明确历史方位并与时俱进，有助于坚持实事求是、把握历史坐标、抓住主要矛盾。中国共产党治国理政首先要认识世界，对客观世界、客观事物与基本国情做出科学研判，进而在此基础上做出科学决策。要做到这一点，首先必须坚持实事求是，从客观实际出发，确立正确认识客观世界、客观事物与基本国情的出发点。实事求是能使我们“立足基本国情”，反映时代、实践、现实发展态势，确定历史发展方位；能使我们把握社会主要矛盾和事物特殊矛盾；能使我们把握事物存在和发展的特点；能使我们把握我国发展的独特优势和短板；能使我们把握历史发展规律，与时俱进地紧跟时代步伐。因而，坚持实事求是，有助于解决“态势”“方位”“矛盾”“特点”“优势”“与时俱进”的问题，这是取得成功的一个关键。毛泽东同志领导新民主主义革命取得了成功，在于坚持实事求是；1978年以来中国改革开放和社会主义现代化建设之所以取得巨大成就，既在于邓小平坚持实事求是，确定中国社会主义依然处在初级阶段，也在于习近平同志坚持实事求是，确定中国特色社会主义进入了新时代、我国发展进入新的历史方位。

从客观实际出发认识客观世界、客观事物与基本国情的本来面目，核心是要揭示客观世界、客观事物中的内在矛盾尤其是社会主要矛盾。因为矛盾决定着世界和事物的本质、性质和状况。中国共产党把揭示社会主要矛盾作为判断中国国情的基本依据之一，作为把握经济社会发展整体状况的主要依据之一，作为制定路线方针政策的主要依据之一，作为治国理政的基本遵循。

在改革开放初期，邓小平同志把我国社会发展的主要矛盾确定为人民日益增长的物质文化需要同落后的社会生产之间的矛盾。于是，当时我国的经济、政治、文化、社会的发展都聚焦于解决这一社会主要矛盾，从而取得了巨大成就。中国特色社会主义进入新时代，习近平同志把我国的社会主要矛盾确定为人民日益增长的美好生活需要和不平衡不充分的发展之间的矛盾。这意味着新时代我国的经济、政治、文化、社会、生态等各个领域，都要聚焦于解决好这一社会主要矛盾。聚焦于解决好社会主要矛盾，意味着中国共产党在治国理政实践中，在实现社会主义现代化、实现中华民族伟大复兴进程中，能抓住治国理政的根本，也能抓住事物的本质，也意味着我们党治国理政已经达到高度的理性自觉。揭示社会主要矛盾，其首要目的，是为了找到治国理政所要解决的根本问题。问题是事物矛盾的表现形式，矛盾即问题。揭示客观世界和客观事物内部的主要矛盾，发现社会主要矛盾，就能发现并致力于解决客观世界、客观事物以及工作中存在的根本问题，发现客观世界、客观事物以及工作中的根本问题，也就找到了全部工作的重点。中国共产党治国理政的一个鲜明特征，就是注重坚持实事求是，把握主要矛盾，解决根本问题，明确工作重点，这既找到了治国理政的基本遵循，又注重把解决主要矛盾和根本问题引向一个正确、合理的方向，还能抓重点带一般，从而积极推进中国快速发展。找到治国理政的基本遵循，理出中国发展的逻辑、纲目、头绪和抓手，是创造中国奇迹的一个重要原因。

第三，准确制定战略目标有助于创造中国奇迹。

战略目标明确了人们前进的方向，能激发人们的积极性和主动性。一个具有战略目标且坚定不移地实现战略目标的政党、国家和民族，才会有决心进而自觉主动地去战胜各种艰难险阻，从而夺取一个又一个胜利，取得一个又一个成就。1978 年以来，我们党与时俱进地把解放和发展生产力、逐步实现全体人民共同富裕、促进人的全面发展，进而实现社会主义现代化、实现中华民族伟大复兴作为战略目标，并把各种资源和力量汇聚于实现这一战略目标，从而使广大党员干部(关键少数)和人民群众(绝大多数)明确了奋斗方向，也激发了广大党员干部和人民群众实现战略目标的主动性。主动性区别于被动性，它是一种精神状态，也是一种精神动力，更是一种积极进取精神；正是这种精神状态、精神动力和积极进取精神，使我国发展取得了巨大成就。

战略目标明确了人们追求的最大公约数，进而能凝心聚力，使人们达成共识。一个政党、国家和民族要健康顺利发展并取得骄人成就，就必须团结一心、凝心聚力，这就需要在战略目标上凝聚最大共识。改革开放以来，最能凝聚人心和共识的，就是确定好人们共同追求的战略目标，并以正确的路径和方式来实现战略目标。因为这能使人们聚精会神搞建设、一心一意谋发展，让一切创造社会财富的源泉充分涌流、让一切创新能力充分迸发。改革开放之初，我们党把大力解放和发展生产力作为首要根本任务，赢得了全国各族人民的广泛认同，激发了人民群众的积极性主动性创造性，从而推动了中国社会大踏步发展，也取得了骄人成就。党的十八大以来，党中央提出逐步实现全体人民共同富裕、不断促进人的全面发展，进而实现社会主义现代化、实现中华民族伟大复兴的总任务和总目标，这不仅激发起全党全国各族人民的奋斗精神，而且具有凝心聚力作用，使人们心往一处想、劲往一处使。这将会进一步推进中国发展并取得重大成就。

第四，采取有效的总体方略会使中国创造奇迹。

实施正确的总体方略，能使人们抓住实现战略目标的“总框架—路线图—牛鼻子”。只具有战略目标，而没有采取切实有效的路径和方法，实现战略目标就是一句空话。一个政党创造的执政奇迹与施政方略紧密相关，一个国家的发展奇迹与战略运筹密切相连。毛泽东同志指出：领导干部要有“战略头脑”，否则“一着不慎，满盘皆输”①。习近平同志指出：“战略问题是一个政党、一个国家的根本性问题。战略上判断得准确，战略上谋划得科学，战略上赢得主动，党和人民事业就大有希望。”②中国共产党善于做战略谋划和战略安排，而战略谋划得好，常常会取得事半功倍的效果。正是由于中国共产党善于做战略谋划和战略安排，而且在战略上判断得准确、谋划得科学、赢得了主动，从而为实现战略目标提供了根本遵循，也抓住了实现战略目标的关键因素。这是创造中国奇迹的一个重要原因。

实施正确的总体方略，能使我们发挥发展优势、补齐发展短板、打牢发展支点。发挥发展优势、补齐发展短板、打牢发展支点，是一个国

① 毛泽东：《毛泽东选集》第1卷，175页，北京，人民出版社，1991。

② 习近平：《在纪念邓小平同志诞辰110周年座谈会上的讲话》，19页，北京，人民出版社，2014。

家、一个地区推进发展的“铁律”。发挥发展优势，能实现重点突破，并带动其他方面的发展，进而实现快速发展；补齐发展短板，能实现全面发展和协调发展，进而提升发展质量、效益和水平，使发展具有可持续；打牢发展支点，能使永续发展具有坚实的基础。改革开放之初，我们相对注重发挥发展优势，注重重点突破，强调使一部分地区、一部分人先发展起来、先富起来；党的十八大以后，我国发展起来了，且努力使大国成为强国。此时，党中央治国理政的一个鲜明特点，就是注重补齐发展短板、打牢发展支点，如在经济领域积极推进精准脱贫，在政治领域主动解决党内政治生活中的“宽松软”，在文化领域注重解决“低俗”“媚俗”“庸俗”，在社会领域注重保障民生和推进社会治理，在生态领域注重污染防治，等等。这些，都旨在补齐发展短板，提升发展质量和水平。新发展理念，在实质上，就是使大国成为强国的五大根本支点，必将使中国的发展建立在更为坚实和牢固的基础之上，经得起“风吹浪打”“压力测试”“高手过招”。历史和实践证明，重点突破、创新发展、协调发展、绿色发展、开放发展、共享发展，是中国取得奇迹的一个重要原因。

第五，整合推动力量必将创造中国奇迹。

整合推动力量，能使力量形成合力。推动当代中国发展的力量是多方面的，其中有三种力量最为根本，一是党的领导力量，二是市场配置力量，三是人民主体力量。这三种力量相互制约、相互协调并形成合力，必然形成一种既强大又平衡的能量，从而使中国创造出惊人的奇迹。从改革开放以来我国历史发展的长过程看，党的领导力量既能使经济社会发展具有动力，也能使经济社会发展达到和谐。人民群众的“勤劳致富”“创造财富”“默默奉献”“任劳任怨”“承担代价”，是创造中国奇迹不可忽视的重要因素。市场配置力量，不仅能把民营企业、私营企业、个体工商户的积极性调动起来，解放和发展生产力，而且能使从事经济活动的人在市场经济的大海里得到淬炼，从而具有奋斗精神、吃苦精神、开拓精神、创新精神，提升其创新能力。这也是使我国经济获得快速发展的一个重要原因。

由于中国特色社会主义体现了马克思主义基本原理，又与中国具体实际相结合，由于中国特色社会主义立足中国国情、解决中国问题、创造中国奇迹、促进中国成功，也由于改革开放以来，我们找到了实现社会主义现代化的正确道路，所以我们完全可以从这条道路中寻求“中国特色社会主义为什么好”的真正答案。

四 坚定中国特色社会主义“道路自信”

揭示改革开放以来中国特色社会主义发展的历史逻辑、现实逻辑、机制逻辑、理论逻辑、世界逻辑之后，并在总结提炼概括中国特色社会主义建设和发展基本经验的基础上，我们自然就会进一步坚定“四个自信”。

坚定“四个自信”，道路自信是基础和前提，也最为根本。时代是思想之母，实践是理论之源。作为实践范畴的中国特色社会主义道路正确且成功了，中国特色社会主义理论才正确且科学，中国特色社会主义制度才正确且有效，中国特色社会主义文化才正确且有价值。中国特色社会主义理论、中国特色社会主义制度、中国特色社会主义文化，都是建立在中国特色社会主义道路基础上的，只有坚定道路自信，才能进一步坚定理论自信、制度自信和文化自信，如果缺乏道路自信，理论自信、制度自信、文化自信是做不到的。我国改革开放以来之所以取得举世瞩目的巨大成就，从根本上是由于我们开创并不断发展和完善了中国特色社会主义制度，具有制度优势。中国特色社会主义制度确确实实具有优越于西方某些制度的优势，比如坚持中国共产党领导，在科学决策的前提下运用“举国体制”集中力量办大事，整合党的领导力量、市场配置力量、人民主体力量，等等。党的十九届四中全会概括了我国国家制度和国家治理体系的显著优势，为我们坚定“四个自信”包括道路自信提供了基本依据。[1] 然而，这些制度优势是在中国道路尤其是中国特色社会主义道路开创、发展、完善的进程中形成的，中国特色社会主义道路具有制度的维度，比如上面所讲的坚持中国共产党领导，在科学决策的前提下运用“举国体制”，整合党的领导力量、市场配置力量、人民主体力量。虽然有些制度不完全包含在中国特色社会主义道路之中，但都是建立在中国特色社会主义道路基础之上的。所以，当我们讲中国特色社会主义道路的时候，实际上也在一定程度上就包含了中国特色社会主义制度。习近平同志反复强调：道路问题是关系我们党的事业兴衰成败的“第一位”问题，是贯穿我国整个革命、建设、改革时期的“根本”问题，道路是党的“生命”，道路决定“命运”！我们反复强调这些浓墨重彩的表述，具有重大意义，更是值得我们特别关注并进行深入思考研究的。总之，在“四个自信”中，道路自信是排第一位的，它是坚定理论自信、制度自信、文化自信的基础和前提，不坚定道路自信，就谈不上坚定理论自信、制度自信、文化自信。所以，本章着重阐述坚定道路自信的问题。

新中国成立 70 多年，最值得从学理上加以梳理总结的，是中国道路。基于中国道路总结新中国 70 多年及其历史经验、发展规律，才能抓住根本，才能做到彻底。新中国 70 多年历史性变革的内在逻辑及其深层底色，新中国 70 多年的历史发展逻辑及其历史经验、发展规律，归根到底，都要聚焦中国道路问题。通过梳理总结新中国 70 多年来的发展逻辑、历史成就、历史经验、历史规律，我们一定会更加坚定道路自信。坚定道路自信，既是政治上的要求，也需要从学理上加以阐释。就是说，要对坚定道路自信进行理论上的论证。只有这样，人们才能把这一熟知的命题变成真知，才能由知其然走向知其所以然。

（一）关于自信的学理阐释

自信是一个多维度、多层次概念，既有应然意义上的自信，也有实

---

① 《中国共产党第十九届中央委员会第四次全体会议文件汇编》，19—21 页，北京，人民出版社，2019。

然意义上的自信；既有客观意义上的自信，也有主观意义上的自信；既有感性上的自信，也有理性上的自信；既有心理上的自信，也有政治上的自信；既有“趋势”意义上要求的自信，也有“差距”意义上要求的自信。

所谓应然意义上的自信，是指作为具有一定社会身份的人，按照一定社会身份的要求，必须坚定自信。这是一种社会身份要求，也是一种社会身份的需要。比如，我是一名中国共产党党员，我就应当对中国特色社会主义道路坚定自信，如果缺乏这种自信，就不是真正意义上的中国共产党党员。在实然意义上的自信，是说由于客观存在、客观事实上具有值得我们自信的理由，主观反映客观存在，就需要坚定自信，而且已经具有自信。改革开放以来，中国特色社会主义道路立足中国国情、解决中国问题、促进中国成功、创造中国奇迹，这会“使得”我们对此坚定自信。

所谓客观意义上的自信，与实然意义上的自信类似，但也有一定区别。实然意义上的自信，是相对于应然意义上的自信而言的，而客观意义上的自信，是相对于主观意义上的自信而言的。实然意义上的自信，是说我们已经具有自信的理由和底气，而客观意义上的自信，则是说由于在客观事实上解决了问题、取得了成功、创造了奇迹，它“值得”我们坚定自信。“使得”和“值得”具有微小差别。主观意义上的自信，是指由于在客观事实上解决了问题、取得了成功、创造了奇迹，人们应当从主观上具有自信。这里，主观与客观还是存在不一致的地方。比如，从客观存在、客观事实上来讲，确确实实具有值得我们自信的根据和理由，但由于一些人的立场、认知、思维方式、偏见等原因，他们对客观存在、客观事实还缺乏真正的理解和认知，或者他们理解和认知了，但就是不愿意承认，于是在主观上不愿坚定自信。比如，一些人受“西方标准”“西方范式”的影响，用西方标准和范式裁定中国，认为中国不符合“西方标准”“西方范式”，所以对中国道路就不会自信；另一些人对中国道路及其成就缺乏充分认知，往往也缺乏自信。所以，这里有一个从客观意义上的自信如何转化为主观意义上的自信的问题。解决这一问题的重要办法，就是从客观上使中国道路的优势和成就进一步得以彰显，从主观上进一步讲好中国故事、构建中国理论、传播中国话语。

感性上的自信，是讲我们处在特定的感性的环境、氛围和场景中，且都在讲自信，我们在其中也要讲自信，不然，我们就与这种感性的环境、氛围、场景不契合、不适合、不协调，就融入不进这一感性的环境、氛围、场景，就会被别人视为“另类”，于是，在感性上、感知上要坚定自信。但这种自信并非发自内心，也不具有高度的理性自觉。于是，就有一个与感性上的自信相对应的理性上的自信。所谓理性上的自信，是指人们对自己所自信的对象具有全面充分深入的理解和把握，具有理性上的认知和认同，于是便自觉地产生了发自内心的敬仰，或在心灵上的敬仰。真正的自信，应是这种意义上的自信，这种自信能持久且能产生动力。

心理上的自信，是一种心理活动。一是指给具有主体活动的人鼓劲、打气，使其具有勇气。就是说，本来从事活动的主体具有某种能力，但由于种种原因，尤其是缺乏良好的心理素质，结果使自己缺乏自信，或者这种自信不够坚定，从而影响活动效果。于是，你或他人要为你坚定自信注入心理动力。二是你的能力与其所要达到的目标本来不匹配、有距离，但你却具有较好的心理素质，自己给自己鼓劲和打气，具有了自信的底气。这种自信难能可贵，反而能取得意想不到的效果。政治上的自信，主要是指具有政治身份的人为了达到预期的宏大目标和坚守稳定的政治立场所要求具有的集体意识，这种意识能使人们画出最大同心圆，能坚定不移地去追求和实现共同的宏大目标。今天，我们强调要坚定道路自信、理论自信、制度自信、文化自信，一定意义上就是这种政治上的自信。当然，并非仅仅如此，它还有其他的含义。

“趋势”意义上要求的自信，是说历史、时代、实践发展的大趋势是向好的，即蒸蒸日上、朝气蓬勃的，我们所追求的宏大理想目标离我们越来越近，而且我们完全有信心、有能力实现这一宏大目标，于是，我们要更加坚定自信，也会更加坚定自信。如对实现中华民族伟大复兴中国梦坚定自信，就属于这种意义上的自信。而“差距”意义上要求的自信，是指人们所在的现实处境与要达到的理想目标还有一定差距，我们与他人相比，差距也不小。在这种情况下，一些人就容易产生自卑的心理和认知，进而产生消极悲观情绪。针对这种心理、认知和情绪，强调坚定自信，就意味着为了达到预期目标，从事主体活动的人不要为这种差距而妄自菲薄，而要正确认识这种差距，鼓舞自己的信心，迎头赶上。中国共产党人在革命、建设和改革年代，是具有这种自信的。这种自信，能使人们取得积极效果，值得大力提倡。

(二)习近平同志强调坚定道路自信的深层原因

党的十八大以来，习近平同志三番五次强调，党员干部要坚定道路自信、理论自信、制度自信、文化自信。如今，坚定“四个自信”已经成为对党员干部的一种重要政治要求，也是需要党员干部具备的一种政治素质，还成为党员干部政治过硬的一个根本标准。为什么习近平总书记特别强调要坚定“四个自信”(包括坚定道路自信)？

第一，为了坚守政治防线以及思想防线、精神防线、心理防线，巩固我们的精神长城。在改革开放初期，我国在追赶现代化。在追赶现代化的过程中，我们学习西方建设现代化的经验、技术、管理方式，也利用一定的外资。其中，确实呈现出“西强我弱”的“势差”，西方一些发达国家对我国也确实“居高临下”。这在一定程度上导致我国一些人抱有“崇洋媚外”的心理，总认为“西方的月亮比中国圆”，甚至在一些领域出现了“洋教条”(凡事言必“西方”)，出现“耕了西方地荒了中国田”的现象。在此种情境下，西方也借势而为，对我国实行“文化攻心”“意识形态渗透”，用邓小平的话来讲，就是在打一场没有硝烟的战争。长久下去，我们的思想长城、精神长城、心理长城就会被攻破，出现思想解体的危险。习近平同志指出：“理想信念动摇是最危险的动摇，理想信念滑坡是最危险的滑坡。”①思想解体，就会动摇我们党执政的思想基础、精神基础和群众

① 中共中央宣传部：《习近平总书记系列重要讲话读本(2016 年版)》，108 页，北京，学习出版社，人民出版社，2016。

基础。为巩固我们的思想长城、精神长城、心理长城，坚守我们党的政治防线，习近平同志特别强调要坚定“四个自信”，包括道路自信。

第二，为实现中华民族伟大复兴凝聚共识、凝聚力量。道路自信，是对中国发展方向、发展道路及其未来命运的自信。中国特色社会主义是实现中华民族伟大复兴的必由之路，实现中华民族伟大复兴必须走中国道路。党的十八大以来，习近平同志反复强调：今天，我们比历史上任何时候都更加接近于实现中华民族伟大复兴中国梦这一目标，我们完全有信心、有能力实现这一目标。这实际上表达的是，要对实现中华民族伟大复兴具有一种紧迫感、责任感与使命意识、担当意识。由此，就必须最大限度地凝聚共识、凝聚力量，而凝聚共识、凝聚力量之最重要的方法，就是通过采取各种有效的方式和路径，使我们的党员干部坚定“四个自信”，包括道路自信，以增强对中国特色社会主义道路、理论、制度、文化的高度认同。只有这样，才能画出最大同心圆，才能为实现中华民族伟大复兴注入强大的精神动力。

第三，这是对我国发展起来以后使大国成为强国即实现强起来需要具备的一种政治素养和心理素质的强调。党的十八大以后，中国特色社会主义进入了新时代，我国发展步入新的历史方位，这是我国发展起来以后使大国成为强国即实现强起来的新时代或新的历史方位。基于我国发展起来使大国成为强国的历史性成就和历史大趋势，本应坚定“四个自信”包括道路自信。然而，一些党员干部却在主观上对其依然缺乏自信，一些党员干部在政治上对“四个自信”不坚定、有摇摆，一些党员干部在感性层面具有自信，但还达不到理性自觉的高度。这些，都与我国发展起来以后使大国成为强国所需要的政治素养、社会心理不相适应。这种不适应，有可能成为实现中华民族伟大复兴即实现强起来的障碍。由此，我国发展起来以后使大国成为强国的大趋势，必然要求党员干部坚定“四个自信”，包括道路自信。

第四，这是对客观存在、客观事实的一种认知、认同。应当承认，改革开放 40 多年以来，中国共产党人找到了一条实现社会主义现代化的正确道路——中国特色社会主义道路，从而解决了中国问题，促进中国走向成功，也创造出了“中国奇迹”。就是说，中国特色社会主义道路是实现社会主义现代化的必由之路。基于这一基本事实，习近平同志强调坚定“四个自信”包括道路自信。

第五，这是掌握话语权的需要。中国道路是中国话语的基础，话语权是建立在中国道路不断走向成功基础上的，中国道路越成功，中国就越拥有国际话语权。道路不正确，没有取得巨大成就，是难以持久自信的。同时，我们还要用中国话语表达好中国道路，不能把对中国道路的解释权及其话语权交给西方。习近平同志强调坚定道路自信，其实质之一，就是坚定不移地坚持和发展好中国特色社会主义道路，使中国越来越具有话语权和国际话语权。

第六，为了确立中国共产党人在精神上的主动性和主体性。在新民主主义革命时期，究竟要选择什么样的革命道路？在这一问题上，我们党内一些同志往往受本本主义、教条主义影响，即注重从书本中找答案。由此，毛泽东撰写《实践论》《矛盾论》，来批判本本主义和教条主义。在社会主义改造完成以后，在中国如何建设社会主义？1956 年前后一段时期，我们党曾受苏联模式的影响。改革开放以后，在中国如何建设并实现社会主义现代化？当时本本主义、教条主义仍然束缚我们一些人的手脚，以至于我们要建立社会主义市场经济体制并合理利用外资时，一些人说这是“姓资”，认为这是走资本主义道路。我们党坚持解放思想、实事求是的思想路线，经过探索，终于找到了实现社会主义现代化的道路——中国特色社会主义道路，创立了中国特色社会主义理论体系，开创了中国特色社会主义制度，建设着中国特色社会主义文化。这就是说，我们终于确定了自己的道路、理论、制度和文化，而且这种道路、理论、制度、文化具有独特优势，既能解决中国问题，又有助于实现民族复兴，也能促进中国走向成功，还能为解决人类问题贡献中国智慧和中国方案。这是近代以来被历史反复证明的客观真理。这充分表明：中国特色社会主义道路具有内生性、独立性、自主性和主体性，中国共产党人更具有了自己精神上的主动性和主体性。

(三)坚定道路自信的逻辑理路

坚定道路自信的理由、底气到底从何而来？这需要理论论证。

这里讲的“道路”，主要指中国特色社会主义道路。这条道路，本质上是人类历史发展一般规律、现代化建设普遍规律在中国国情下的一种具体实现方式，是世界现代化发展趋势和潮流在中国的具体实现形式，它既体现人类历史发展一般规律与世界现代化发展潮流，具有历史必然性，也是中国共产党人根据本国国情的一种具有自主性或主体性的选择。它是在总结概括提炼“中国经验”的基础上形成发展起来的。

坚定道路自信，具有诸多理由。比如，中国特色社会主义具有独特优势；中国特色社会主义破解了中国社会主义现代化建设进程中的一系列难题；中国道路较为成功地融合了不同时段的各种发展要素；中国道路为世界做出了生存性贡献、发展性贡献、制度性贡献、文化性贡献、和平性贡献；中国道路创造了中国奇迹，促进中国走向成功，积累了中国特色社会主义建设和发展的根本经验，坚定道路自信有助于实现中华民族伟大复兴(实现中国梦必须坚持中国道路)；中国特色社会主义为解决人类问题贡献了中国智慧和中国方案；等等。然而，其中最为根本的理由，是中国特色社会主义道路具有独特优势，这种优势就在于它立足中国国情、解决中国问题、促进中国成功、创造中国奇迹，它既具有历史必然性，也具有道义性。这是我们坚定道路自信的最大底气。

坚定道路自信，还有其他重要的根据和理由。

第一，马克思主义发展史，从根本上就是对道路问题探寻的历史。从科学社会主义对空想社会主义的超越，到马克思晚年对东方社会发展道路的探索，从列宁晚年对小农经济占优势的俄国如何向社会主义过渡的道路问题的探究，到苏共二十大对斯大林个人崇拜的批判，从新民主主义时期中国共产党人对革命道路的寻求，到 1956 年对在中国建设社会主义道路的探究，从改革开放新时期对实现社会主义现代化道路的探索，到习近平同志多次强调道路问题是关系党的事业兴衰成败第一位的最根本的问题，[1] 都表明对道路的探寻，是贯穿马克思主义发展史的一条根本主线。

第二，近代以来，中国面临诸多问题，然而其中最根本的问题，是“中国向何处去”的问题，这实际上就是中国走何种道路的问题。在新民主主义革命时期、社会主义改造以后的社会主义建设时期、改革开放和社会主义现代化建设新时期，都存在着一个根本问题：中国向何处去？这里，也是把探寻中国革命的道路、中国建设社会主义的道路、在中国实现社会主义现代化的道路，作为第一位的根本性问题。近代以来中国的根本问题，首要就是道路问题。[2]

第三，马克思主义中国化的实质，就是把马克思主义基本原理与中国具体实际相结合，而每一次结合的核心问题，都是道路问题。马克思主义中国化进程中的“第一次”结合，是在新民主主义革命时期，这是马克思主义基本原理与中国革命实际相结合，此次结合的核心问题，是关于中国革命的道路问题。1956 年社会主义改造完成以后，在中国要建设社会主义。在这一时段，毛泽东同志讲，要实现马克思主义基本原理与中国建设具体实际相结合，这是马克思主义基本原理与中国社会主义建设实际相结合，他称之为“第二次结合”。此次结合的核心问题，毛泽东同志明确讲就是在中国建设社会主义的道路问题。[3] 改革开放新时期，要把马克思主义基本原理与中国改革开放实际相结合，这次结合的核心问题，是探索实现社会主义现代化的道路问题。党的十八大召开，表明中国特色社会主义进入了新时代，我国发展进入新的历史方位。从学术上讲，这在实质上就是要把马克思主义基本原理与新时代中国特色社会主义发展逻辑相结合，其结合的核心问题，是实现强起来的道路问题。这就是说，马克思主义中国化的历史发展逻辑，其背后的底色、实质、核心、主题，就是对中国道路的持续探寻。

---

① 习近平：《关于坚持和发展中国特色社会主义的几个问题》，载《求是》，2019(7)。

② 习近平：《关于坚持和发展中国特色社会主义的几个问题》，载《求是》，2019(7)。

③ 《毛泽东年谱(1949—1976)》第 2 卷，557 页，北京，中央文献出版社，2002。

第四，纵观中国共产党历史发展的逻辑，纵观新中国 70 多年历史变革的内在逻辑，纵观改革开放和社会主义现代化历史发展的逻辑，其背后贯彻始终的一条根本主线，就是对实现站起来、富起来、强起来之道路问题的坚持不懈的探寻。对实现站起来、富起来、强起来之道路问题的坚持不懈的探寻，是中国道路的“三部曲”，或者说是中国道路的“上中下”三篇。中国革命道路，就是关于对实现中华民族、中国人民站起来的道路，它使中华民族、中国人民站起来了。中国特色社会主义道路，就是实现中华民族、中国人民富起来进而强起来的道路，它使中华民族、中国人民富起来进而强起来。实现强起来，是中国特色社会主义进入新时代、我国发展进入新的历史方位的根本逻辑，是谱写中国特色社会主义新篇章的根本主线。正因为中国共产党人找到了一条正确的道路，才逐步使新民主主义革命取得了胜利，使中国社会主义现代化建设取得了成功，并创造了举世瞩目的“中国奇迹”。关于中国特色社会主义道路，我们曾经在哲学上把它凝练地概括为：坚持中国共产党领导，立足历史方位，把解放和发展生产力、逐步实现全体人民共同富裕和促进人的全面发展，作为实现社会主义现代化、实现中华民族伟大复兴的三大根本支柱，自觉贯彻落实新发展理念，实施“两大布局”，整合党的领导力量、市场配置力量和人民主体力量并形成合力。这种概括，蕴含着要处理好中国道路之中的普遍性和特殊性、客观和主观、民族性和世界性、守正和创新、权力和资本、成就和问题、政治话语和学术话语、中国研究和世界研究等一系列辩证关系，要把这一系列矛盾双方结合得好，这是中国特色社会主义道路的基本特征，即具有浓浓的辩证性。

中国共产党领导能创造“中国奇迹”，因为它的指导思想具有引领力，奋斗目标具有感召力，组织资源具有动员力，实现蓝图具有恒定力，化解风险具有应变力，自我革命具有净化力。立足历史方位也能创造“中国奇迹”，因为它能与时俱进地抓住社会主要矛盾、解决中国根本问题、确定治国理政的重点，能做到实事求是、解放思想、与时俱进、求真务实。把解放和发展生产力、逐步实现全体人民共同富裕和促进人的全面发展，作为实现社会主义现代化、实现中华民族伟大复兴的三大根本支柱，这是对实现社会主义现代化做出的科学的战略谋划和战略安排，而中国共产党注重“一分部署、九分行动”“钉钉子”“踏石有印、抓铁有痕”“逢山开路、遇河架桥”的刚性执行力，注重一张蓝图绘到底，从而努力使这种战略谋划和战略安排落细落小落实，这必然促进中国走向成功并创造“中国奇迹”。自觉贯彻落实新发展理念，实施“两大布局”，注重的是全方位遵循社会主义现代化的总框架、路线图，牵住“牛鼻子”，不断创造“中国奇迹”。

无农不稳，无工不富，无“创”不强。这里的“创”，就是“创造”“创新”。五大新发展理念的首要理念，就是创新发展。中国道路尤其中国特色社会主义道路的本质特征之一，就是创新。“北京共识”的提出者布雷默曾经认为，中国模式的关键在于创新。实际上，解决一系列中国问题，必须注重创新。创新发展，既是中国发展的第一动力，也是解决中国问题的根本路径。整合党的领导力量、市场配置力量和人民主体力量并形成合力，也必然为创造“中国奇迹”注入强大的动力，因为党的领导力量，在决策正确的前提下，能合理运用“举国体制”解难题、办大事、快发展；市场配置力量能解决效率问题和物质财富积累问题；人民主体力量也是促进中国成功、创造“中国奇迹”绝对不可忽视的一个根本因素。

不仅如此，从总体性上来看，就可以发现，中国道路坚持中国共产党领导，蕴含着坚持实事求是和以人民为中心相统一，坚持注重举国体制和勇于自我革命相统一；立足历史方位，蕴含着坚持与时俱进和开拓创新相统一，坚持抓住社会主要矛盾和解决根本问题相统一；把解放和发展生产力、逐步实现全体人民共同富裕和促进人的全面发展，作为实现社会主义现代化、实现中华民族伟大复兴的三大根本支柱，蕴含着坚持物的发展和人的发展相统一，坚持动力机制和平衡机制相统一；自觉贯彻落实新发展理念，实施“两大布局”，蕴含着坚持战略谋划和刚性执行相统一，坚持发挥比较优势和补齐发展短板相统一；整合党的领导力量、市场配置力量和人民主体力量并形成合力，蕴含着坚持注重市场力量和人民主体力量相统一，坚持原则性和灵活性相统一。这十个“统一”，蕴含着强大的动力机制、平衡机制、治理机制，也蕴含着强大的动能和力源，因而有助于解决难题、办成大事、加快发展，并共同构成创造中国奇迹的总体性原因。

由于中国道路上述具有规律性的内在逻辑，它既证明照搬“西方道路”和“苏联模式”都不能解决实现社会主义现代化、实现中华民族伟大复兴这一根本问题，完成不了实现社会主义现代化、实现中华民族伟大复兴这一总任务，又表明中国道路能破解发展中国家实现社会主义现代化的难题，能够有效克服发展中国家实现社会主义现代化的“后发劣势”，创造了“中国奇迹”，因而是实现国家富强、民族振兴、人民幸福的必由之路，是中国日益走近世界舞台中央的必由之路，还说明中国道路终结了西方模式是世界发展唯一道路的“普世模式”神话以及对西方模式的路径依赖，开启了实现现代化的道路之多样化的“范式”，这就从深层次、从根本上找到了彻底回答“中国共产党为什么能”的真实答案。就是说，要回答“中国特色社会主义为什么好，马克思主义，中国化、时代化的马克思主义为什么行”这两个根本问题，答案种种，但最根本、最彻底、最真实的答案，应到中国道路创造“中国奇迹”当中来寻找。到中国道路创造“中国奇迹”之中来寻求答案，最彻底、最根本，也最能说服人。换句话说，归根结底，是由于中国共产党人把马克思主义基本原理与中国具体实际相结合，找到了一条正确的道路，解决了中国问题，促进中国走向成功，创造了“中国奇迹”，所以，马克思主义、中国特色社会主义、中国共产党在解决中国问题、促进中国走向成功、创造“中国奇迹”上既行、又好、也能！这就是我们坚定中国特色社会主义道路自信的最大底气，就是我们坚定中国特色社会主义道路自信的充分理由，就是我们坚定中国特色社会主义道路自信的根本原因！

参考文献

一、主要中外参考文献

(一)中文参考文献

经典著作

[1]《马克思恩格斯选集(1—4)》，人民出版社 2012 年版。

[2]《马克思恩格斯文集(1—10)》，人民出版社 2009 年版。

[3]《列宁选集(1—4)》，人民出版社 2012 年版。

[4]《毛泽东选集(1—4)》，人民出版社 1991 年版。

[5]《邓小平文选(1—3)》，人民出版社 1993 年版、1994 年版。

[6]《习近平谈治国理政(1—2)》，外文出版社 2014 年版、2017 年版。

[7]《习近平党校十九讲》，中共中央党校出版社(内部使用)2014 年版。

重要读物

[1] 中共中央宣传部：《习近平总书记系列重要讲话读本(2016 年版)》，学习出版社，人民出版社 2016 年版。

[2] 中共中央宣传部：《中国特色社会主义学习读本》，学习出版社 2013 年版。

[3] 中共中央宣传部理论局：《理论热点十八题》，学习出版社 2004 年版。

[4] 何毅亭：《学习习近平十八大前后重要论述》，中共中央党校出版社(内部发行)2014 年版。

[5] 何毅亭：《学习习近平总书记重要讲话》，人民出版社 2013 年版。

学者著作

[1] 郑必坚：《高举中国特色社会主义伟大旗帜》，人民出版社 2007

年版。
[2] 靳辉明：《中国特色社会主义若干重大问题研究》，安徽人民出版社 2007 年版。
[3] 顾海良：《中国特色社会主义理论体系研究》，中国人民大学出版社 2009 年版。
[4] 梅荣政：《中国特色社会主义基本问题研究》，武汉大学出版社 2007 年版。
[5] 秦刚：《中国特色社会主义理论体系》(最新修订版)，中共中央党校出版社 2013 年版。
[6] 商志晓：《中国特色社会主义基本问题》，中共中央党校出版社 2006 年版。
[7] 商志晓：《中国特色社会主义理论体系若干问题研究》，山东人民出版社 2009 年版。
[8] 房宁：《民主政治十论：中国特色社会主义民主理论与实践的若干重大问题》，中国社会科学出版社 2007 年版。
[9] 沈壮海，佟斐：《吸引力、影响力、文化软实力：中国特色社会主义文化建设》，武汉人民出版社 2014 年版。
[10] 罗文东：《中国特色社会主义理论体系新论》，人民出版社 2008 年版。
[11] 辛鸣：《十八届三中全会后党政干部关注的重大理论与现实问题解读》，中共中央党校出版社 2013 年版。
[12] 石国亮，等：《解读中国梦》，人民日报出版社 2013 年版。
[13] 郑传芳：《中国特色社会主义理论体系若干问题研究》，人民出版社 2010 年版。
[14] 袁秉达：《中国特色社会主义理论体系探源》，上海人民出版社 2008 年版。
[15] 汪青松，焦少林，等：《马克思主义中国化的理论丰碑——中国化马克思主义十二观》，合肥工业大学出版社 2008 年版。

［16］余信红，等：《中国特色社会主义理论体系渊源研究》，暨南大学出版社 2010 年版。
［17］于洪生，等：《改革开放实践与中国特色社会主义理论体系》，人民出版社 2010 年版。
［18］《中国特色社会主义研究》杂志社：《中国特色社会主义研究文选（上）》，中央编译出版社 2008 年版。
［19］《中国特色社会主义研究》杂志社：《中国特色社会主义研究文选（中）》，中央编译出版社 2008 年版。
［20］《中国特色社会主义研究》杂志社：《中国特色社会主义研究文选（下）》，中央编译出版社 2008 年版。
［21］叶庆丰：《中国特色社会主义重大问题深度解析》，人民出版社 2008 年版。
［22］夏东民：《马克思主义中国化理论创新规律与历程研究》，吉林人民出版社 2007 年版。
［23］朱松山，等：《系统科学视野中的中国特色社会主义理论体系》，国防大学出版社 2008 年版。
［24］高宝柱：《中国特色社会主义理论体系探要》，贵州人民出版社 2008 年版。
［25］程伟礼，戴雪梅，等：《中国特色社会主义思想史》，学林出版社 2009 年版。
［26］袁秉达：《中国特色社会主义理论体系探源：从邓小平理论到科学发展观》，上海人民出版社 2008 年版。
［27］唐家柱：《现代化进程中的中国特色社会主义理论体系研究》，人民出版社 2008 年版。
［28］张森年：《中国马克思主义理论创新之道》，上海人民出版社 2007 年版。
［29］崔常发：《中国特色社会主义理论体系学习读本》，国家行政学院出版社 2010 年版。

[30] 谷春德：《中国特色社会主义法治理论与实践研究》，中国人民大学出版社 2017 年版。
[31] 耿超：《中国特色社会主义文化自信论》，广西师范大学出版社 2016 年版。
[32] 许庆朴，李爱华：《有中国特色社会主义理论探源》，人民出版社 2002 年版。
[33] 孔祥云，刘敬东：《中国特色社会主义新编》，清华大学出版社 2009 年版。

期刊论文

[1] 习近平：《关于中国特色社会主义理论体系的几点学习体会和认识》，载《求是》2008 年第 7 期。
[2] 王乐泉：《坚持和发展中国特色社会主义法治理论》，载《中国法学》2015 年第 5 期。
[3] 杨春贵：《中国特色社会主义理论体系的新概括》，载《中国社会科学》2008 年第 1 期。
[4] 黄枬森：《中国特色社会主义理论体系及其人学内涵》，载《北京行政学院学报》2008 年第 1 期。
[5] 陈先达：《论马克思主义基本原理及其当代价值》，载《马克思主义研究》2009 年第 3 期。
[6] 刘伟：《在马克思主义与中国实践结合中发展中国特色社会主义政治经济学》，载《经济研究》2016 年第 5 期。
[7] 杜飞进：《继续发展中国特色社会主义的纲领性文献——略论十八大报告中的新思想、新论断、新要求、新部署》，载《哈尔滨工业大学学报(社会科学版)》2013 年第 1 期。
[8] 李君如：《马克思主义中国化若干问题研究》，载《中共中央党校学报》2008 年第 1 期。
[9] 赵曜：《中国特色社会主义理论的科学体系和历史地位》，载《特区理论与实践》2003 年第 6 期。

[10] 阎志民：《坚持和发展中国特色社会主义理论体系》，载《科学社会主义》2007 年第 6 期。
[11] 张雷声：《论中国特色社会主义道路、理论体系、制度的统一》，载《高校理论战线》2013 年第 1 期。
[12] 王怀超：《中国特色社会主义理论的形成和发展》，载《科学社会主义》2007 年第 5 期。
[13] 秦刚：《中国特色社会主义的理论体系》，载《科学社会主义》2007 年第 5 期。
[14] 秦宣：《解读"中国特色社会主义理论体系"》，载《人大复印资料社会主义论丛》2008 年第 1 期。
[15] 郭建宁：《试论中国特色社会主义理论体系的哲学基础》，载《中国特色社会主义研究》2009 年第 1 期。
[16] 韩振峰：《试论中国特色社会主义理论体系的几个基本问题》，载《人大复印资料社会主义论丛》2008 年第 1 期。
[17] 刘海涛：《发展中国特色社会主义的基本要求》，载《科学社会主义》2007 年第 5 期。
[18] 韩庆祥，张健：《中国特色社会主义建设实践的内在逻辑与发展趋向》，载《中国社会科学》2012 年第 3 期。
[19] 牛先锋：《关于中国特色社会主义理论的几个问题》，载《中国特色社会主义研究》2005 年第 2 期。
[20] 涂小雨：《论中国特色社会主义理论体系的开放性向度》，载《学习论坛》2008 年第 3 期。
[21] 牛先锋：《科学发展观是中国特色社会主义的最新成果》，载《中国特色社会主义研究》2007 年第 3 期。
[22] 吴恩远：《"中国特色社会主义"和"苏联模式"关系析论》，载《马克思主义研究》2007 年第 8 期。
[23] 熊晓琳，王丹：《五大发展理念与中国特色社会主义》，载《思想理论教育导刊》2016 年第 1 期。

[24] 王诚，李鑫：《中国特色社会主义经济理论的产生和发展——市场取向改革以来学术界相关理论探索》，载《经济研究》2014 年第 6 期。
[25] 邸乘光：《“四个全面”与中国特色社会主义关系研究》，载《新疆师范大学学报(哲学社会科学版)》2015 年第 5 期。
[26] 张明军、陈朋：《中国特色社会主义政治发展的实践前提与创新逻辑》，载《中国社会科学》2014 年第 5 期。
[27] 王玉珏：《“四个全面”战略思想：中国特色社会主义理论体系的新发展》，载《四川理工学院学报(社会科学版)》2015 年第 2 期。
[28] 胡钧：《以马克思主义为指导构建中国特色社会主义政治经济学》，载《改革与战略》2017 年第 5 期。
[29] 贺玉兰：《“四个全面”战略布局与中国特色社会主义关系研究》，载《商丘职业技术学院学报》2017 年第 4 期。
[30] 云杉：《文化自觉　文化自信　文化自强——对繁荣发展中国特色社会主义文化的思考(上)》，载《红旗文稿》2010 年第 15 期。
[31] 云杉：《文化自觉　文化自信　文化自强——对繁荣发展中国特色社会主义文化的思考(中)》，载《红旗文稿》2010 年第 16 期。
[32] 云杉：《文化自觉　文化自信　文化自强——对繁荣发展中国特色社会主义文化的思考(下)》，载《红旗文稿》2010 年第 17 期。
[33] 徐剑雄：《论传统文化在中国特色社会主义理论体系发展中的作用》，载《当代世界与社会主义》2011 年第 1 期。
[34] 史家亮：《中国特色社会主义理论体系的鲜明特征》，载《中共福建省委党校学报》2008 年第 1 期。
[35] 赵寅寅：《试论中国特色社会主义理论体系中忧患意识的历史意蕴与重要作用》，载《中共贵州省委党校学报》2008 年第 2 期。
[36] 徐初霞：《中国特色社会主义理论体系不断开辟弘扬优秀传统文化新境界》，载《毛泽东思想研究》2009 年第 2 期。
[37] 李贵忠：《中国特色社会主义理论体系与中国优秀传统文化的关

系》，载《内蒙古师范大学学报》(哲学社会科学版)2011 年第 5 期。

[38] 赵传海：《中华优质文化基因在中国特色社会主义理论体系中的地位》，载《学习论坛》2011 年第 4 期。

[39] 姜作培：《论中国特色社会主义理论体系的本质特性》，载《江汉论坛》2008 年第 5 期。

[40] 施维树：《毛泽东思想与中国特色社会主义理论体系在世界观和方法论上的一致性》，载《西华大学学报(哲学社会科学版)》2008 年第 5 期。

[41] 任引泌，王斌：《中国特色社会主义理论的理论意蕴探析》，载《大连大学学报》2008 年第 2 期。

[42] 吕志俊：《对中国特色社会主义理论体系的哲学思考》，载《中共珠海市委党校 珠海市行政学院学报》2008 年第 2 期。

[43] 刘歌德，罗恢远：《论中国特色社会主义理论体系的哲学底蕴》，载《华南理工大学学报(社会科学版)》2009 年第 3 期。

[44] 石书臣：《主导性与多样性的辩证统一——中国特色社会主义理论体系的方法论思考》，载《江西社会科学》2008 年第 3 期。

[45] 郑又贤：《关于中国特色社会主义理论体系主要特征的辩证思考》，载《马克思主义研究》2008 年第 12 期。

[46] 周宏，董岗彪：《马克思主义经典与中国特色社会主义理论体系》，载《马克思主义研究》2009 年第 1 期。

[47] 赵付科，于艳艳：《中国特色社会主义理论体系研究综述》，载《中共党史研究》2009 年第 2 期。

[48] 鲁法芹：《关于中国特色社会主义理论体系若干热点难点问题研究述要》，载《当代世界与社会主义》2009 年第 1 期。

[49] 赵丽华：《中国特色社会主义理论的逻辑结构和体系构建》，载《社会主义研究》2008 年第 4 期。

[50] 李恒瑞：《关于中国特色社会主义理论体系的整体性研究的若干问题》，载《学术研究》2008 年第 10 期。

[51] 朱志敏：《中国特色社会主义理论体系的价值》，载《新视野》2008年第5期。
[52] 吴佩芬：《十七大以来中国特色社会主义理论体系研究综述》，载《云南社会科学》2008年第4期。
[53] 田芝健：《中国特色社会主义理论体系：求真、求善、求美的科学理论体系》，载《苏州大学学报(哲学社会科学版)》2008年第2期。
[54] 吴怀友：《中国特色社会主义理论体系三大理论形态间关系研究综述》，载《湖南科技大学学报(社会科学版)》2009年第4期。
[55] 田其治：《邓小平探索建设有中国特色社会主义的方法论体系》，载《晋阳学刊》2000年第3期。
[56] 苏伟：《马克思主义"整体性"方法及其对中国特色社会主义理论体系的影响》，载《重庆社会科学》2008年第4期。
[57] 郑又贤，叶探：《中国特色社会主义理论体系内涵研究综述》，载《中共福建省委党校学报》2008年第12期。
[58] 袁银传：《论中国特色社会主义理论体系的基本特征、逻辑结构和世界意义》，载《思想政治教育研究》2009年第4期。
[59] 杨凤城：《关于毛泽东思想与中国特色社会主义理论体系关系的思考》，载《教学与研究》2008年第4期。
[60] 王永贵，洪光东：《论坚持中国特色社会主义理论体系精髓——纪念改革开放30周年》，载《南京师大学报(社会科学版)》2008年第4期。
[61] 赵丽华：《中国特色社会主义理论的逻辑结构和体系构建》，载《社会主义研究》2008年第4期。
[62] 王若素：《对中国特色社会主义理论体系中三大理论成果关系的思考》，载《社会主义研究》2009年第4期。
[63] 姜淑兰，郑德荣：《论中国特色社会主义道路》，载《高校理论战线》2008年第11期。
[64] 刘灵光：《中国特色社会主义理论体系的发展范畴浅析》，载《学术论坛》2009年第9期。

[65] 王增智，王国敏：《论中国特色社会主义理论体系的当代蕴含》，载《求实》2009 年第 10 期。
[66] 徐建军，张旭东：《科学发展观对中国特色社会主义理论体系的历史贡献》，载《毛泽东思想研究》2009 年第 5 期。
[67] 王国敏，王增智：《论中国特色社会主义理论体系的“中国特色”》，载《理论探索》2009 年第 5 期。
[68] 蒋菊琴，董显堂：《中国特色社会主义理论体系的人民主体思想研究》，载《当代世界与社会主义》2009 年第 5 期。
[69] 杨丹娜：《论中国特色社会主义理论体系的主题》，载《学习论坛》2009 年第 10 期。
[70] 张录平：《中国特色社会主义理论体系的创新意义与理论价值》，载《湖湘论坛》2008 年第 3 期。
[71] 刘晓明：《中国特色社会主义理论体系形成和发展历史进程研究综述》，载《湖北函授大学学报》2009 年第 2 期。
[72] 刘春鹏，姜明清，王霞：《论中国特色社会主义理论体系的科学性》，载《理论学习》2008 年第 10 期。
[73] 郑传芳，阮晓菁：《改革开放是发展中国特色社会主义的强大动力》，载《政协天地》2008 年第 1 期。
[74] 马龙闪：《中国特色社会主义是对苏联体制模式的超越》，载《探索与争鸣》2009 年第 2 期。
[75] 肖引：《苏联模式与中国特色社会主义——苏联模式的反思》，载《湖北社会科学》2008 年第 11 期。
[76] 齐卫平：《关于中国特色社会主义理论体系的主题之我见》，载《江汉论坛》2008 年第 11 期。
[77] 徐鸿武，袁金辉：《中国特色社会主义理论体系的主题》，载《人民论坛》2008 年第 23 期。
[78] 叶庆丰：《中国特色社会主义理论体系的主题》，载《科学社会主义》2008 年第 2 期。

[79] 邱红霞：《试论中国特色社会主义理论体系的主题》，载《皖西学院学报》2008 年第 3 期。
[80] 田瑞兰，王梦圆：《理解中国特色社会主义的三个维度》，载《河北大学学报(哲学社会科学版)》2008 年第 2 期。
[81] 崔义成，於全收：《科学理解中国特色社会主义理论体系》，载《十堰职业技术学院学报》2008 年第 4 期。
[82] 袁秉达：《马克思主义中国化与中国特色社会主义创新》，载《党政论坛》2008 年第 1 期。
[83] 刘林元：《中国特色社会主义理论体系的鲜明特质》，载《学习论坛》2008 年第 2 期。
[84] 陈文通：《深化对中国特色社会主义道路的理论认识》，载《中国特色社会主义研究》2008 年第 1 期。
[85] 杜鸿林：《关于构建中国特色社会主义理论体系的若干思考》，载《天津行政学院学报》2007 年第 1 期。
[86] 万军：《中国特色社会主义理论体系的历史进程、现实特色及未来发展》，载《当代世界与社会主义》2008 年第 1 期。
[87] 侯远长：《论中国特色社会主义理论的科学体系》，载《中州学刊》2005 年第 1 期。
[88] 徐文杰：《中国特色社会主义理论体系的历史演进及概念辨析》，载《中国特色社会主义研究》2007 年第 6 期。
[89] 庄前生：《关于中国特色社会主义理论体系创新的若干构想》，载《马克思主义研究》2006 年第 12 期。

报纸文章

[1] 何毅亭：《论中国特色社会主义理论体系》，载《光明日报》，2007-11-15。
[2] 严书翰：《怎样研究中国特色社会主义理论体系》，载《学习时报》，2008-01-22。
[3] 沈宝祥：《试述中国特色社会主义理论体系》，载《学习时报》，2007-

12-10。
[4] 于今：《以战略思维做好中国特色社会主义理论体系的研究》，载《天津日报》，2008-02-04。
[5] 张月泉：《坚持中国特色社会主义理论体系》，载《广西日报》，2007-11-13。
[6] 张西立：《中国模式的特质》，载《学习时报》，2009-04-13。

(二)外文参考文献

[1] LIM K F . Socialism with Chinese Characteristics: Uneven Development, Variegated Neoliberalization and the Dialectical Differentiation of State Spatiality[J]. Progress in Human Geography, 2014, Vol. 38(2).
[2] RONG Changsheng. Analyzing the Theoretical System of Socialism with Chinese Characteristics[J]. Asian Social Science, 2009, Vol. 5(10).
[3] PENA D S. Comparing the Chinese Dream with the American Dream[J]. International Critical Thought, 2015, Vol. 5(3).
[4] WANG Weiguang. Reform and Opening up Are a Powerful Motive Force for Developing Socialism with Chinese Characteristics[J]. Social Sciences in China, 2009, Vol. 30(1).
[5] LIU Yong. On the Openness of the Theoretical System of Socialism with Chinese Characteristics[C]. 2012 2nd International Conference on Education and Education Management (EEM 2012), 2012, CNKI.
[6] HAN Qingxiang , ZHANG Jian. The Inherent Logic and Developmental Tendency of the Practice of Building Socialism with Chinese Characteristics: A Structural Analytical Framework for the Questions of"Where Did China Come From?"and"Where Should China Go?"[J].

Social Sciences in China, 2013, Vol. 34(2).
[7] TANG Xi, REN Zhijiang. Fundamental and Crucial Problems of Socialism with Chinese Characteristics[C]. 2015 2nd International Conference on Education, Management and Computing Technology (ICEMCT 2015), 2015, CNKI.
[8] LIU Yong. On the World Historical Significance of the Road of Socialism with Chinese Characteristic[C]. 2013 Fourth International Conference on Education and Sports Education(ESE 2013), 2013, CNKI.
[9] VICKERS E. Selling "Socialism with Chinese Characteristics" "Thought and Politics" and the Legitimisation of China's Developmental Strategy[J]. International Journal of Educational Development, 2009, Vol. 29(5).
[10] HEILMANN S. From Local Experiments to National Policy: The Origins of China's Distinctive Policy Process[J]. The China. , No. 59, Jan. 2008.
[11] BENEWICK R, MACKERRAS C, TANEJA P. China Since1978: Reform, Modernization and "Socialism with Chinese Characteristics" [J]. Pacific Affairs, 1995, Vol. 68 (3).
[12] MI Xiaorong, MAO Houjun. Brief Discussion on Discourse System of Socialism with Chinese Characteristics[J]. International Journal of Academic Research in Business and Social Sciences, 2013, Vol. 3 (4).
[13] SHIH V, HUANG Yasheng. Capitalism with Chinese Characteristics: Entrepreneurship and the State[J]. The Journal of Asian Studies, 2010, Vol. 69(2).
[14] CHANG G G. The Coming Collapse of China[M]. Random House, 2001.

[15] CHOI Y. The Evolution of Socialism with Chinese Characteristics: Its Elliptical Structure of Socialist Principles and China's Realities [J]. Pacific Focus, 2011, Vol. 26 (3).

图书在版编目（CIP）数据

中国特色社会主义的发展逻辑/韩庆祥著．—北京：北京师范大学出版社，2024.8．—（韩庆祥作品系列）．

ISBN 978-7-303-29930-0

Ⅰ．D610

中国国家版本馆 CIP 数据核字第 2024YA1678 号

营 销 中 心 电 话 010-58805385
北 京 师 范 大 学 出 版 社
主题出版与重大项目策划部

ZHONGGUO TESE SHEHUIZHUYI DE FAZHAN LUOJI

出版发行：北京师范大学出版社 www.bnupg.com
北京市西城区新街口外大街 12-3 号
邮政编码：100088

印　　刷：北京盛通印刷股份有限公司
经　　销：全国新华书店
开　　本：730 mm×980 mm　1/16
印　　张：26.75
字　　数：380 千字
版　　次：2024 年 8 月第 1 版
印　　次：2024 年 8 月第 1 次印刷
定　　价：116.00 元

策划编辑：郭　珍　　　责任编辑：陈佳宵
美术编辑：王齐云　　　装帧设计：王齐云
责任校对：陈　民　　　责任印制：马　洁　赵　龙